天喜文化

从去音到文字，分离人流晶碎

庄子真义

杨广学 ◎ 著

天地出版社 | TIANDI PRESS

目 录

序 //I

内篇十二

逍遥游 //003

齐物论 //017

养生主 //047

人间世 //052

德充符 //072

大宗师 //086

应帝王 //111

田子方 //124

知北游 //142

庚桑楚 //163

徐无鬼 //180

列御寇 //205

外篇十四

寓言 //221

山木 //230

达生 //249

至乐 //274

秋水 //284

则阳 //302

外物 //320

让王 //335

惠施 //356

胠箧 //364

在宥 //372

天运 //384

天地 //401

天下 //424

主要参考书目 //439

序

庄子其人，逍遥人间而无有比肩者。《庄子》其书，历经千年坎坷，理解者太少，误解者太多。直至今日，庄子的哲理思想，还需要重新认识。如何传承《庄子》蕴含的中华文化精神宝藏，尚需正本清源。

最为严重的，是《庄子》的版本问题。

《庄子》原始本流传于战国，编成者应为庄周弟子。成书的年代，应在庄子殁（前286）后至战国晚期。原始本共有二十余篇，五万余言。其中内篇七，是庄子自撰，庄子在世时大概已有流传。外篇，为庄子弟子或后学编撰成篇。题为二字的，应为弟子后学所撰。撰写或编辑者应有蔺且（撰《寓言》等四篇），魏牟（撰《秋水》等六篇），其他篇则是其他弟子或后学所编撰。

西晋崔譔注本有二十七篇。向秀（约227—272）"唯好《庄子》，聊应崔譔所注，以备遗忘"，注《庄子》二十六篇（一说二十七篇）。崔、向所注，均依原始本。

第二种版本，是汉初刘安本，由刘安（前179—前122）组织门客集体编辑，共有五十二篇，计十余万言。成书当在刘安生前。司马迁《史记》所述即此本。唐陆德明说"后人增足，渐失其真"。《晋书》记载：西晋泰始年间（265—274）司马彪（约240—306）"任秘书郎，转丞，注《庄子》"。司马注篇目依刘安本。

第三种版本，是郭象注本。郭本把向秀本和刘安本拿来，删削原文，任意编织，做成了一盘杂拌。郭本流传后世，影响大，争论也多。

据《晋书·向秀传》："庄周著内外数十篇……莫适论其旨统也；秀乃为之隐解，发明奇趣，振起玄风，读之者超然心悟，莫不自足一时也。惠帝之世，郭象又述而广之。"

郭象（约252—312）取向秀之注，编辑、点定，又"以意去取"，择刘安本若干篇，增至三十三篇，分成内、外、杂篇，计六万余言。郭象删《阏弈》《意修》《危言》《游凫》《子胥》等整篇，以及他篇的部分，如今要确切清理，几乎无望；要恢复原貌，已经十分困难，除非有新的资料出土。

《经典释文》注《胠箧》提到"元嘉中郭注本及崔、向永和中本"，证明在东晋永和年间（345—356），向本与崔本均有流传。至晚在南朝宋元嘉年间（424—453），郭象本已广为流传。今天的通行本，基本面貌来自郭本。向秀本则不传。猜测其原因，帝制时代严密的思想钳制和不时发作的文字狱，必然要考虑在内。向、郭二人有区别：毕竟向秀试图融合儒道，但总还是"顺着"庄子的意思说；而郭象全是"逆着"说，上下其手，将《庄子》篡改得面目全非。

郭象注庄，作于惠帝之世。《晋书》说，东海王司马越对郭"甚见亲委，遂任职当权，熏灼内外"。司马越作为八王内争的后来居上者，于306年挟持惠帝并主政，同年惠帝中毒身亡，司马越立怀帝。310年，司马越挟首都官吏、军队、府库南迁。311年怀帝密令苟晞讨伐司马越，越在项城"忧惧而死"。《晋书·苟晞传》说："越得以宗臣遂执朝政，委任邪佞，宠树奸党。"而"操弄天权，刑赏由己"的亲信中，郭象在列。郭象312年就死了，显然与司马越失势直接有关。

通行本以郭象本为依据，后世又多有误解和误改，致使《庄子》越发面目全非。《庄子》研究面临的主要问题之一，就在于郭本作伪而造成的灾难。

战国时代，以竹简编册，极易散乱错佚，经历汉、魏，直至东晋，纸质的书籍才普遍流行，而版本也相应固定下来。从竹简到纸张的历史转变，其间的承接交错，对于《庄子》版本的形成和流传，产生了关键性的影响。各种版本的形成和后来的考证，几乎都集中在晋代，实乃事出必然。

目前的《庄子》研究，面临一系列难题：

第一，《庄子》通行本结构有残缺。尤其是横遭删削的文字已经很难恢复，让人不胜慨叹。

第二，《庄子》通行本内容有掺杂，尤其外篇和杂篇的选择和编排，给后人的阅读理解制造了巨大的障碍。今人读庄子，面临太多的障碍，可以说是层层有陷阱，处处有藩篱。

第三，《庄子》通行本文句注解有歪曲。注家随意取舍内容，肆意篡改字句文义，以讹传讹，层层叠加，使得《庄子》原文不传，真义不彰，误解流行。而历史地形成的某种治庄"标准"话语，更容易使读者陷入封闭的逻辑框架，流弊至大，害人至深。

今天的学者，除了等待并期盼考古发掘有新的文献出现，还须广泛搜求，认真考据，纠正偏误，努力接近《庄子》文字的原貌，发掘其真义。这个目标，也正是作者为写作《庄子真义》所确定的根本任务。

直至目前，国际流传和外文翻译也存在很多难题。《庄子》外文翻译一直面临重重困境。最主要的，还是因为所据版本有根本缺陷，即使翻译家再好，也是巧妇难为无米之炊。中国人较早英译《庄子》，而且对世界产生广泛影响的，是冯友兰；冯氏通过书名，给庄子冠上一顶"道家"的帽子，然后通篇谈论郭象如何发展道家哲学并登上"顶峰"。在这本英文《庄子》中，哲学的议论，几乎全用西方流行的几个概念来裁剪。由此一例即可知，郭象的篡改，对《庄子》的流传，造成了多么恶劣的影响。

我们不满于掺了假的《庄子》，不满于被遮蔽了真面目的庄子；我们一定要努力追寻《庄子》的真意义，庄子的真精神！当今世界迷思甚多，迫切需要《庄子》来救治。

《庄子》深邃的思想和诗性的文字，独步先秦而光照后世。其言说宏大而玄妙，不是轻轻松松就能透视无余；其文风深奥曲折，叙事简练而幽深，说理则层层彰彰，篇章结构错综，回环往复，容易让人有雾里看花之感，似乎无法固定把握。庄子行文与人不同，随说随扫而不留痕迹；庄子的言说，乃是独具一格的"言无言"。他用独具特色的寓言，创造情境故事和对话来叙事；用反复而变动不居的话语，表达义理的分合、变迁；用危言以惊世，创生出许多新颖的观念和母题，其行文恣肆汪洋，随说随扫，言有尽而意不绝，言说者有道术而无成心，读者似得之而实失之，应接之间，连环无暇。要理解这样超一流的文章，对于我们这些时隔两千三百年的现代人，是一个不小的挑战。

本书撰者致力于完成四项工作。

一、重新厘定篇目。

首先，需要说明：郭象对外篇和杂篇的随意分派，是玩弄障眼法的骗术。内七篇，是庄子自著；而另外以三字命名的篇章，却被无端牺牲掉了。本书将内篇扩大为十二篇，均以三字命名；内七篇是庄子亲撰，其余五篇则是庄子的主意、材料，本人未能亲自完成，由弟子整理成篇，却应归为庄子的著作。只要我们仔细阅读，就可在其中发现庄子本人的思想气质和庄子当时的历史脉络，不是其他人可以作得出来的。原始的第一手经验资料，原创的文思和哲理，别人无法杜撰，只能归功于庄子本人的天才、胆识和人生积累。

所以，本书将内七篇之外的三字名篇都归入内篇。这样做，可以更好地保存庄子思想的丰富性和完整性。被通行本划入外篇和杂篇的三字名篇，其重要性被严重低估。而且因为脱离了篇章语境，很多本来连贯的思想也遭到割裂湮灭。希望本书的版本重建，能恢复庄子文字的真面目，使我们当代人能够得见更完整的庄子真言真意。

本书所列十四篇，其文字品质的优胜，是选择的主要依据。外篇都是由弟子后学所作，编为外篇，都以二字题名，当然是出于尊师的姿态，更重要的，则是内容和文质确有根本性的区别。内篇是庄子本人的著作，外篇是弟子后学的文章集成。当然，外篇也有很多精彩之处，但内外篇的区别，不难分辨，仔细推敲，便可得到印证。所选的个别篇章中，文字偶有瑕疵，在注解中会有所议论，可供读者参考。

全书内十二外十四的格局，此书首倡。是否恰当，有何得失，需要学术批评和争论，也需要由时间和历史做出回答。

二、搜求《庄子》佚文，尽力恢复《庄子》文字原始的样貌。

张湛注《列子》，尤其是《黄帝》篇，保留了大量的《庄子》佚文以及向秀的原注，使我们能循着蛛丝马迹，追踪《庄子》原始本的真相。关于《列子》的所谓真伪，关于《庄子》《列子》先后等问题，此处不能详论。有关考据的问题和细节，注释中有具体详尽的讨论。学术论争，应该而且必须提倡百花齐放、百家争鸣，不可纵容任何的专断。在此需要指出，近代以来"全盘西化"的主张，全面"疑古"的风气，对于中华文明的资源保护和精神传承，造成了很多困扰，无形之中配合了个别洋人图谋根除中国文化的殖民主义意识形态战略。对此，我们善良的国人一定要有所警惕。在涉及源头性的中华古文化、历史和精神宝藏的研究时，旗帜鲜明地"认祖归宗"，反对民族历史和文化的虚无主义偏向，是我们民族团结和国家昌盛的保证。从广阔的视野看历史，看文化，才能在研究具体问题时不迷路。

三、订正文本并新作注解。

本书多方寻求佚文和参考材料，通过细致的考据、补佚、校正、断句、注解，寻求真切无误的理解，多方询证而排除误解，注重细节，尽力做到资料翔实，论证清楚。凡有改动，必有标注，以便于识者批评。

四、尽力做好白话文的"今译"。

《庄子》文本翻译之难，学人皆知。《庄子》文本，无论现代汉语今译，还是英文翻译，目前都远远不能令人满意。遥想当年，战国中期的一个个汉字和一篇篇文章，古拙生动而文理璀璨，在庄子手中成就了何等的哲学风采！我们今天的人，难道只能望洋兴叹吗？期望本书能克服诸多困难，为读者提供一本忠实而流畅、真切而可读的现代文《庄子》。至于是否实现了这一目标，则要等待读者评判。

古今中外，很多深具见识、正直不阿的学者，都真心关注《庄子》，并做过孜孜不倦的探究，为我们提供了重要的经验和启示。对中华文化宝藏的传承与守护，有心之人世代不绝。本书所参考的文献甚多，未必能一一注明；从各位研究者得到许多教益，在此谨表示由衷的谢忱！

天喜文化的王业云先生作为责任编辑，为本书反复修订和顺利出版，做了大量卓有成效的工作，他的许多批评和建议极富智慧，为本书增色甚多！在此表达最真诚的感谢！

本书的订正和阐发，多与通行本相左，引发争论在所难免。学术批评，乃人类文明创造的正途，我们都应该举双手欢迎。由于本人见识不广，能力有限，虽多年沉浸其中且反复斟酌，本书仍会有不少疏漏和错误。学术者，天下公器也。因私废公之事，为真学者所不取。殷切盼望读者不吝赐教，使错误得以匡正，迷茫得以澄清，文化精粹得以传承，如此则实为学术与文化演进之大幸！

2020 年大雪成稿，2021 年冬至修改，2022 年寒露订正

杨广学识

于海上观山阁

内篇十二

庄子真义内篇第一

逍遥游

题解

逍,消散,至于无形无迹则万物俱泯。遥,高远,至于清虚芴漠则时空无极。至小无内,至大无外,故天地一气。圣人无名,神人无功,至人无己,故可神游无垠:乘正气,驭变化,游心于无何有之乡,无古无今而达致生死一条,葆全纯粹之天真,而会通大化,故无往而不适。庄子开篇处,即树立精神自由之形而上宗旨,磅礴之气超迈万世,前不见古人,后不见来者。

北冥[1]有鱼,其名为鲲。鲲之大,不知其几,千里也[2]。化而为鸟,其名为鹏。鹏之背,不知其几,千里也;怒而飞,其翼若垂天[3]之云。是鸟也,海运[4]则将徙于南冥。南冥者,天池[5]也。

齐谐[6]者,志怪者也。谐之言曰:"鹏之徙于南冥也,水击三千里,抟扶摇而上者九万里[7],去以六月息[8]者也。"

野马也,尘埃也,生物之以息相吹也[9]。天之苍苍,其正色邪?其远而无所至极邪?其视下也,亦若是则已矣。

且夫水之积也不厚,则其负大舟也无力。覆杯水于坳堂之上,则芥为之舟;置杯焉则胶,水浅而舟大也。风之积也不厚,则其负大翼也无力。故九万里,则风斯在下矣,而后乃今培风背,负青天,而莫之夭阏[10]者,而后乃今将图南。

蜩与学鸠[11]笑之曰:"我决起而飞,抢榆枋[12],时则不至而控于地而已矣,奚以之九万里而图南[13]为?"

适莽苍者,三餐而反,腹犹果然;适百里者,宿舂粮;适千里者,三月聚粮。之二虫又何知！

小知不及大知，小年不及大年。奚以知其然也？朝菌不知晦朔，蟪蛄不知春秋，此小年也。楚之南有冥灵[14]者，以五百岁为春，五百岁为秋；上古有大椿[15]者，以八千岁为春，八千岁为秋。此大年也。而彭祖乃今以久特闻，众人匹之，不亦悲乎！

汤之问棘也是已①。汤问棘曰："上下四方有极乎？"棘曰："无极之外，复无极也[16]。"

终北之北[17]有冥海者，天池也。有鱼焉，其广数千里，未有知其修者，其名为鲲。有鸟焉，其名为鹏，背若泰山，翼若垂天之云，抟扶摇而上者九万里，绝云气，负青天，然后图南，且适南冥也。斥鴳笑之曰："彼且奚适也？我腾跃而上，不过数仞而下，翱翔蓬蒿之间，此亦飞之至也，而彼且奚适也？"

此小大之辩也。

故夫知效一官，行比一乡，德合一君而征一国者[18]，其自视也亦若此矣。

而宋荣子[19]犹然笑之。且举世而誉之而不加劝，举世而非之而不加沮，定乎内外之分，辩乎荣辱之竟，斯已矣。彼其于世，未数数然也。虽然，犹有未树也。

夫列子御风而行，泠然善也[20]，旬有五日而反。彼于致福者，未数数然也。此虽免乎行，犹有所待者也。

若夫乘天地之正，而御六气之和[21]，以游无穷者，彼且恶乎待哉！

故曰：至人无己，神人无功，圣人无名[22]。

今译

在雾气弥漫的北冥幽深处，有一条鱼，名叫鲲。鲲的身体十分巨大，不知其尽头，大概要以千里来丈量。鲲变化而为一只鸟，名叫鹏。鹏的背，望不到边际，大概要以千里来丈量。大鹏奋起而飞，展开双翼，如同遮蔽天际的乌云。到了海潮运动的季节，大鹏将要向南冥迁徙。南冥，是一个高远无边的天池。

齐谐擅长记载奇闻异事。他说："大鹏要飞往南冥，激起水浪三千里，团聚风势，盘旋而起，直上云霄九万里，乘上六个月为一息的海运飓风，向南方云游。"

野马在大地上奔跑，尘埃在虚空中浮游，都是由造物者的呼吸吹动的。从地上遥望天穹，莽莽苍苍一片深蓝，那果真是天的本色吗？天空高远，是不是没有边际呢？那么，从高远的天上往下俯看大地，想必也是同样的情形吧？

如果水积得不深，就无力托负起大舟。在院子的凹坑里倒一杯水，能浮起一颗草芥作小舟；要是放下一只陶杯，就一定会沉底：那是因为池水太浅，而舟船太大了。风如果积聚不厚，就无力托负大鹏。所以，大鹏扶摇而上九万里，羽翼下面有长风，不断培厚风背，于是负青天而无所阻遏，云游高远，直飞南冥。

夏蝉和山鸠看到了，忍不住笑起来，说："我们疾走几步，腾跳几下，也能飞起来呀！稍稍用力就能飞到榆树、檀树的高枝上。有时候我们气力不足，飞不动了，跌落在地上，那也没什么要紧呀！何必要飞上九万里高空，去往那遥远未知的南方呢？"

人们到野外游玩，要带足三餐的食物，回到家里，肚子还是圆鼓鼓的。出行百里之外，要通宵来制作干粮。长途跋涉去千里之外，要提前三个月就预备给养。这两只小动物能知道什么呢？

小知者和大知者，不在同一个世界；短寿者和长寿者，也不在同一个世界。凭什么知道这一点呢？见光即死的朝菌不知月亮有圆缺，秋凉即死的夏蝉不知一年有四季。这是说小年的境界。楚国之南有楔灵木，以五百年为春，五百年为秋；上古时代巨大无比的椿华木，以八千年为春，八千年为秋。这是说大年的境界。彭祖以长寿闻名天下，如今众人竟然纷纷要与他比肩，岂不可悲！

商汤曾经请教夏棘，夏棘也是这样说。汤问："上下四方，有无极限？"棘说："无极之外，还是无极！"

北极之北，有巨冥，那是一个广漠无边的天池。天冥中有鱼，体长要用千里来衡量，看不到边际；它的名字叫鲲。天冥中有鸟，名字叫鹏，它的脊背，像泰山一样高高隆起，双翼展开像是遮天蔽日的乌云。大鹏扶风而盘旋，高上九万里，跨越云气，负起青天，然后一直向南，飞往南冥。沼泽中的鹦雀看到了，聚在一起讥笑，它们说："大鹏要飞往何处去呢？我辈向上飞跃，不过数丈就落下来，在蓬蒿和芦苇之间往来穿梭，也可以算得上善于飞翔了吧！那大鹏还想要怎样呢？"

这表明，小和大，境界的确有分别！

所以，有人的知见，可以胜任一个行业的职守；有人的行为，可以作为一乡的表率；有人的德性，适合辅助君主而获得一国民众的信任。这些人自视甚高，如同沾沾自喜的夏蝉、山鸠和鹦雀一般。

看到这些人自以为是的样子，宋荣子忍不住要笑出声来。整个世界都一起来加以赞誉，宋荣子不会因此而奋勉；众人一起来加以非难，他也不会因此而颓丧。认定了内与外的分别，分清了宠与辱的界限，对分外之事不问也不闻；对于那些世俗的名声，他哪里会去汲汲以求呢？虽然如此，宋荣子的建树还显得不够。

列子能驭风而行，身体轻盈升空，连续飞行十五天才往回返。他对世俗的利益之类，根本就不放在心上。列子会飞行，脱离了在地上走路的麻烦，但他还是有所依待。

至于那顺应天地正道，驾驭六气和合，游心于无穷的人，哪里需要依待任何外物呢？

所以说：至人忘记自己，神人不计较功利，圣人没有任何名相。

[注]

[1]冥：冥，幽暗玄深，混沌未开之境。陆德明《经典释文》："本亦作溟……北海也。嵇康云：'取其溟漠无涯也。'梁简文帝云：'窅冥无极，故谓之冥。'"后来注家释义为海，不当。海，局限于地上；冥，雾气连天，高远深邃，超出地面而连接太空。

[2]不知其几，千里也：几，极限，此处指尽头，边际。通行本"几千里"连读，不是战国时汉语的用法，误。沈善增《还吾庄子》对此句论述甚详。

［3］垂天：垂，同陲，边界。此处作动词用，外缘对齐，即遮盖。通行本解为"下垂"，误。

［4］海运：东西为广，南北为运。海水在日月引力作用下，在近海出现上下运动的潮汐和水平运动的潮流；在季风等因素作用下，出现规律性的洋流现象。《庄子》佚文："海水三岁一周，流波相薄，故地动。"见于汪继培《尸子校正·存疑》。《艺文类聚》八、《太平御览》三六、《白孔六帖》六均引为"《庄子》曰"。

［5］天池：庄子明言南冥是"天池"，下文"终北之北，有冥海者，天池也"，可证"冥"不是地上的海。庄子心体广大，空虚渺茫，神游六合之外，故能超越人籁地籁。万物芸芸，均可消散而变化为无形之混茫；大地不是至大无围的边界。

［6］齐谐：人名。或姓齐名谐，或齐国有人曰谐。下有"谐之言曰"，可为旁证。《列子·汤问》有记鲲鹏事："大禹行而见之，伯益知而名之，夷坚闻而志之。"马叙伦《庄子义证》以古文字音韵转换为据，论证"夷坚"即"齐谐"。存而待考。

［7］水激三千里，抟扶摇而上者九万里：激，震荡而涌起。旧作"击"，字通。抟（tuán），同"团"。司马彪注："圜也。周飞而上，若扶摇也。"意为鹏与风相互凭借，积聚风力而成团圜之势，盘旋而上，高入云霄，有九万里之遥。当前注家多追随章太炎，认为"风不可抟"，故改"抟"为"搏"。不妥。

［8］六月息：天地之间犹如橐（tuó）籥（yuè）鼓动，以六个月为一吸，以六个月为一呼也。天地之呼吸，扣"海运"。《太平御览》九四四引有"一息"。李白《大鹏赋》："六月一息。"可为旁证。

［9］野马也，尘埃也，生物之以息相吹也：野马，喻各类动物。大地上奔腾的野马，空气中浮游的尘埃，皆是造物者的呼吸所吹动。生物，即生物者，造物者。注家多解释为各类生物互相吹拂。郭象注："此皆鹏之所凭以飞者耳。野马者，气也。"试问：蝴蝶如何吹动野马？尺鷃如何吹动大鹏？无论如何是吹不动的，所以野马们就只好化为"尘埃"了，大鹏就等同于尺鷃了，真是可笑！各家注解中，唯见陆树芝《庄子雪》理解无误，指明"生物"乃"造物"，并指

出"虽鹏之大,亦必待天地之吹而后能徙"。《齐物论》篇"吹万不同"即言此造物之吹,即天道流行之意。

[10] 培风背,负青天,而莫之夭阏:培,堆,垒。《国语》:垒墼曰培。夭阏(è),阻遏。阏,同遏,止。旧注多断句为"背负青天",是受到现代汉语的影响而误断。

[11] 蜩与鷽鸠:蜩,蝉。鷽(yù)鸠,山雀。鷽,旧讹作"学"。今校正。

[12] 决起而飞,抢榆枋:决,同"趹"(jué),疾驰貌。抢(qiāng),尽力突击,猛冲。枋,檀木。一本在枋下旧衍"而止"二字,今删。

[13] 图南:图,旧脱。今据马叙伦《庄子义证》补。

[14] 楧灵:旧作"冥灵"。陆德明《经典释文》:"本或作楧。"

[15] 大椿:《经典释文》引司马彪注:"木,一名橓(shùn)";引崔譔注:"音橓华"。

[16] 汤问棘:汤问棘及以下旧脱二十一字,闻一多补正。接下来的一段话则是棘的答话,故为引语。郭象以"似山海经"为由删削《庄子》,此处即是一例。

[17] 终北之北:旧本为"穷发之北"。《列子·汤问》:"终北之北,有溟海者,天池也。"《列子·汤问》说禹治水土,迷路到了终北国。此处则明确指出冥乃天池,而不是我们常说的海。旧注限于世人有限的眼光,不能理解大地之外还有连接天穹之"冥"。

[18] 德合一君而征一国者:不宜"君"后断句。旧注断句多在"君"后,把"而"解为"能",以知、行、德、能并列;案今以知、行、德对应职、乡、国,文理顺畅。

[19] 宋荣子:宋钘(约前370—前291)。老聃后学,提倡"别囿""寡情""崇俭""非斗"。曾游稷下学宫。著作有《宋子》十八篇。宋钘能"定乎内外之分,辩乎荣辱之竟",忘记了名利,可算是一个"圣人",却因为还守着一个自己,所以算不得是"至人"。

[20] 列子御风而行,泠泠然善也:列子,名御寇。《汉书·艺文志·道家》录有《列子》八篇。泠泠然,轻举飞行的舒适样子。列子御风,有神功;但是仍

然有所依待；如果他能忘记自己的功夫，就可以成为"神人"。

［21］御六气之和：和，旧作"辩"，解为"变"。《经典释文》引崔本作"和"。六气，司马彪云：阴阳风雨晦明。

［22］至人无己，神人无功，圣人无名：至人，即游无穷者，无己故无待。神人，列子有功（如飞行）而不以为神，可算得神人。圣人，如宋荣子，但求实（有为救世）而不求名（不为个人虚名）。成疏认为此是一人而三名。他说："就体语至，就用语神，就名语圣，其实一也。"庄子此处论说是分层次的，至人属于最高级。读时需仔细分辨。

[释]

① 汤问棘的文献见于《列子·汤问》。汤所提出的问题包括时间之始终、八方之极限、万物之巨细与同异等。棘的回答则指出宇宙无边无际，远近、高下、大小、寿夭之类各有差异，然而"形气异也，性钧已，无相易已。生皆全已，分皆足已"，万物各自不同，但都与其天生的环境相适宜；各自性完分足，非用外力人为地加以改变，不会成为另外的样子。

此处文字有缺漏，文义不连贯，疑为遭人删削，因无确切证据而不能复原。《列子·汤问》有关部分列在下面，供参考。在"貉逾汶则死"句下，张湛注："案《山海经》，大江出汶山。郭云：东南径蜀郡，东北径巴东、江夏，至广陵入海。"明确记载《列子》文中有郭象注，似可证此为《庄子》佚文。

> 殷汤问于夏革曰："古初有物乎？"
> 夏革曰："古初无物，今恶得物？后之人将谓今之无物，可乎？"
> 殷汤曰："然则物无先后乎？"
> 夏革曰："物之终始，初无极已。始或为终，终或为始，恶知其纪？然自物之外，自事之先，朕所不知也。"
> 殷汤曰："然则上下八方有极尽乎？"

革曰："不知也。"

汤固问。

革曰："无则无极，有则有尽；朕何以知之？然无极之外复无无极，无尽之中复无无尽。无极复无无极，无尽复无无尽。朕以是知其无极无尽也，而不知其有极有尽也。"

汤又问曰："四海之外奚有？"

革曰："犹齐州也。"

汤曰："汝奚以实之？"

革曰："朕东行至营，人民犹是也。问营之东，复犹营也。西行至豳，人民犹是也。问豳之西，复犹豳也。朕以是知四海、四荒、四极之不异是也。故大小相含，无穷极也。含万物者，亦如含天地。含万物也故不穷，含天地也故无极。朕亦焉知天地之表不有大天地者乎？亦吾所不知也。然则天地亦物也。物有不足，故昔者女娲氏练五色石以补其阙；断鳌之足以立四极。其后共工氏与颛顼争为帝，怒而触不周之山，折天柱，绝地维；故天倾西北，日月辰星就焉；地不满东南，故百川水潦归焉。"

汤又问："物有巨细乎？有修短乎？有同异乎？"

革曰："渤海之东不知几亿万里，有大壑焉，实惟无底之谷，其下无底，名曰归墟。八纮九野之水，天汉之流，莫不注之，而无增无减焉。其中有五山焉：一曰岱舆，二曰员峤，三曰方壶，四曰瀛洲，五曰蓬莱。其山高下周旋三万里，其顶平处九千里。山之中间相去七万里，以为邻居焉。其上台观皆金玉，其上禽兽皆纯缟。珠玕之树皆丛生，华实皆有滋味；食之皆不老不死。所居之人皆仙圣之种；一日一夕飞相往来者，不可数焉。而五山之根无所连著，常随潮波上下往还，不得暂峙焉。仙圣毒之，诉之于帝。帝恐流于西极，失群仙圣之居，乃命禺强使巨鳌十五举首而戴之。迭为三番，六万岁一交焉。五山始峙而不动。而龙伯之国有大人，举足不盈数步而暨五山之所，一钓而连六鳌，合负而趣，归其国，灼其骨以数焉。于是岱舆、员峤二山流于北极，沉于大海，仙圣之播迁者巨亿计。帝凭怒，侵减龙伯之国使厄，侵小龙伯之民使短。至伏羲神农时，其国人犹数十丈。从中州以东四十万里得僬侥国，人长一尺五寸。东北极有人名曰诤人，长九寸。荆之南有冥灵者，以五百岁为春，五百岁为秋。上古有大椿者，以八千岁为春，八千岁为秋。朽壤之上有菌芝者，生于朝，死于晦。春夏之月有螺蚰者，因雨而生，见阳而死。终北之北有溟海者，天池也，有鱼焉。其广数千里，其长称焉，其名为鲲。有鸟焉，其名为鹏，翼若垂天之云，其体称焉。世岂知有此物哉？大禹行而见之，伯益知而名之，夷坚闻而志之。江浦之间生么虫，其名曰焦螟，群飞而集于蚊睫，弗相触也。栖宿去来，蚊弗觉也。离朱子羽方昼拭眦扬眉而望之，弗见其形；䚦俞师旷方夜擿耳俯首而听之，弗闻其声。唯黄帝与容成子居空峒之上，同斋三月，心死形废；徐以神视，块然见之，若嵩山之阿；徐以气听，砰然闻之，若雷霆之声。吴楚之国有大木焉，其名为櫾，碧树而冬生，实丹而味酸。食其皮汁，已愤厥之疾。齐州珍之，渡淮而北而化为枳焉。鹡鸰不逾济，貉逾汶则死矣。地气然也。虽然，形气异也，性钧已，无相易已。生皆全已，分皆足已。吾何以识其巨细？何以识其修短？何以识其同异哉？"

尧让天下于许由[1]，曰："日月出矣，而爝火不息，其于光也，不亦难乎！时雨降矣，而犹浸灌，其于泽也，不亦劳乎！夫子立而天下治，而我犹尸之，吾自视缺然。请致天下。"

许由曰："子治天下，天下既已治也。而我犹代子，吾将为名乎？名者，实之宾也，吾将为实[2]乎？鹪鹩巢于深林，不过一枝；偃鼠饮河，不过满腹。归休乎，君！予无所用天下为！庖人虽不治庖，尸祝不越樽俎而代之矣。"

肩吾问于连叔曰："吾闻言于接舆[3]，大而无当，往而不返。吾惊怖其言，犹河汉而无极也，大有径庭[4]，不近人情焉。"

连叔曰："其言谓何哉？"

"曰：'藐姑射之山，有神人居焉，肌肤若冰雪，绰约若处子[5]。不食五谷，吸风饮露。乘云气，御飞龙，而游乎四海之外。其神凝，使物不疵疠而年谷熟。'吾以是狂[6]而不信也。"

连叔曰："然，瞽者无以与乎文章之观，聋者无以与乎钟鼓之声。岂唯形骸有聋盲哉？夫知亦有之。是其言也，犹时女也[7]。之人也，将旁礴万物以为一[8]。世蕲乎乱，孰弊弊焉以天下为事[9]？之人也，物莫之伤，大浸稽天而不溺，大旱金石流土山焦而不热。是其尘垢秕糠，将犹陶铸尧舜者也，孰肯纷纷然以物为事[10]！"

宋人资章甫而适越，越人断发文身，无所用之。

尧治天下之民，平海内之政[11]。往见四子藐姑射之山[12]。汾水之阳，窅然丧其天下焉[13]。

惠子谓庄子曰："魏王贻我大瓠之种，我树之成而实五石。以盛水浆，其坚不能自举也。剖之以为瓢，则瓠落无所容。非不呺然大也，吾为其无用而掊之。"

庄子曰："夫子固拙于用大矣。宋人有善为不龟手之药者，世世以洴澼絖为事。客闻之，请买其方百金。聚族而谋曰：'我世世为洴澼絖[14]，不过数金；今一朝而鬻技百金，请与之。'客得之，以说吴王。越有难，吴王使之将。冬，与越人水战，大败越人，裂地而封之。能不龟手，一也；或以封，或不免于洴澼絖，则所用之异也。今子有五石之瓠，何不虑以为大樽而浮乎江湖，而忧其瓠落无所容？则夫子犹有蓬之心[15]也夫！"

惠子谓庄子曰："吾有大树，人谓之樗[16]。其大本拥肿而不中绳墨，其小枝卷曲而不中规矩。立之涂，匠者不顾。今子之言，大而无用，众所同去也。"

庄子曰："子独不见狸狌乎？卑身而伏，以候敖者；东西跳梁，不避高下；中于机辟，死于罔罟。今夫斄牛[17]，其大若垂天之云。此能为大矣，而不能执鼠。今子有大树，患其无用，何不树之于无何有之乡，广莫之野，彷徨乎无为其侧，逍遥乎寝卧其下。不夭斤斧，物无害者，无所可用，安所困苦哉！"

今译

唐尧要把天下让给许由，说："日月出来了，我的火把不熄灭，还要自己发光，这不是难为之事吗？应时的雨已经下过，我还要浇灌庄稼，这不是徒劳无功吗？夫子您垂手而立，就可以使天下秩序井然，而我还占着君主的位子，自己感觉能力不够，很是惭愧。请允许我把天下托付给您！"

许由说："你按自己的办法治理天下，天下得到治理；既然如此，我还要来代替你，是贪图虚名吗？名不过是实的影子罢了。我难道贪图实利吗？鹪鹩在林中筑巢，只需树梢的一枝；鼹鼠到河中饮水，仅需满腹就已经足够。罢了，君主请回吧！我能拿天下做什么呢？即使庖人不下厨，祭司也不会跳过祭台来代替他啊。"

肩吾向连叔求教，说："我听接舆谈话，大而不当，有去无回。我感到震惊的是，他的话像江河的浩渺流水，听起来完全不着边际，超出人情常理。"

连叔问："他是怎么说的呢？"

"他说：'从姑射国去往浩渺的海上，有一个仙岛，岛上居住着神人，肌肤洁白如冰雪亮丽，行动举止有翩翩少女的姿容；那神人，不吃五谷，吸风饮露，乘云气，御飞龙，遨游于四海之外。那神人，精神内敛，心气平和，能保万物无灾，五谷丰登，天下安康。'我觉得接舆的这些话，虚诞无凭，所以不敢相信。"

连叔说："是吗？不要给盲人看锦绣文采，不要给聋人听钟鼓美乐。残疾并非限于身体的器官，心智的残疾也是到处可见啊！肩吾的一番话，如同他所描述的处子一样优雅！此位神人，可使万物生长而天下齐一。现在的人，纷争求乱，看看都有谁在焦头烂额地治天下！这神人，世间万物不能伤害，洪水滔天也淹不到他，大旱时金石融化、土焦山焚也热不着他。哪怕只是神人身上的一点儿尘垢秕糠，也足以陶铸尧舜那样的圣人！谁愿意纷纷扰扰，把追逐外物当作人生的事业！"

有一个宋人到越国去推销朝服礼冠。越人剪发，文身，在那里生活，根本不需要发冠和礼服。

唐尧治理天下民众，平定四海政事，于是登程去姑射仙山拜见四位神人。刚走到汾河北岸，心中忽然一片茫然，于是就把他的天下忘得干干净净了。

惠子对庄子说："魏王赠我葫芦种，我栽种成功，收获了一个可容纳五石的大葫芦。用来盛水，不够结实，会破裂。剖开做瓢，体积太大，无处安放。真是空有其大而毫无用处！于是我就把它砸碎了！"

庄子说："先生确实很笨拙，不善于用大物！宋国有个人善于配制专治手脚冻伤的药，他家世代从事漂洗丝絮的手艺。有个客人知道了，愿意出百金购买这个药方。他聚集亲族商议：'我们常年漂洗丝絮，获利不过几两。如今出卖药方，立即可得百金。卖给他吧！'客人得到药方，就去游说吴王。当时，越国进犯吴国，吴王派他领兵在冬季与越人水战，取得大胜，于是封地为侯。这药方防治皲裂的功能本来无异，可有人能够封侯，有人却不免漂洗劳作，全在于用途有差别！如今你有五石的大葫芦，何不用它制成大樽而浮于江海呢？你发愁廓落大物无处安放，看来您的心中塞满了蓬草啊！"

惠子对庄子说："我有一棵大树，人们叫它臭椿。树干臃肿，不中绳墨，小枝弯曲，不合规矩。就是把它立在路边，走过的木匠连一眼都不看。你现在说的话，大而无用，所以众人都疏远你。"

庄子说："你难道没见过狸猫吗？匍匐隐藏，捕猎出行的小鼠；东蹿西跳，不避高下；不知哪一天会踏中机关，死于网罗。再说氂牛，身躯伟岸，像是遮避天际的乌云。犛牛能成为庞然大物，却不会捕捉小鼠。现在先生有一棵大树，却因为没有用处而发愁；你为何不把它植于无何有之乡，广漠原野，在树周围无为而徘徊，在树荫下逍遥而寝卧？那样，不会将自己的生命夭折在刀斧之下，万物都无所伤害。无所可用，怎么会困苦呢？"

[注]

[1] 许由：字伯阳，尧时贤人，隐于城阳之箕山。《太平御览》八一引《尸子》：舜得六人，曰雒陶，方回，续牙，伯阳，东不识，秦不空。

[2] 实：旧讹为"宾"，因为实与宾形似易混淆，张远山校正。

[3] 接舆：成疏：姓陆，名通，字接舆，与孔子同时。《论语·微子》："楚狂接舆歌而过孔子曰：'凤兮凤兮，何德之衰？往者不可谏，来者犹可追。已而已而，今之从政者殆而！'孔子下，欲与之言，趋而避之，不得与之言。"

[4] 大有径庭：径，幽深小径；庭，门外平地。大有径庭，林希逸解作"遥远无边"。

[5] 绰约若处子：绰约，柔弱温婉。或作"淖约"。

[6] 诳：旧作"狂"，传写之误。诳，欺哄。

[7] 犹时女也：对这句话理解有争论，司马彪解为"处女"，焦竑、王叔岷等认为是"时汝"，但是于文义均扞格不通。陆德明《经典释文》引向秀注："时女虚静柔顺，和而不喧，未尝求人而为人所求也。"郭庆藩注："时女"即"是女"。今案，是女，此女，即姑射山的神人。

[8] 之人也，将旁礴万物以为一：旧本"之人也"下有"之德也"三字，疑为衍文，与下句不对。续古逸丛书宋本无此三字，可证。旁礴，司马彪以为"混同"。

[9] 世蕲乎乱，孰弊弊焉以天下为事：世人追逐外物，以人害天，就是祈求天下大乱！弊弊，疲惫貌。

[10] 孰肯分分然以物为事："分分然"三字旧脱，王叔岷据《淮南子·俶真训》补。以物为事，追逐于物，即《齐物论》之"物于物"。

[11]平海内之政：平，治。《列御寇》"以不平平"，即用此义。

[12]藐姑射之山：藐，邈远。姑射，《列子》作"列姑射山"。由河入海，登岛才能到达，必不在"汾水之阳"，故在"山"后断句。《山海经·海内北经》："列姑射山在海河洲中。姑射国在海中，属列姑射。西南，山环之。大蟹在海中。陵鱼人面，手足，鱼身，在海中。大鯾居海中。明组邑居海中。蓬莱山在海中。大人之市在海中。"山东半岛沿海常见海市蜃楼，故有此说。

[13]汾水之阳，窅然丧其天下焉：窅（yǎo），目光深空，神色怅惘。丧，忘。尧刚走到汾河北岸，就忘却了自己据有天下这回事。

[14]洴澼絖：洴（píng）澼（pì），漂洗。絖（kuàng），丝缕。

[15]有蓬之心：茅蓬闭塞之心。陆德明《经典释文》引向秀注："蓬者，短不畅，曲士之谓。"甚当。郭注："蓬，非直达也。此章言物各有宜，苟得其宜，安往而不逍遥也。"以虫豸冒充圣人，唯此氏为尤！诚如支道林所言"犹饥者一饱，渴者一饮"，无非尺鷃夏虫之类。乡愿之曲士，蓬塞其成心，而妄言逍遥，自欺欺人而已。

[16]人谓之樗：樗（chū），臭椿。惠子以臭椿贬"大"，针对前文庄子以椿为"橹华"褒"大"。

[17]犛牛：犛（lí）牛，上古时的黑色大牛。非今日藏地之牦牛也。

庄子真义内篇第二

齐物论

题解

齐物之论，不辩；见道之言，无言。生生皆原道，天吹见均平。见道悟真而得其环中，葆光不耀，则天然普照而万物一齐。至人无己，猖狂两行，而蹈于大方。《庄子》佚文：吾亡是非，不亡彼此（唐法琳《广析疑论》）。梦中化蝶而欣然不疑，大梦觉后则顿悟物我有分。有分而能齐，则要求个人脱俗忘我，实现超越的人格转化，而至于道德之乡，此乃人类心性解放的正途。庄生诗心哲思，于此篇达到了创造性的巅峰。

南郭子綦[1]隐几[2]而坐，仰天而嘘[3]，嗒焉似丧其耦[4]。

颜成子游立侍乎前，曰："何居乎[5]？形固可使如槁木，而心固可使如死灰乎？今之隐几者，非昔之隐几者也？"

子綦曰："偃，不亦善乎而问之也！今者吾丧我，汝知之乎？女闻人籁而未闻地籁，女闻地籁而未闻天籁夫！"

子游曰："敢问其方。"

子綦曰："夫大块噫气，其名为风[6]。是唯无作，作则万窍怒呺。而独不闻之翏翏乎？山林之畏佳[7]，大木百围之窍穴，似鼻，似口，似耳，似枅[8]，似圈，似臼，似洼者，似污者；激者、謞者、叱者、吸者、叫者、譹者、宎者、咬者[9]，前者唱于而随者唱喁。泠风则小和，飘风则大和，厉风济则众窍为虚[10]。而独不见之调调之刁刁[11]乎？"

子游曰："地籁则众窍是已，人籁则比竹是已，敢问天籁。"

子綦曰:"夫吹,万不同,而使其自己也。咸其自取,怒者其谁邪？[12]"

今译

南郭子綦隐几静坐,仰首向天,缓缓嘘气,然后垂头沉沉入定,好像精神与身体已然分离。

颜成子游站立案前侍候,问:"先生今天这是怎么了？身体竟然变得如同枯木干枝,心神竟然变得如同即将燃尽的火灰？今天的隐几者,不像往日的隐几者啊。"

子綦说:"偃啊,你能这样问,很好！今天,我失去了自我啊,你能听明白吗？你曾听见人籁,而未曾听见地籁；你曾听见地籁,而不曾听见天籁吧！"

子游说:"冒昧请教,那是什么样的情形呢？"

子綦说:"天地的呼吸,名叫风。风吹,不发动则已,一旦发动,便会万窍怒吼。你可曾闻听长风呼啸的声音？山深林密的地方,沟壑参差,百围大树上的孔洞,像鼻子,像嘴巴,像耳朵,像曲拱,像木盂,像石臼,像深沟,像浅塘；它们发出的声音,有激流飞瀑的力度,有火焰燃烧的肃杀,有怒吼之威严,有呼吸之转圜,有呼喊之气势,有号哭之悲凉,有哨音之回旋,有尖啸之悠长。前行者呼呼,后来者鸣鸣,清风习习引来小和声,飘风呼叫引来大合唱,厉风浩荡,席卷整个山谷,众多窍穴都成了一个共鸣震响的乐器。你难道不曾听闻,大风吹过,山林一片调调、刁刁的回环声？"

子游说:"地籁是众窍的声音,人籁是笙箫的声音；那么,请问什么是天籁？"

子綦说:"大气吹嘘而万物放声,各自不同。假如万物都是自生自长,那谁是那个发动这一切的源头鼓舞者呢？"

[注]

[1] 南郭子綦:张远山《庄子传》以子綦为庄子师。《山木》有"市南宜僚",

《田子方》有"东郭顺子",或都是南郭子綦的变文。《列子·仲尼》:

> 子列子既师壶丘子林,友伯昏瞀人,乃居南郭。从之处者,百数而不及。虽然,子列子亦微焉,朝朝相与辩,无不闻。而与南郭子连墙二十年,不上谒请;相遇于道,目若不相见者。门之徒役以为子列子与南郭子有敌不疑。
>
> 有自楚来者,问子列子曰:"先生与南郭子奚敌?"
>
> 子列子曰:"南郭子貌充心虚,耳无闻,目无见,口无言,心无知,形无惕。往将奚为?虽然,试与汝偕往。"
>
> 阅弟子四十人同行。见南郭子,果若欺魄焉,而不可与接。顾视子列子,形神不相偶,而不可与群。南郭子俄而指子列子之弟子末行者与言,衎衎然若专直而在雄者。子列子之徒骇之。反舍,咸有疑色。
>
> 子列子曰:"得意者无言,进知者亦无言。用无言为言,亦言,无知为知,亦知。无言与不言,无知与不知,亦言亦知,亦无所不言,亦无所不知;亦无所言,亦无所知。如斯而已。汝奚妄骇哉?"

[2] 隐几:注者多以为"凭案几而坐",不当。下文说到子游的看法:"今之隐几者,非昔之隐几者也?"可以推定这种方式是南郭子綦日常练习的功夫,类似于打坐或入静,与坐忘和心斋的追求息息相通。《秋水》"公子牟隐几大息",《知北游》"神农隐几,阖户昼冥",与此相类。

[3] 仰天而嘘:似是一种呼吸吐纳的养生法。陶弘景《养性延命录》有"嘘呵呼呬吹嘻"吐气法六种,可为旁证。

[4] 似丧其耦:耦,同偶,木偶,此处指身形。似丧其耦:好像忘记了有形的身体。此为外形之观察,与下文所说"吾丧我"乃精神转变的自我描述,二者形成内外相对的照应。

[5] 何居乎:居,同故。何故。

[6] 大块噫气,其名为风:噫(ài),吐气。风,为大地呼气。陆德明《经典释文》引宣颖曾用"大块噫气"来解"六月息者"。郭注:"大块者,无物。物

之生也，莫不块然而自生。"郭氏存心为其"物性自正"的谬论张目，置白纸黑字和逻辑曲直全然于不顾。

［7］山林之畏佳：畏，弯曲，即沟壑。佳，同萑（huán），芦苇，喻草木茂密。刘师培、张远山以为是"崽崔"，喻巍峨高峻貌，似不当。

［8］枅（jī）：木拱。

［9］激者、謞者、叱者、吸者、叫者、譹者、宎者、咬者：激，水拍。謞，同熇，火烧。叱，呵斥。譹，同嚎。宎，洞穴的回声。咬，鸟鸣，例如"采采丽容，咬咬好音"。

［10］厉风济则众窍为虚：济，渡，掠过。虚，中心空洞的乐器，如竹制的管箫之类。郭注解"济"作"止"，解"虚"作"空"，均误。

［11］独不见之调调之刁刁：见，听闻。调调、刁刁，风吹众窍的悠长回旋之声。旧注以"见"为"看"，把调调、刁刁说成是大风止息后草木摇动的景观，因而失去了本章描述风吹而生地籁的语意连贯性。

［12］夫吹，万不同，而使其自己也。咸其自取，怒者其谁邪：吹，天吹，天籁。大道均平万物，有如橐龠呼吸，吹拂天地之间，万物应声而作，而样态千差万别，不拘一格。天下品物，如果都是自生而自在，那么谁又是那个发动这一切的鼓舞之源呢？天籁，不是出自人间笙箫，不是出自地上众窍，却是笙箫、众窍得以鸣响的天吹。此吹，乃宇宙之根本，万有之源头。人籁即比竹，地籁即众窍，天籁则无声而生生。无声无形，寂然生物，而生生者不生，不生亦不死，大道周流而均平之谓。

大知闲闲，小知閒閒；大言炎炎[1]，小言詹詹。其寐也魂交，其觉也形开。与接为构，日以心斗。缦者、窖者、密者[2]。小恐惴惴，大恐缦缦。其发若机栝，其司[3]是非之谓也；其留如诅盟，其守胜之谓也；其杀若秋冬，以言其日消也；其溺之所为之，不可使复之也；其厌也如缄，以言其老洫[4]也；近死之心，莫使复阳[5]也。喜怒哀乐，虑叹变慹[6]，姚佚[7]启态。

乐出虚，蒸成菌[8]。日夜相代乎前，而莫知其所萌。已乎，已乎！

旦暮得此，其所由以生乎！

非彼无我，非我无所取①。是亦近矣，而不知其所为使。

若有真宰，而特不得其眹[9]。可行已信，而不见其形，有情而无形。百骸、九窍、六藏，赅而存焉，吾谁与为亲？汝皆说之乎？其有私焉？如是皆有为臣妾乎？其臣妾不足以相治乎？其递相为君臣乎？其有真君存焉[10]！如求得其情与不得，无益损乎其真。

一受其成形，不化[11]以待尽。与物相刃相靡，其行尽如驰，而莫之能止，不亦悲乎！终身役役而不见其成功，苶然[12]疲役而不知其所归，可不哀邪！人谓之不死，奚益[13]！其形化，其心与之然，可不谓大哀乎？人之生也，固若是芒乎？其我独芒，而人亦有不芒者乎？

夫随其成心而师之[14]，谁独且无师乎？奚必知化[15]，而心自取者有之！愚者与有焉！未成乎心而有是非，是今日适越而昔至也。是以无有为有。无有为有，虽有神禹[16]，且不能知，吾独且奈何哉！

今译

大知宽泛，小知繁琐；大言淡漠，小言细密。睡寐时魂魄交接，如梦如幻；醒觉时身形兴奋，血脉偾张。谋虑日夜辗转，构思内外交斗。言说犹如幕布遮掩，地窖密藏，曲折幽深。小有恐慌，则不安而惴惴，大有恐惧，则阴云笼罩不见日天。开口发言，如扣发机弩，只争是非对错；固守成心如盟誓，只为好胜争强，而不肯认错。如秋冬肃杀，岁月无情，生命一天天消磨净尽；沉湎其中日久，而无法自拔，挣扎也是徒劳。处于下风时则闭口不言，精神挫败，气息奄奄；趋向衰亡的心灵，无法恢复其本然的活力和阳气。沉湎于喜怒哀乐、忧叹恐惧，而摇曳作态。

这就像大地上的虚窍发出声音，林中的湿气生出菌菇。凡此种种现象，昼夜流转在眼前，人还是不能得知自己的来由。是了，是了！若是晨夕之间便可领悟自己的根本来由，那么人还是天道所萌生之一物吗？

若是没有那个根源，谁生出"此我"？若是没有"此我"，又如何能够有所取舍？我这样说，已经接近了真相，但是，却不知那根源是如何遣使于我的。

似乎确有真宰，只是难以找到其萌芽和征兆。真宰的运作，其功能可见，其效用可信，却不见其形迹。百骸、九窍、六藏，齐备而完整，可我信赖其中哪一个呢？全都赏识它们，还是选择其中一个呢？把它们都作为臣妾，行吗？臣妾不可相互治理。难道让它们轮流做君臣吗？我确有自己的真君呀！无论我能否认清真宰的详情，都不能增加或者减少它的真实性。

生命因为有了真宰而成形，终生得以保持直到人体死亡之日，而与外物不停地相交相磨，而真宰却像快马一样奔驰而去，谁也无法停住它，这岂不是十分可悲吗？我终身辛劳，而不见真宰的成功；走到生命尽头时，不知真宰去往何方，人生岂不是无比哀痛而绝望吗！说人可以长生不死，那又有什么补益！人的身体死去，心灵也随着消泯。这真是无比巨大的哀伤！人的一生，就是如此蒙昧吗？还是只有我一个人蒙昧，另外自有清醒之人在？

随从自己的成心做判断，那人人都可以有自己的标准。不必通晓变化之道，愚人凡夫也都有自己的成心。如果没有成心，哪里会有那么多的是非争论？"今天出发去越国，而昨天已经到达"，这怎么可能？这样的信仰，是把无当作了有。把无当作有，即使神禹也无从知道啊，对此我又能说什么呢！

[注]

[1] 大言炎炎：炎炎，即淡淡，疏散貌。

[2] 缦者、窖者、密者：遮盖欲望，深藏忧戚，谋划机密。

[3] 司：伺，窥伺。

[4] 洫：静谧。

[5] 近死之心，莫使复阳：已成定型之心不再流动，便近乎死亡，不能使之恢复阳气。这是庄子反复论说的一个重要主题。此处用于抨击辩者近乎"心死"。参考《田子方》"哀莫大于心死"。

[6] 虑叹变慹：忧虑、叹气、变动、恐惧。

[7] 姚佚：摇佚，轻浮，显露。

[8] 乐出虚，蒸成菌：乐声出于器具空窍，蒸汽升腾养出菌菇。

[9] 若有真宰，而特不得其眹：真宰，行使自我治理的主体，精神；即天道的信使，后文所谓"使者"。

[10] 其有真君存焉：真君，天道赋予我之本性。"真吾"。上文"吾丧我"，"吾"即君，"我"即宰。亡我，丧我，则"真吾"凸显，归于天道。

[11] 化，流通本作亡："亡"是"化"的借代字。亡，化，忘，在《庄子》中大致同义。《田子方》作"化"。

[12] 苶（nié）然：倦怠，《说文解字》：智少力劣。

[13] 人谓之不死，奚益：之，所指代的对象不易确定。有两种可能的解读：身形不死，或心灵不死。接下来说"其形化，其心与之然"，则二者俱必有死。养生者追求长寿，修仙者追求灵魂飞升。庄子此处追问：如果不能悟道，这些似是而非的信仰，于人生有何真实的益处？

[14] 随其成心而师之：成心，即执着于自我固执之"死心"。哀莫大于心死，即是说此成心。以成心为师，乃自我封闭的根本因由。郭象注："夫心之足以制一身之用者，谓之成心。人自师其成心，则人各自有师矣。人各自有师，故付之而自当。"高尚是高尚者的座右铭，鄙陋是鄙陋者的墓志铭。愚者无知，情有可原。而伪人作恶，终生之丑，万世之丑，无可逃遁！

[15] 奚必知化：化，旧作"代"，二字形近而误。钱穆、王叔岷校。

[16] 神禹：一般认为是指大禹。而张远山认为此乃指《大宗师》之"女偊"，故称神，非指夏禹。存疑待考。

[释]

① 非彼无我，非我无所取：此句历来解说纷纭，莫衷一是。分歧主要在两点：第一，"彼"的指谓。第二，是"非我无所取"的含义。章太炎《齐物论释》以"彼"为"相"，以心—相为一个对子，并以万法唯识（宇宙精神）来解说"绝待无对"。他说："若本无我，虽有彼相，谁为能取？既无能取，也无所取。"今

案：以佛家心相互对观念来解释此句，并不妥当。庄子与释迦牟尼，当然可以作比较；但不宜彼此替代，否则二者各自的独特性就被抹杀了。这一点也是比较研究的一条根本原则。彼，林希逸以为"造物"，扣上文"得此"之"此"。今案：《德充符》庄子谓惠子"天选子之形，子以坚白鸣"，明确指出人身生于天道。故此处可以把"彼"理解为天道。郭象注："彼，自然也。自然生我，我自然生。"先承认有自然（名词），然后偷梁换柱，以"自己而然"（形容词）取消"天道自然"，借庄子文章来鼓吹"物自生而独化"的郭氏命题。

夫言非吹也。言者有言。其所言者特未定也。果有言邪？其未尝有言邪？其以为异于鷇音[1]，亦有辩乎？其无辩[2]乎？

道恶乎隐而有真伪？言恶乎隐而有是非？道隐于小成，言隐于荣华。故有儒墨之是非，以是其所非而非其所是。欲是其所非而非其所是，则莫若以明[3]。

物无非彼，物无非是。自彼则不见，自是则知之[4]。故曰：彼出于是，是亦因彼。彼是方生之说①也。虽然，方生方死，方死方生；方可方不可，方不可方可；因是因非，因非因是。是以圣人不由，而照之于天，亦因是也[5]。

是亦彼也，彼亦是也。彼亦一是非，此亦一是非，果且有彼是乎哉？果且无彼是乎哉？彼是莫得其偶，谓之道枢[6]。枢始得其环中，以应无穷。是亦一无穷，非亦一无穷也[7]。故曰：莫若以明。

以指喻指之非指，不若以非指喻指之非指也；以马喻马之非马，不若以非马喻马之非马也[8]。天地一指也，万物一马也[9]。

道恶乎往而不存？言恶乎存而不可？② 恶乎可？可于可。恶乎不可？不可于不可[10]。道行之而成，物谓之而然。恶乎然？然于然。恶乎不然？不然于不然。物固有所然，物固有所可。无物不然，无物不可。

故为是举莛与楹，厉与西施，恢诡谲怪，道通为一。其分也，成也；其成也，毁也。凡物无成与毁，复通为一。唯达者知通为一，为是不用而寓诸庸[11]。庸也者，用也；用也者，通也；通也者，得也。适得而几矣。因是已，已而不知其然，谓之道。

今译

　　人言，异于天吹。人言，总要采取一定的指向，而采取哪个指向，则无法固定下来。人言是真有，还是非真有？人都相信自己的发言与鸟儿的鸣叫有分别；那么是真有分别，还是没有分别？

　　道，如何被遮蔽，于是有了真伪之辩？言，如何被遮蔽，于是有了是非之辩？道，被陈年垃圾所壅堵；言，被浮华辩词所败坏。所以，才会有儒、墨之间的是非争辩，各以对方的非作为自己的是，各以对方的是作为自己的非。与其自以为是而以人为非，不如照之于天。

　　任何事物都可以是彼，都可以是此。自彼不能见，自此则能知。所以说：彼出于此，此也是因为有彼。彼与此合起来说，就是一个"方"：彼与此相生相依，同存于一个"方"。有一对彼此，就生出一个"方"。一方之中，有生有死，有死有生；有可有不可，有不可有可。此是而彼非，此非而彼是，彼此对立，却同属于一个"方"。因此，圣人不用是非的两极相对来制作言论，而能得到天光之耀，能因循天道廓然之大方，而不会拘守私己之一隅。

　　从大方的角度看，是已经包含彼，肯定彼，所以说：彼亦是此。彼，有一己的是和非；此，有一己的是和非。那么，彼与此之间，真有分别，还是没有分别？超越彼此的对待，就可以找到通往天道的枢纽。循枢环之圆，足以因应无穷的是和非。是，乃是一个无穷，非，也是一个无穷。所以说，与其固守人人相对的自我成心，不如让廓然大道来明照万物。

　　用指号来说明"指月之指，不是月"，不如用非指号来说明"指月之指，不是月"。用"马"的概念来说明"白马非马"，不如用非概念的马来说明"白马非马"。天地广大，用一指可作隐喻；万物纷繁，用一马可作比拟。

　　人间正道如何消逝而不存在于现世？人言如何存于现世却不能被认可？凡

可能的，就认可，不可能的，就不认可。道，经由践行而实际成就；物，因命名而得以认可。为什么能认可？凡认可，自有其理由。为何不能认可？凡不认可，也有其理由。任何一物的存在，自有其根据，也就自有其理由。无一物没有根据，无一物没有理由。

因为这个缘故，无论细草与大柱，丑陋的病人与美女西施，光明磊落的君子与阴暗污浊的小人，都是道的体现，其间虽有种种差别，却又相通为一。物有分界，就有所成；有所成，同时也有所毁。无论成与毁，总是回到整体的统一。只有至人，才知晓万物同一的道理。因此，不要人为造作，而要顺应大道恒常的作用。恒常，即功用；功用，即融通；融通，即得道；得道，即进入至真的境界。循之而行，而不知其然，就称为道。

[注]

[1] 鷇音：鷇（kòu），幼鸟。鷇音：鸟鸣之声。把言语发声复归更原始的鸟声，层层剥离既定概念的约束，打通层层累积的文化形态与人的原初自然本性之间不可分割的联系。

[2] 辩：同辨。

[3] 莫若以明：此句注家多有纷争。《帛书老子》："归根曰静，静，是谓复命。复命常也，知常明也。不知常，妄。妄作，凶。"常，即恒道。明于恒常之道，可以破除自我设限，避免妄言妄作，从而可以与人无辩无争，进入虚怀若谷的境界。这是庄子化解儒墨之攻讦纷争、人言之是非对立的解决方案。

[4] 自是则知之：是，旧作"知"，不知何人误改。不通。王叔岷校正。

[5] 是以圣人不由，而照之于天，亦因是也：由，古字取自木生新芽之象，引申意为萌发、根由。圣人并不自生枝节，而是顺天从道，也就是积极进取的"因是"姿态。"君子以自强不息"，并非私意任性，而是遵道而行。《帛书老子·道经》（乙本）二十二章"自视者不章（彰）"（通行本《道德经》二十四章改为"自是者不彰"，不通），也是主张不持私己观点，而是以天光普照的视角看待万物。

[6]彼是莫得其偶,谓之道枢:彼是,即彼此,物我,人我(案:庄子的用法,"物"包括"人")。人我、彼此不对立,即不采取二元相待的模式,而是共生共在,围绕道枢而宛转循环,则可以至于一齐的境界。故而万物皆可,万物皆然,各适其适,普天之下,俱是道德之乡。

[7]是亦一无穷,非亦一无穷也:有我他,则有是非;是非无穷多,人心迷于途,皆因个人均自以为是也。郭注:"一是一非,两行无穷。"庄子的两行,是乘道因人,不是庸人和骗子的混账"是非"。成疏:"彼我两忘,是非双遣。"庄子佚文:"吾亡是非,不亡彼此。"(唐法琳《广析疑论》)其间高下判别,读者自详。此句佚文成为佚文,诚然事出有因!

[8]以指喻指之非指,不若以非指喻指之非指也;以马喻马之非马,不若以非马喻马之非马也:"指不至","至不尽",乃惠施(合同异)一派名家(辩者)的主要论点。"指非指"是说能指(指号)不是所指(物)。"指不至"是说能指未必与所指一一对应。"至不尽"是说,即使能指对应所指,也不能说尽其义涵。"指非指",是主张"离坚白""正名实"的公孙龙子的主要论题。他说:"物莫非指,而指非指。"(《公孙龙子·指物论》)天下万物,要为人所知所用,必须经由命名才可言说。凡名言一旦用于某一命物活动,则不同于未命物之时的抽象名言。"白马非马",就是说用指号"马"命名此一白马,就已经不再是通用概念"马"的一般指号了。"指与物,非指"。命名一物,即有一物(物谓之而然),即相"与",则会使一般性的抽象名言发生变化,故必须经由清晰的分辩来离析其确凿含义,以便正名而求实。名家的此种思路不能说不精致,却是只见言物之"有",而忽略了不言之"无"。因此,名言分析的努力,容易陷入无穷无尽的言论辩说之泥沼。庄子的思路,是通观整体而卓然超拔:"言者有言,其所言者特未定也。"名言命物,虽然富有创造编织之伟力,却又面临是非辩难之陷阱,很容易陷入以假为真的话语迷信。而跳脱名言,不在知见及其(功利性)应用的狭小范围内求生活,而是经由直观印证、合神会冥,可入于纯然大通之境界。"万物芸芸,复归其根。"此乃"神征"的求道途径。《列御寇》:"明者唯为之使,神者征之。夫明之不胜神也久矣。"

[9]天地一指也,万物一马也:天地虽然广大,用一指来比喻,可以通约纷

纭，而归于天道之纯一无杂。万物固然纷纭，用一马（不是概念）来比拟，可以超越其间的界限区隔，而使心灵自由奔放而无所阻抑。名言可用，即人可以"明"说，但"言与齐不齐"，总归要忘言才能归根，即守神不离，而入于寥天一。"物莫非指"，所指之物，已经是认识的对象，也就是说，对象总是意向的对象（胡塞尔）。意向与对象，构成一个"对子"。如同大树之根，万物之种，一切生机均含蕴其中。要避免陷入名言争论、是非对立的陷阱，只有"明"而不藏"神"，避免随"成心""坐驰"，庄子主张"游心于物之初"（《田子方》老聃教孔，有详细解说），即忘言、忘物，回归本然的合一。《庄子》的超越性精神指向，在此得到充分体现。

［10］道恶乎往而不存？言恶乎存而不可？恶乎可？可于可。恶乎不可？不可于不可：旧作"可乎可，不可乎不可。"义不贯通，疑有注者随意删减。"道恶乎往而不存？言恶乎存而不可？"二句旧在"道隐于小成"之前。或因旧版错简误排，造成文句隔断。成善楷《庄子笺记》考证翔实，可从。

陆德明《经典释文》引崔本"无物不可"下有脱文"可于可，而不可于不可。不可于不可，而可于可也"十九字。王先谦、张远山等据《寓言》补"恶乎可？可于可。恶乎不可？不可于不可"十五字。所补文句有理，所补位置则不恰当。

［11］为是不用而寓诸庸：为是，为道。不用，不思不言，无知无辩。庸，常，恒，即道。道不远人，人自远道；无为做人而遵从自然，不以人害天，则能葆光守神，不离大道。

［释］

① 彼是方生之说：彼与此（是）构成"方"是本书初次提出的范畴生成理论：彼与此相生相依，构成一个"方"（范畴）。比如说南与北相反，而"南北"作为一个对子，构成一个贯通"南北"的范畴。任何一对彼此，就生出一个"方"。生与死，大与小，可与不可，等等，都构成包容彼此的更大范畴。"天地一指，万物一马"，天地至大，用一指可喻；万物纷繁，用一马可比。这就是说明范畴

的包容性。庄子论证万物齐一，也是在论道（宇宙自然本源性和人生精神统摄性）的层面上才有可能，否则会陷入抹杀万物之差别的悖谬。亡是非，不亡彼此。确认万有各有其特殊性，因而不会抹杀个体的存在及其生长的权利。万物并生而大道齐一，个体的生存经验可以获得超越性的终极意义。

②道恶乎往而不存？言恶乎存而不可：庄子提出的"道往不存、言而不可"两大主题，不仅是跨越时空的一般哲学问题，更是人类面临的紧迫而严峻的时代困境。

此二句旧在"道隐于小成"之前。旧版错简误排，造成文义隔断。今据成善楷《庄子笺记》考证所得结论移至此处，从而可以紧扣下文"可于可"。校正是否合理，有待识者批评。"存"与"可"，即实存与认可，是当代哲学的重大命题。人间正道如何消逝而不存于现世？人言如何存于现世却不能认可？这不仅是对世道人言的严厉批判，更是对人间出路的深邃观照和卓绝探求。当代的主要哲学流派，如批判实在论，现象学与存在论，语言逻辑哲学等，都在这些关键点上深度纠缠而力求突破。《庄子》对于当代人类文化建设的指引意义，正有待于发现与开掘。

毕来德《庄子四讲》关于破除人类二元对立认知模式的"身体—灵性""人格主体"创新性论断：经由心斋的虚化，乃是心灵复归根本的循环往复活动；潜隐于无意识，是产生意识的条件和环节。主体，不再是与认知对象并立的"意识"，或者与身体二分的"心灵"。主体即身体；身体，当然不是笛卡尔式的客体化身体，即机器，而是"个人所有官能的潜力之总和。"天地一气，人在其中。乘天地之正、御六气之变的神人、至人，即具备此等机能的例子。

简言之，庄子的处方是"言无言"（见外篇《寓言》）。"道隐于小成，言隐于荣华。"定于一尊的概念体系及其运用，往往缺少意义生成的透明性。而以现象描述为主要特色的诗性叙事（如文学作品），则具有生动不居的有机性。《庄子》的话语艺术，为艺术打开了一扇大门，而不经意间却蚕食了名言概念的一统天下。打破了语言中心，就可打破意识中心，自我中心，知识—权力中心，从而为人的创造性生存开辟空间。

劳神明为一而不知其同也，谓之"朝三"。

何谓"朝三？"

曰："狙公赋芧[1]，曰：'朝三而暮四。'众狙皆怒。曰：'然则朝四而暮三。'众狙皆悦。"名实未亏而喜怒为用，亦因是也。

是以圣人和之以是非而休乎天钧，是之谓两行[2]。

今译

烦劳心神，去教别人与自己趋于同一，却不知天地原本就是同一的，这叫作"朝三暮四"。

什么是"朝三暮四"？

回答是："狙公养猴，收橡子为赋税。他说：'上午三升，下午四升！'猴子们都很生气。他又说：'那么，上午四升，下午三升！'猴子们都很高兴。"名与实无亏，喜与怒得用。

所以，圣人调和是非的两极对立，用天道的转轮来均平天下。这可以称作是与非的"两行"。

[注]

[1] 赋芧：收缴橡子以征税。此段文义长期有争论。或解为以橡子喂猴子。付诸文字者，有《列子》和刘基《郁离子》。下面分录之：

《列子·黄帝》：

宋有狙公者，爱狙；养之成群，能解狙之意；狙亦得公之心。损其家口，充狙之欲。俄而匮焉，将限其食。恐众狙之不驯于己也，先诳之曰："与若芧，朝三而暮四，足乎？"众狙皆起而怒。俄而曰："与若芧，朝四而暮三，足乎？"众狙皆伏而喜。物之以能鄙相笼，皆犹此也。圣人以智笼群愚，亦犹狙公之以智笼众狙也。名实不亏，使其喜怒哉！

《郁离子·术使》：

楚有养狙以为生者，楚人谓之狙公。旦日，必部分众狙于庭，使老狙率以之山中，求草木之实，赋什一以自奉。或不给，则加鞭箠焉。众狙皆畏苦之，弗敢违也。

一日，有小狙谓众狙曰："山之果，公所树与？"曰："否也，天生也。"曰："非公不得而取与？"曰："否也，皆得而取也。"曰："然则吾何假于彼而为之役乎？"言未既，众狙皆寤。

其夕，相与俟狙公之寝，破栅毁柙，取其积，相携而入于林中不复归。狙公卒馁而死。

郁离子曰：世有以术使民而无道揆者，其如狙公乎！惟其昏而未觉也。一旦有开之，其术穷矣。

[2] 和之以是非而休乎天钧，是之谓两行：休，止，定。《寓言》篇说："立定天下之定。"可参照。是非融和于天光之普照，故而对立两端合而为一"方"，这样彼此都有可行之路。乘道而因人，名之曰两行。西方谚语 Live and let live.（"自己生活，也让别人生活"）。西方此语，虽有彼此间之容忍照顾，却似乎未能见到天光普照的纯一大全。

古之人，其知有所至矣。恶乎至？有以为未始有物[①]者，至矣，尽矣，不可以加矣！其次以为有物矣，而未始有封也。其次以为有封焉，而未始有是非也。是非之彰也，道之所以亏也。道之所以亏，爱之所以成。果且有成与亏乎哉？果且无成与亏乎哉？有成与亏，故昭氏之鼓琴也；无成与亏，故昭氏之不鼓琴也。昭文之鼓琴也，师旷之枝策也，惠子之据梧也，三子之知几[1]乎，皆其盛[2]者也，故载之末年。惠子好辩[3]。唯其好之也，以异于彼，其好之也，欲以明之彼。非所明而明之，故以坚白之昧终。而其子又以文之纶终[4]，终身无成。若是而可谓成乎？虽我亦成也。若是而不可谓成乎？物与我无成也。是故滑疑之耀，圣人之所鄙[5]也。为是不用而寓诸庸，此之谓"以明"。

今译

　　古人的知，曾经达到至高境界。至高境界是什么呢？那就是认为万物未有之时，是一个无；无，才是至高和绝对，无以复加了。次一等的，认为有物，但没有分界。再次一等的，认为有分界，但无是非。一旦标榜自己的是和非，见道的境界就有了亏损。体道不全，就会生成爱憎、好恶。果真有成和亏的分别吗？果真没有成和亏的分别吗？说有成和亏，好比昭文弹琴；说没有成和亏，好比昭文不弹琴。昭文弹琴，师旷击节，惠施辩论，这三个人是当时艺术的巅峰，他们能发挥各自的专长，故能载誉晚年。惠子爱好辩论。他的爱好异于二人，于是他努力要把自己的辩论术，传授给二位乐师。人家不愿接受，他坚持要传授，于是终身痴迷于坚白之辩。而他的儿子，终身追随昭文弹琴鼓瑟，而没有成就。这样的人，算是成功吗？如果算成功，我们这些人也都可以算成功了！他们不算成功吗？万物与我，本来没有什么成功与否可辩。所以，多言善辩的炫耀，为圣人所鄙薄而不取。因此，真正的道理不需要论说和辩难，而是要寓于生活的日常应用，才容易让人理解，并能达到真正的明澈。这就是照之以明。

[注]

　　[1]三子之知几：三子之知：昭文弹琴，师旷击节，惠施辩论。几，巅峰。

　　[2]盛：成。

　　[3]惠子好辩：下文无主语，成善楷《庄子笺记》补此四字。断句也有变化。这样意义才完整。今从之。

　　[4]以文之纶终：纶，琴弦。文之纶，昭文的琴艺。惠施的儿子不喜欢辩论，终身追随昭文学琴。

　　[5]滑疑之耀，圣人之所鄙：滑（gǔ）疑，交错繁杂。喻言辞狡辩，华而不实。鄙，旧作"图"，张远山校正。

[释]

① 未始有物：注家多以"宇宙生成"来解说。不当。经验世界的存有，虽是当下的即有（the present given），却并非事实的全部。维特根斯坦《逻辑哲学论》中说："世界是一切发生的事实。世界是事实的总体，而不是事物的总体。"物之先，物之初，是说经验之物的"存有"乃是一个事件，是一个过程。什么会发生，什么不会发生，如何发生，都是有逻辑可循的。寻求逻辑，即形而上的探究，而不是物理的探究。《田子方》"吾游心于物之初"，可以参照。

今且有言于此，不知其与是类乎？其与是不类乎？类与不类，相与为类[1]，则与彼无以异矣。虽然，请尝言之。有始也者，有未始有始也者，有未始有夫未始有始也者。有有也者，有无也者，有未始有无也者，有未始有夫未始有无也者。俄而有无矣，而未知有无之果孰有孰无也。今我则已有谓矣，而未知吾所谓之其果有谓乎？其果无谓乎？

夫天下莫大于秋毫之末，而大山为小；莫寿于殇子，而彭祖为夭。天地与我并生，而万物与我为一[2]。既已为一矣，且得有言乎？既已谓之一矣，且得无言乎？一与言为二，二与一为三。自此以往，巧历不能得，而况其凡乎！故自无适有以至于三，而况自有适有乎！无适焉，因是已！

夫道未始有封，言未始有常，为是而有畛也。请言其畛：有左，有右，有伦，有义[3]，有分，有辩，有竞，有争，此之谓八德。六合之外，圣人存而不论；六合之内，圣人论而不议。春秋经世先王之志，圣人议而不辩。故分也者，有不分也；辩也者，有不辩也。

曰："何也？"

"圣人怀之，众人辩之以相示也。故曰：辩也者，有不见也。"

夫大道不称，大辩不言，大仁不仁，大廉不嗛，大勇不忮。道昭而不道，言辩而不及，仁常而不成，廉清而不信，勇忮而不成。五者圆而几向方[4]矣！故知止其所不知，至矣。孰知不言之辩，不道之道？若有能知，此之谓天府[5]。注焉而不满，酌焉而不竭，而不知其所由来，此之谓葆光。①

今译

如今我说了这些话，不知我的言说与惠子之言，是否属于一类？还是不属于一类？不管是一类还是不一类，类和不类，我言与彼言二者合起来，构成一个大类，归属一个"方"。也就是说，我与彼，本质并不相异。尽管如此，还是让我尝试来说明：假设有一个点叫起始；在这之前，还没有起始；有一个无始，那就有一个未曾有的无始。假设有一个点是最初的有，在这之前就有最初的无有，有未曾有的无，还有未曾有"未曾有的无"。既然有"无"，不知有"无"是真的属于有还是属于无。如今我已经有所言说，不知我的言说，是果真有所指谓，还是果真无所指谓？

天下之物都不会大于毫毛之末，而泰山却极小；天下人都没有夭折的婴儿长寿，而彭祖却算是短命。天地与我一起生，万物与我一体化。既然存在是"一"，那怎么可以有所言说呢？既然已经说了"一"，怎么又可以说是无言呢？一与言是"二"，"二"与一为"三"。自此开始，继续推演，就是精通历算的高手也不知最终的结论会是什么样子，何况凡人呢？从无到有，已经累积为"三"，何况从有到有呢？这样的推演将永远不得穷尽。因此，必须要有所休止。

道，从来没有一个边界，言，从来没有一套常规，因此，就有了论说彼与是的规范。例如有：左与右，伦常与便宜，分与辩，竞与争。这四个相对的论域就是所谓"八德"。六合之外的道，圣人肯定其存有，但不议不论。六合之内的物象，圣人加以描述，而不作解释。历史的经验、朝代的记录，圣人加以研析，但不加辩解。规范中有分，则必有不能分，有辩，则必有不能辩。

（子游）问："为什么是这样呢？"

（子綦）说："圣人心中有天道，可以用纯一来包容杂多；而众人纷纷攘攘，争辩不休，用各类杂多以彰显自我。所以说：善辩者自以为强，其实不知天道。"

大道不称量，大辩不多言，大仁无偏爱，大廉不苛察，大勇不以力服人。大道昭昭从不炫耀，言词争辩不是体认大道，以仁政为常规就难以做到普遍流行，要人清廉则难以广泛推进，施行暴力不能成就勇武。这五个"大"，道、辩、仁、廉、勇，本来圆融相通，可以由此进道，却也会由圆而变方，成为僵死的教条，使人顽固不化。所以，在不能知的地方要停止，不要越界，这才算是明智。谁能知道不用言说的大辩，不可议论的大道？如果知道，就可以称为天官之灵府：任凭注入多少也不会满溢，取走多少也不会枯竭，而且不知其源头在何处，这叫葆光。

[注]

[1]类与不类，相与为类：类与不类，构成一大类。彼与此成一方。

[2]天地与我并生，而万物与我为一：章太炎《齐物论释》认为，万物与我为一，万物皆种以不同形相禅，与佛家的无尽缘起，这三说之间并无分别。今案：以佛解庄，还是要具体分析才行，不能笼统地作系统化的概括。庄子质朴，不用过多的概念，甚至可以说不立任何体系，其言说的灵动与立场的自由跳脱，远非佛经可比。比较研究的方法可以用，但不可套用体系，忽略由下而上的具体呈现。

[3]有伦，有义：伦，伦常秩序。义，便宜合事。

[4]圆而几向方：圆变形而可为方。喻变得僵化。

[5]天府：神明之所。葆光之所在，神明之灵台。

[释]

① 注焉而不满，酌焉而不竭，而不知其所由来，此之谓葆光：灵府葆光，光而不耀。《天下》篇说庄子"彼其充实，不可以已，上与造物者游，而下与

外死生、无终始者为友。其于本也，弘大而辟，深闳而肆；其于宗也，可谓调适而上遂矣。虽然，其应于化而解于物也，其理不竭，其来不蜕，芒乎昧乎，未之尽者。"可见葆光是庄子修道践履的核心功夫之所在。葆光之处在天府，则暗示其来源并非个人的情感、意识、意志，而是天性。《列子·黄帝》说"今知至道不可以情求矣"，此主题可以与潜意识心理学、精神超越性等当代学术研究相互发明。其中"华胥国"一段，实为《桃花源》的先声。现录于下并作今译：

黄帝即位十有五年，喜天下戴己，养正命，娱耳目，供鼻口，焦然肌色皯黣，昏然五情爽惑。又十有五年，忧天下之不治，竭聪明，进智力，营百姓，焦然肌色皯黣，昏然五情爽惑。黄帝乃喟然赞曰："朕之过淫矣。养一己其患如此，治万物其患如此。"

于是放万机，舍宫寝，去直待，彻钟悬，减厨膳，退而间居大庭之馆，斋心服形，三月不亲政事。

昼寝而梦，游于华胥氏之国。华胥氏之国在弇州之西，台州之北，不知斯齐国几千万里；盖非舟车足力之所及，神游而已。其国无师长，自然而已。其民无嗜欲，自然而已。不知乐生，不知恶死，故无夭殇；不知亲己，不知疏物，故无爱憎；不知背逆，不知向顺，故无利害：都无所爱惜，都无所畏忌。入水不溺，入火不热。斫挞无伤痛，指擿无痟痒。乘空如履实，寝虚若处床。云雾不硋其视，雷霆不乱其听，美恶不滑其心，山谷不踬其步，神行而已。

黄帝既寤，怡然自得，召天老、力牧、太山稽，告之，曰："朕闲居三月，斋心服形，思有以养身治物之道，弗获其术。疲而睡，所梦若此。今知至道不可以情求矣。朕知之矣！朕得之矣！而不能以告若矣。"

又二十有八年，天下大治，几若华胥氏之国，而帝登假。百姓号之，二百余年不辍。

今译

　　黄帝在位有十五年，他很高兴得到了百姓的拥戴，于是要专心保养性命。耳目有音乐歌舞娱乐，口鼻有美味享受，不久就把自己弄得面色黑黄，五情迷乱。又过了十五年，他忧虑天下动乱，于是开始竭尽其聪明智力，治理百姓，不久就把自己弄得面色黑黄，五情迷乱。黄帝不禁失声长叹，说："我的错误太深重！调形养生，竟至于祸患如此，治理天下，竟至于祸患如此！"

　　于是他放弃各类政务，离开宫殿，遣散供奉和侍从，撤掉钟鼓乐器，减少御厨膳食，退隐而独居在空静的大屋之内，收敛心形，三个月不问国事。

　　有一天午睡，游荡于一个名叫华胥氏的国家。华胥国在弇州之西，台州之北，离中国不知有几千里；不是用舟船车辆能到达的，所以一定是在梦中。华胥国里无君无主，人人唯有自然而已！民众没有各类嗜欲，唯有天性自然而已！不知乐生，不知恶死，没有人夭折早亡；人们不偏爱自己，不疏远外物，所以没有爱恋与憎恨；不知有忠贞，因此也不知有背叛，所以不知道有利害的计较；对任何事物都没有迷恋执着，因此对一切都无所畏惧。入深水不会沉溺，蹈烈火不惧灼伤。刀砍鞭打不知痛，指甲搔挠不知痛痒。行走空中犹如脚踏实地，睡眠云中犹如身在卧榻。云雾弥漫，不能遮挡其视线，雷霆万钧，不能骚扰其清听，美丑无动于心田，沟壑无碍于脚步，唯有神游而已！

　　黄帝一觉醒来，心旷神怡而恬然自得。他招来天老、力牧、太山稽，对他们说："我三个月无事闲居，清心寡欲，呼吸吐纳，想要得到养身治物之道，却没有任何收获。我疲乏了就睡，却遇到这样一个大梦。现在我才明白，道，是不能用心情志欲来求得的！我知道了，我知道了！可是我无法告诉你们啊！"

　　又过了二十八年，天下大治，几乎与华胥国一模一样，而黄帝也登霞而去。百姓一想到他，就会流泪哀悼，此后二百多年里，不曾止息。

故昔者尧问于舜曰："我欲伐宗、脍、胥敖[1]，南面而不释然。其故何也？"舜曰："夫三子者，犹存乎蓬艾之间。若不释然何哉！

昔者十日并出，万物皆照[2]，而况德之进乎日者乎！"

啮缺问乎王倪曰："子知物之所同是乎？"
曰："吾恶乎知之！"
"子知子之所不知邪？"
曰："吾恶乎知之！"
"然则物无知邪？"
曰："吾恶乎知之！虽然，尝试言之。庸讵知吾所谓知之非不知邪？庸讵知吾所谓不知之非知邪？且吾尝试问乎女：民湿寝则腰疾偏死，鳅然乎哉？木处则惴栗恂惧，猿猴然乎哉？三者孰知正处？民食刍豢，麋鹿食荐，蝍蛆甘带，鸱鸦耆鼠[3]，四者孰知正味？猿猵狙以为雌[4]，麋与鹿交，鳅与鱼游。毛嫱丽姬，人之所美也；鱼见之深入，鸟见之高飞，麋鹿见之决骤，四者孰知天下之正色哉？自我观之，仁义之端，是非之涂，樊然殽乱，吾恶能知其辩！"

啮缺曰："子不知利害，则至人固不知利害乎？"
王倪曰："至人神矣！大泽焚而不能热，河汉冱而不能寒，疾雷破山、飘风振海而不能惊。若然者，乘云气，骑日月，而游乎四海之外，死生无变于己，而况利害之端乎！"

今译

当年尧问舜："我想要讨伐宗、脍、胥敖三个小邦国。南面临朝的时候，总觉得心中不安。这是什么原因？"舜回答说："这三个小邦国，还存身于蓬艾草丛之中呢，你何必介意呢！你心中不能释怀，原因何在？从前，天上有十个太阳，没有任何偏私而普照天下，养育万物，何况圣人的德行远远超过太阳的光辉！"

啮缺向王倪求教："您知道人的知识有共同的标准吗？"
（王倪）说："我怎么知道呢？"

"您知道自己不知道的吗？"

"我怎么能知道呢？"

"那么人是无知的吗？"

（王倪）说："我怎么能知道呢？尽管如此，还是试着说一说。怎么知道我认为的知，其实是不知呢？怎么知道我认为的不知，其实是知呢？现在让我来问你：人在潮湿处睡眠会得腰痛偏瘫，泥鳅也会这样吗？人在高高的树上会提心吊胆，猿猴也是这样吗？这三个物种，谁知道何处适宜居住？人吃畜肉，鹿吃草，蜈蚣吃小蛇，猫头鹰吃老鼠。这四个物种，谁知美味？猿猵取狙作配偶，麋与鹿交合，泥鳅和鱼恋爱出游。毛嫱、丽姬，是人见人爱的美女，然而鱼见了她们深潜水底，鸟见了她们高飞避祸，麋鹿见了她们急速奔逃。这四种生物，谁知美色？从一己的观点看世界，仁义的评判，是非的分野，都是扞格纷乱，我如何知道怎样来分别呢？"

啮缺问："您不知道利害的分别，至人难道也不知道如何分辨吗？"

王倪说："至人，神妙莫测！大泽草木燃烧不会感到热，河汉结冰也不会感到冷。霹雳电击高山，狂风震撼大海，都不会惊动他。这样的神人，乘云气，驾日月，游历四海之外。死生变化都对他没有任何影响，得失利害，又算得了什么呢！"

[注]

[1]宗、脍、胥敖：上古时期部落，即三苗，或称有苗。《史记·五帝本纪》："流共工于幽陵，以变北狄；放驩兜于崇山，以变南蛮；迁三苗于三危，以变西戎；殛鲧于羽山，以变东夷。四罪而天下咸服。"此处是以尧伐三国的故事，引发战争与和平的话题。

[2]十日并出，万物皆照：照之于天，则明。成疏引《山海经》："羿射九日，落为沃焦。"东方有十日国。今山东日照汤谷有大羿陵。太康失国，后羿代夏（后羿，即大酋长羿）。后羿射日的故事，暗含东夷族与大夏族军事冲突的史实。《德充符》"羿之彀中"、《庚桑楚》"一雀过羿，羿必得之"，都反复议论这个话题，

可见庄子对此事的重视。

［3］鸱鸦耆鼠：鸱（chī）鸦（xiāo），猫头鹰。鸦，旧作"鸦"。形近而误。今校正。

［4］猨猵狙以为雌：猵，旧作"猵"，成善楷《庄子笺记》认为是"猵"字之误。

瞿鹊子问乎长梧子曰："吾闻诸夫子：'圣人不从事于务，不就利，不违害，不喜求，不缘道；无谓有谓，有谓无谓，而游乎尘垢之外。'夫子以为孟浪之言，而我以为妙道之行也。吾子以为奚若？"

长梧子曰：

"是黄帝之所听荧[1]也，而丘也何足以知之！且女亦大早计，见卵而求时夜，见弹而求鸮炙。予尝为女妄言之，女以妄听之。奚旁日月，挟宇宙？为其吻合，置其滑涽？以隶相尊，众人役役。圣人愚芚，参万岁而一成纯[2]。万物尽然，而以是相蕴。

"予恶乎知说生之非惑邪！予恶乎知恶死之非弱丧而不知归者邪！丽之姬，艾封人之子也。晋国之始得之也，涕泣沾襟；及其至于王所，与王同筐床，食刍豢，而后悔其泣也。予恶乎知夫死者不悔其始之蕲生乎？梦饮酒者，旦而哭泣；梦哭泣者，旦而田猎。方其梦也，不知其梦也。梦之中又占其梦焉，觉而后知其梦也。且有大觉而后知此其大梦也。而愚者自以为觉，窃窃然知之，君乎，牧乎，固哉！丘也与女，皆梦也；予谓女梦，亦梦也。是其言也，其名为吊诡[3]。万世之后而一遇知其解者[4]，是旦暮遇之也。"

既使我与若辩矣，若胜我，我不若胜，若果是也？我果非也邪？我胜若，若不吾胜，我果是也？而果非也邪？其或是也？其或非也邪？其俱是也？其俱非也邪？我与若不能相知也。则人固受其黮暗，吾谁使正之？使同乎若者正之？既与若同矣，恶能正之！使同乎我者正之？既同乎我矣，恶能正之！使异乎我与若者正之？既异乎我与若矣，恶能正之！使同乎我与若者正之？既同乎我与若矣，恶能正之！然则我与若与人俱不能相知也，而待彼也邪？

化声之相待，若其不相待，和之以天倪[5]，因之以曼衍，所以穷年也。忘年忘义，振[6]于无竟，故寓诸无竟[7]。

"何谓'和之以天倪'？"

曰："是不是，然不然[8]。是若果是也，则是之异乎不是也亦无辩；然若果然也，则然之异乎不然也亦无辩。"

罔两问景曰："曩子行，今子止；曩子坐，今子起。何其无特操与？"

景曰："吾有待而然者邪？吾所待，又有待而然者邪[9]？吾待蛇蚹蜩翼邪？恶识所以然！恶识所以不然！"

吾亡是非，不亡彼此。[10]

昔者庄周梦为胡蝶，栩栩然胡蝶也，不知周也[11]。俄然觉，则蘧蘧然[12]周也。不知周之梦为胡蝶与，胡蝶之梦为周与？周与胡蝶，则必有分矣。此之谓物化[13]。

今译

瞿鹊子求教于长梧子："我把自己听到的一些话告诉孔夫子：'圣人不勉力从事俗务，有利益不迎合，有危害不躲避，有所得而不欣喜，行道而无修饰。说无也是说有，说有也是说无，心灵自由而平和，超越尘世的扰攘。'夫子认为这都是不切实际的空话，而我觉得这是妙道的流行。先生您以为如何呢？"

长梧子说：

"这些话，黄帝听了都会眩晕疑惑，孔丘凭什么能明白呢？而你也过于性情急躁了，刚看到鸡蛋就想要雄鸡报晓，看见弹弓就想要吃烤斑鸠。我姑且对你随便说说，你也随便听听吧。何必说什么依傍日月，操控宇宙，弥合天地，来为纷纭万物建立秩序？把人群分出贵贱，按照等级以礼为尊，不过就是使众人忙忙碌碌地受奴役！只有圣人，无知无识，领悟了千古不变的天道的纯粹，参透了万物各有其价值而相融于大一。

"我怎么知道，人们贪生不是一种错误？我怎么知道，人们惧怕死亡不是沉溺于不归之路？丽姬，是艾地封疆官吏的女儿，被晋国掳走的时候，她痛哭流涕；到了晋国，与国君一同住王宫，吃美食，她才开始为当初的哭泣而后悔。我怎么知道，死人不会后悔自己当初乞求长生？夜里梦到饮酒的，早晨醒来会哭泣；梦到哭泣的，白天会去打猎玩。做梦的时候，不知自己做梦，梦中还会占梦呢，觉醒之后，方知是一场梦。人必须有一个大觉醒，方能从人生大梦中幡然醒悟。愚笨的人以为自己醒着，觉得自己无所不知，什么君主啊，牧民呀，固陋而不通！孔丘和你一样，都是在做大梦啊！现在我说你做大梦，我也是在做大梦。我这番话会让人觉得不可思议，其名叫吊诡。万世之后遇到一位知音的人，能解开这个谜底，就如同我们清晨从梦中觉醒，睁开眼得见一片澄明。"

假设我与你辩论，你胜了我，我不能胜你，你就果真是对的吗？我就果真是错的吗？我胜了你，你不能胜我，我就果真是对的吗？你就果真是错的吗？也许有一部分是对的，有一部分是错的？还是你和我全部对，你和我全部错？我与你都无从知晓啊。人们长期受弊于晦暗无明，能找到谁来评断呢？让与你观点相同的人来做评判，既然与你观点相同，怎么能评判呢？让与我观点相同的人来做评判，既然与我观点相同，怎么能评判呢？让与你我观点都不同的人来评判，既然与你我都不同，怎么能评判？让与你我观点都相同的人来评判，既然与你我观点相同，怎么能评判？如此，我，你，以及别的什么人，都无从彼此相知，那么还可以等待谁呢？

如果把争辩双方的对立争执，看作是空谷鸟鸣一样的发声，看作无差别的整体，以顺应天道的均平，依此蔓延、扩展，时时应用，就可以安身立命，尽其天年。忘掉时间，齐一是非，畅游无限，可以将生命寄寓于无穷的连环。

（子游问：）"什么叫作'以圆融的天道来调和彼与此的对待'"？

（子綦）说："要肯定不曾被认可的实情，认可尚未被接受的价值。实情若是实情，则异于非实情，完全无需争辩；价值，如是真价值，则异于非价值，也无需争辩。"

（影子的边界轮廓叫罔两。）罔两问影子："刚才你走，现在你停；刚才你坐，现在你站。你究竟有没有自己的特定准则呢？"

影子说："我不是因为有所倚待才这样吗？我所倚待的那一位，不是也有所倚待吗？我所倚待的那个人形，不就像蛇蜕、蝉壳一样吗？怎么知道我所倚待的究竟是什么，怎么知道我所倚待的究竟不是什么！"

我消解是与非，而不消解彼与此。

有一天，庄周梦到自己变成了一只蝴蝶，翩翩起舞，自以为是蝴蝶，而不知有庄周。忽然觉醒，发现自己原来是庄周，感到很惊愕。不知是庄周做梦变成了蝴蝶呢，还是蝴蝶做梦变成了庄周。庄周与蝴蝶，彼此之间，必然有分别；庄周与蝴蝶，在梦中因变化而一齐；这就是说物可以超越自身而实现转化。

[注]

[1] 黄帝之所听荧：听荧，听而有惑。庄子用词极具创造性，听荧，对"目眩"。

[2] 参万岁而一成纯：参，和合。纯，纯一。大道和合万年之变化，以成纯真之一。无时不可，无物不然，千变万化，道流一气；古今同理，彼此无隔，至人精神抱一，与道同行。

[3] 吊诡：陆德明《经典释文》："吊，又音的，至也。"梦中占梦，以言正言，则至于诡异，而其真义难寻；非万世之后一遇真人，则难得其解。若以庄子的"吊诡"来对应于西文的形式逻辑之"悖论"（paradox），则必定离题万里。

[4] 万世之后而一遇知其解者：旧作"一遇大圣"。张远山认为"大圣"二

字为衍文。今从之。一旦得遇真人而有真解，则犹如朝夕之间而亲切相处，何诡异之有！

［5］和之以天倪：倪，端绪，线索之端。天倪无端，故可作天下均平的尺度。《列子·汤问》关于"发均不绝"有极精彩的议论：

> 均，天下之至理也，连于形物亦然。均发均县，轻重而发绝，发不均也。均也，其绝也，莫绝。人以为不然，自有知其然者也。詹何以独茧丝为纶，芒针为钩，荆篠为竿，剖粒为饵，引盈车之鱼于百仞之渊、汩流之中；纶不绝，钩不伸，竿不挠。楚王闻而异之，召问其故。詹何曰："臣闻先大夫之言：蒲且子之弋也，弱弓纤缴，乘风振之，连双鸧于青云之际。用心专，动手均也。臣因其事，放而学钓，五年始尽其道。当臣之临河持竿，心无杂虑，唯鱼之念；投纶沉钩，手无轻重，物莫能乱。鱼见臣之钩饵，犹沉埃聚沫，吞之不疑。所以能以弱制强，以轻致重也。大王治国诚能若此，则天下可运于一握，将亦奚事哉？"楚王曰："善。"

［6］振：至。

［7］寓诸无竟：本段三十八字错简，张远山《庄子复原本》置于此处。今从之。

［8］是不是，然不然：肯定不被人肯定的实情，认可不被人认可的价值。打破自我封闭，保持开放的心态，包容新异，不断拓展人生的新境界。经验的疆域不是全部已知而固定，而是多有未知而有待开发。人的生活世界，若非具有如此经久不息的开放性质，所谓"日日新又日新"岂不是一句空话？现象学"无所评判"的"不知"立场，可与庄生此句相发明。

［9］吾所待，又有待而然者邪：你说我动止不定，我所跟随的那个东西，不是也动止不定吗？我所倚待的那个人形，不是就像蛇蜕、蝉壳一样吗？人们跟随着什么东西，不断徘徊摇摆而彷徨无主，因此不能自知自明、自主自定呢？庄生此文中创造的"影子哲学"寓言，比起那些哲学家们天天鼓捣的学问，更

清晰明白，更富有道理韵味，更发人警醒！

[10] 吾亡是非，不亡彼此：据王叔岷《庄学管窥》考证，《广宏明集·释法琳广析疑论》有《庄子》佚文："吾亡是非，不亡彼此。"因为现有线索不足，所以不知补于何处。愚以为，如果用于蝴蝶梦的解析，倒是相当合适的。张远山《庄子复原本·佚文概览》认为，庄周与蝴蝶，俱是物化，所以不分是非，属于真谛；区分彼此，属于俗谛。我们此处进一步说，亡是非，是要破解个人私自的成心，并进而破除一切执念和妄言；《齐物论》所说"此亦一是非，彼亦一是非"，即是论述此意。而"不亡彼此"，乃尊重他人、他物的独立性，是万有平等的逻辑起点和基础。亡是非，不亡彼此，如此重要的哲学论断，竟然被故意删除而湮灭千年！

[11] 栩栩然胡蝶也，不知周也：此处两句中间旧本有"自喻适志与"五字。刘文典认为"隔断文义"；陈鼓应、张远山也认为是衍文。《艺文类聚》虫豸部、《太平御览》九百四十五引文，无此五字。郭象在此句下注："自快得意，悦豫而行。"以"自得"冒充"逍遥"，亦可作为此乃衍文的旁证。

[12] 蘧（qú）蘧然：惊诧貌。此句亦说明，庄子从不满足于志满"自得"，所以从蝴蝶变回自己，反而有惊诧、警惕的反省。

[13] 周与胡蝶，则必有分矣。此之谓物化：有分，人物天生，各自性分具足，彼此间不相移易。物化，则是一种超越自身的蜕变，故而生生不已，始终相嬗，而永不定于一隅。齐万物为一，绝非泯灭个性。恰恰相反，天籁吹拂，物各发声，自生自已，构成林林总总的大千世界，才是大道流行的真善真美。齐一万物，是等视万物，而不是剪齐万物。庄周与蝴蝶，从物化连环来看，并无截然界限，故可消泯人己的间隔和是非的对待；但同时，承认并尊重物我（包括人我）界限的分别和差异，才能避免对他人作高高在上的裁判，避免无所不用其极的操控，以及言语和行为上暴力的滥觞，走上一条自以为是而强加于人的霸道邪路；承认并尊重人我的界限，则时时事事自觉地反求诸己，虚己修真，自然进道。这样一来，无我无私的真人才有可能成就，天地与我并生的齐一境界才可能实现。人间有无数是非言辩，乃是因为众人难脱成心俗见，固执狭小的自我。修己者，必然要亡是非，言无言，得其环中而进入道枢。不亡彼此，则是平等尊生，

善待万物而自然无为，与天地众生一体共存。如此，方能乘道因人，逍遥自适。庄子主张齐一是与非的论辩，倡导人我共存、彼此转圜的生生之德，拥抱万有而物我归一，故可以安天下于天下，安众生于大化。大道，不言自长，不歧自高，包容万有而不远人远物。"吾亡是非，不亡彼此"，乃真人真知真言，足以抗强梁而均天下，尊众生、育万物而同归大化之宗；乃自我超越之进道正途，足可为天下修行人之楷模。

养生主

庄子真义内篇第三

养生主

题解

生，生命，性命。养生，即养性，包括养身形，健体魄，而主要在于养心性，保神全。主，烛之心，火苗生发之本，喻根基。养生主，探究养生的根基。追逐知识则殆而无有止处，蓄于樊中则不能自由发挥天性，晋技于道则可以有所寄托，至人虽死而薪尽火传。短短四章，言尽意不尽，可谓余音绕梁。

吾生也有涯，而知也无涯。以有涯随无涯，殆已！已而为知者，殆而已矣！

为善无近名，为恶无近刑[①]，缘督以为经，可以保身，可以全生，可以养亲，可以尽年。

庖丁为文惠君解牛，手之所触，肩之所倚，足之所履，膝之所踦，砉然响然，奏刀騞然，莫不中音，合于桑林之舞，乃中经首之会。

文惠君曰："嘻，善哉！技盖至此乎？"

庖丁释刀对曰："臣之所好者，道也，进乎技矣。始臣之解牛之时，所见无非全牛者。三年之后，未尝见全牛也。方今之时，臣以神遇，而不以目视，官知止而神欲行。依乎天理，批大郤，导大窾，因其固然。技经肯綮之未尝，而况大軱乎！良庖岁更刀，割也；族庖月更刀，折也。今臣之刀十九年矣，所解数千牛矣，而刀刃若新发于硎。彼节者有间，而刀刃者无厚；以无厚入有间，恢恢乎其于刃必有余地矣。是以十九年，而刀刃若新发于硎。虽然，每至于族，吾见其难为，怵然为戒，视为止，行为迟。动刀甚微，謋然已解[1]，如土委地。提刀而立，为之四顾，为之踌躇满志[2]，善刀而藏之。"

文惠君曰："善哉！吾闻庖丁之言，得养生焉。"

公文轩见右师而惊曰："是何人也？恶乎介也？天与？其人与？"

曰："天也，非人也[3]。天之生是使独也，人之貌有与也。以是知其天也，非人也。"

泽雉十步一啄，百步一饮，不蕲畜乎樊中。神虽王，不善也[4]。

老聃死，秦失吊之，三号而出。

弟子曰："非夫子之友邪？"

曰："然。"

"然则吊焉若此，可乎？"

曰："然。始也吾以为其人也，而今非也。向吾入而吊焉，有老者哭之，如哭其子；少者哭之，如哭其母。彼其所以会之，必有不蕲言而言，不蕲哭而哭者。是遁天倍情，忘其所受，古者谓之遁天之刑[5]。适来，夫子时也；适去，夫子顺也。安时而处顺，哀乐不能入也，古者谓是帝之县解[6]。"

脂穷于为薪[7]，火传也，不知其尽也。

今译

我的生命有限，而知识无边无际。用有限追随无限，就会陷于疲敝。而尽全力把谋求知识作为一己之使命的人，终身难脱疲敝的困境。

勿为善近名，勿为恶近刑。遵从天道，持守静督，以此为人生正途，可以保身全性，颐养亲属，健康延年，幸福享寿。

庖丁为文惠君解牛，手触，肩靠，足踏，膝抵，哗哗，霍霍，运刀如飞，合乎《桑林》舞曲的节奏，合乎《经首》诗咏的格调。

文惠君说："嘻，太好了！技艺竟可至于如此精妙？"

庖丁放下刀，回答说："臣所擅长的是道，超过了技艺。刚开始解牛的时候，我看到的是整头的牛；三年以后，全牛就再也不见了。现在我以心神与外物相遇，而不是用眼睛观看，感官之知停止，而心神自能运作。依从天然的纹理，开缝隙，入空档，根据牛体本来的结构，连经络结节都不碰到，更不会去触动粗筋大骨。好一点的厨子，一年换一把刀，因为他们用刀割肉；一般的厨子一个月换一把刀，因为他们用刀砍骨头。我的刀已经用了十九年，解过几千头牛，刀刃仍然像新磨的一样。牛的关节总是有空隙，而刀刃几乎无厚度，以无厚入有间，当然游刃有余！所以，我的刀用了十九年，现在还是锋利如初。虽然如此，遇到筋骨盘结的地方，我知道难以下手，便小心翼翼，目光专注，动作谨慎，下刀精微。哗啦一声，牛体散开，像泥土落地。臣提刀站立，张望四方，觉得从容自在，把刀擦净，妥善收藏。"

文惠君说："善哉！听庖丁讲解牛，我知道如何养生了。"

公文轩见到右师，大吃一惊，说："这是什么人？为何只有一只脚？是天生的，还是人为的呢？"

（右师）说："是天生的，不是人为的。老天生我，有这样的心性，让我独足；本人的形貌，是天赐的双足。由此我知道，独足的原因是天，不是人。"

草泽中的野鸡，走十步方吃一口食，走百步方喝一口水。可它不愿意被人关在笼子里。关在笼子里，身形富态，却失去了自由，不是善。

老聃死了，秦失（音佚）去吊丧。他干号三声，转身就走。

老聃的弟子从后面追上来，质问他："夫子他不是您的好朋友吗？"

（秦失）说："是。"

"那么，像您这样为朋友吊丧，可以吗？"

（秦失）说："可。当初我以为老聃是个凡人，后来知道他并非凡人。刚才我进去吊唁的时候，有老人哭他，像哭儿子；有年轻人哭他，像哭亲娘。这些人在这里聚会，言说哭悼，都不是老聃本人所希望的。这种种世俗的礼节，违背了天道实情，忘记了人生的本来面目，古人把这叫作违背天道的刑罚。夫子来时，得天之时而生，夫子去时，顺天之处而死。安于时，顺于处，生之欢乐，死之哀伤，皆不入于胸次。这样的情怀，古人认为可以解救悖天逆行而有倒悬之苦的人。"

油脂作为柴薪，会有燃尽之时，而火种会传递光明，而永无穷尽。

[注]

[1] 謋然已解：陈鼓应据陈景元《阙误》补"牛不知其死也"，误甚！庖丁解牛，不是杀牛！

[2] 为之踌躇满志："满志"二字疑为旁注衍文。自以为是、志得意满，不是庄子的人格理想，庄子倡导的是德全而似不足，顺道为之而出于不得已。

[3] 天也，非人也：右师的自辩"天之生是使独也，人之貌有与也"牵强不通，应该是言不由衷的谎话。身在笼中，不自由也。

[4] 身虽王，不善也：身，旧本为"神"。义不可通。疑传抄过程中篆字"身"误写为"申"演变为"神"。

[5] 遁天之刑：遁天悖实，违反自然，必然遭受天刑。《德充符》老聃曰："胡不直使彼以死生为一条，以可不可为一贯者，解其桎梏，其可乎？"无趾曰："天刑之，安可解！"

[6] 帝之县解：帝，天帝。要解天帝之倒悬，必须得见天光，行于天道，远离乖悖自戕。

[7] 脂穷于为薪：脂，油脂，作灯油、火把用，不是手指之"指"。旧作"指"，疑传抄错误。

[释]

① 为善无近名，为恶无近刑：通行的解释是"为善不要近名，为恶不要近

刑",大误。文义当作:无为善近名,无为恶近刑。上文掊击以知识为生命之追求,这里是说,善恶名刑的言辞辩论,都是需要摈弃的人为桎梏。不为所惑,化解成心,顺天行道,则可以不为善、不为恶,不近名,不近刑。这是庄子的道德宣言。事体重大,可不慎乎!下文有"遁天之刑",则从另一个方面说明俗人所遭受的刑罚,乃是因为遁天悖实(情)而不能解脱倒悬之苦。见道而行,乃养生之主也!

《列子·说符》:"杨朱曰:行善不以为名,而名从之;名不与利期,而利归之;利不与争期,而争及之。故君子必慎为善。"张湛注:在智则人与之讼,在力则人与之争,此自然之势也。未有处名利之冲,患难不至者也。语有之曰:"为善无近名。"岂不信哉!庄子与杨朱,此处有共鸣。

庄子真义内篇第四

人间世

题解

间（jiàn），参与其间。人要行道于世，应居何处，应适何方？何为顺天，何为因人？如何存己，如何助人，如何定天下之定？庄子的答案是：心斋而虚明，乘物以游心，可以远祸患，避斧斤，能解生民于倒悬。

颜回见仲尼，请行。

曰："奚之？"

曰："将之卫。"

曰："奚为焉？"

曰："回闻卫君，其年壮，其行独。轻用其国，而不见其过。轻用民死，死者以国，量乎泽若蕉[1]，民其无如矣！回尝闻之夫子曰：'治国去之，乱国就之。医门多疾。'愿以所闻，思其所行[2]，则庶几其国有瘳乎！"

仲尼曰：

"嘻，若殆往而刑耳！夫道不欲杂，杂则多，多则扰，扰则忧，忧而不救。古之至人，先存诸己，而后存诸人。所存于己者未定，何暇至于暴人之所行！

"且若亦知夫德之所荡，而知之所为出乎哉？德荡乎名，知出乎争。名也者，相轧也；知也者，争之器也。二者凶器，非所以尽行也。

"且德厚信矼，未达人气，名闻不争，未达人心。而强以仁义绳墨之言术，暴人之前者，是以人恶有其美也，命之曰灾人。灾人者，人必反灾之，若殆为人灾夫！且苟为悦贤而恶不肖，恶用而求有以异？若唯无诏，王公必将乘人而斗其捷。而目将荧之，而色将平之，口将营之，容将形之，心且成之。是以火救火，以水救水，名之曰益多。顺始无穷，若殆以不信厚言，必死于暴人之前矣！

"且昔者桀杀关龙逢，纣杀王子比干，是皆修其身以伛拊[3]人之民，以下拂其上者也，故其君因其修以挤之。是好名者也。且昔者尧攻丛、枝、胥敖，禹攻有扈[4]，国为虚厉，身为刑戮。其用兵不止，其求实无已。是皆求名实者也，而独不闻之乎？名实者，圣人之所不能胜也，而况若乎！虽然，若必有以也，尝以语我来！"

颜回曰："端而虚，勉而一[5]，则可乎？"

曰："恶！恶可！夫以阳为充，孔扬采，色不定，常人之所不违[6]，因案人之所感，以求容与其心。名之曰日渐之德，不成。而况大德乎！将执而不化，外合而内不訾[7]，其庸讵可乎！"

"然则我内直而外曲，成而上比[8]。内直者，与天为徒。与天为徒者，知天子之与己，皆天之所子①，而独以己言蕲乎而人善之，蕲乎而人不善之邪？若然者，人谓之童子，是之谓与天为徒。外曲者，与人之为徒也。擎跽曲拳，人臣之礼也。人皆为之，吾敢不为邪！为人之所为者，人亦无疵焉，是之谓与人为徒。成而上比者，与古为徒。其言虽教，谪之实也[9]，古之有也，非吾有也。若然者，虽直而不病，是之谓与古为徒。若是则可乎？"

仲尼曰："恶！恶可！大多政，法而不谍。虽固，亦无罪；虽然，止是耳矣，夫胡可以及化！犹师心者也。"

颜回曰："吾无以进矣，敢问其方。"

仲尼曰："斋，吾将语若。有心而为之，其易邪？易之者，皞天不宜。"

颜回曰："回之家贫，唯不饮酒不茹荤者数月矣。若此，则可以为斋乎？"

曰："是祭祀之斋，非心斋也。"

回曰："敢问心斋。"

仲尼曰："若一志，无听之以耳而听之以心，无听之以心而听之以气②。听止于耳，心止于符。气也者，虚而待物者也。唯道集虚。虚者，心斋③也。"

颜回曰："回之未始得使，实自回也；得使之也，未始有回也，可谓虚乎？"

夫子曰：

"尽矣！吾语若！若能入其樊而无感其名[10]，入则鸣，不入则止。无门无毒，一宅而寓于不得已，则几矣。

"绝迹易，无行地难。为人使易以伪，为天使难以伪。闻以有翼飞者矣，未闻以无翼飞者也；闻以有知知者矣，未闻以无知知者也。

"瞻彼阕者，虚室生白，吉祥止之[11]。夫且不止，是之谓坐驰。

"夫徇耳目内通而外于心知，鬼神将来舍，而况人乎！是万物之化也，禹、舜之所纽[12]也，伏戏、几蘧之所行终[13]，而况散焉者乎！"

今译

颜回见孔子辞行。

（孔子）问："要去哪里？"

"去卫国。"

"做什么？"

（颜回）说："我听说卫王为人伪善狡诈，做事独断专行，把国事当作儿戏，而且从不反省自己的过错；他不顾百姓死活，乱行暴政，满城的死尸堆积起来，如同大泽里的蒿草乱麻。百姓上天无路，入地无门。夫子教导我们：'治理有序的国家，你可以离开，动乱不宁的国家，你可以前往。医家门前病人多。'我想遵循夫子的教导，用于指导自己的践行；或许卫国还有办法救治吧！"

孔子说：

"唉，恐怕你这是要一路奔赴刑场吧？道理应保持纯一，不宜杂多；言语杂乱而纷扰，会使人忧虑不堪，怎么能帮人改正错误！古代的至人，首先要自己安稳立身，然后才能帮助别人。自己修炼的功夫还不到家，怎有能力去制止暴君的胡作非为呢？

"再说，你也知道，人世间德性丧失和智巧产生的缘由吧？德性沦丧是由于名分，智巧纷出是由于斗争。名分导致倾轧，智巧是斗争的工具。名分与知巧，都是凶器，不是用于完善个人品行的！

"况且，德性淳厚、信誉笃实的品行，尚未获得认可；性情纯美而不喜争斗的声名，还没有赢得信任。你急于在暴君面前宣扬仁义准则，暴君定会嫉恨你所表现的美德，而把你看作是一个灾星！给别人带来祸害的人，也必受别人的祸害。你很快就会大难临头！况且，假如卫君真的喜欢贤人而厌恶邪恶之徒，还会用得着向他人征求意见吗？你不仅不能陈述谏言，王公大人们还会抓住你的疏漏，努力展现自己的辩才，直把你说得头晕目眩，变脸变色，语无伦次，虽然强装镇静，而内心已经准备屈服于他们。你这是拿火去灭火，用水去防水，可称之为乱上添乱；你迁就一回，就不得不一直迁就，没完没了。你没有获得信任就犯颜直谏，必然惨死于暴君面前！

"从前，夏桀砍了关龙逢的头，商纣王挖了比干的心，是因为这两位贤臣努力修身，替君主爱抚民众，那是以下逆上，因而引起猜忌，君主妒忌他们有德性而收拾他们。这都是些好名的人啊！当年尧攻伐丛、枝、胥敖三国，禹讨伐有扈，所到之处满目疮痍，都城夷为废墟，王公身首异处，而讨伐者还要继续用兵，以攫取更多的实利。这些既求名誉又求实利的人和事，难道你不曾听说过吗？可见，钓名而取利，诱惑实在太大，尧和禹这样的圣人都难以抗拒，何况你呢？虽然如此，你一定有自己的想法，不妨说来听听！"

颜回说："我在卫君面前进谏，意图正直而态度谦虚，尽心尽力地尝试而意旨一以贯之，是否可行呢？"

（孔子）说："唉，不行啊！你内心曲折，面色神采却显得老实和善，以随人为常态而不违逆权威；你想要随顺卫君的情感，设法获得他的接纳，然后再施加影响。就说要他日行小善，他也是不会去做的！何况你要他躬行大德呢？他自会顽固不化，表面应付而内心却鄙视你。你这一套怎么行得通！"

（颜回说：）"那么，我将内心耿直，表面和顺；措辞审慎，上比古人。所谓内心耿直，就是与天为一类，知天子与我，都是天之所生，都是上天之子。我有话直说，自己的真话被人赞同或者不赞同，我岂能介意？葆有这样的心态，别人都承认我有赤子之心。这就是与天道同行。所谓表面和顺，就是与众人为一类；跪拜鞠躬，是人臣的礼节。人家都如此，我也不敢不做。行事和别人一样，就不会被人怪罪，这就是与人为一类。所谓措辞审慎，上比古人，就是与古人为一类。古人的事迹虽然包含道德教训，但确有事实依据，而且古来有之，不是我颜回编造的。所以即使我说话直率，也不会被人诟病吧，这就是与古人为一类。以上的想法，可行吗？"

孔子说："唉，这怎么行呢！你的纲领过于繁琐，应用时又不知如何分别。虽然总体安全，别人找不出什么毛病，但只是自保而已，不能感化卫君。看来你还是固守成心啊。"

颜回说："学生实在想不出更好的办法了，请先生赐我方略。"

孔子说："我告诉你吧，你要斋戒！你心中抱着自己固有的成心，怎么能实现呢？如果这样行事就能成功，老天也以为不宜啊。"

颜回说："我家里很穷，已经好几个月不见酒肉了，这可以算是斋戒了吧？"

（孔子）说："这是祭祀的斋戒，不是心灵的斋戒。"

颜回说："请教夫子，心灵如何斋戒？"

孔子说："齐一你的心志！不用耳听，用心听；不用心听，用气听。耳止于听见声音，心止于预期的结论。气，虚静空明，能包容万物，消弭对待。唯有大道，集聚太虚。虚静空明，就是心斋。"

颜回说："未得天道之使，颜回有我；一旦得天道之使，颜回则无我。这样，可算虚静空明吗？"

孔子说：

"是的，这才是真正的心斋！现在，我告诉你怎样做吧。到了卫国，就像身体进了人家的樊笼，你不要去撼动卫君的名声和威望。人家听得进，你就讲话，人家听不进，你就闭口不言。不立医家的门户，不开治病的药方。保持纯一不杂，万事随缘而行。如此而已。

"消灭行路留下的印迹,还容易。行路不踏在地上,却很难。被人的想法所驱使,容易作伪;被天道所驱使,难以作伪。只听说有翅膀的会飞,没听说无翅膀的也会飞;只听说有真知的人能知,没听说无真知的人能知。

"你看那虚静之人,他自己坦荡而光明,就能够让别人的心灵得以净化,使别人喜悦之情油然而生,安宁而居。假若自己的心灵不宁,追逐游思幻影,那就是'坐驰':身体在这里坐着,心神却早已驰骛无踪影了。

"屏蔽耳目观感,抛却心知思虑,精神内通于虚空,那么鬼神都愿意来你家,何况人呢?虚己而进道,乃群生物化的根本归宗,也是禹和舜练习的日常功夫,伏羲和几蘧修行的终点目标,何况我们凡庸之辈呢!"

[注]

[1]死者以国,量乎泽若蕉:死者满城,其数用大泽来量,沟壑填平,尸体如草如麻。

[2]愿以所闻,思其所行:愿以所闻来对照自己,恳切实行。"所行"旧作"则",刘文典等据陈景元《阙误》校正。

[3]伛拊:伛(yǔ)拊(fǔ),怜爱抚养。前旧衍"下"字。

[4]禹攻有扈:有扈(hù)氏,夏代部落。《史记·夏本纪》:"帝禹东巡狩,至于会稽而崩。启遂即天子之位。有扈氏不服,启灭有扈氏,天下咸服。"《尚书·甘誓》:"大战于甘。"一说姒姓,在今原阳。一说姬姓,为东夷少昊族的九扈部落,在今新郑一带。庄子说"禹攻有扈",乃是曲折行文。杀伐在启,而传位于子,开家天下之先例,根源在禹,所谓有其因方有其果。

[5]端而虚,勉而一:端,直白。虚,浮泛不固。勉,勉力。一,一贯始终。喻为了正派的目的而采取迂回多样的方法。不妨戏称为"曲线治国"。

[6]以阳为充,孔扬采,色不定,常人之所不违:此句争议颇多。今断句、解释,与众注家不同。阳,可有二解:一,解为阳气之阳;二,解为佯装之佯。今采第二义。充,充实。以阳为充,即"以佯充实"。孔,甚。扬采,脸上作出丰富的表情。常,作动词用,即"以之为常"。常人之所不违:常随人而不违逆。

颜回老老实实地说出自己的谋略，仍然很真诚，因为他疗国救人的目的是无私而善良的。

［7］执而不化，外合而内不訾：訾，资的借字，资，认真考虑。意为卫君会固执己见，表面顺应，而不想采纳别人的建议。

［8］内直而外曲，成而上比：成，诚。上比，合于上古。前面所说的以情感化人的曲线方略被否定，颜回在这里又提出了以直白诚实作为策略。

［9］其言虽教，谪之实也：教，教训。谪，通"適（适）"，适宜。言语虽然包含教训，但合乎实际，使人难以反驳。颜回据理力争的刚正形象，呼之欲出。

［10］入其樊而无感其名：进了人家的地盘，不要去撼动卫君的声望。感，撼。

［11］吉祥止之：通行本为"吉祥止止"，后一个"止"字，疑为"之"之误。

［12］禹、舜之所纽：纽，纽结。禹、舜尚纠结不通之处。

［13］伏戏、几蘧之所行终：终，终点。伏羲、几蘧修行的最终目标。

［释］

①天子之与己，皆天之所子：王侯将相是天之子民，我等众人也是天之所子。天生斯民，难道厚此薄彼！这种天真心态，唯至人能够保持，下文称之为童心。天真烂漫的童子，拿一个树枝就可以与同伴游戏玩赛马，找一个泥塘就可以给自己加冕做国王，他们不为功利所束缚，不为私心所侵染，身体灵活而不凝滞，心神空静而无纤尘，这不就是至人的模样吗？庄子笔下之颜回，通体明澈，神气真挚，处处有情，倒显得比孔夫子多了几分可爱。原因非他，比起孔门其他任何一位，颜回的精神都更自由，性情都更洒脱！

②若一志，无听之以耳而听之以心，无听之以心而听之以气：若一志，心志归于一，即归于道。关于目观、神视、耳听、心听和气听的区别，可参考《列子·汤问》：

江浦之间生么虫，其名曰焦螟，群飞而集于蚊睫，弗相触也。栖宿去来，蚊弗觉也。离朱子羽方昼拭眦扬眉而望之，弗见其形；𪄶俞师旷方夜擿耳俛首而听之，弗闻其声。唯黄帝与容成子居空峒之上，同斋三月，心死形废；徐以神视，块然见之，若嵩山之阿；徐以气听，砰然闻之，若雷霆之声。

③虚者，心斋：虚者心斋，可能是庄子影响最广的一个著名论断。人而顺天，虚心进道，目标和途径都明确无误。"若一志，无听之以耳而听之以心，无听之以心而听之以气"，就是具体的提示。耳听音声，心听符契，气听天道。道，空虚无尽，广大无边，心斋而神生，可谓至人。

叶公子高将使于齐，问于仲尼曰："王使诸梁也甚重。齐之待使者，盖将甚敬而不急。匹夫犹未可动，而况诸侯乎！吾甚栗之。子尝语诸梁也曰：'凡事若小若大，寡不道以欢成。事若不成，则必有人道之患；事若成，则必有阴阳之患。若成若不成而后无患者，唯有德者能之。'吾食也执粗而不臧，爨无欲清之人。今吾朝受命而夕饮冰，我其内热与[1]！吾未至乎事之情，而既有阴阳之患矣；事若不成，必有人道之患，是两也。为人臣者不足以任之，子其有以语我来！"

仲尼曰：

"天下有大戒二，其一，命也；其一，义也。子之爱亲，命也，不可解于心；臣之事君，义也，无适而非君也。无所逃于天地之间，是之谓大戒[2]。是以夫事其亲者，不择地而安之，孝之至也；夫事其君者，不择事而安之，忠之盛也。自事其心者，哀乐不易施乎前，知其不可奈何而安之若命，德之至也。为人臣子者，固有所不得已。行事之情而忘其身，何暇至于悦生而恶死！夫子其行可矣！

"丘请复以所闻：凡交近则必相靡以信，远则必忠之以言。言必或传之。夫传两喜两怒之言，天下之难者也。夫两喜必多溢美之言，两怒必多溢恶之言。凡溢之类妄，妄则其信之也莫，莫则传言者殃。

故法言曰：'传其常情，无传其溢言，则几乎全。'

"且以巧斗力者，始乎阳，常卒乎阴，大至则多奇巧；以礼饮酒者，始乎治，常卒乎乱，大至则多奇乐。凡事亦然，始乎谅，常卒乎鄙；其作始也简，其将毕也必巨①。

"夫言者，风波也；行者，实丧也。风波易以动，实丧易以危。故忿设无由，巧言偏辞。兽死不择音，气息茀然，于是并生心厉。克核大至，则必有不肖之心应之，而不知其然也。苟为不知其然也，孰知其所终！故法言曰：'无迁令，无劝成。过度益也。'迁令劝成殆事。美成在久，恶成不及改，可不慎与！

"且夫乘物以游心，托不得已以养中，至矣。何作意为报也[3]！莫若为致命[4]，此其难者。"

今译

叶公子高即将出使齐国，特地来请教孔子："楚王对我此次出使寄望很高，但齐君对待使臣，大概会表面恭敬，实际上却会拖延。连一介平民都难以说动，更何况是一国之君呢？我心里很犯难！先生曾经教我：'凡事不论大小，不合乎道，就很难和谐成功。事情不成，必受君主惩罚；即使最终办成了，自己也会因为患得患失而酿成疾病。唯有德才俱盛的人，不论成功与否，都无后患。'我这人，习惯粗茶淡饭，饮食不求清凉。早晨接受使命，晚上就得喝冰水，我恐怕已生出内热了吧？人事之真情还没有处理，就已经阴阳失调。若完不成使命，又会有人道之患。这种两难情形，身为人臣，我怎么承受！先生有什么避患之法可以教我吗？"

孔子说：

"天下有两大戒律，一是命，二是义。子女爱双亲是天命，系结于心而不能忘怀；臣下侍奉君主是人道之义，不论你走到哪里，只要在天地之间，就无处可逃！天命与人义，都无法逃遁，所以叫大戒。侍奉父母，不论何种处境，都要让他们安心无虑，这是孝亲的极致；侍奉君主，不论什么事情，都要让君主安心无虑,这是忠心的极致。自养心性,不受哀乐影响,自知无可奈何而能安之若素,这是葆德的极致。为人臣、做子女的,本有许多迫不得已的地方,践行实事,忘却自身,哪里会顾及贪生怕死的念头?出使齐国,你就这样去做吧!

"我还要说几句我所听到的道理。两国交往,若是近邻,要靠信用谋求亲善;若是远隔,只能靠言语来表达忠信。言语要靠使臣去传达。传递双方喜怒之言,是天下最难的事情。双方十分友好,难免有溢美之词;双方敌意十足,难免有溢恶之词。事情说过了头,都像谎话,难以令人信服,传言之人必定遭殃。所以,《法言》说:'传话传真情,不传溢言,可以保全。'

"再说,以巧斗力的双方,开始的时候明来明往,似乎堂堂正正,后来就使用阴谋,过分的时候就用诡计伤人;人们恪守礼节,聚众饮酒,开始的时候规规矩矩,后来便胡言乱语,过分的时候就荒淫无度了。凡事大抵如此:开始交往时互相谦让,后来变成卑鄙下作;开始规划时还简单直白,即将终局时却变得极其繁难。

"人言,如风吹水面,可以涌起层层波浪;世间之事,多环节的传递常常背离初始的真情。言语的风波会引起巨大的动乱,行为的失真会造成真正的危局。忿怒发狠,多是由于巧立言辞、歪曲事实造成。野兽临死的时候,往往声音局促,呼吸不畅,狂怒反扑。言辞过分严苛,引发他人的恶意反应,自己还不知道已经处于危险的境地。连自己当下的危险都不能知晓,未来的结局又如何能够确切预料?所以《法言》说:'不要擅自改变自己的使命,不要勉强别人而求取成功;言行过度了,就是满溢。'怀揣私意和勉力强为,都有危险。成就良好的邦交关系需要时日,而一旦交恶就很难改善。怎么能不慎重呢!

"顺应外物变化,保持心神合一,尽人力而不轻言放弃,以此来葆养中气精神,就是做人的至境。何必担心事情的结果怎样呢?为使命而尽全力,就是很不容易的了。"

[注]

[1]我其内热与:向秀注:"食美食者必内热。"郭注:"所馔俭薄,而内热饮

冰者，诚忧事之难，非美食之为。"

[2] 无所逃于天地之间，是之谓大戒：戒，双手持戈，警戒，威慑。天地之间，无所逃遁者，君与亲也。

[3] 何作意为报也：旧作"何作为报也"。"意"字旧脱。故文义难解。郭注："当任齐所报之实，何为为齐作意于其间哉！"今据郭注"作意"补。报，回复君命。

[4] 莫若为致命：致，奉献。《论语·学而》："事父母能竭其力，事君能致其身。"尽心尽力去完成所托，是难能而可贵的，不需要思前想后，顾虑重重。

[释]

① 始乎谅，常卒乎鄙；其作始也简，其将毕也必巨：上文从以巧斗力和以礼饮酒为例，说明始乎阳，卒乎阴，大至则多奇巧；始乎治，卒乎乱，大至则多奇乐。接下来说凡事亦然，最初的设想还算简单明白，但即将终局时却变得极其繁复而严峻。但凡世间各种人为的盘算和操弄，一旦既成事实，大概都难以摆脱每况愈下的可悲命运，人们能否从历史经验中汲取教训，少做缘木求鱼的蠢事呢？

颜阖将傅卫灵公大子，而问于蘧伯玉曰："有人于此，其德天杀[1]。与之为无方，则危吾国，与之为有方，则危吾身。其知适足以知人之过，而不知其所以过。若然者，吾奈之何？"

蘧伯玉曰：

"善哉问乎！戒之，慎之，正汝身也哉：形莫若就，心莫若和[2]。虽然，之二者有患。就不欲入，和不欲出[3]。形就而入，且为颠为灭，为崩为蹶。心和而出，且为声为名，为妖为孽。彼且为婴儿，亦与之为婴儿；彼且为无町畦，亦与之为无町畦；彼且为无崖，亦与之为无崖；达之，入于无疵。

"汝不知夫螳螂乎？怒其臂以当车辙，不知其不胜任也，是其才之美者也。戒之，慎之！积伐而美者以犯之，几矣！

"汝不知夫养虎者乎？不敢以生物与之，为其杀之之怒也[4]；不敢以全物与之，为其决之之怒也；时其饥饱，达其怒心。虎之与人异类而媚养己者，顺也；故其杀者，逆也。

"夫爱马者，以筐盛矢，以蜄盛溺。适有蚊虻仆缘，而拊之不时，则缺衔毁首碎胸。意有所至而爱有所亡。可不慎邪！"

今译

颜阖即将担任卫灵公太子的师傅，前来向蘧伯玉请教："假如这里有这么一个人，德性天赋极其低劣，如果不帮他行正道，肯定会危害邦国；如果帮他行正道，肯定会危及我身。他的聪明足以发现别人对他不满，却不知为什么对他不满。对这种人，我该怎么办呢？"

蘧伯玉说：

"问得好！你要警惕，要谨慎！首先，你自己必须躬行正道：外表随从谦和以取得信任，内心引导他来靠近正道。虽然如此，这两条方略还是有隐患。亲近他，但不能真心苟同他，调和他，而不可替他谋划行动。你如果与他苟同，他做起坏事会走火入魔，一步步走向毁灭；你如果给他提出行动建议，他就会追逐名声，弄虚作假，作妖作怪。他如果像个天真的孩子，你就要跟他一起做天真的孩子；他如果不拘小节，你也要不拘小节；他如果喜欢跨越界限，你也随之跨越界限。能这样做到位，可以避免出大错。

"你知道螳螂吧？它奋起臂膀要阻挡滚动而来的车轮，是因为它不知自身的力量不能胜任，而自恃一己的才具有出类拔萃之美。你要警戒，要谨慎！一再显耀自己的美德，而触犯暴君，那不就是螳螂挡车的下场吗！

"你知道养虎的人吧？他从不给老虎吃活物，因为活物会激发老虎扑杀的凶气；也从不给老虎吃全物，因为全物会激发老虎搏斗的怒气。要琢磨老虎的饥饱，随时疏散老虎的暴性。虎与人是异类，但它会讨好饲养者，那是因为养虎的人能顺虎性。被老虎杀死的人，则是触犯了虎性。

"有个爱马的人，用竹筐接马粪，用蚌壳接马尿，恰巧有蚊虻围绕，附着在马身上。爱马者突然拍击马背，马受到惊吓，挣断口衔，直冲主人，毁伤其头颅，撞碎其胸膛。爱马者心肠极好，爱意极盛，却是惹来祸端。你能不谨慎吗？"

[注]

[1]其德天杀：天杀（shuāi），天赋的德性浅薄。杀，同"衰"，薄损。

[2]正汝身也哉：形莫若就，心莫若和：正身之途，即形就、心和。故"哉"后用冒号。

[3]就不欲入，和不欲出：接近他却不苟同他，和气相处而不替他谋划。此例可证庄子平和待人、顺人而不失己的立场。

[4]为其杀之之怒也：郭象注："知其所以怒而顺之。"郭嵩焘曰："达其怒心，自有作用。所谓顺者，非务徇其欲也，无使杀焉而不导之以怒也，无使决焉而不纵之以为怒也。苟无撄其怒而已，其心常有所自达焉，则顺矣。"《列子·黄帝》梁鸯养虎与此有文义的重合。有关佚文，本书补入《达生》篇。

匠石之齐，至于曲辕，见栎社树。其大蔽数千牛，絜之百围，其高临山，十仞而后有枝[1]，其可以为舟者旁十数[2]。观者如市，匠伯不顾，遂行不辍。

弟子厌观之，走及匠石，曰："自吾执斧斤以随夫子，未尝见材如此其美也①。先生不肯视，行不辍，何邪？"

曰："已矣，勿言之矣！散木也。以为舟则沉，以为棺椁则速腐，以为器则速毁，以为门户则液樠，以为柱则蠹，是不材之木也。无所可用，故能若是之寿。"

匠石归，栎社见梦曰："女将恶乎比予哉？若将比予于文木邪？夫楂梨橘柚，果蓏之属，实熟则剥，剥则辱；大枝折，小枝泄[3]。此以其能，苦其性者也。空穴来风，桐乳致巢，此以其能，苦其性者也[4]。故不终其天年而中道夭，自掊击于世俗者也。物莫不若是。且予求无所可用久矣，几死，乃今得之，为予大用。使予也而有用，且得有此大也邪？且也若与予也皆物也，奈何哉其相物也？而几死之散人，又恶知散木！"

匠石觉而诊其梦[5]。弟子曰："趣取无用，则为社何邪？"

曰："密！若无言！彼亦直寄焉！以为不知己者诟厉也。不为社者，且几有翦乎！且也彼其所保与众异，而以义誉之[6]，不亦远乎！"

今译

有个姓石的木匠要去齐国，走到鲁国的曲辕，看见一棵被人供为社神的栎树。树冠之大，可荫蔽几千头牛，树干之粗，可达到百人合围，树梢之高，与山峰比肩，树身高达十仞后才分出枝杈，可用来造独木舟的旁枝不下数十个。围观的人熙熙攘攘，而石木匠连头也不回，继续赶他的路。

弟子在大树下流连往返，看了个够。他追上匠石，说："自从徒弟带着斧子跟从师傅学艺，从来没见过这么好的大木材，师傅却一眼也不看，一步也不停，是什么缘故呢？"

（石木匠）说："罢了！不值一提，无非是一块散木！做成舟船必沉，做成棺椁必腐，做成器具必坏，做成门窗会渗水，做成梁柱会生蛀虫。这样的不材之木，毫无用处，白白活了这么多年。"

石木匠回到家，大栎树在梦中现身，说："你要我向什么树看齐呢？说我是散木，把我跟文木相比吗？那山楂树、梨树、橘子树、柚子树，都能结果实，果实刚成熟就被采摘，采摘时还要受伤害，大枝折断，小枝扭曲。因为于人有用，才使自己的生命遭难。树干上有空穴，来风生凉爽，鸟雀来安家。因为于人有用，才使自己的生命遭难。天年未满就半道夭折，不就是因为招摇己美而受害于俗世吗？物皆如此，人亦不免！而我祈求自己对于世人无所可用，已经有很久了，虽多次犯险，差点儿丧生，如今得全性命，乃是以不材为我之大用。假如我对世人有用，哪里能长成今天这样的大树呢？而且，你与我，同是天地间之一物，凭什么你一门心思要对我刀斧相向呢？你这等毫无生气的散人，怎会理解我这棵散木！"

石木匠醒来，细说了这个梦。徒弟问："既然大栎树意在求取无所用的处境，它为何还要做祠堂的社神呢？"

（石木匠）说："少说话！你如何懂得！栎树寄身于祠堂，的确引来不知者的诋毁。它若是不来做祭坛的神树，不是早就被人家砍伐了吗？栎树所珍贵的，与众生完全不同；你以俗世之合宜的标准来评判栎树，岂非大错特错吗！"

[注]

[1] 其高临山，十仞而后有枝：临，俯瞰。仞，周制七尺为一仞。

[2] 可以为舟者旁十数：可以制成独木舟的旁枝，有数十个。

[3] 小枝泄：泄，通"抴（yè）"，同拽。因牵拉而扭曲。

[4] 空穴来风，桐乳致巢，此以其能，苦其性者也：今补此句十七字，是《庄子》佚文。"穴"或作"阅""门"。《太平御览》九百五十六引《庄子》："空门来风，桐乳致巢。"司马彪注："门户空，风喜投之；桐子似乳，乌鸟巢之。"《文选》宋玉《风赋》李善注："庄子又曰：空阅来风，桐乳致巢，此以其能苦其性者。"潘安《悼亡诗》李善注："庄子曰：空穴来风。司马彪曰：门户孔空，风善从之。""以其所能，苦其性（生）者"，是就生物而论，按上下文脉，是说树上洞穴招鸟来巢。

[5] 觉而诊其梦：诊，评断征候之因，分析缘由，例如"缘梦"。中国古时有诊梦的习俗，美洲印第安人也有类似的梦艺术，具有浓郁的文化魅力。庄子关于真人"神全""日夜无隙"的见解，可以把我们带回古老的文化源头，不可轻视！以"似占梦书"为借口而大删庄书，不是愚蠢，就是邪恶。

[6] 以义誉之：义，宜。誉，褒贬。

[释]

① 自吾执斧斤以随夫子，未尝见材如此其美也：刀斧刑具随身藏，杀伐决断伏在心，如此之人，世间到处有，岂止于木匠之徒也！所以，大木在梦中挖苦匠石说：你与我，同是天地间之一物，凭什么你一门心思要对我以刀斧相向

呢？那些文木，因为自己有本领，而遭受生命的痛苦，天年未满就半道夭折，无异于自我招摇而让人以刀斧砍伐。而散木祈求自己对于世人无所可用，虽多次犯险，几乎丧命，总算保住了小命，而以不材为生命之大用。可见战国的世道人心多么凶险，别人手中的斧斤随时随地会落到你的头上，可见做人难，难于上青天！"方今之时，仅免刑焉"，庄子的不材之议，岂止是悲凉愤激之只言片语哉！

南伯子綦游乎商之丘，见大木焉有异，结驷千乘隐，将庇其所藾[1]。

子綦曰："此何木也哉！此必有异材夫！"仰而视其细枝，则拳曲而不可以为栋梁；俯而视其大根，则轴解[2]而不可以为棺椁；咶其叶，则口烂而为伤；嗅之，则使人狂酲[3]，三日而不已。

子綦曰："此果不材之木也，以至于此其大也。嗟乎神人，以此不材[4]！"

今译

南伯子綦游历到商地的一个山丘，看见一棵大树长得十分奇异：上千辆四匹马拉的车靠近停车，可以全部遮蔽在大荫之下。

子綦说："这棵树，不同寻常！这棵树，用途肯定很特别吧？"抬头望枝杈，弯弯扭扭不能做栋梁；低头看树干，木心松软不能做棺椁；尝一尝它的叶子，嘴舌长疮；闻一闻它的气味，能让人如癫似狂，三天沉睡而不醒。

子綦说："这真是一棵无用之树！要不，怎会长得这样巨硕。啊呀，神人，不就像这不材之木吗？"

[注]

[1]结驷千乘隐，将庇其所藾：隐（yìn），依，靠。庇（bì），遮蔽。藾，树荫。

［2］轴解：轴，木心。解（xiè），懈，松软不实。

［3］狂酲：癫狂如醉。

［4］以此不材：以，似。例如《汉书·高帝纪》"乡者夫人儿子皆以君。"注：以，读作"似"。此文以树为喻，故说神人就像不材之木。

宋有荆氏[1]者，宜楸柏桑。其拱把而上者，求狙猴之杙[2]者斩之；三围四围，求高名之丽[3]者斩之；七围八围，贵人富商之家求禅傍[4]者斩之。故未终其天年，而中道夭于斧斤，此材之患也。故解之以牛之白颡者与豚之亢鼻者，与人有痔病者，不可以适河。此皆巫祝以知之矣，所以为不祥也。此乃神人之所以为大祥也。

今译

宋国的荆氏园林，宜于种植楸树、柏树、桑树。待树长到一两把粗时，就被寻求栓猴木桩的人砍走了；长到三四围粗的时候，就被寻求高屋栋梁的人砍走了；长到七围八围粗的时候，就被寻求棺椁的富贵之家砍走了。所以未能终其天年，中途就已经被刀斧砍杀。这就是有材可用的祸患。自古以来，禳解灾祸的祭祀有一个规矩，白额头的牛，鼻子上翻的猪，患了痔疮的人，都不能用于投河祭神。这个规定，所有的巫祝都知晓，因此这些都被人看作不祥之物。然而神人却认为，有这些明显的欠缺，是可以保命不死的大吉祥。

［注］

［1］荆氏：以姓氏为名称的地名。

［2］狙猴之杙（yì）：拴猴子的木桩。

［3］高名之丽：高屋的栋梁。名，大厦之顶。丽，同欐。

［4］禅（shàn）傍：棺椁。

支离疏者，颐隐于脐，肩高于顶，会撮指天，五管在上，两髀为胁。挫针治繲，足以糊口；鼓䇲播精[1]，足以食十人。上征武士，则支离攘臂而游于其间；上有大役，则支离以有常疾不受功[2]；上与病者粟，则受三钟与十束薪。夫支离其形者，犹足以养其身，终其天年，又况支离其德者乎！"

今译

有个名叫支离疏的人，下巴弯到肚脐下，肩膀高过了头顶，臀部向上撅着，肛门朝天，大腿当作两胁。他替人缝补，足以糊口；在街市上卜卦算命，足以养活十口人。官府来招募兵丁，支离疏张拳捋袖，嚷着要入伍；官府来征调劳役，支离疏因残疾而免除；官府来救济贫困，支离疏能领到三钟米和十捆柴。在当下的世道，一个形体支离的人，竟有办法得到利益以养身，长命百岁，何况德性支离的人呢？

[注]

[1] 鼓䇲播精：䇲，同策，蓍草。精，疑为"糈（xǔ）"，精米。击蓍播糈，卜筮算命的做法。

[2] 上有大役，则支离以有常疾不受功：王上要打仗，派下徭役，支离疏因为身有残疾，不用上战场。

孔子适楚[1]，楚狂接舆[2]游其门曰：
"凤兮凤兮，何而德之衰[3]也！
来世不可待，往世不可追也。
天下有道，圣人成焉；
天下无道，圣人生焉。
方今之时，仅免刑焉。

福轻乎羽，莫之知载；
祸重乎地，莫之知避。
已乎已乎，临人以德！
殆乎殆乎，画地而趋！
迷阳迷阳[4]，无伤吾行！
吾行却曲[5]，无伤吾足！"

今译

孔子周游到楚国。楚国的狂人接舆来到孔子馆所的门前，唱起歌来：
"凤凰啊凤凰，你的德性如此衰败！
你寄望的将来，不可期待；
你仰慕的过往，不能追回来。
天下有道，圣人成就事业；
天下无道，圣人求生保命。
方今这世道，仅求避祸免酷刑！
幸福轻轻如羽毛，无人知道随身带；
灾祸沉沉遍于地，无人知道要逃避。
罢了罢了，莫在人前炫耀己德；
危哉险哉，画地为牢亦步亦趋。
荆棘荆棘，不要妨碍我行路；
行路绕道，不要刺伤我的足。"

[注]

[1] 孔子适楚：孔子六十三岁至楚。
[2] 楚狂接舆：嵇康《高士传》："狂接舆者，楚人也，耕而食。楚王闻其贤，使使者持金百镒，车二驷，聘之曰：'愿烦先生理江南。'接舆笑而不应，使者去

而远徙，莫知所之。"

［3］何而德之衰：何而，旧作"何如"。而，你；而，尔，汝，义通。郭注："当顺时直前，尽乎会通之宜耳。世之盛衰，蔑然不足觉，故曰何如。"大意是：能高升就顺时高升，何必管世人吃苦遭罪，这就叫"何如"！《论语·微子》作"何德之衰"。"而"字已不见。

［4］迷阳：荆楚人称呼一种带刺的灌木。

［5］吾行却曲：绕道而行。张远山认为应作"却曲却曲"。

山木自寇也，膏火自煎也[1]。桂可食，故伐之；漆可用，故割之。人皆知有用之用，而莫知无用之用也。

今译

山木，因为高大而被砍倒；树脂，因为能燃烧，会变成灰烬。桂皮可食，就被人从根上锯断；树漆可用，就被人切割得遍体鳞伤。世人皆知有用之物有实用，却不知无用之物有大用。

［注］

［1］山木自寇也，膏火自煎也：寇，杀伐。陆德明《经典释文》司马云："木生斧柄，还自伐；膏起火，还自消。"

庄子真义内篇第五

德充符

题解

德才兼备的人应该是什么样子？得道者德美而充实不已，验证于实事则当而有信。此篇申述"游心于德之和"，至人能止于止，以死生为一条，可不可为一贯，日月无隙，葆光而全神。庄子以身形的残缺来凸显内德充实之天真境界，并非无故赞誉残缺丑陋也。

鲁有兀者王骀，从之游者，与仲尼相若。

常季问于仲尼曰："王骀，兀者也，从之游者与夫子中分鲁。立不教，坐不议。虚而往，实而归。固有不言之教，无形而心充者邪[1]？是何人也？"

仲尼曰："夫子，圣人也，丘也直后而未往耳！丘将以为师，而况不若丘者乎！奚假鲁国，丘将引天下而与从之。"

常季曰："彼兀者也，而王先生，其与庸亦远矣。若然者，其用心也独若之何？"

仲尼曰："死生亦大矣，而不得与之变；虽天地覆坠，亦将不与之遗[2]。审乎无假而不与物迁，命物之化而守其宗者也[3]。"

常季曰："何谓也？"

仲尼曰："自其异者视之，肝胆楚越也；自其同者视之，万物皆一也。夫若然者，且不知耳目之所宜，而心游乎德之和；物视其所一而不见其所丧，视丧其足犹遗土也。"

常季曰："彼为己，以其知得其心，以其心得其常心，物何为聚之哉^[4]？"

仲尼曰："人莫鉴于流水而鉴于止水。唯止，能止众止^[5]。受命于地，唯松柏独也正，冬夏青青；受命于天，唯尧舜独也正，幸能正生，以正众生^[6]。夫保始之征，不惧之实，勇士一人，雄入于九军。将求名而能自要者，而犹若是，而况官天地，府万物，直寓六骸，象耳目，一知之所知，而心未尝死者乎^①！彼且择日而登假^[7]，人则从是也。彼且何肯以物为事乎！"

今译

鲁国有个受刖刑被砍去一只脚的兀人，名叫王骀。跟从他受教的弟子多达三千人。

常季问孔子："王骀不过是个兀人，而追随者之多，在鲁国与先生您平分秋色！他站着不给学生传授课业，坐下也不跟弟子议论学问，学子们却能虚怀而往，满载而归。难道确有实行不言之教、毫无形迹而能化育人心的老师吗？这是个什么样的人呢？"

孔子说："王骀先生，是圣人。我落后一步，尚未前去请教，将来我要拜他为师，何况那些不如我的人呢？岂止鲁国，我还要引领天下人都去追随他。"

常季说："一个独脚的残废人，却能有超过先生之处，那高出凡人就更多了。如果真是这样，那他看待事物有何独特之处？"

孔子说："死生是大事，对他却不会有任何影响。即使天地坠覆，他也不会跟着败落。他洞悉道枢之真，不为外物所动，故独立不倚，能够听任外物变化，而持守一贯的宗旨。"

常季说："这是什么意思？"

孔子说："用差异的观点来看，肝与胆，就如同楚国和越国，相距遥远；用齐同的观点来看，万物归于纯一，没有本质的差别。明白了这一点，就能够超越对耳目所接外物的好恶分别，使心灵遨游于德性和畅的境界；对于人，只见其天性之整全纯一，而不见有什么残缺遗失；而自己丧失了一只脚，就像是掉了一块泥土一样。"

常季说："王骀践行修己，是以其日常所知，得见其运用之心，以其心，得见其恒常之性。众人为何会齐聚在他身边呢？"

孔子说："正如人不能鉴照于流水，只能鉴照于止水，唯有心如止水的至人，才能映照众人的心境，从而使别人也能心如止水。生物从大地得到生命，唯有松柏所得格外纯正，故冬夏常青；人类从天道得到生命，唯有尧舜所得格外纯正，能自正心性，因而可以感召众人自正其心性。保全原始天性的表征，是大无畏的勇气。不怕死的勇士，可以单枪匹马杀入敌阵。求取功名的人，尚能够如此约束自我，何况至人呢？至人的精神，包容天地，含蓄万物，只把身首四肢作为寄宿的旅舍，把耳目声光作为转瞬即逝的烟云，他一贯心知所能知，而保持心神生机灵动而不僵死。到了登霞而高升的时候，众人都乐意追随他而去。他怎会把外物当作一回事呢！"

[注]

[1] 无形而心充者邪：充，充实。旧作"成"。形近而误。郭注"残形而心乃充足"，可证。

[2] 亦将不与之遗：遗，成善楷《庄子笺记》解为"隤"（tuí），同"颓"，坠落。与之遗：随着一起坠落。

[3] 审乎无假而不与物迁，命物之化而守其宗也：审，洞察。无假，无所假借，即无待。命，听命。

[4] 彼为己，以其知得其心，以其心得其常心，物何为聚之哉：通行本断句不当。郭嵩焘云："知者外发，心者内存；以其知得其心，循外以葆中也。心者，不息之真机，常心者，无妄之本体，以其心得其常心，即体以证道也。"王骀修己，是以其日常所知得见其心，以其心得见其恒常心性。聚，旧作"最"。形近而误。众人为何聚在他身边呢？常季认为王骀的目的是修己，方法是以自己的所知窥见己心，以己之心考量人的天性（常心），修行的方法似乎很隐秘，所以有此问。

[5] 唯止，能止众止：心如止水，才能看清自己；看清自己，才能看清他人。

用心如镜，无尘无波，才能自止，并使人止。

[6] 受命于地，唯松柏独也正，冬夏青青；受命于天，唯尧舜独也正，幸能正生，以正众生：尧，旧脱。第一个"正"字，旧作"在"。俞樾校正。今断句与通行本不同。

[7] 怿日而登假：怿（yì），欢悦。旧作"择"。登假，登霞。喻逝世。古代有羽化成仙之说。今校正"择日"为"怿日"的依据有二：第一，选择一个死亡的日子，很难说得通。第二，欢乐登天，"人则从是"，大家都追随他。"不知乐生，不知恶死"，合乎庄子的文思。

[释]

① 官天地，府万物，直寓六骸，象耳目，一知之所知，而心未尝死者乎：说至人能"包容天地，含蓄万物"，不能作为概念化的哲学命题来理解。下文说至人把"身首四肢作为寄宿的旅舍，把耳目声光作为转瞬即逝的烟云"，指明了他所表达的是一种精神境界，超越了肉身实体，也超越了世俗的感官，进入精神哲学的论域。下文说至人可以"一贯心知所能知，而保持心神生机灵动而不至于僵死"，则涉及精神哲学的科学层面，即通常所理解的心理学。庄子的心理学有十分独特而超绝的内涵，我们对它的研究才刚刚开始，尚未窥见其全貌。认真研究庄子的精神哲学和心理学，是读庄的题中应有之义，而且价值重大，有助于澄清人心之戾气。

> 申徒嘉，兀者也，而与郑子产同师于伯昏无人。子产谓申徒嘉曰："我先出则子止，子先出则我止。"
>
> 其明日，又与合堂同席而坐。子产谓申徒嘉曰："我先出则子止，子先出则我止。今我将出，子可以止乎，其未邪？且子见执政而不违，子齐执政乎？"
>
> 申徒嘉曰："先生之门，固有执政焉如此哉？子而说子之执政而后人者也？闻之曰：'鉴明则尘垢不止，止则不明也。久与贤人处则

无过。'今子之所取大者，先生也，而犹出言若是，不亦过乎！"

子产曰："子既若是矣，犹与尧争善。计子之德，不足以自反邪？"

申徒嘉曰："自状其过以不当亡者众，不状其过以不当存者寡。知不可奈何而安之若命，唯有德者能之。游于羿之彀中，中，央者，中地也[1]；然而不中者，命也。人以其全足笑吾不全足者众矣，我怫然而怒；而适先生之所，则废然而反。不知先生之洗我以善邪，吾之自寤邪[2]？吾与夫子游十九年矣，而未尝知吾兀者[3]也。今子与我游于形骸之内，而子索我于形骸之外，不亦过乎！"

子产蹴然改容更貌曰："子无乃称！"

今译

申徒嘉，是个受刖刑被斩去一只脚的人。他与郑国的国相子产同拜伯昏无人为师。子产对申徒嘉说："我要先出去，你就留步；你要先出去，我就留步，行吗？"

第二天，两人同席而坐。子产又说："我要先出去，你就留步；你要先出去，我就留步。现在我要出去，你肯不肯留步呢？你见了执政大臣竟不知避让，你想要与我平起平坐吗？"

申徒嘉说："先生的门下，竟然有如此傲慢的执政大臣！你以官位自负，瞧不起人，还沾沾自喜！我听谚语说：'明镜不可染灰尘，染上灰尘镜不明；常与贤人相处，能避免自己的过失。'你是来这里推崇先生的，竟然说出这种话，岂不是一个过失吗？"

子产说："你都这个模样了，还想与尧争善吗？看看你的德性，还不足以自我反省吗？"

申徒嘉说："为自己的过失申辩，以为自己不该亡足的人，有很多；不对自己的过失申辩，承认自己不该存足的人，很少。知道身处无可奈何的境遇之中，还能安之若命，唯有修德进道的高人才能做到。人行走在后羿的射程之内，活在靶心的左右，乃是必中之的！至今没有被射中，是你命大。因为双足健全而嘲笑我残缺一足的人，有不少，为此我也曾怒气冲天；来到先生这里，我不再生气，而能反观自己。不知是先生用善把我的心洗涤洁净，还是我自己从大梦中幡然醒悟？我追随先生十九年，先生至今不曾注意我是否独足。如今，你我都来此处修心，你却索求于我的外貌，这不是一个过失吗？"

子产满面惭愧，恳求说："请不要再说了！"

[注]

[1] 于羿之彀中，中，央者，中地也：彀（gòu），箭的射程。中地，箭要射的标靶。处于后羿的射程中央，随时都有被射中的危险。在庄子的时代，人的生命处境如同"羿之彀中"。

[2] 不知先生之洗我以善邪，吾之自寤邪："吾之自寤邪"五字旧脱。今据陈景元《阙误》引张君房本补，文完意足，而且语气通顺。欲闻道，良师之善明与心神之自寤，均不可缺。

[3] 介者：旧作"兀者"。张远山据陆德明《经典释文》校正。介，独足。兀，受刑刖足。

> 鲁有兀者叔山无趾，踵见仲尼。仲尼曰："子不谨，前既犯患若是矣。虽今来，何及矣！"
>
> 无趾曰："吾唯不知务而轻用吾身，吾是以无足。今吾来也，犹有尊足者存焉，吾是以务全之也。夫天无不覆，地无不载，吾以夫子为天地，安知夫子之犹若是也！"
>
> 孔子曰："丘则陋矣！夫子胡不入乎，请讲以所闻！"
>
> 无趾出。孔子曰："弟子勉之！夫无趾，兀者也，犹务学以复，补其前行之恶[1]，而况全德之人乎！"
>
> 无趾语老聃曰："孔丘之于至人，其未邪？彼何宾宾以学子为①？彼且蕲以諔诡幻怪之名闻，不知至人之以是为己桎梏邪？"
>
> 老聃曰："胡不直使彼以死生为一条，以可不可为一贯者[2]，

解其桎梏，其可乎？"

无趾曰："天刑之，安可解！"

今译

鲁国有个受刖刑被砍去足趾的人，名叫叔山无趾，他用脚后跟走路，来见孔子。孔子说："你太不谨慎！以前触犯刑法被斩足趾，今天来求救于我，怎么来得及挽救呢？"

无趾说："正因为我不懂世务，轻率以身行事，而失去了足趾。现在来求道，是因为还有比足趾更加尊贵的东西在，我务求葆全它。天，无不覆盖；地，无不载托。我把夫子当作能覆能载的天和地，没有料到夫子竟会是今天这样子！"

孔子说："我太浅陋了！先生何不请进，为我讲授你的见闻！"

无趾走后，孔子说："弟子们努力啊！叔山无趾是亏德受刑之人，仍然不放弃学道而复归本性，弥补以前的过错，何况德性尚全的人呢？"

叔山无趾对老子说："孔子离至人还差得很远吧？他一副文质彬彬的学者样子，究竟想要什么呢？他追求那些虚幻诡诞、让人莫名其妙的名声，不懂得至人把名声看作身上的枷锁吗？"

老子说："你为何不教给他同生死、齐是非的一贯之道，解除他心上的桎梏呢？"

无趾说："老天给他的刑罚，怎么可能解除啊！"

[注]

［1］犹务学以复，补其前行之恶：旧本为一句。今"复"字后断句，文字顺畅，而能见出深层的意思。

［2］以死生为一条，以可不可为一贯者：等生死、齐物论，此是庄子核心精义，乃贯穿《庄子》全书的一条生命线。

[释]

① 孔丘之于至人，其未邪？彼何宾宾以学子为：孔子离至人还差得很远吧？他做出文质彬彬的学者样子，究竟是要干什么呢？下文说他追求那些虚名，不知至人早就把名声看作是桎梏吗？并说他遭受天刑而不可解。其实，学而复性的说法已经表明孔子的求道之心了。或许，"学而不厌，诲人不倦"的路径，还是太过于拘执了。人为难至天道，名教岂是自然！"朝闻道，夕死可矣！"夫子晚年的辛酸自道，不是透露了其中的讯息吗？

鲁哀公问于仲尼曰："卫有恶人焉，曰哀骀它。丈夫与之处者，思而不能去也。妇人见之，请于父母曰'与为人妻，宁为夫子妾'者，十数而未止也。未尝有闻其唱者也，常和人而已矣。无君人之位以济乎人之死，无聚禄以望人之腹。又以恶骇天下，和而不唱，知不出乎四域，且而雌雄合乎前，是必有异乎人者也。寡人召而观之，果以恶骇天下。与寡人处，不至以月数，而寡人有意乎其为人也；不至乎期年，而寡人信之。国无宰，寡人传国焉。闷然而后应，泛然而若辞。寡人丑[1]乎，卒授之国。无几何也，去寡人而行。寡人恤焉若有亡也，若无与乐是国也。是何人者也？"

仲尼曰："丘也尝游于楚矣[2]，适见㹠子食于其死母者。少焉眴若，皆弃之而走。不见己焉尔，不得类焉尔[3]。所爱其母者，非爱其形也，爱使其形者也。战而死者，其人之葬也，不以翣[4]；刖者之屦，无为爱之。皆无其本矣。为天子之诸御，不爪翦，不穿耳；取妻者止于外，不得复使。形全犹足以为尔，而况全德之人乎！今哀骀它未言而信，无功而亲，使人授己国，唯恐其不受也，是必才全而德不形者也。"

哀公曰："何谓才全？"

仲尼曰："死生、存亡、穷达、贫富、贤与不肖、毁誉、饥渴、寒暑，是事之变，命之行也。日夜相代乎前，而知不能规乎其始者也。故不足以滑和，不可入于灵府。使之和、豫、通而不失于兑[5]。使日夜无隙，而与物为春，是接而生时于心者也①。是之谓才全。"

"何谓德不形？"

曰："平者，水停之盛也，其可以为法也[6]，内保之而外不荡也。德者，成和之修也。德不形者，物不能离也。"

哀公异日以告闵子，曰："始也，吾以南面而君天下，执民之纪而忧其死，吾自以为至通矣。今吾闻至人之言，恐吾无其实，轻用吾身，而亡其国。吾与孔丘，非君臣也，德友而已矣！"

今译

鲁哀公问孔子说："卫国有个形貌丑陋的人，叫哀骀它。男人与他相处，留恋而不舍；女人见到他，就恳求父母：'与其做人的正妻，不如做哀骀它的陪妾。'据说这样的女子有几十个。从未听说过他倡导什么，他倒是常常附和众人的意见。他没有高高在上的官位可以救人于死地，也没有累世积蓄的财物可以使穷人果腹；而且他外貌丑陋，足以惊骇全天下的人。他没有一家之言，智虑并未超出国人，竟然能让男人女人都与之亲近，一定有异于常人之处。我把他召唤来，果然丑陋得吓人，可是，相处不足一个月，我就开始喜欢他；不足一年，我已完全信任他。正好鲁国宰相的位子空缺，我想把国事交给他打理。但他无意承应，似乎漫不经心地答应，又似乎想推辞。我觉得这人很古怪，但仍然把国事交付给他。没过多久，他就辞行远去了。我闷闷不乐，若有所失，鲁国这地方让我觉得很乏味。这个哀骀它，到底是怎样的一个人呀？"

孔子说："我曾游历楚国，恰好看到一群小猪在吮吸其死母之乳。不一会，一个个小猪两眼惊疑地看了看，全都丢弃母猪惶惶然逃走了。这是因为它们发现，母猪失去了与自己相亲相爱的神情。小猪爱母，不是爱她的身形，而是爱那个主宰身体的心灵啊。沙场上战死的尸体，因为没有棺椁送葬，所以不需要条带装饰；卖鞋子给受了刖刑的人，他一点儿也不喜欢。没有了根本，装饰用在哪里呢？为天子选嫔妃，凡是没有选中的，就不剪指甲，不穿耳洞；娶了妻的臣仆只能待在外院，不得进入官室。人们把身形的健全尚且看得如此珍贵，更何况德心葆全的圣人爱惜德性呢！如今，哀骀它默默无言，就能使人信赖，寂寂无功，就能使人亲近，让人愿意把国家交给他，还唯恐他不接受，这人必定是真性完全而德不外露的圣人。"

哀公说："什么是'真性完全'？"

孔子说："生死得失、穷通贫富、好歹毁誉、饥饱寒暑，这些是人事的变迁，是天命的运行。如同昼夜更替，斗转星移，人却不能窥见其来由。所以，外物变化不扰乱心性，不侵入灵府；使心灵保持和顺、舒畅、通达，而又不过于直白简单；使心灵日夜流转，无停滞，无间隔，与万物一体而沐浴春风；这样的德性，就是顺境接物而萌生之心。这就叫'真性完全'。"

（哀公问：）"什么是'德不外露'？"

（孔子）说："平，是流水静止的极致。以'平'作为我们取法的标准，内部保持平静，外部无有动荡。德，是纯粹成和的修为。德不外露的人，万众归附而不愿离开。"

有一天，鲁哀公告诉孔子的学生闵子骞："以前，我君临天下，执掌纲纪，关心百姓存亡，自以为精通治理之道。如今听了至人这番话，开始担忧自己虚名无实，轻率行事而至于亡国。我与孔子，不是君臣，乃是德友！"

[注]

[1] 丑：怪异。此处即言寡人怪之。旧本训"丑"，或训"愧"，均不当。

[2] 丘也尝游于楚矣："游"，旧为"使"，马叙伦、王叔岷、张远山校。

[3] 不见己焉尔，不得类焉尔：类，种。小猪发现母猪不像以前那样与自己相亲。

[4] 翣（shà）：棺饰。

［5］使之和、豫、通而不失于兑：和，和谐。豫，愉悦。通，畅达。不失于兑：不失于直率简明。

［6］平者，水停之盛也，其可以为法也：法，法则，公理。止水为法，又是一个庄子独创的特有观念。止水则平，可平天下；止水则静，可定人心。参考本篇"鉴于止水，唯止，能止众止"。

［释］

① 使日夜无郤，而与物为春，是接而生时于心者也：接，应接，即"与物"。"时"，成善楷《庄子笺记》解为"之"。使心灵日夜流转，无停滞，无间隔，与万物一体迁流，如沐春风；这样的德性，就是顺境接物而萌生之心，就叫作"真性完全"。"日夜无郤"，则是心之流动，无停滞，无间隔，畅流而无阻，统整合一，不会割裂为碎片。此处涉及心灵形态和功能之衔接的一系列问题，如日与夜、醒与睡、梦与觉等状态的流动与转换。西方心理学理论，如詹姆士的意识流，罗杰斯的经验流，荣格的集体潜意识，都指向心灵的整体性和流动性的分与合的问题。庄子的"真性无郤"说，可以与这些心理学家的理论彼此参照，相互发明，为当代心理学和心灵哲学研究，提供启发和参考。

闉跂支离无脤说卫灵公，灵公悦之；而视全人，其脰肩肩[1]。瓮㼜大瘿说齐桓公，桓公悦之；而视全人，其脰肩肩。

故德有所长而形有所忘。人不忘其所忘而忘其所不忘，此谓诚忘①。

故圣人有所游，而知为孽，约为胶，德为接，工为商。圣人不谋，恶用知？不斲，恶用胶？无丧，恶用德？不货，恶用商？四者，天鬻也；天鬻者，天食也[2]。既受食于天，又恶用人！

有人之形，无人之情。有人之形，故群于人，无人之情，故是非不得于身。眇乎小哉，所以属于人也！謷乎大哉，独成其天！

今译

　　闉跂支离无脤，是个曲背、跛脚、豁唇的人。他去游说卫灵公，卫灵公非常喜欢他，习惯了以后，再看那些身形齐全的人，就不顺眼，觉得一个个细长的脖子架在肩膀上，很丑。瓮㼜大瘿，颈上瘤子如同瓮㼜一样大。他去游说齐桓公，齐桓公非常喜欢他，再看身形齐全的人，就不顺眼，觉得细长的脖子架在肩膀上，很丑。

　　如果德性完全，形体就会被遗忘。世人记挂着应该被遗忘的形骸，却遗忘了应该牢记的德性，这是众人的遗忘，真正的遗忘。

　　圣人遨游于道，认为知识是惹是生非的祸根，礼义是禁锢心灵的胶漆，施德是笼络人心的手段，工巧是投机的行径。圣人不谋求外物，要知识何用？对物不伤不断，要胶漆何用？浑然无缺，何须施人以德？不贵财货，何须商贾？知识，约定，得取，工巧，这四者都为天所糜，天糜即天蚀，物化而不存。人依靠天赐的食粮为生，哪里需要依靠人为的知、约、得、工来累积财物呢？

　　圣人有人的形貌，没有人的俗情。有人的形貌，能混迹于人群，没有人的俗情，就能不沾染是非的纠葛。细微渺小啊，属于人；高远伟大啊，独立自在的天！

[注]

　　[1] 而视全人，其脰肩肩：全人，身形齐全的人。脰（dòu），颈项。

　　[2] 天鬻者，天食也：鬻，糜。食，蚀。物尽化而不固存，累积物质财富，毫无意义。

[释]

　　① 德有所长而形有所忘。人不忘其所忘而忘其所不忘，此谓诚忘：德性完全的至人，会遗忘自己的形体。世人记挂着形骸，却遗忘了天赋的德性，这是

众人的遗忘，众人的"诚忘"。精神要流动变化，不可滞留，所以要清空而不拘执。通过有意或无意的遗忘，人的心灵可以清明如初，保持其光明澄澈，从而能常用常新。如果固执于身体形骸，则嗜欲深，而心机浅。至人坐忘，堕肢体，去聪明，而同于大通。这是庄子修养心性的基本思路。

  惠子谓庄子曰："人故无情乎？"
  庄子曰："然。"
  惠子曰："人而无情，何以谓之人？"
  庄子曰："道与之貌，天与之形，恶得不谓之人？"
  惠子曰："既谓之人，恶得无情？"
  庄子曰："是非吾所谓情也。吾所谓无情者，言人之不以好恶内伤其身，常因自然而不益生也[①]。"
  惠子曰："不益生，何以有其身？"
  庄子曰："道与之貌，天与之形，无以好恶内伤其身。今子外乎子之神，劳乎子之精，倚树而吟，据槁梧而瞑。天选子之形，子以坚白鸣[②]！"

今译

  惠子对庄子说："人竟然可以无情吗？"
  庄子说："可以。"
  惠子说："人若无情，还能称为人吗？"
  庄子说："大道赋予人容貌，上天赋予人形体，为什么不能称为人？"
  惠子说："既然为人，岂能无情？"
  庄子说："你说的情，并非我说的情。我所说的无情，是说不要因为人有情感好恶而伤害自身，是顺应自然而不求人为地增益生命。"
  惠子说："不求增益生命，又如何能葆有其身呢？"
  庄子说："大道赋予人容貌，上天赋予人形体，不要因为人情好恶而伤害自己。如今，你劳散心神，耗费精力，背靠大树，高声辩论，占据枯木，如昏如睡。老天授予你人的形体，你却用'离坚析白'的空话来度过自己宝贵的一生。"

[释]

① 不以好恶内伤其身，常因自然而不益生也：人而无情，不是不要人的情感，而是说不要因为人有情感好恶而伤害自身，是要顺应自然而不求人为地增益生命。所以庄子在此处所说的尊重生命之自然，可以分出两重意思：一是不伤人伤己；二是不要为生命添加任何人为的虚幻之物，例如出人头地，例如积累财富，例如宣扬名声，例如长生不死，例如传位子孙。

② 今子外乎子之神，劳乎子之精，倚树而吟，据槁梧而瞑。天选子之形，子以坚白鸣：责惠子劳散心神，耗费精力，与人辩论不休，疲劳不堪，昏睡沉沉。老天赋予你人的形体，你却'离坚析白'度一生。"神""精"对举，内七篇仅见于此。"子以坚白鸣"："坚石非石"，"白马非马"，把石头的坚、马的白从实物分离出来，解析为抽象的品质，是名家思辩的重要论题（见惠施篇）。"非所明而明之，故以坚白之昧终"（《齐物论》），看上去是为了说明白，实则把人引到"逐物而不返"的死胡同里去，忘掉人生的根本目标，以蒙昧无明终其一生。这是多么可悲可叹的事！

庄子真义内篇第六

大宗师

题解

大,动词,尊崇。宗,本源。师,法则所出。大道之宗为万物唯一源头,也就是人之根本师法。以道为师,闻道而行,方可与造物者为人。先有真人,后有真知,有源泉才有活水。忘名忘义,游于天地之一气,同于大通,乃至人修行正途。

　　知天之所为,知人之所为者,至矣!知天之所为者,天而生也;知人之所为者,以其知之所知,以养其知之所不知[1],终其天年而不中道夭者,是知之盛也。
　　虽然,有患。夫知有所待而后当,其所待者特未定也[2]。庸讵知吾所谓天之非人乎?所谓人之非天乎?

今译

　　知道什么是天的创造,知道什么是人的作为,乃是知的极限。知道天的创造,人就可以遵循天性生存。知道什么是人的作为,就可以用自己智慧之所知,来滋养智慧所不知,这样就可以尽享健康自然的年寿,而不会中途夭折。这是知的极致。
　　虽然如此,还是会有难题。知识总是依待一定的条件,条件具备了才可能判断其恰当性。而所依待的条件,恰恰是不确定的。如何才能弄清楚我所说的"天"不是"人",我所说的"人"不是"天"?

[注]

[1] 以其知之所知，以养其知之所不知：用自己智慧之所知，来滋养智慧所不知；人所不知、人所不能知者，多于人所知、能知者，如果人误用自己有限的所知，来应对自己所不知的无知之境，不仅困难重重，而且危险甚多。所以说，知有所止，知不知，乃知之盛者。

[2] 知有所待而后当，其所待者特未定也：知有所当，有其条件，但是具体条件的限定又是十分复杂且变化不定的。很多治庄专家说庄子是相对主义者，我们不知他们有何凭据；此处庄子说"知有所待而后当"，应该是斩钉截铁地承认人的认识是有真实而客观的标准的；当与不当，分别很清楚，很确定，不容混淆。接下来说"其所待者特未定也"，意义也很明确，也不容混淆。就是说确定而允当的知识，不容易得到。

  且有真人而后有真知。何谓真人？古之真人，不逆寡，不雄成，不谋士[1]。若然者，过而弗悔，当而不自得也。若然者，登高不栗，入水不濡，入火不热。是知之能登，假于道者也，若此[2]。

  古之真人，其寝不梦，其觉无忧，其食不甘，其息深深。真人之息以踵，众人之息以喉。屈服者，其嗌言若哇[3]。其耆欲深者，其天机浅。

  古之真人，不知说生，不知恶死；其出不䜣，其入不距[4]；翛然而往，翛然而来而已矣。不忘其所始，不求其所终[5]；受而喜之，忘而复之[6]，是之谓不以心损道，不以人助天[7]，是之谓真人。若然者，其心忘，其容寂，其颡頯[8]；凄然似秋，煖然似春，喜怒通四时，与物有宜而莫知其极[9]。

  故圣人之用兵也，亡国而不失人心[10]；利泽施乎万世，不为爱人。故乐通物，非圣人也；有亲，非仁也；失时[11]，非贤也；利害不通[12]，非君子也；行名失己[13]，非士也；亡身不真[14]，非役人也。若狐不偕、务光、伯夷、叔齐、箕子、胥余、纪他、申徒狄，是役人之役，适人之适[15]，而不自适其适者也。

古之真人，其状义而不朋，若不足而不承[16]；与乎其觚而不坚[17]也，张乎其虚而不华也，邴乎其似喜[18]乎！崔乎其不得已乎[19]！滀乎进我色也，与乎止我德也[20]，广乎其似世乎！警乎其未可制也[21]，连乎其似好闭也，悗乎其忘言也[22]。

以刑为体，以礼为翼，以知为时，以德为循。以刑为体者，绰乎其杀[23]也；以礼为翼者，所以行于世也；以知为时者，不得已于事也；以德为循者，言其与有足者至于丘也，而人真以为勤行者也[24]。

故其好之也一，其弗好之也一。其一也一，其不一也一。其一与天为徒，其不一与人为徒，天与人不相胜也[25]，是之谓真人。

今译

可见，必须首先有真人，而后才能有真知。什么是真人？古代的真人，不靠人多势众而欺压少数，不用成绩自我夸耀，不以谋划治人为事功。如此真人，不因失误而追悔，不以有知而自满；如此真人，自可登高望远，无惧水深流急，不惧炎火炽热。真人之真知，超越外界的纷纭变化，故而能进入大道的纯一境界。

古代的真人，睡眠时不做梦，醒来后无忧愁；饮食不必精美，呼吸细长幽深。真人的呼吸，从脚踵开始运息；众人的呼吸，是用咽喉作风箱。臣服于人的卑躬屈膝者，嗓子眼如同堵满了秽物，说话就像是呕吐。嗜欲深的人，天然的机能就浅薄。

古代的真人，不知贪恋生，不知惧怕死。出生世间不欢欣，归入大隐不抗拒。随顺时机倏忽而往，随顺时机倏忽而来，如此而已。不忘来时的本然源头，不问终将归于何处；禀受天赋的生命，珍惜有之；若有失误，则时时复真归朴。这叫作不用私心去损害大道，不用人力去助长自然。这样的人，就是真人。真人，心灵虚静空明，容貌安然静好，额头舒展开阔；真人，像秋天一样清爽，像春天一样温馨，喜怒变化与四时相通，与物相得，与人相契，超迈各种分际和区隔。

所以，圣人对待兵事，宁愿亡国也不愿失去人心。利泽施与万世，不是有意要去爱人。乐于忙着跟人交往的，不是圣人；有亲疏远近分别的，不是仁人；背离天时地势的，不是贤人；不能打通利害关节的，不是君子；追求名誉而失去自我的，不是士子；不慎而轻身送命的，不是会办事的差人。与此相比，更差的还有狐不偕、务光、伯夷、叔齐、箕子、胥余、纪他、申徒狄这些人，他们都是殉名而丧实，甘心让人役使自己，只是适他人之适，而不知自适其适。

古代的真人，与人相宜却不结同党；如同财富不足却安于不足，而无所取于人；待人接物有棱有角，而不死板刻薄；气血充盈而神色不自夸；神采容光，似乎天天有喜事；因境遇迫近而行动，好像出于不得已；心态平和，面色愉悦，安于自己的本然之性；心胸开阔而泰然无际，精神高迈而与世无争；蕴含光辉而不外显，闲适无虑而自适；常见他寂寂默默而几乎忘言。

以刑为体，以礼为翼，以知为时，以德为循。以刑为体，宽容可以离祸；以礼为翼，悠游可以入世；以知为时，可以接人应事；以德为循，就如同善行者逍遥而登高，而不像世人以为的全靠勤苦行路。

所以，真人所认定的好，是一贯的，他所认定的不好，也是一贯的。他的一，是一贯的；他的不一，也是一贯的。其一，与天合，其不一，与人合。能做到天与人不相抵触，彼与此不处于对立的两端，就达到了真人的标准。

[注]

[1]古之真人，不逆寡，不雄成，不谋士：逆寡，聚众欺寡。雄成，个人崇拜。谋，旧作"谟"，字通。谋士，谋划治人之事。不以人多势众欺压少数，不因有所成就而夸耀自己，不谋人以为事功。

[2]是知之能登，假于道者也，若此：是知，真人之知。登，成就，引申为"定"。《诗经·大雅·崧高》："登是南邦。"《左传·隐公五年》"不登于器。"假，凭借。真人之知，有止有定，乃依凭大道而行，故能如此。旧注多"登假"连读，

误会为登天成仙,谬。

[3] 屈服者,其嗌言若哇:嗌(yì),嗓子眼。哇(wā),呕吐。卑躬屈服的假人,说话不是用心,而是从嗓子眼往外挤,如同呕吐。

[4] 其出不䜣,其入不距:出,出生。入,入死。䜣,欢欣。距,抗拒。"出生入死"的成语,即出于此处。

[5] 不忘其所始,不求其所终:郭注:"终始变化,皆忘之矣。"成疏:"始,生也。终,死也。生死都遣,曾无滞著。"二人一唱一和,全都是不着边际的废话。始,生命之由来。终,运化之尽头。身非我有,天地委形。生非我有,天地委和。性命非我有,天地委顺。子孙非我有,天地之委蜕。故行不知所往(《知北游》)。我等当终生不忘的,正是人的此一来处。至于人生之终点,往于何处,住于何处,非我所能知,故可不问也不求;顺性逍遥,故能无适而不往。我生于天地之间,来处是根是源,无可怀疑;我去往逍遥之乡,道修且长,前景无可限量,故应珍重,却无所滞留。

[6] 受而喜之,忘而复之:受,承受。喜,珍爱。例如《史记·田敬仲完世家》:"盖孔子晚而喜《易》。"忘,失。天地授人以生命,我等当珍惜;若有失误偏离,就要时时复归,以免让自己变成无源之水,无根之木。

[7] 不以心损道,不以人助天:损(损),旧作"捐",形近而误。心不当有为而减损天道,人不当有为而增益天道。人只能以道为准,不可自立标准。天道自然,不可人为地增减。

[8] 其心忘,其容寂,其颡頯:忘,旧作"志"。林云铭、陆树芝等校正。颡(sǎng)頯(kuí),额头舒展。天府虚灵,则面容安然,身体轻舒。

[9] 与物有宜而莫知其极:与(yù),相与,相与为(同)类。例如张载《西铭》:"民吾同胞,物吾与也。"与人与物,相宜相伴,并立共生,不知有界限分割。

[10] 圣人之用兵也,亡国而不失人心:圣人看待兵战之事,宁肯亡国也不失人心。《让王》记大王亶父居邠去国之事,亶父说:与人之兄居而杀其弟,与人之父居而杀其子,吾不忍也。"不以所用养害所养",是庄子提倡的一个可贵原则。本来土地山川是生养人民的资料,后世的君主们却因为攻城略地而烧杀

无数。亶父尊生至上，所以不惧亡国失地，可作"亡国而不失人心"的例证。

［11］失时：旧作"天时"。郭注、成疏都以"时天"解"天时"，不通。张远山《庄子复原本》校正。不失天时而生养万物，乃是自古以来中华文明生生不息的法宝，只有透顶愚昧且透顶傲慢的不肖儿孙，才会坚持与自然为敌，与天时为敌，而弃无量家珍如敝屣！

［12］利害不通：不能把利与害贯通。

［13］行名失己：夸大名声，超出自身的实际。

［14］亡身不真：真，慎。轻用其身而丧命。

［15］役人之役，适人之适：奴役于他人之使役，适于他人之适。

［16］其状义而不朋，若不足而不承：义，宜。朋，朋党。承，取。与人相宜而不结朋党，若有不足则安于不足，而无所取于人。

［17］与乎其觚而不坚：觚（gū），棱角。坚，尖刻。待人接物有棱角却不刻薄。

［18］邴乎其似喜：邴（bǐng），明亮。旧作"邴邴"。衍一字，今据《庄子笺记》校。

［19］崔乎其不得已乎：崔，促。催促之下，动而不得已。

［20］滀乎进我色也，与乎止我德也：滀（xù），畜，含蓄。进，献。例如"进谏"。与，相宜。心态平和，容色愉悦；止我德，安于其德性。

［21］广乎其似世乎，謷乎其未可制也：广（廣），旧作"厉（厲）"，形近而误。謷（áo），高越超拔。

［22］连乎其似好闲也，悗乎其忘言也：连，并，合而不彰。闲，旧作"闭"，形近而误。宣颖本作"闲"。悗（mán），悗密，忘情而安然。其忘言，旧作"忘其言"，与联排各句迥异，不当。今校正。

［23］以刑为体者，绰乎其杀：绰（chuò），宽余。杀，衰。郭象注："任治之自杀，故虽杀而宽。"放任治吏决断杀伐，不妨碍君王享有宽厚之名。全是替暴君开脱的歪理，暴露出一副邪恶小人的嘴脸。王夫之《庄子解》："不犯世之刑，简约而自裕。"不仅主语不同，杀字也不解作"杀人"之杀。

［24］与有足者至于丘也，而人真以为勤行者也：与，犹如。能走到山丘的

人，并非都是勤行者。

[25] 天与人不相胜也：胜，克，制。

死生，命也，其有夜旦之常，天也。人之有所不得与，皆物之情也。彼特以天为父，而身犹爱之，而况其卓乎！人特以有君为愈乎己，而身犹死之，而况其真乎！①

泉涸，鱼相与处于陆。相呴以湿[1]，相濡以沫，不如相忘于江湖。与其誉尧而非桀也，不如两忘而化其道。

今译

生和死，是人的命运，难以预知；而生死交替，又如同白天和黑夜的轮换，有必然的常态。人生有很多事情是无可更改的，万物实情皆有天然的规律。人皆以天为父，敬爱它，亲近它，更何况那个卓然超越的道！有人认为世间君主高于自己，愿意轻身冒死以尽忠，更何况那个真实无假的道呢！

泉水干涸了，鱼群裸露在陆地上，它们彼此以口水来相互润湿。与其相濡以沫，不如在大江大湖里自在悠游，彼此相忘。人们赞美唐尧，非议夏桀，不如二者俱忘，融于自然，化于大道。

[注]

[1] 相呴以湿：宋本作"相吻以湿"。存疑。

[释]

① 人特以有君为愈乎己，而身犹死之，而况其真乎：有人认为世间君主高高在上，贵于自己好多倍，愿意轻身冒死以尽忠，更何况那个真实无假的道！要参透此语，需要有真实无假的人生经验。"而况其真"四字，值得玩味。宇宙

大宗师

至大而无穷,个人至小而有死,此小有必须进入彼大无,方有真实无妄的存在意义。下文以鱼失水而处于陆、不得不相濡以沫的悲惨境地为喻,说明个人在宇宙中的卑微地位,也从反面说明,生命必须上达天道,才能为短暂此生求得一种永恒的意义。

> 夫大块载我以形[1],劳我以生,佚我以老,息我以死。故善吾生者,乃所以善吾死也。
> 夫藏舟于壑,藏山于泽,谓之固矣!然而夜半有力者负之而走,昧者不知也。藏小大有宜,犹有所遁。若夫藏天下于天下而不得所遁[2]①,是恒物之大情也[3]。
> 特犯人之形而犹喜之。若人之形者,万化而未始有极也,其为乐可胜计邪!故圣人将于物之所不得遁而皆存,善夭善老,善始善终。人犹效之,而况万物之所系,而一化之所待乎!

今译

大地一片葱茏,生出我人身的形体,长大后得以劳动,老耄时得以休憩,死亡后得以安歇。善待我生,善待我死,那不就是天道吗!

把舟藏到深山里面,再把山藏在大泽里面,可以说万无一失了吧!到深更半夜之际,有一个力大无穷者,把山和泽背起来,悄无声息地移走了,而深睡不醒的人,还蒙在鼓里呢。泽大,可藏山,山深,可藏舟,但是仍然免不了会亡失。如果把天下藏于天下,就不会有亡失,这才是永恒的大道,亘古不变的实情!

人有了一个形体,就觉得自己了不起,忍不住要沾沾自喜。但是人的形体千变万化,没有穷尽,人的爱好也就无法计数了。所以,圣人在万物无可消失的天道胜境中逍遥:年少活得好,年老也活得好;生时生得好,死时也死得好。圣人的活法,值得吾人效仿;何况那牵系万物生命、化育群伦于一体的廓然大道呢,我辈怎可不欣然追随?

[注]

[1]大块载我以形：大块，大地也，葱茏凝聚为一片，整体有生机。载，不是指承载，而是生成、启动之意。《诗经·豳风·七月》有"春日载阳"，陶渊明《停云》有"东园之树，枝条载荣"，都是"起始""生发"之义。天地万物与我为一，庄子的生态有机观在此得到凸显。

[2]遁：消失。《列子·天瑞》：粥（鬻）熊曰：运转亡已，天地密移，畴觉之哉？张湛注：此则庄子舟壑之意。

[3]是恒物之大情也：恒物，亘古不变的大道。大情，终极的真实。物无恒久，唯道永存，亘古不变。

[释]

① 藏天下于天下而不得所遁：藏舟于山中，藏山于泽中，犹可遁；藏天下于天下，无所遁。天下，不可私藏；私藏天下，卑陋之至！天地与我为一，我与天地共生，物我一体，和合共生，民胞物与，才是至人境界。伟哉庄子！天才出世，千年一盼！斯人之言思情怀，开出人类精神至高至远之美丽境界，于世界范围内正逐步为人所了解，对艺术、哲学、宗教、科学之影响，刚刚展现头角，如旭日东升，终将迎来如日中天的崭新未来。

《列子·汤问》所记终北之国的胜景，可作为诠释"藏天下于天下"一语的一幅美丽图画：

> 大禹曰："六合之间，四海之内，照之以日月，经之以星辰，纪之以四时，要之以太岁。神灵所生，其物异形；或夭或寿，唯圣人能通其道。"
>
> 夏革曰："然则亦有不待神灵而生，不待阴阳而形，不待日月而明，不待杀戮而夭，不待将迎而寿，不待五谷而食，不待缯纩而衣，不待

舟车而行。其道自然，非圣人之所通也。"

禹之治水土也，迷而失途，谬之一国。滨北海之北，不知距齐州几千万里。其国名曰终北，不知际畔之所齐限，无风雨霜露，不生鸟兽、虫鱼、草木之类。四方悉平，周以乔陟。当国之中有山，山名壶领，状若甔甀。顶有口，状若员环，名曰滋穴。有水涌出，名曰神瀵，臭过兰椒，味过醪醴。一源分为四埒，注于山下。经营一国，亡不悉遍。土气和，亡札厉。人性婉而从物，不竞不争。柔心而弱骨，不骄不忌；长幼侪居，不君不臣；男女杂游，不媒不聘；缘水而居，不耕不稼。土气温适，不织不衣；百年而死，不夭不病。其民孳阜亡数，有喜乐，亡衰老哀苦。其俗好声，相携而迭谣，终日不辍音。饥倦则饮神瀵，力志和平。过则醉，经旬乃醒。沐浴神瀵，肤色脂泽，香气经旬乃歇。

周穆王北游过其国，三年忘归。既反周室，慕其国，惝然自失。不进酒肉，不召嫔御者，数月乃复。

管仲勉齐桓公因游辽口，俱之其国，几克举。隰朋谏曰："君舍齐国之广，人民之众，山川之观，殖物之阜，礼义之盛，章服之美；妖靡盈庭，忠良满朝，肆咤则徒卒百万，视拨则诸侯从命，亦奚羡美于彼而弃齐国之社稷，从戎夷之国乎？此仲父之耄，奈何从之？"桓公乃止，以隰朋之言告管仲。仲曰："此固非朋之所及也。臣恐彼国之不可知之也。齐国之富奚恋？隰朋之言奚顾？"

今译

大禹说："上下四方之间，四海环绕之内，日月照耀于其上，星辰运行有规则，四季轮转有次序，太岁指使有纲领。神灵所生，万物形状不同，有早夭，有长寿，唯有圣人才能明白其中的道理啊。"

夏革说："但是，也有这样的道：不需神灵就能生，不需阴阳就有形，不需日月就有光，不需杀戮就会灭亡，不需保养就有寿，不需五谷就有资粮，不需丝绸就有衣穿，不需车船就能运行。此道乃出于自然，不是圣人所能明白的。"

大禹治理水土，迷了路，误入一国，远在北海之北，离开中国有千万里，名叫终北国。不知它的国界哪里是尽头。那个地方，没有风雨霜露，不生鸟兽、虫鱼、草木。东南西北四方平坦，周围山脉围绕。中央有座山，名叫壶领，形状像个大瓦罐。山顶有口，形状像圆环，名叫滋穴。水从穴中涌出，名叫神瀵，香气胜兰椒，甘美似甜酒。从这个水源分出四个支流，灌注山脚之下，流经全国上下，各地无不浸润。土气中和宜人，没有人因为疠疫而夭折。人性温婉而自然，不知竞争抢夺；心善而骨软，不知骄傲嫉妒；无论长幼，和平相聚相守，不分君臣上下；男女共同游乐，不用媒妁和嫁聘；近水而居，不必耕种。气候温和宜人，不织布帛，不穿衣服；寿命百岁，不夭不病。那里的人民繁衍生息，有喜乐欢庆，无衰老悲苦。那里的风俗喜爱音乐，人们牵着手轮番歌唱，整日不停。饿了倦了，就喝神泉水，力气和心志很快恢复中和宁静。万一喝多了，倒头便睡，十天后才清醒。用神泉水沐浴，肤色柔滑光泽，香气半个月都不会散尽。

穆王北游，到了终北国，三年忘记归程。回到周庭，仍然思慕终北国，落落寡欢，不吃酒肉，不见嫔妃，几个月之后才恢复常态。

管仲劝齐桓公从辽河口出游，一同去往终北国，准备好了要动身。隰朋前来劝阻，说："您难道要丢弃齐国广阔的土地，众多的人民，美丽的山川，丰富的物产，隆盛的礼仪，华丽的服饰，盈满后宫的艳妃美女，排列朝廷的文武百官？您一声号令就能云集士卒百万，动一下眼睛和手指头，就能让诸侯俯首听命，为什么羡慕别的邦国，抛弃齐国的宗庙社稷，去往那野蛮荒凉之地呢？仲父年老，您为何听信他的糊涂话？"桓公于是停止出游，并把隰朋的话告诉管仲。管仲说："这种事，隰朋怎么能明白！我只怕自己并不真正了解终北国！如果真有这样的国度，齐国的富饶何必留恋？隰朋的话何必在乎？"

今案：文中"其道自然，非圣人之所通""不君不臣""不竞不争"等语十分重要，但更需要注意的，是管仲的话："臣恐彼国之不可知之也。齐国之富奚恋？隰朋之言奚顾？"意思是说：我担心终北之国的真相究竟如何。假如地上真有此等国度，则齐国之富，世人之言，都不能使人有任何眷恋，也无法阻挡我前往神境的脚步！终北之国，作为理想的乌托邦国度，其魅力可见一斑！

大宗师

　　夫道，有情有信，无为无形；可传而不可受，可得而不可见；自本自根，未有天地，自古以固存；神鬼神帝，生天生地；在太极之上而不为高[1]，在六极之下而不为深，先天地生而不为久，长于上古而不为老。

　　狶韦氏得之，以挈天地[2]；伏戏氏得之，以袭气母；维斗得之，终古不忒；日月得之，终古不息；勘坏得之，以袭昆仑；冯夷得之，以游大川；肩吾得之，以处大山；黄帝得之，以登云天；颛顼得之，以处玄宫；禺强得之，立乎北极；西王母得之，坐乎少广，莫知其始，莫知其终；彭祖得之，上及有虞，下及五伯；傅说得之，以相武丁，奄有天下，乘东维、骑箕尾而比于列星。

今译

　　道，有实情，有效验，无所作为，无形无迹；可以心传，不可授受；可以心得，不可目见；它自己为本为根，未有天地之前，远古就已经存在。道，产生鬼神和上帝，产生天和地；在太极之上不算高；在六合之下不算深；先于天地不算久远，长于上古不算年老。

　　狶韦氏得道，契合天地；伏羲氏得道，调和元气；北斗得道，终古不变；日月得道，古今运转；勘坏得道，昆仑常居；冯夷得道，游于大川；肩吾得道，安处泰山；黄帝得道，登上云天；颛顼得道，处于玄宫；禺强得道，立于北极；西王母得道，坐拥少广，无人知其始，无人知其终；彭祖得道，上及虞舜，下及五霸；傅说得道，相辅武丁，广有天下，精神不死，乘东维，骑箕尾，比肩列星。

[注]

　　[1]在太极之上而不为高：上，旧作先。俞樾、马叙伦、陈鼓应、方勇、陆永品、张远山等校正。

　　[2]以挈天地：挈，又作契，指契合。

南伯子葵问乎女偊曰："子之年长矣，而色若孺子，何也？"

曰："吾闻道矣。"

南伯子葵曰："道可得学邪？"

曰："恶！恶可！子非其人也。夫卜梁倚有圣人之才而无圣人之道，我有圣人之道而无圣人之才。吾欲以教之，庶几其果为圣人乎？不然，以圣人之道告圣人之才，亦易矣。吾犹守而告之。三日而后能外天下；已外天下矣，吾又守之，七日而后能外物；已外物矣，吾又守之，九日而后能外生；已外生矣，而后能朝彻；朝彻，而后能见独；见独，而后能无古今；无古今，而后能入于不死不生。故杀生者不死，生生者不生。其为物，无不将也，无不迎也；无不毁也，无不成也。其名为撄宁。① 撄宁也者，撄而后成者也。"

南伯子葵曰："子独恶乎闻之？"

曰："闻诸副墨之子，副墨之子闻诸洛诵之孙，洛诵之孙闻之瞻明，瞻明闻之聂许，聂许闻之需役，需役闻之於讴，於讴闻之玄冥，玄冥闻之参寥，参寥闻之疑始[1]。"

今译

南伯子葵问女偊："您的年龄很大，可是姿色有如童子，这是怎么回事呢？"

（女偊）说："我闻道了。"

南伯子葵问："道可以学到手吗？"

（女偊）说："不，不可以！而且你这个人也不合适。卜梁倚有圣人的材质，没有圣人的道，我有圣人的道，而没有圣人的材质。我要是教他的话，他或许可以成为圣人吧？如果不行，那我把圣人的道告诉有圣人材质的人，也会容易领悟吧。尽管有此疑惑，我还是把道告诉他，并且悉心守护他。修炼三天后，他能够自外于天下，能忘记世俗纷争，归于宁静；然后我又守护他，七天之后可以外物，不再受物累的奴役，无所对待；然后再守护他，九天之后能外生，可以置生死于不顾；外生之后而朝彻，如朝阳晴空，一片虚静明澈；朝彻之后而见独，恍然开悟而见道；见独之后而打通古今，超越时间的流动之箭；无古今之后而进入无死无生的大道。所以，道取走万物生命，自己不死；道使生命孕育而生生不息，自己不生。道造化万物，随时送走，随时迎来，随时毁灭，随时成就；这就是撄宁。撄宁，是让万物经过纷乱流动，再回归安宁静寂。"

南伯子葵问："那您是从何处闻知此道？"

（女偊）说："我师从副墨（文字）之子，副墨之子师从洛诵（朗朗念诵）之孙，洛诵之孙师从瞻明（目光明察），瞻明师从聂许（口述心听），聂许师从需役（修行践履），需役师从於讴（讴歌咏唱），於讴师从玄冥（入静冥想），玄冥师从参寥（邈远无极），参寥师从凝始（凝聚起始）。"

[注]

[1] 闻诸副墨之子，副墨之子闻诸洛诵之孙，洛诵之孙闻之瞻明，瞻明闻之聂许，聂许闻之需役，需役闻之於讴，於讴闻之玄冥，玄冥闻之参寥，参寥闻之疑始："疑"同"凝"，疑始，即凝始。《列子·天瑞》："不生者疑独"。《老子》："天下有始，以为天下母"。独，始，即"物之初"（《田子方》）。这段绝妙文字，揭示了原始文明诞生与发展、原始人类文化传承的秘密。文字出于口述，口述出于明察，明察出于心听，心听出于身修，身修出于歌咏，歌咏出于冥想，冥想出于物之始。

[释]

① 故杀生者不死，生生者不生。其为物，无不将也，无不迎也；无不毁也，无不成也。其名为撄宁：造化万物，随时送走，随时迎来，随时毁灭，随时成就，这就是撄宁。撄宁，纷乱后回归安宁。万物纷扰，吾自安宁；万物流动，道自清净。吾丧我，而入于道，真人所行即是天道。先论心斋坐忘，后述撄宁九阶，此为庄子悟道真言。

子舆与子桑友[1]。而霖雨十日，子舆曰："子桑殆病矣！"裹饭而往食之。至子桑之门，则若歌若哭，鼓琴曰："父邪！母邪！天乎！人乎！"有不任其声而趋举其诗[2]焉。

子舆入，曰："子之歌诗，何故若是？"

曰："吾思夫使我至此极者而弗得也。父母岂欲吾贫哉？天无私覆，地无私载，天地岂私贫我哉？求其为之者而不得也！然而至此极者，命也夫！"

今译

子舆与子桑为友。连着下了十天雨。子舆说："子桑怕是饿坏了吧？"于是带饭去看望。到了子桑的门前，听到里面好像是唱歌，又像是哭泣，伴着琴声咏叹："父亲啊，母亲啊！天啊，人啊！"气息微弱，声音断续，话音吐字显得急促。

子舆走进门，问："你咏唱诗歌，怎么是这么个调调？"

（子桑）说："我在想，是什么使我走到这样的窘境，但想不出原因啊。父母岂会要我如此贫困？天覆盖一切，没有偏私，地承载一切，也没有偏私。天地难道要我如此不堪吗？所以找不到使我穷困潦倒的原因。陷我于绝境的，是命运吧？"

[注]

[1]子舆与子桑友：此章旧在《大宗师》末尾，不妥。今移至此处，而见其连贯文义。

[2]不任其声而趋举其诗：任，托起。趋举，快速发出。气息微弱而声音不连贯，吐字急促而断续。

子祀、子舆、子犁、子来四人相与语，曰："孰能以无为首，以生为脊，以死为尻，孰知生死存亡之一体者，吾与之友矣。"四人

大宗师

相视而笑，莫逆于心，遂相与为友。

俄而子舆有病，曰："伟哉，夫造物者将以予为此拘拘[1]也。"

子祀往问之[2]。曲偻发背，上有五管，颐隐于齐，肩高于顶，句赘指天。阴阳之气有沴，其心闲而无事，跰𬧲而鉴于井，曰："嗟乎！夫造物者又将以予为此拘拘也。"

子祀曰："女恶之乎？"

曰："亡，予何恶！浸假而化予之左臂以为鸡，予因以求时夜；浸假而化予之右臂以为弹，予因以求鸮炙；浸假而化予之尻以为轮，以神为马，予因以乘之，岂更驾哉！且夫得者，时也；失者，顺也。安时而处顺，哀乐不能入也，此古之所谓县解也，而不能自解者，物有结之。且夫物不胜天久矣①，吾又何恶焉！"

今译

子祀、子舆、子犁、子来，人称四子，在一起谈论："谁能把无当作头颅，把生当作脊梁，把死当作尾骨，就是懂得生死存亡乃是一体相连，我就与他做朋友。"四人相视而笑，心灵契合，于是成为朋友。

不久，子舆生病，说："伟大的造物主，将要把我变成一个拘挛的人！"

子祀去探望他。见他腰弯背驼，脏器隆起，面孔沉在肚脐下面，肩膀高出头顶，后面的发髻朝天。阴阳之气错乱攻心，可他仍然心情平和，蹒跚地走到水井边，照见自己的影子，说："哎呀，造物主把我变成了这样一个拘挛的人了啊！"

子祀问："你厌恶自己的这副样子吗？"

（子舆）说："怎么会呢！如果我的左臂变成公鸡，我会让它来报晓；如果我的右臂变成弹弓，我会拿它去猎取野鸡；如果把我的尻骨变成车轮，我的心神变作马，我愿欣然坐上这个最好的驾乘！况且得生而为人，是时命，失生而亡，是顺化；安于时命，顺其物化，哀乐不入于胸次。这是古人所说的悬解，就是解除人生的倒悬之苦啊。不能自行解脱的人，是被外物束缚了。人为不能胜天然，古来如此，我有什么厌恶的理由呢！"

[注]

[1] 拘拘:拘挛,身体曲屈,伸不直。
[2] 子祀往问之:此句本在"子舆有病"后,隔断子舆的话,今移于此。

[释]

① 物不胜天久矣:物,人也。人不能胜天,古来如此;有生有死,本来如此。

俄而子来有病,喘喘然将死。其妻子环而泣之。
子犁往问之,曰:"叱!避!无怛化[1]!"
倚其户与之语曰:"伟哉造化!又将奚以汝为?将奚以汝适?以汝为鼠肝乎?以汝为虫臂乎?"
子来曰:"父母于子,东西南北,唯命之从。阴阳于人,不翅于父母;彼近吾死而我不听,我则悍矣,彼何罪焉?夫大块载我以形,劳我以生,佚我以老,息我以死。故善吾生者,乃所以善吾死也[2]。今大冶铸金,金踊跃曰:'我且必为镆铘!'大冶必以为不祥之金。今一犯人之形而曰:'人耳!人耳!'夫造化者必以为不祥之人。今一以天地为大炉,以造化为大冶,恶乎往而不可哉!"
成然寐,蘧然觉。[3]

今译

不久,子来有病,气息微微,快要死了。老婆孩子都围着他哭泣。
子犁去看望,远远地就大声说:"去!走开!不要惊扰造物之大化!"
他倚着门,对着子来说:"造化实在伟大啊!又要把你变成什么东西,送到何处去呢?会把你变成老鼠的心肝吗?会变成小虫的臂膀吗?"

子来说："父母要孩子出门，无论东西南北，只能遵命。阴阳元气，无异于人的父母，它要我赴死，我若不听从，就是存心违逆，怎么能责怪它呢！大地一片葱茏，生出我人身的形体，长大后得以劳动，老耄时得以休憩，死亡后得以安歇。善待我生，善待我死，那不就是天道吗！假如有个铁匠正在铸炼，忽然有一块青铜跳起来大喊：'我一定要成为镆铘宝剑！'铁匠必然认为这是一个不祥之物。假如有个东西偶尔有了人形，就跳起来大喊：'我要做人，做人！'造化必定认为这是一个不祥之人！如果一旦把天地当作无所不包的熔炉，把造化当作无所不能的铁匠，我随便变成什么，都是可以的啊！"

他安然而睡寐，忽然而觉醒。

［注］

［1］无怛化：怛（dá），惊扰。化，蜕化。造化者化物、化人，直使生死一条，昼夜无隙，此乃自然之道，大化之途。

［2］夫大块载我以形，劳我以生，佚我以老，息我以死。故善吾生者，乃所以善吾死也：这段话已见于《大宗师》首段。此处重复，切合文义。故不删。

［3］戌然寐，蘧然觉：戌（xū），安睡貌，古汉字"戌"原意为秋冬阳气潜隐入地。《说文》注：从土，从一。"九月阳气微，万物毕成，阳下入地。"旧本作"成"，诸本皆然，应为传写之误。今据陆德明《经典释文》一本作"戌"校正。睡与醒，死与生，均是连贯一气，循环往复。"戌然寐，蘧然觉"六字，应为庄子叙言，不是子来述言。

子桑户、孟子反、子琴张，三人相与友，曰："孰能相与于无相与，相为于无相为？孰能登天游雾，挠挑无极；相忘以生，无所终穷？"三人相视而笑，莫逆于心，遂相与为友。

莫然有间，而子桑户死，未葬。孔子闻之，使子贡往侍事焉。或编曲[1]，或鼓琴，相和而歌曰："嗟来桑户乎！嗟来桑户乎！而已反其真，而我犹为人猗！"

子贡趋而进曰："敢问临尸而歌，礼乎？"

二人相视而笑曰："是恶知礼意！"

子贡反，以告孔子，曰："彼何人者邪？修行无有，而外其形骸，临尸而歌，颜色不变，无以命之。彼何人者邪？"

孔子曰："彼，游方之外者也，而丘，游方之内者也。外内不相及，而丘使女往吊之，丘则陋矣！彼方且与造物者为人，而游乎天地之一气。彼以生为附赘县疣，以死为决𤴯溃痈。夫若然者，又恶知死生先后之所在！假于异物，托于同体；忘其肝胆，遗其耳目；反覆终始，不知端倪；芒然仿徨乎尘垢之外，逍遥乎无为之业。彼又恶能愦愦然为世俗之礼，以观众人之耳目哉[2]！"

子贡曰："然则夫子何方之依？"

孔子曰："丘，天之戮民也。虽然，吾与汝共之。"

子贡曰："敢问其方？"

孔子曰："鱼相造乎水，人相造乎道。相造乎水者，穿池而养给；相造乎道者，无事而生定。故曰：鱼相忘乎江湖，人相忘乎道术。"

子贡曰："敢问畸人。"

曰："畸人者，畸于人而侔于天。故曰：天之小人，人之君子；人之君子，天之小人也。"

今译

子桑户、孟子反、子琴张三人交友，说："谁能相互交心而出于无心，相互扶助而不刻意助人；谁能遨游云天，超然物外，眺望无极，忘生忘死，游于无穷？"三人相视而笑，心心相印，于是做了朋友。

不久，子桑户忽然死了，还没有下葬。孔子听说了，叫子贡去帮忙料理丧事。子贡看到孟子反、子琴张，一个在编草席，一个在鼓琴。二人合唱："呜呼，桑户！呜呼，桑户！你已返璞归真，而我们还是人啊！"

子贡走上前去质问："请问，你们这样对着尸首歌唱，合于礼吗？"

二人相视而笑,说:"他这人怎么会懂得礼的深意呢!"

子贡回来,将此事告诉孔子,说:"他们都是什么人啊?不修礼仪,把身体形骸不当一回事,对着尸首唱歌而神色不变,我找不到语言来形容他们。究竟是些什么人啊?"

孔子说:"他们是游于方外的人,而我是游于方内的人。方外方内没有交际。而我竟要你去吊唁,我也太糊涂了。他们的方,范围极大,与造物者为伴,遨游于天地之漠漠一气。他们把生命看作气的聚集,就像身上的一个赘瘤;把死亡看作气的消散,就像脓疮溃破。这样的人,哪里去理会什么死生先后的分别!凭借异己之物,化生而为一体;忘记体内有肝胆的生理功能,忘记身外有耳目感官的见闻差异;从始至终,又周而复始,返归大道,没有穷尽;安详闲适,神游于尘世之外,逍遥于无为之业。他们怎么会浑浑噩噩地据守世俗的礼仪,用表演来取悦众人的耳目呢!"

子贡问:"请问夫子皈依哪一方呢?"

孔子说:"孔丘,乃是老天要惩戒的罪人啊。虽然如此,我与你还是一同游于方外吧。"

子贡问:"请问如何游于方外?"

孔子说:"鱼类适于水,人类适于道。适于水的鱼,养在水池中足以滋养生命;适于道的人,无所作为而本性具足。所以说,鱼相忘于江湖,人相忘于道术。"

子贡说:"请问畸人是怎么回事?"

(孔子)说:"奇异的人,异于人而合于天。所以说:天道的小人,人间的君子。天道的君子,人间的小人。"

[注]

[1]或编曲:编曲,编制草席,或为下葬所用。不是编写曲谱的意思。后文接着说"相和而歌",是指编草席的人应和着鼓琴的人,相和而咏唱。

[2]以观众人之耳目哉:观,注者多以观为"显示"之意,但是可"观"者示于目,通;示于耳,则不通。成善楷认为"觀(观)"是"謹"的借字,义为"歡

(欢)"。全句意思为取悦众人。《人间世》"寡不道以懽成"，也是疑似此类抄写错误。

颜回问仲尼曰："孟孙才，其母死，哭泣无涕，中心不戚，居丧不哀。无是三者，以善丧盖鲁国，固有无其实而得其名者乎？回壹怪之。"

仲尼曰："夫孟孙氏尽之矣，进于知矣，唯简之而不得，夫已有所简矣。孟孙氏不知所以生，不知所以死。不知孰先，不知孰后[1]。若化为物，以待其所不知之化已乎！且方将化，恶知不化哉？方将不化，恶知已化哉？吾特与汝，其梦未始觉者邪！且彼有骇形而无损心，有旦宅而无情死[2]。孟孙氏特觉，人哭亦哭，是自其所以宜也，相与吾之耳矣[3]，庸讵知吾所谓吾之非吾乎[4]？且汝梦为鸟而厉乎天，梦为鱼而没于渊。不识今之言者，其觉者乎？其梦者乎？造适不及笑，献笑不及排，安排而去化[5]，乃入于寥天一。"

今译

颜回请教仲尼："鲁国孟孙才的母亲死了，他哭泣而不掉眼泪，内心不悲伤，居丧不哀痛。尽管有这三个'不'，他善于处丧的名气却在鲁国排首位。难道没有实情就可以获得虚名吗？对此我一直很纳闷。"

仲尼说："孟孙氏已经尽了居丧的孝道，已经超过那些仅知遵循礼仪的人了。既然丧事不能更加简化，他尽力从简，就很好了！孟孙氏不知道生从何处来，不知道死往何处去；不知生和死，哪一个更好。如果人死后化为物，又不知道化为何物，也只能等待那不可知的变化！而即将变化，怎么知道接下去不会变化呢？即将不再变化，怎知已经变化了呢？现在的我与你，是否正在梦中而未醒呢？人生生死死，有所减形而无所损心，身蜕化而质不化。孟孙氏十分清醒，别人哭，他也跟着哭，这是他尊重俗情的权宜处事，顺应众人耳目罢了。可是，怎么知道我所谓的这个我，可能不是我？你梦见自己变成一只鸟飞上蓝天，梦见自己是一尾鱼深入水底,那么现在这个说梦的人,不知是醒着,还是梦着呢?顺道做人,就无遇不适;心神恬适,来不及笑;而装出的笑,则不自然。安于自然,归于大化,可以逍遥于寥廓纯一的至境。"

[注]

[1] 不知孰先,不知孰后:二孰字旧讹作"就"。林云铭、闻一多等校正。

[2] 且彼有骇形而无损心,有旦宅而无情死:骇,同"刻",减损。旦宅,众说纷纭,成善楷《庄子笺记》考证为"嬗蛇",喻身体的蜕变。死亡使人减形而无所损心,身形蜕化而质无实死。彼,孟孙氏。

[3] 是自其所以宜也,相与吾之耳矣:宜,旧作"乃且"。疑为"宜"字上下离析之误。郭注成疏均有"宜"字。人哭亦哭,只是敷衍众人耳目的随顺之举。

[4] 庸讵知吾所谓吾之非吾乎:"非吾"二字旧脱,刘文典、王叔岷等据成疏校补。

[5] 造适不及笑,献笑不及排,安排而去化:造,遭,偶遇。造适,所造皆适,无遇不适。不及笑:心神恬适,来不及笑。献笑,人为地堆笑,则不是自然的安排。安于自然,随顺无形之大化,可得逍遥游。此章从哭说到笑,只是推崇自然而已!

意而[1]子见许由,许由曰:"尧何以资汝[2]?"

意而子曰:"尧谓我:'汝必躬服仁义而明言是非。'"

许由曰:"而奚来为轵[3]?夫尧既已黥汝以仁义,而劓汝以是非矣,汝将何以游夫遥荡恣睢转徙之途[4]乎?"

意而子曰:"虽然,吾愿游于其藩[5]。"

许由曰:"不然。夫盲者无以与乎眉目颜色之好,瞽者无以与乎青黄黼黻之观[6]。"

意而子曰:"夫无庄之失其美,据梁之失其力,黄帝之亡其知,皆在炉捶之间耳[7]。庸讵知夫造物者之不息我黥而补我劓，使我乘成以随先生邪[8]？"

许由曰："噫！未可知也。我为汝言其大略：吾师乎！吾师乎！韲万物而不为义[9]，泽及万世而不为仁，长于上古而不为老，覆载天地、刻雕众形而不为巧。此所游已。"

今译

意而子去见许由。许由说："尧教给你什么呢？"

意而子说："尧告诉我：'行事要遵从仁义，说话要明辨是非。'"

许由说："那你还来我这里做什么？尧已经在你的脸上刻上了仁义，在鼻子上刻上了是非，你怎么可能去游历自由逍遥、流动不居的高远境界呢？"

意而子说："虽然如此，我还是希望来修习你的道行。"

许由说："恐怕不行。对盲目的人，无法给他看眉目颜色的美丽，给他观赏锦绣的华彩。"

意而子说："从前，美女无庄忘记了自己的姿色，大力士据梁忘记了自己的力气，博学的黄帝忘记了自己的知识，这都是在炉火和铁锤之间反复锻炼的结果。怎么可以断言，造物者不会平息我面黥的伤痕，修补我鼻劓的残缺，使我恢复完全的天性，然后可以追随先生呢？"

许由说："这个吗，我可不能确知！我给你说说道的大概吧。我的大宗师！大宗师！均分万物不为义，泽被万世不为仁，长于上古不为老，载天覆地，造就万物，也不算是技巧。这就是你要游历其中的道。"

[注]

[1] 意而：寓言人物。张远山《庄子复原本》据王夫之"燕子名鹲（yì）鸸（èr）"作"鹲鸸"。

[2] 尧何以资汝：资，助，教养。尧教给你什么了？

〔3〕而奚为来轵：轵，之。这里。

〔4〕遥荡恣睢转徙之途：高远、纵横、转圜反复之天道。喻循道行路，艰难而曲折，不能用一套僵死的教条作指引。

〔5〕吾愿游于其藩：藩，疆界。

〔6〕青黄黼黻之观：黼（fǔ），黑白。黻（fú），青赤。喻锦绣花纹。

〔7〕皆在炉捶之间耳：炉火烧炙，铁锤敲打，反复锻炼于其间，以此比喻修心体道的艰难。修道者自身需要努力体悟和践行，要有师傅扶持提携，还要有天道运转的大炉来陶冶。

〔8〕庸讵知夫造物者之不息我黥而补我劓，使我乘成以随先生邪：意而子心意专一，虽然被尧用仁义、是非之类的精神枷锁弄成了残疾，还是要诚心诚意追求天道，相信造物会平息他的伤痕，修补他的残缺，使之恢复完全的天性，然后可以追随先生游于逍遥之境。

〔9〕齑万物而不为义：齑（jī），和合，调和，使之齐平。道使万物均平而不号称公义。

颜回曰："回益矣。"

仲尼曰："何谓也？"

曰："回忘仁义矣。"

曰："可矣，犹未也。"

它日复见，曰："回益矣。"

曰："何谓也？"

曰："回忘礼乐矣！"

曰："可矣，犹未也。"

他日复见，曰："回益矣！"

曰："何谓也？"

曰："回坐忘矣。"

仲尼蹴然曰："何谓坐忘？"

颜回曰："堕肢体，黜聪明，离形去知，同于大通，此谓坐忘。"

仲尼曰："同则无好也，化则无常也[1]。而果其贤乎！丘也请从而后也。"

今译

颜回说："我进步了。"

孔子说："怎么讲？"

（颜回）说："我忘记了仁义。"

（孔子）说："还行吧，但是不够。"

过了几天，颜回又见孔子，说："我进步了。"

（孔子）说："是怎么进步的？"

（颜回）说："我忘掉了礼乐。"

（孔子）说："还行吧，但还是不够。"

过了几天，颜回再见孔子，说："我进步了。"

（孔子）说："怎么讲？"

（颜回）说："我坐忘了。"

孔子很惊讶，说："什么是坐忘啊？"

颜回说："我遗忘了自己的肢体，抛下了自己的耳目聪明，离弃了身形和智能，而与道融合为一，这就是坐忘。"

孔子说："与道为一，对物就没有了偏好；参与大化流行，就无从执着于成心。你竟然如此贤德，我愿意时刻跟随在你身后。"

[注]

[1] 同则无好也，化则无常也：同于大通，则没有个人情感好恶；坐忘身心，则大化流行，再无成心固着。

庄子真义内篇第七

应帝王

题解

应，顺应。帝，天帝，上皇。王，人君。题目意为"顺应天帝的人间明王"。开篇描述泰氏天德尚真，而其后则每况愈下。封建统治者一旦怀藏治人的心思，就难免劳形怵心，一路下行，乃至于败坏到以巫术行骗的不堪境地。真个是：机关算尽太聪明，反误了卿卿性命。

> 啮缺问于王倪，四问而四不知。啮缺因跃而大喜，行以告蒲衣子[1]。
>
> 蒲衣子曰："而乃今知之乎？有虞氏不及泰氏。有虞氏，其犹藏仁以要人；亦得人矣，而未始出于非人[2]。泰氏，其卧徐徐，其觉于于；一以己为马，一以己为牛[3]；其知情信，其德甚真，而未始入于非人①。"

今译

啮缺求教王倪，连问四个问题，王倪都回答说不知道。啮缺高兴地跳了起来，转身就去告诉蒲衣子。

蒲衣子说："你难道今天才明白吗？你可知道，虞舜氏远不及泰昊伏羲。虞舜怀藏仁义以笼络人心，虽然获得众人归附，却始终未曾脱离与人相悖的治人套路。泰氏，睡时安稳，醒来逍遥；一时把自己当作马，一时把自己当作牛，全然无私；凡有言说，必确实可信，凡有知见，必真切无假；他从来不曾堕落为以术治人者。"

[注]

[1]蒲衣子：虞舜时贤人。传说为舜之师。

[2]而未始出于非人：不曾脱离以人治人的悖天误区。非人，背离人的天性。

[3]其卧倨倨，其觉盱盱；一以己为马，一以己为牛：泰氏，睡时安稳沉静，醒来无知无虑；一会儿以自己为马，一会儿以自己为牛，完全忘我，即《逍遥游》所谓"至人无己"。旧作"其卧徐徐，其觉于于"。《淮南子·览冥训》："当此之时，卧倨倨，兴盱盱，一自以为马，一自以为牛。"高诱注"倨倨"为"卧无思虑"。盱盱，视无智巧貌。倨与徐、盱与于，篆字形近，疑为传写之误，今据《淮南子》校正。

[释]

① 其知情信，其德甚真，而未始入于非人：泰氏凡有言说，必确实可信，凡有知见，必真切无假；传世本多将"非人"注为"物"（王夫之）和"禽兽"（于鬯），林希逸注为"天"。这是一个如何理解庄子思想的重大问题。非，原意为背离，非人，即违背人的天然本性。虞舜以仁术治人，得到众人拥戴，却背离了"神人无功，圣人无名，至人无己"的最高标准。与"真人"如泰氏相比，已经属于等而下之。"真"，作为中国古典哲学中最高价值，在此得到确认。庄子主张以真为最高标准，与五十多年后荀况所主张的"化性起伪"论，形成鲜明对照。

肩吾见狂接舆。

狂接舆曰："日中始何以语女？"

肩吾曰："告我君人者，以己出经式义，庶民孰敢不听而化诸[1]！"

狂接舆曰："是欺德[2]也；其于治天下也，犹涉海凿河而使蚊负山也。夫圣人之治也，治外乎？正而后行，确乎能其事者而已矣。且鸟高飞以避矰弋[3]之害，鼷鼠深穴乎神丘之下以避熏凿[4]之患，而曾二虫之无知[5]！"

今译

肩吾拜见狂接舆。

狂接舆问："日中始对你讲了些什么？"

肩吾说："他告诉我，君临众人的君主，要独裁规范，自成仪表，百姓谁敢不听从而望风归化！"

狂接舆说："这是欺诳众人的伪德。他所谓治天下，就如同到大海里去开挖河沟，让蚊子背负大山去赶路。古代圣人之治，难道是忙于制裁他人吗？圣人修己身，正己行，无非是让众人各尽所能，各得其所！雀鸟尚且知道高飞以逃避弓箭和罗网的伤害，鼬鼠知道藏在社坛下面，以躲避烟熏铲掘的祸患，难道你比这两个小动物还要更无知吗？"

[注]

[1]以己出经式义，庶民孰敢不听而化诸：此句争论颇多。旧本作"以己出经式义度，人孰敢不听而化诸"。陈景元《阙误》引张君房本"度人"作"庶民"。庶，讹为度；民，改做"人"，为避李世民讳。成疏："四方民庶，谁不听从。"可证。义，同仪，威仪。

[2]欺德：欺，欺诳，骗人。欺德，骗人的伪德。

[3]矰弋：矰（zēng）弋（yì），射鸟用的带绳箭。

[4]熏凿：烟熏，铲掘。

[5]而曾二虫之无知：而，你。曾（zēng），同"增"，更加。你的无知难道胜过这两只小虫吗？

天根游于殷阳，至蓼水之上，适遭无名人而问焉，曰："请问为天下。"

无名人曰："去！汝鄙人也，何问之不豫也！予方将与造物者为人，厌[1]，则又乘夫莽眇之鸟，以出六极之外，而游无何有之乡，以处圹垠之野。汝又何帠，以治天下感予之心为[2]？"

又复问。无名人曰："汝游心于淡，合气于漠，顺物自然而无容私焉，而天下治矣。"

今译

天根游历到了殷山之南，蓼水河边，恰好遇到无名人，就请教说："请问，如何治天下？"

无名人说："走开！粗鄙的家伙！这问题让人讨厌！我刚与造物者一道做人，刚刚觉得满意，正要乘渺茫之鸟，飞去天地四方之外，遨游于无何有之乡，彷徨于无边旷野。你为什么这样狂躁不安，说什么治天下的梦话，来扰乱我的清心呢？"

天根还是再三追问。无名人说："你呀，游心于恬淡无为，合气于广漠无垠，随顺万物自然无为，不存一己之私心，天下就可以大治了！"

[注]

[1] 予方将与造物者为人，厌：为人，自己做人。厌，满意。我与造物者一道，学做人，刚觉得满意。注家多解为"与造物者游于人世，觉得厌倦了"，可造物者能否以及为何"下界游玩"？无名人，乃人之初始，他对于人应该如何做，尚在探究，所以与造物者一道学做人。觉得满意，是觉得人可以行道，即人是行道者。下文无名人对如何治理天下的问题很不耐烦，是因为问话者的意识取向是向外治人，而不是向内治己。

[2] 汝又何帠，以治天下感予之心为：帠（yì），兴奋。感，撼动。

阳子居见老聃，曰："有人于此，向疾强梁，物彻疏明，学道不倦。如是者，可比明王乎？"

老聃曰："是于圣人也，胥易技系[1]，劳形怵心者也。且也虎豹之文来田，猿狙之便来藉[2]。如是者，可比明王乎？"

阳子居蹴然曰："敢问明王之治。"

老聃曰："明王之治，功盖天下而似不自己，化贷万物而民弗恃；有莫举名，使物自喜；立乎不测，而游于无有者也。"

今译

阳子居拜见老聃，说："如果有这样一个人，敏捷干练，透彻明达，学道勤勉不倦，他可以和古代的明王相比吗？"

老聃说："与圣人相比，你说的这种人就像是玩杂耍的卖艺人，只知弄绳舞棒，费力劳神而不知停歇。况且，虎豹斑纹美丽，招来猎杀，猿猴灵巧敏捷，招来绳索。玩杂耍的，能跟古代的明王相比吗？"

阳子居深感惭愧，说："请问，明王如何治天下？"

老聃说："明王治理政务，功绩流布天下，却不是出之于己；化施万物，而百姓不觉得要依靠他。他有功德，但无人知其名。他只是让众人各得其所而已。他能考虑到各种难以预测的境遇，并不拘执于预定的目标和结果，因而可以悠游自然。"

[注]

[1] 胥易技系：此句注家意见纷纭。今案：胥，迅疾；易，变易。喻操弄。枝，枝干，木棍。系，绳索。喻杂耍之类的技艺。

[2] 虎豹之文来田，猿狙之便来藉：虎豹有文，招来田猎；猿猴迅捷，招来绳索。"便"字后旧有"执狸之狗"四字。奚侗、王叔岷等校删。

郑有神巫曰季咸，知人之死生、存亡、祸福、寿夭，期以岁月旬日，若神。郑人见之，皆弃而走[1]。列子见之而心醉[2]，归，以告壶子，曰："始吾以夫子之道为至矣，则又有至焉者矣。"

壶子曰："吾与汝既其文，未既其实[3]。而固得道与？众雌而无雄，而又奚卵焉[4]！而以道与世亢，必信[5]，夫故使人得而相汝。尝试与来，以予示之。"

明日，列子与之见壶子。出而谓列子曰："嘻！子之先生死矣！弗活矣！不以旬数矣！吾见怪焉，见湿灰焉[6]。"

列子入，泣涕沾襟以告壶子。壶子曰："乡吾示之以地文[7]，萌乎不震不止[8]，是殆见吾杜德机也[9]。尝又与来。"

明日，又与之见壶子。出而谓列子曰："幸矣！子之先生遇我也，有瘳矣！全然有生矣[10]！吾见其杜权矣！"

列子入，以告壶子。壶子曰："乡吾示之以天壤[11]，名实不入[12]，而机发于踵[13]。是殆见吾善者机也[14]。尝又与来。"

明日，又与之见壶子。出而谓列子曰："子之先生不齐[15]，吾无得而相焉。试齐，且复相之。"

列子入，以告壶子。壶子曰："吾乡示之以太冲莫胜[16]，是殆见吾衡气机[17]也。鲵桓之审为渊，止水之审为渊，流水之审为渊。渊有九名，此处三焉。尝又与来。"

明日，又与之见壶子。立未定，自失而走。壶子曰："追之！"

列子追之不及。反，以报壶子曰："已灭矣，已失矣，吾弗及已。"

壶子曰："乡吾示之以未始出吾宗[18]。吾与之虚而委蛇[19]，不知其谁何[20]，因以为弟靡，因以为波流[21]，故逃也。"

然后列子自以为未始学而归。三年不出[22]，为其妻爨[23]，食豕如食人[24]，于事无与亲[25]。雕琢复朴[26]，块然独以其形立[27]。纷然而封戎[28]，一以是终[29]。

今译

郑国有个神巫，名字叫季咸。他能够预测人的生死存亡，祸福寿命，甚至可以测算人死的年月旬日，其灵验有如神明。郑国上下，人人自危，谁见了他都惊慌逃避。列子听说后，简直是入了迷。他回来告诉壶子："原先我以为先生您的道行最高深，现在才知道山外有山，人上有人。"

壶子说："我教给你的只是文辞，没有涉及实事，你以为自己得道了吗？只有公鸡，没有母鸡，怎么能孵小鸡呢！你拿道理对抗俗世，固执己见要人家信服，所以很容易被人看透。你去请他来，我显相给他看！"

第二天，列子请季咸来相壶子。季咸走出门外，对列子说："哎呀，你的先生要死了！快不行了，活不了十天了！他的相上显出'湿灰火灭'，大不吉祥啊！"

列子进屋，眼泪打湿了衣服，转告壶子。壶子说："刚才我显示给他看的，是沉寂蒙昧的大地之文理，他以为我的气机完全堵塞了。再请他来。"

次日，请季咸第二次来相壶子。季咸走到门外，对列子说："不幸之中有大幸！你的先生遇到我，有救了！我看到迹象，死灰要复燃了！"

列子进屋告诉壶子。壶子说："刚才我显示的，是充满天地的生机征兆。名与实都不入于胸次，气机从脚后跟生发而上行，让他看到了我所归宗的大道的显相。你还要请他来。"

又次日，请季咸第三次来相壶子。季咸对列子说："你的先生不斋戒，我无法相他，要等他斋戒过后，我再来相。"

列子又如实转告，壶子说："刚才我给他看的是深沉无底的太冲之渊，他仅能看到我表面平衡、深处流动、若有若无之气息几微。渊有九种，此处有其三：盘旋深至，止水不动，流水有归。你请他再来。"

又次日，请季咸第四次来相壶子。他看不出任何端倪，无法作任何判断，于是转身就逃。壶子下令："去追！"

列子追出去，早不见了人影，返回来报告："他跑了！看不见了！我追不上了！"

壶子说："刚才我向他显示的，是空然无物的大道之宗。我虚与委蛇，他捉摸不定，前不见首后不见尾，哪里有什么相！草遇风则披靡，水随波则逐流，所以他就只能逃走了！"

这时列子才明白，自己还根本没有见道。于是回到老家，三年不出门。替妻子下灶，准备家人的一日三餐；侍候小猪崽就像侍候人一样认真；处事待人无偏无私。他磨去雕饰，回归朴拙，形体木讷，块然独立于天地之间。他闭目塞听，不问世事干戈，终其天年而持守纯一。

[注]

[1]皆弃而走：弃，一作"奔"，《列子》作"避"。张湛引向秀注："不喜自闻死日也。"（此章向秀注均引自《列子·黄帝》张湛注所引，下同）。

[2]见之而心醉：向秀注："迷惑其道也。"

[3]既其文，未既其实：向秀注："夫实由文显，道以事彰。有道而无事，犹有雌无雄耳。"向秀所见，为"有雌无雄"。有文无实，意为"有雄无雌"，即有文辞，无实事。文辞思维是雄，历练功夫是雌，雌雄和合，方成正道。与老子"知雄守雌，知白守黑"义相合。《天下》："施存雄而无术。"谓惠施有理论而无实践。与此处雌雄义相同。

[4]众雄而无雌：旧讹作"众雌而无雄"。王叔岷校正。雄，阳而在上者。言语、知见、名相，俗称上层文化。雌，阴而在下者。生活经验的实事，即庸常日用的实践。

[5]以道与世亢，必信：亢，高显。必，固执。向秀注："亢其一方以必信于世，故可得而相也。"此注精到。

[6]吾见怪焉，见湿灰焉：湿灰，燃烧的炭火被水浇湿。

[7]示之以地文：向秀注："块然若土也。"大地岿然不动，似乎毫无生机。

[8]萃乎不震不止：萃（zuì）。巍峨貌。旧作"萌"。止，旧作"正"。江南古藏本作"止"。俞樾、郭庆藩等校正。山，外貌巍然不动，又自有内在生气。今案：壶子所显地文（纹理），如山川大地之巍然不动，然亦不死寂静止，在不动之中自有生机潜伏。静中之动，不为小巫所能见，故而认为其气息不发，杜

塞德机。《列子·黄帝》该句作"罪乎不諪不止",注"罪或作萌。"向秀曰:"萌然不动,亦不自止,与枯木同其不华,死灰均其寂魄,此至人无感之时也。夫至人其动也天,其静也土,其行也水流,其湛也渊默。渊默之于水流,天行之于地止,其与不为而自然一也。今季咸见其尸居而坐忘,即谓之将死;见其神动而天随,便谓之有生。苟无心而应感,则与变升降,以世为量,然后足为物主而顺时无极耳,岂相者之所觉哉?"向秀此注甚有文采。

[9]是殆见吾杜德机也:向秀注:"德机不发,故曰杜也。"

[10]灰然有生矣:灰,旧作"全"。《列子·黄帝》张湛注:灰,或作"全"。陆德明《经典释文》:灰,本作"全"。王叔岷校为"痊",不当。今依《列子》作"灰"校。"然",下形为火,上声为然,是"燃"的本字。灰燃,扣上文"湿灰",即死灰复燃。

[11]乡吾示之以天壤:向秀注:"天壤之中,覆载之功见矣。比地之文,不犹外乎?"天壤,天覆地载,高下无间。仅有地文则死寂,阴阳不通故也。天地二气交通,则生机勃发而外显。

[12]名实不入:向秀注:"任自然覆载,则名利之饰皆为弃物。"名实,不当解作"名利"。此处向注失之。"名实不入":名与实,扞格不入。天地之间,阴阳和合,自然气运,无名实之用,而有化育之功。有生于无,无者非物,无名而有实,强名之曰道。

[13]机发于踵:机,发动之源头,变化之根由,生发之契机。《至乐》:"万物皆出于机,皆入于机。"踵,脚跟。踵接于地,阳气生机发动于根本,故而畅达长远而无阻无碍。天地化物,人自得其生气。天人贯通而活水长流。郭注:"常在极上起。"直是莫名其妙。

[14]是殆见吾善者几也:几,旧作"机"。字通。今据《列子·黄帝》作"几"校。几,兆始。《易·系辞》:"几者,动之微,吉之先见者也。"苏涣诗《变律》:"徒有疾恶心,奈何不知几。""吾善者几",我所归宗的大道之征兆。向秀注:"有善于彼,彼乃见之。明季咸之所见者浅也。"浅者见浅,深者见深。道不远人,人自远道。

[15]不斋:斋,通行本作"齐"。下文有"试斋","试齐"则不通。向秀注:

"无往不平，混然一之。以管窥天者，莫见其崖，故以不齐也。"郭注作"故似不齐"，仍不通。或即郭象同改庄文及向注之"斋"为"齐"。此例可证郭象擅改。

［16］太冲莫朕：朕，征兆。《列子·黄帝》作"眹"，同"朕"。旧作"胜"。向秀注："居太冲之极，皓然泊心而玄同万方，莫见其迹。"郭象注改"莫见其迹"四字为"故胜负莫得措其间也"。可见改"斋"为"齐"，改"朕"为"胜"的，正是郭象。

［17］是殆见吾衡气几：几，旧作"机"。今据《列子·黄帝》作"几"校。衡气几：平衡气息的征兆。

［18］未始出吾宗：向秀注："虽进退同群，而常深根宁极也。"郭注改"宁"为"冥"。

［19］吾与之虚而委蛇：委蛇（yí），如蛇之弯曲变形。蛇的本字为"也"，音转为蛇（yí）。向秀注："无心以随变也。"郭象注改为"无心而随物化。"

［20］不知其谁何：向秀注"泛然无所系。"庄子此句意涵甚深。吾人常说自己是谁谁，仔细分析，却是在说我的名字、职业、官阶，如此等等。此等之"我"，乃自我观念，名相，类属等等之系缚也，即俗世之成心也。人所自缚者，观念名言，即庄子所谓"成心"也！向秀有此一注，也不枉当年竹林之游！荀况痛骂庄子"滑稽乱俗"，即乱此"俗"也。

［21］因以为弟靡，因以为波流：弟（tí），通"稊（tí）"，茅草，即稊稗（bài）。靡，披靡。向秀注："变化颓靡，世事波流，利化不因，则为之非我。我虽不为，而与群俯仰。夫至人一也，然应世变而时动，故相者无所用其心，自失而走者也。"

［22］三年不出：向秀注："弃人事之近务也。"

［23］为其妻爨：爨（cuàn），下灶烧饭。向秀注："遗耻辱。"

［24］食豕如食人：食（sì），喂食。向秀注："忘贵贱也。"

［25］于事无与亲：向秀注："无适无莫也。"适（dí），亲厚。莫（mù），羡慕。例如《论语·里仁》："君子之于天下也，无适也，无莫也。"

［26］雕琢复朴：向秀注："雕琢之文，复其真朴，则外事去矣。"琢（zhuàn），

玉雕的凸起边饰。

［27］块然独以其形立：向秀注："真不散也。"季咸四相壶子，一见地文沉寂，以为湿灰火灭；二见大地升阳，以为死灰复燃；三见渊深水静，平衡而几微，而无所措辞；四见道宗无迹，弟靡波流，而逃之夭夭。列子迷梦醒觉，而今块然守雌，独立无待，已然悟道。

［28］纷然而封戎：《列子·黄帝》有"然"字。戎，从戈从甲，矛盾干戈也。于纷乱世事中块然独立，持守纯一。戎，或作"哉"，乃传写之误。

［29］一以是终：守一行道，终身不二；知雄守雌，归于纯一。向秀注："遂得道也。"历经刀光血影，向秀于晚岁无尽的寂寞悲凉心境之中，应有刻骨铭心的人生体悟，故此处言道，应非虚浮之论。

无为名尸，无为谋府；无为事任，无为知主。体尽无穷，而游无朕[1]**；尽其所受乎天，而无见得，亦虚而已！**

至人之用心若镜，不将不迎，应而不藏，故能胜物而不伤[2]**。**

今译

不要做高位名分的占有者，不要做谋略策划的主导者；不要做繁杂事务的包办者，不要做智巧权术的包藏者。体贴无穷之极，遨游于无迹之初；自然德性受之于天，人自无心无功，抱守一片纯真，唯有虚静而已！

得道至人用心如镜，不送不迎，应然而照，明鉴而不隐藏，所以能包容万物而人我无伤。

［注］

［1］体尽无穷，而游无朕：体，体会，体贴。无穷，终极。无朕，物之始，初无征兆之时。喻生之源头。

［2］胜物而不伤：胜（shēng），堪任，包容。例如"不可胜数"。非"打而

败之"之胜。胜物,容物,即容人。

南海之帝为倏,北海之帝为忽,中央之帝为浑沌。倏与忽时相与遇于浑沌之地,浑沌待之甚厚[1]。

倏与忽谋报浑沌之德[2],曰:"人皆有七窍以视听食息,此独无有,尝试凿之。"

日凿一窍,七日而浑沌死①。

今译

南海的帝王,名叫倏,北海的帝王,名叫忽,中央的帝王,名叫浑沌。倏和忽常常在浑沌的地界会面,浑沌待他们十分厚道。

倏和忽商量着要回报浑沌的美意,说:"人都有七窍,用来看、听、饮食、呼吸,唯独他没有。我们试着给他凿开吧。"

一天凿一窍,第七天,浑沌死。

[注]

[1] 浑沌待之甚厚:厚,旧作"善"。刘文典、王叔岷、张远山据《太平御览》六零、《艺文类聚》八、《白孔六帖》二引校正。

[2] 倏(shū)与忽谋报浑沌之德:浑沌未分,天然而神全,真德不二;报者以机心谋,故谬误百出,乃至陷人于死地。倏与忽,皆为昙花一现而不能久存者也!

[释]

① 日凿一窍,七日而浑沌死:庄子寓言,世间无双,此处短短十个字,已道尽天人交战的深层纠结与严重后果!人有七窍,视听聪明,运动迅捷,可谓

演化进阶的皇冠，但其生命短暂，倏忽易逝，犹如过眼云烟，难以留下痕迹。而浑沌者，鸿蒙无际，无形无巧，绵绵无尽，恒久不息。谁智谁愚？谁寿谁夭？以人心之私，揣度天道之公，无非僭妄而已！人而悖天，自以为是，无端生事而祸患无穷！出以俗见成心，无畏而有为，则必有伪诈。伪诈而不自知，则终于害人害己而已！

庄子真义内篇第八

田子方

题解

天道是唯一大宗师。真人可做接引师,雪子目击道存而无容言声。孔子虑人生失于交臂。老子游物之初而不假修心。鲁国上下无真儒,唯衣冠而沐;人非真人,言说皆成笑谈。画者磅礴,文王梦穿,御寇非射,叔敖栩栩,都说明亡己方可存真。力图以攻伐而占土者,无非一场大梦。师道危言,只是一个"真"字而已!

  田子方[1]侍坐于魏文侯[2],数称谿工。
  文侯曰:"谿工,子之师邪?"
  子方曰:"非也,无择之里人也。称道数当,故无择称之。"
  文侯曰:"然则子无师邪?"
  子方曰:"有。"
  曰:"子之师谁邪?"
  子方曰:"东郭顺子。"
  文侯曰:"然则夫子何故未尝称之?"
  子方曰:"其为人也真。人貌而天虚,缘而葆真,清而容物[3]。物无道,正容以悟之,使人之意也消。无择何足以称之!"
  子方出,文侯傥然,终日不言。召前立臣而语之曰:"远矣,全德之君子!始吾以圣知之言、仁义之行为至矣。吾闻子方之师,吾形解而不欲动,口钳而不欲言。吾所学者,直土埂[4]耳,夫魏真为我累耳!"

田子方

今译

田子方陪侍魏文侯左右,数次称赞谿工。

文侯问:"谿工是你的老师吗?"

子方说:"不是。是我的同乡。他数次谈论道理,言辞很恰当,所以我称赞他。"

文侯说:"那你没有老师吗?"

子方说:"有啊。"

"是谁呢?"

"东郭顺子。"

"先生为何从来不称赞他?"

子方说:"夫子为人一片纯真,他的样貌与人相同,而德性如同天光之清虚。他随顺自然而保持天真,心境平和而宽容待人。遇见偏离天道的人,他能自正己容而使人有所领悟,并使之打消人为的偏执观念。要称赞夫子,我可不够资格啊!"

子方辞出后,文侯怅然若失,一整天都不说话。他召唤来近身侍臣,对他们说:"德性完全的君子,辽阔远大,不可测度!原先我以为圣人和智者的言论,仁义和谦恭的行为,就是至高的标准。现在知道了子方的老师,我形体解散不想动弹,嘴巴胶结不能说话。我以前所学到的,都不过是尘土泥块罢了!魏国,可真是我的拖累啊!"

[注]

[1] 田子方:名无择,字子方。魏文侯师。

[2] 魏文侯:前472—前396,姬姓魏氏,前403年被周天子封为诸侯,使魏国成为中原强国。

[3] 人貌而天虚,缘而葆真,清而容物:旧本在"人貌而天"后断句。俞樾驳正。缘而葆真,同《养生主》"缘督以为经",即顺道而葆真。"容物",即容人,

容天下人人做各自之人也。

［4］埂：通行本作梗。应为抄写之误。

温伯雪子适齐，舍于鲁。鲁人有请见之者，温伯雪子曰："不可。吾闻中国之君子[1]，明乎礼义而陋于知人心。吾不欲见也。"

至于齐，反舍于鲁，是人也又请见。温伯雪子曰："往也蕲见我，今也又蕲见我，是必有以振[2]我也。"

出而见客，入而叹。明日见客，又入而叹。其仆曰："每见之客也，必入而叹，何耶？"

曰："吾固告子矣：'中国之民，明乎礼义而陋乎知人心。'昔之见我者，进退一成规、一成矩，从容一若龙、一若虎。其谏我也似子，其导我也似父[3]，是以叹也。"

仲尼见之而不言。子路曰："吾子欲见温伯雪子久矣。见之而不言，何邪？"

仲尼曰："若夫人者，目击而道存矣，亦不可以容声矣[4]！"

今译

温伯雪子要去齐国，在鲁国投宿。鲁国有个人要见他。温伯雪子说："不可。我听说，中原的君子，精通礼仪，对于人心则固陋不通。我不想见他。"

从齐国返回的途中，住在鲁国。那人又求见。温伯雪子说："前面要见，现在又要见，看来一定有什么高见可以启发我。"

他出去见客，回来后就叹气。第二天又见，回来后又叹气。仆人问："每次见这个客人，回来就唉声叹气，这是什么缘故呢？"

（温伯雪子）说："我对你说过：'中原的君子，精通礼仪而不通人心。'这位来访的人，一进一退，都是循规蹈矩，或者像圆，或者像方，或者如龙行，或者如虎步。他规劝我，完全像个儿子的样子，他开导我，又像是个父亲的样子。我因此而叹气啊！"

孔子拜见温伯雪子。见了面，他一句话也没说。出来后，子路问："夫子想见温伯雪子很久了。现在见了面，您又不说一句话，是什么缘故？"

孔子说："像他这样的人，其目光所及之处，即是周流的大道，哪里容我开口说话呢！"

[注]

［1］中国之君子：指孔子。中国，犹国之中，即中原，此处指鲁国。

［2］振：振作，启发。

［3］其导我也似父：导，旧作"道"。今案陈景元《阙误》引江南古藏本作"导"而校。

［4］目击而道存矣，亦不可以容声矣：目光所及之处，即是大道，哪里容得我开口发声！目击道存，是庄子名言之一，极为精练深刻，而又形象传神，论说言语的根本局限性，而能开拓出言外之象、象外之意的境界，放之四海，无与伦比！两次会面，温伯雪子见到的鲁人，凡进退都有规矩方圆，行动都似龙似虎，面容有模有样，慈若严父，顺如孝子，言行功夫几乎已经炉火纯青，可以说做到了家。而雪子有感而无言，一叹而再叹，怜悯之情，显露无遗。"亦不可以容声矣"，正是孔子心灵受到震动后所作的深刻反省。吾为天之弃民乎？吾人当自问：整日劳碌奔走，都是在忙些什么呢？大道无言，万物一齐，而言与齐不齐。至人以天为宗，目击而道存，无处不是道，哪里容得喞喞人言，哪里需要窃窃知见？鲁人所遵循的那一套外显的行为规矩，让人固于某种习惯的成心，不仅不能与天道相提并论，恰恰使人画地为牢，作茧自缚，装模作样而照猫画虎；脱离本源，只能让人丧失天性本然的灵明神奇，实际属于"哀莫大于心死"的活标本。读庄子奇书，听真人真言，吾人若能当下猛然警醒，可以不枉此后余生之朝朝暮暮！朝闻道，夕死可矣，确是高标绝响，若是太迟慢则误人不浅；吾人若能及早闻道而一生实行，得天地正气而春华秋实，方才无憾无叹！

颜渊问于仲尼曰："夫子步亦步，夫子趋亦趋，夫子驰亦驰，夫子奔逸绝尘，而回瞠若乎后矣！"

夫子曰："回，何谓邪？"

曰："夫子步，亦步也；夫子言，亦言也；夫子趋，亦趋也，夫子辩，亦辩也；夫子驰亦驰也者，夫子言道，回亦言道也；及奔逸绝尘而回瞠若乎后者，夫子不言而信，不比而周，无器而民滔乎前，而不知所以然而已矣。"

仲尼曰："恶！可不察与；夫哀莫大于心死，而人死亦次之[①]。日出东方而入于西极，万物莫不比方，有目有趾者，待是[1]而后成功。是出则存，是入则亡。万物亦然，有待也而死，有待也而生。吾一受其成形，而不化以待尽。效物而动，日夜无隙，而不知其所终；薰然其成形，知命不能规[2]乎其前。丘以是日徂[3]。吾终身与汝交一臂而失之，可不哀与[②]？女殆著乎吾所著也[4]。彼已尽矣，而女求之以为有，是求马于唐肆也。吾服女也甚忘，女服吾也亦甚忘[5]。虽然，女奚患焉！虽忘乎故吾，吾有不忘者存。"

今译

颜回请教孔子，说："夫子慢步我慢步，夫子快走我快走，夫子疾驰我疾驰。夫子飞离地面了，不近尘埃了，颜回只有干瞪眼，望尘而莫及！"

仲尼说："颜回，你这是说什么呢？"

（颜回）说："夫子慢步我慢步，就是夫子说我也说；夫子快走我快走，就是夫子辩我也辩；夫子疾驰我疾驰，就是夫子言道我也言道。夫子飞离了地面，不近于尘埃，颜回干瞪着眼而望尘莫及，就是说夫子不用言语就能说服人，不结朋党就能团结人，不用成法就能吸引人，我不知为什么会是这样啊。"

仲尼说："哦！你不可不明察呀！人最大的悲哀是心死，身死还在其次。太阳从东方出来到西方落下，流转迁移从来不曾停止，万物都仿效它。有头有足的动物，跟随太阳的节奏，日升而出，日落而没。万物莫不如此，死死生生都

田子方　　　　　　　　　　　　　　　　　　　　　　129

依赖阳光。我一旦禀受气机而成就生命的形体，就持续存在，直到物化之日才成为某个另类；我效仿万物而动，日夜辗转而连环不断，不知何处是终点；造化给我人形，如草木一样葱茏，而我面对面也无法窥见命运的相貌，孔丘就这样一天天向前走，如江河东流常逝水，永远不回头！我与你终此一生而诚心相交，却面对面也失之于交臂；生命中发生的一切都随时而逝，这不是人生的巨大哀痛吗？你大概只会见到我外显的形体；而我的那个形体早已消逝了，你还在苦苦寻求，以为那是固定不变的，这就像到空荡荡的马市上，去寻找你以前见过的一匹马。我追忆你旧时的样貌，而那样的你早已不存在了；你追忆我旧时的样貌，那样的我也早已不存在了。尽管如此，你有什么需要忧虑的呢？即使旧时的我已经消失了，我还有不会消失的真在呀！"

[注]

[1] 待是：是，指太阳。
[2] 规：窥见。
[3] 丘以是日徂：徂（cú），离开，逝去。《论语·子罕》："子在川上曰：逝者如斯夫，不舍昼夜。"
[4] 女殆著乎吾所著也：你大概只见到我的外显形体，还以为物的表象是固定不变的呢。福永光司认为"所以著"的"以"字是误加的。今从之而校。
[5] 吾服女也甚忘，女服吾也甚忘：服，复，回忆。

[释]

①夫哀莫大于心死，而人死亦次之：人死，可以是因终老而死，因生病而死，遭杀戮而死，或自戕而死，无论其情态如何，本有之人瞬间消逝而不再，诚然都是人生可悲可叹、无可奈何之事。庄子说"哀莫大于心死"，其悲悯之深，且又远比人生有死之无奈更加沉痛！为何会有"心死"之说？一切现有的存在之物，随时变化而逝，旧物方死，新物方生，我的身体不停地蜕化更替，我的心

境也不住地沉浮流动，何曾有片刻停顿？你我相交终生不渝，而总是面对面也失之交臂！实情本来如此，而人心未必觉悟，痴迷于某个固定不变的世界而刻舟求剑，心死而不能复阳，岂不可怜可叹！

旧我已死，何处去寻？旧我已死，何人能寻？对此，哲人冷峻地点明真相，而诗人则会发出无尽的感叹："此情可待成追忆，只是当时已惘然！""寻寻觅觅，冷冷清清，凄凄惨惨戚戚！""今宵酒醒何处？杨柳岸，晓风残月。""此去经年，应是良辰好景虚设。便纵有千种风情，更与何人说？"无数长吁短叹，只为时光流逝，人生无法留驻，徒唤一声奈何！茫茫宇宙，"前不见古人，后不见来者"，斯人独彷徨，不知当下存于何时，未来归于何处！此心不死，何处可以依托？所以，凡夫俗子会寻找某个似乎固定不变之物作为框架，把自己的生命悬挂于其上。人生之倒悬，就是因为人有成心，成心者，已死之心也！

对于"心死"的现象，吾辈并不陌生：有人因希望破灭而陷入绝望谷底；有人灵魂麻木而沉溺官能欲望的深渊；有人因价值虚无而六神无主；有人追逐邪恶目标而毁生害命，不惜与全人类为敌。种种情态，均可使人生无乐趣，甚至为非为祸。《庄子》全书有一条基线贯穿始终：破除各色人等画地为牢、自我设限的孤陋成心，使人性返璞归真，为人类救赎开出一剂良方。

② 吾终身与汝交一臂而失之，可不哀与：人生犹如白驹过隙，一切有形，必消逝于倏忽之间；方生方死，方死方生，物有所成，必有所坏，生命形体都处于代谢转换的过程。维特根斯坦认为，哲学的死胡同是面对"当前快速滑过的现象"时，语言太过粗糙，无法处理那些来去无踪、转瞬即逝的事实，而只能粗枝大叶地捕捉一些浮光掠影式的平均效果史。（见《维特根斯坦说逻辑与语言》205页）。例如，我们看到一处房舍，可以推测那是建造过程的效果史。看见一处断壁残垣，就会想到那是多年战火留下的效果史。当年建房的劳作，房子历经重重风雨磨难，都是时间长河中流动不居的事实，那实际发生过的生活的真实，那些曾经的生与死，爱与恨，岂能够说得尽！

语言指涉的真实，实在难以捕捉。观念连锁中的某物，与目前的有形之物，都在走马灯一样旋转不停；回忆中的你我，还是先前的那个你我吗？这个我，已非旧时的我；那么，此刻是谁在追忆，又是在追忆何人呢！世间的人啊，何时能够看破自己成心的执迷，从浮光流影的大梦中幡然醒来！

孔子见老聃，老聃新沐，方将被发而干，慹然似非人[1]。孔子便而待之。少焉见，曰："丘也眩与？其信然与？向者先生形体掘[2]若槁木，似遗物离人而立于独也。"

老聃曰："吾游心于物之初[3]。"

孔子曰："何谓邪？"

曰："心困焉而不能知，口辟焉而不能言。尝为汝议乎其将。至阴肃肃，至阳赫赫。肃肃出乎天，赫赫发乎地[4]。两者交通成和而物生焉，或为之纪而莫见其形。消息盈虚[5]，一晦一明，日改月化，日有所为，而莫见其功。生有所乎萌，死有所乎归，始终相反乎无端，而莫知乎其所穷。非是也，且孰为之宗！"

孔子曰："请问游是。"

老聃曰："夫得是，至美至乐也。得至美而游乎至乐，谓之至人。"

孔子曰："愿闻其方。"

曰："草食之兽，不疾易薮；水生之虫，不疾易水。行小变而不失其大常也，喜怒哀乐不入于胸次①。夫天下也者，万物之所一也。得其所一而同焉，则四支百体将为尘垢，而死生终始将为昼夜，而莫之能滑[6]，而况得丧祸福之所介乎！弃隶者若弃泥涂，知身贵于隶也。贵在于我而不失于变[7]。且万化而未始有极也，夫孰足以患心！已为道者解乎此。"

孔子曰："夫子德配天地，而犹假至言以修心[8]。古之君子，孰能脱焉！"

老聃曰："不然。夫水之于汋[9]也，无为而才自然矣。至人之于德也，不修而物不能离焉。若天之自高，地之自厚，日月之自明，夫何修焉！"

孔子出，以告颜回曰："丘之于道也，其犹醯鸡[10]与！微夫子之发吾覆也，吾不知天地之大全也。"

今译

孔子去见老聃。老聃刚洗完头,披发而立,凝神不动,样子似人而非人。孔子退出,侍立一侧,等了一会儿再进去拜见,说:"是我眼花了呢,还是真实不虚的?刚才的先生,形体橛然直立如同槁木,似乎已经离开了人世万物,超然而独立。"

老聃说:"我是游心于物之初始啊。"

孔子说:"这是何意呢?"

(老聃)说:"我心思困惑而不知,嘴巴难开而无言。且试着为你说个大概吧。至阴肃肃寒冷,至阳赫赫炎热;肃肃至阴从天降下,赫赫至阳从地升起。阴阳交合而万物生成,或许这就是万物的主宰吧,但是又无人看见其形象。人的死生盛衰,时隐时显,日日迁化,月月飘移,它每天每时都在起着作用,而我又看不到它做成了什么。生有其来由,死有其归处,始终循环往复,不见端倪,也不知有穷尽之时。若非这个初始动力,还有谁可以作为我的本宗源头呢?"

孔子说:"请问,您游心于初始,有什么感受?"

老聃说:"人得知这个初始,就有至美和至乐。得见至美,游于至乐,乃是至人。"

孔子说:"愿闻其中奥妙。"

(老聃)说:"草食的动物,不因为变换了一片草地而生病;水生的虫子,不因为改换了一个池沼而有恙。行为的细微变化,不会使我失去恒常的本性,所以喜怒哀乐不入于胸襟。天下,乃是万物归一的大化流行。领悟了道通于一,而体认万物齐同,就会视身形的四肢百节如同尘垢秕糠,视个人的死生存亡如同昼夜交替,这样,就不会因生死变化而受到扰乱,得失祸福更不必介怀。舍弃人世的隶役之苦,如同舍弃泥块垃圾一样,乃是因为我知道:人比隶役更尊贵。尊贵的天性在我,不在外物,也不会因为各种变化而丧失。世间变化无有穷尽,如何能扰乱我的心性呢?达道的至人,已然超脱了外在的束缚。"

孔子说:"夫子的德性可以匹配天地,还要借用至言来修养身心,古时的君

田子方

子，也是如此啊！"

老聃说："你说的不对！水之汩汩涌流，并非是要有意作为，而是出于其本性之自然。至人对于德性，并不用任何修饰，时时出于自然，而万物莫不响应。天自高，地自厚，日月自明，还需要修什么心呢？"

孔子辞出，对颜回说："我对于道的了解，岂非像醋瓮中的一只小蠛蠓虫吗？若不是先生开启瓮顶的泥封，我怎么会知道天地之大全！"

[注]

[1] 慹然似非人：慹（zhí），不动貌。非人，似神之人。
[2] 橛（jué）：木桩。旧作"掘"，乃形近而误。
[3] 初：初始，源头。
[4] 肃肃出乎天，赫赫发乎地：天阴下降，地阳生发。
[5] 消息盈虚：消，消亡。息，萌生。盈旧作"满"。汉代避惠帝刘盈之名讳。
[6] 滑（gǔ）：乱。
[7] 贵在于我而不失于变：贵，珍宝。我有珍宝，千变万化而不失。
[8] 犹假至言以修心：假，借。还要借用至言来修养身心。
[9] 汋（zhuó）：水流淙淙而有声。
[10] 醯鸡：醯（xī），食醋。醯鸡：醋缸里的蠛（miè）蠓（méng）。

[释]

① 行小变而不失其大常也，喜怒哀乐不入于胸次：游于人世，不得已而随物迁化，而行为的细微变化不足以使我失去恒常的本性，所以能够做到喜怒哀乐不入于胸襟。紧扣上文"虽忘乎故吾，吾有不忘者存。"人得至美，而游乎至乐，谓之至人。为道者，与道同，千变万化，纯一无杂，能得至乐。所以下文批评孔子关于有为而修心的主张违背自然之道。

庄子见鲁哀公。哀公曰:"鲁多儒士,少为先生方者。"

庄子曰:"鲁少儒。"

哀公曰:"举鲁国而儒服,何谓少乎?"

庄子曰:"周闻之,儒者冠圜冠者,知天时;履句屦[1]者,知地形;缓佩玦[2]者,事至而断。君子有其道者,未必为其服也;为其服者,未必知其道也。公固以为不然,何不号于国中曰:'无此道而为此服者,其罪死!'"

于是哀公号之五日,而鲁国无敢儒服者。独有一丈夫,儒服而立乎公门。公即召而问以国事,千转万变而不穷[3]。

庄子曰:"以鲁国而儒者一人耳①,可谓多乎?"

今译

庄子见鲁哀公。哀公说:"鲁国有很多儒士,但很少有人学习先生的方术。"

庄子说:"鲁国儒士太少。"

哀公说:"鲁国上下都穿儒服,怎么能说少呢?"

庄子说:"我听说,儒士头上戴圆冠,表示知晓天时;脚上穿方鞋,表示知晓地形;缓带上佩玉玦,表示处事有决断。而君子有道术的,未必有服饰;有服饰的,未必有道术。公侯不信,可以在全国发布一个号令,说:'无儒术而穿儒服者,罪当斩首!'"

于是哀公发布号令,五天以后,鲁国人再也不敢穿儒服。独有一人,身材高大,身穿儒服,立在官门外。哀公召他进宫问国事,问题千变万化,那人的回答滔滔不绝。

庄子说:"鲁国仅有儒士一人,怎能说有很多呢?"

[注]

[1] 履句屦:履(lǚ),足穿。句(gōu),曲折而方形。屦(jù),布鞋。《诗

经》:"纠纠葛屦,可以履霜。"

[2]绶佩玦:绶,绶带。旧作"缓",误。司马本作"绶"。玦(jué),有缺口的环形玉佩。

[3]千转万变而不穷:言语转圜,应对无穷。

[释]

① 以鲁国而儒者一人耳:鲁君借鲁国而自大,不知有鲁一国,真儒仅一人而已!世上假人,均不自知,而衣冠招摇,可笑复可叹!天下熙熙攘攘而自称儒士者,当以此为戒!

百里奚[1]爵禄不入于心,故饭牛而牛肥,使秦穆公[2]忘其贱,与之政也。

有虞氏死生不入于心,故足以动人。

宋元君[3]将画图,众史皆至,受揖而立,舐笔和墨,在外者半。有一史后至者,儃儃然不趋,受揖不立[4],因之舍。公使人视之,则解衣般礴[5]。君曰:"可矣,是真画者也。"

今译

百里奚心中不存在爵禄的念头,所以他养牛而牛肥,使秦穆公忘记了他身份的低贱,授予他执政的重任。

有虞氏心中没有执着于死和生,所以他能感动众人。

宋元君请人给自己画像。画师们都到了,听命受揖,各就其位,润笔磨墨,开始作画。应征的人很多,有一半画师排在大殿之外。这时,有一位画师姗姗来迟,他悠闲地迈着方步,自顾自地走上大殿,听命受揖之后,不入人群,径自走回馆舍去了。元君派人跟在后面,看见他脱光了衣服,气势磅礴而无拘无束。元君大喜,说:"好!这样子的人,才是真画师!"

[注]

［1］百里奚：姓姜，名奚，字子明，（约前725—前621）春秋时虞国大夫，晋灭虞，以奚为奴陪嫁到秦，逃到楚国后，被秦穆公用五张羊皮换回。
［2］秦穆公：前659—前621在位。得百里奚为相，成春秋五霸之一。
［3］宋元君：宋王偃。前337—前286在位。与庄子同时。
［4］儃儃然不趋，受揖不立：儃（tǎn）儃，从容貌。趋，快步疾走。
［5］解衣磅礴：磅礴，奔放不拘貌。旧作"般礴臝"，注家多以"般礴"为"箕坐"。"臝"同"裸"，乃衍文羼入。

文王观于臧，见一丈人钓[1]，而其钓莫钓[2]。非持其钓有钓者也，尚钓也[3]。

文王欲举而授之政，而恐大臣父兄之弗安也；欲终而释之，而不忍百姓之无天也。于是旦而属之大夫曰："昔者寡人梦见良人，黑色而髯，乘驳马而偏朱蹄，号曰：'寓而政于臧丈人，庶几乎民有瘳乎！'"

诸大夫蹴然曰："先君命王[4]也。"

文王曰："然则卜之。"

诸大夫曰："先君之命，王其无它，又何卜焉。"

遂迎臧丈人而授之政。典法无更，偏令无出。三年，文王观于国，则列士坏植散群[5]，长官者不成德，斔斛[6]不敢入于四竟。列士坏植散群，则尚同也；长官者不成德，则同务也，斔斛不敢入于四竟，则诸侯无二心也。

文王于是焉以为大师，北面而问曰："政可以及天下乎？"臧丈人昧然而不应，泛然而辞，朝令而夜遁，终身无闻。

颜渊问于仲尼曰："文王其犹未邪？又何以梦为乎？"

仲尼曰："默，汝无言！夫文王尽之也，而又何论刺焉！彼直以循斯须也①。"

今译

文王到臧地考察，见一位老丈在渭水钓鱼。他手持钓竿，鱼钩高悬在水面之上，怎么能钓到鱼呢。

文王想要任用他执政，又怕大臣和父兄不服；最终想要作罢，又想到老百姓头上竟然没有一个天罩着，心中不忍。于是一大早就聚齐大夫们，说："我昨夜里梦到一位贤良周正的人，黑面长须，骑杂色马，马蹄有半边是红的，他对我下命令：'把政务委托给臧地的老丈吧，这样民众的苦难会有所疗救！'"

诸位大夫皱眉思忖，接着异口同声地说："这是您的父亲来托梦，告诫君王！"

文王说："那就占卜吧。"

大夫们都说："既然先君有命，您就不要犹疑了。何必占卜呢。"

于是到臧地迎来老丈，委托他主持政务。原典旧章一律不改动，独出心裁的政令一个也不出。三年后，文王去各地考察，见到养士的馆所院墙颓坏，私养的朋党作鸟兽散，官吏不再炫耀政绩，国外的量器不再进入国境。士人朋党鸟散，表明上下同心；官员不炫耀政绩，表明众人同务；外国的度量衡不进入国境，表明列国不再有觊觎之心。

于是文王拜老丈为大师。他站在下位，面北问政，说："政事是否可以推而广之，以覆盖全天下？"老丈默默无对，含糊其词；早上还在上朝，夜里就逃遁了，此后终身听不到他的消息。

颜回问孔子："文王还是有不足之处吧？他何必以做梦为假托呢？"

孔子说："嘘！你少说话！文王已经做到了尽善尽美，你何必要揭穿他呢！他不过是顺随一时的人情世故啊！"

[注]

[1] 文王观于臧，见一丈人钓：文王，周文王（约前1152—前1056），姓姬，名昌。丈人，原作"丈夫"，据下文"臧丈人"校正。

[2] 其钓莫钓：他钓鱼，不是真钓。

[3] 非持其钓有钓者也，尚钓也：尚，同"上"。旧作"常"，奚侗、王叔岷校正。鱼钩高悬在水面之上，所以不是真的钓鱼者。

[4] 先君命王：命，旧脱。俞樾、刘文典、王叔岷校补。

[5] 坏植散群：植，直立的柱桩，特指筑墙两端的木桩。坏植散群，是两件事：倒墙，散群。庄子文章曲折连环，曼妙有趣。

[6] 斔（yǔ）斛（hú）：量器。十斗为一斛，十六斛为一斔（《左传·昭公二十六年》杜预注）。

[释]

① 彼直以循斯须也：文王托梦，只是顺应当下的世俗人情。"政及天下"，难道也只是一种便宜的手段？臧地丈人为何连夜逃走呢？庄子引而不发，什么评论也没有。丈人治国的方法是"偏令无出"，上无为而民自然。现在文王一心要政及天下，攻城略地的战争恐怕难以避免，无数百姓就要流离失所、家破人亡。于是丈人连夜逃走了。《外物》载老莱子教孔子："夫不忍一世之伤而骜（放纵）万世之患，抑固窭邪，亡其略弗及邪？惠以劝为，骜终身之丑，中民之行，易进焉耳，相引以名，相结以隐。与其誉尧而非桀，不如两忘而闭其非誉，反无非伤也，动无非邪也。"

列御寇为伯昏无人射，引之盈贯，措杯水其肘上，如矩发之，镝矢复沓，放矢复寓[1]。当是时，犹象人也。

伯昏无人曰："是射之射，非不射之射也。尝与汝登高山，履危石，临百仞之渊，若能射乎？"

于是伯昏[2]无人遂登高山，履危石，临百仞之渊，背逡巡，足二分垂在外，揖御寇而进之[3]。御寇伏地，汗流至踵。

伯昏无人曰："夫至人者，上窥青天，下潜黄泉，挥斥八极，神气不变。今汝怵然有恂目之志，尔于中也殆矣夫！"

今译

列御寇为伯昏无人展示射箭的功夫。他开弓浑圆,肘上放置满满一杯水,肘为直角则发箭,箭一支一支接着放上弓弦,发射出去。那个时候,他身形纹丝不动,像是木偶。

伯昏无人说:"这是心中有射的射法,不是心中无射的射法。我要与你一起登高山,踩危石,临深渊,看你还能不能射。"

于是伯昏无人登上高山,踩踏危石,背后是百丈深渊,向后退行,直到脚跟半悬空中。他躬身作揖,请列御寇上前。列御寇伏地求免,汗水从后背流到了脚跟。

伯昏无人说:"至人上窥青天,下测黄泉,纵行八极,而神色不变。看你的样子心惊目眩,现在还能保证有射必中吗?"

[注]

[1] 如矩发之,镝矢复沓,放矢复寓:如矩,旧无;镝,旧作"適";放,旧作"方"。张远山考证为"如矩""镝""放",今从之。沓(tà),重叠。寓,搭上弓弦。

[2] 伯昏:二字旧脱,据刘文典考证,当有"伯昏"。

[3] 背逡巡,足二分垂在外,揖御寇而进之:背逡(qūn)巡,向后退行。足二分垂在外:一半在外。揖:躬身礼让。

肩吾问于孙叔敖曰:"子三为令尹而不荣华,三去之而无忧色。吾始也疑子,今视子之鼻间栩栩然[1]**,子之用心独奈何?"**

孙叔敖曰:"吾何以过人哉!吾以其来不可却也,其去不可止也。吾以为得失之非我也,而无忧色而已矣。我何以过人哉!且不知其在彼乎?其在我乎?其在彼邪?亡乎我;在我邪?亡乎彼。方

将踌躇，方将四顾，何暇至乎人贵人贱哉！"

仲尼闻之曰："古之真人，知者不得说，美人不得滥，盗人不得劫[2]，伏戏、黄帝不得友。死生亦大矣，而无变乎己，况爵禄乎！若然者，其神经乎大山而无介，入乎渊泉而不濡，充满天地而不窕[3]，既以与人，己愈有①。"

今译

肩吾问孙叔敖："你三次出任令尹，不觉得荣耀华贵；三次免去职务，你也没有忧色。原先我还怀疑你矫情，现在看你鼻息缓缓，神气清爽，你究竟是怎么想的？"

孙叔敖说："我有什么过人之处呢？外物来时挡不住，去时留不下，我欣然接受罢了！得失都不在我，没有忧色就好了。我没有什么过人之处！我不知荣辱是我，还是在相位。如果荣辱在相位，则不关乎我；荣辱在我，则不关乎相位。我正踌躇四顾而遨游，哪里有闲暇关心别人看我是尊贵还是低贱呢！"

仲尼听到后，评论说："古时的真人，智者不能说动，美人不能诱惑，强盗不能劫掠，伏羲、黄帝不可得而交友。死生大事，都不能改变他，何况爵禄呢？这样的人，神游高山大川无阻碍，潜入深渊不湿濡，充满天地无裂隙。给予别人越多，他自己就越富足。"

[注]

[1] 栩栩然：栩，从木从羽，清扬飞动貌。

[2] 盗人不得劫：劫，劫掠。陆德明《经典释文》："元嘉本作却。"是关于《庄子》版本的重要信息。流行于元嘉年间的本子，大概是郭注本。

[3] 充满天地而不窕：句前旧衍"处卑细而不惫"，今删。而不窕（tiǎo），无间隙。三字旧脱，王叔岷校补。

[释]

① 既以与人，己愈有：给予他人越多，自己就越是富足。这是何等了不起的超绝人物！天下万物，与我为一，至人有德，充实不已，爱人爱物，充满天地，民胞物与，死生如一，与道同行，万世无匹，伟哉吾师！伟哉庄子！

楚王与凡君[1]坐，少焉，楚王左右曰"凡亡"者三。

凡君曰："凡之亡也，不足以丧吾存。夫凡之亡不足以丧吾存，则楚之存不足以存存。由是观之，则凡未始亡而楚未始存也。

今译

楚王与凡君对坐。片刻之间，楚王的近臣重复三次说到凡国已经灭亡的事实。

于是凡君对楚王说："凡国灭亡，不足以灭亡我这个人的存在。既然凡国灭亡不足以灭亡我的存在，而楚国的存在也不足以确保楚王的存在。由此可见，凡国未曾亡，而楚国未曾存。"

[注]

[1] 凡君：《山海经·中山经》记载安徽庐江一带有山名凡山。

庄子真义内篇第十

知北游

题解

知（zhì），智。北游求道。至玄水，返白水，访真人，听闻道不可言，道不可有。孔子问老聃，听闻大得无得。庄子论道"无所不在"而言论非道。冉求问天地之先，仲尼说大道无改。与道将迎者，以世为逆旅。知不能全而行道无碍，爱人终无已。明真人方有真知，义涵隽永。

知北游于玄水之北[1]，登隐弅之丘，而适遭无为谓焉。知谓无为谓曰："予欲有问乎若：何思何虑则知道？何处何服[2]则安道？何从何道[3]则得道？"三问而无为谓不答也。非不答，不知答也。

知不得问，反于白水之南，登狐阕之上，而睹狂屈焉。知以之言也问乎狂屈。狂屈曰："唉！予知之，将语若。"中欲言而忘其所欲言。

知不得问，反于帝宫，见黄帝而问焉。黄帝曰："无思无虑始知道，无处无服始安道，无从无道始得道。"

知问黄帝曰："我与若知之，彼与彼不知也，其孰是邪？"

黄帝曰：

"彼无为谓真是也，狂屈似之；我与汝终不近也。夫知者不言，言者不知，故圣人行不言之教。道不可致，德不可至。仁可为也，义可亏也，礼相伪也。故曰：'失道而后德，失德而后仁，失仁而后义，失义而后礼。礼者，道之华而乱之首也。'故曰：'为道者日损，损之又损之，以至于无为。无为而无不为也。'今已为物也，欲复归根，不亦难乎[4]！其易也，其唯达人[5]乎！

"生也死之徒，死也生之始，孰知其纪[6]！人之生，气之聚也。聚则为生，散则为死。若死生为徒，吾又何患！故万物一也。是其所美者为神奇，其所恶者为臭腐。臭腐复化为神奇，神奇复化为臭腐。故曰：'通天下一气耳。'圣人故贵一。"

知谓黄帝曰："吾问无为谓，无为谓不应我，非不我应，不知应我也；吾问狂屈，狂屈中欲告我而不我告，非不我告，中欲告而忘之也。今予问乎若，若知之，奚故不近？"

黄帝曰："彼其真是也，以其不知也；此其似之也，以其忘之也；予与若终不近也，以其知之也。"

狂屈闻之，以黄帝为知言。

今译

知向北游，直到玄水之北，登上隐弅山，恰巧遇到了无为谓。知对无为谓说："我想要请教你：如何思考，如何谋虑，才能知道？如何处身，如何作为，才能安道？跟从何人，何种途径，才能得道？"连发三问，无为谓都不应答。他并非不欲应答，而是不知应答。

知未得到答案，便返回白水之南，登上狐阕山，见到狂屈。他用同样的问题求教于狂屈。狂屈说："唉，我知道，我来告诉你。"他想说，却忘了要说什么话。

知未得到答案，返回帝宫，见了黄帝又请教。黄帝说："无思考，无谋虑，才算知道。不处世，不作为，才算安道，无途径无方法，才算得道。"

知问黄帝："我与你知晓答案，无为谓与狂屈不知晓答案，究竟谁是真知呢？"

黄帝说：

"无为谓，真行道；狂屈，似行道；我与你，与道相隔而不得亲近。知者不言，言者不知。所以圣人行不言之教。道，永不至此岸；德，永不至彼岸；仁，可以有为而至；义，凭借人为则有亏损；礼，则使人相互欺瞒。所以说：'失道而后降格为德，失德而后降格为仁，失仁而后降格为义，失义而后降格为礼。礼，是道的华美装饰，是人世祸乱的根源。'所以说：'为道者日益减损，损之又损，以至于无所为，无所为而可以真正有所成就。'如今，人作为道生之一物，要想复归根本，不是很难吗？要说不难，大概只有达人才可以吧！

"生是死的延续，死是生的开始，谁能了悟死生循环的分际？人的出生，是由于气的积聚，气聚而成生命，气散而有死亡。既然死生相续相连，我又有什么忧患呢？万物本来一体。人类以美者为神奇，以恶者为臭腐。臭腐可化为神奇，神奇可化为臭腐。所以说：'贯通天下的乃是一气。'所以圣人贵纯一，而不杂乱。"

知对黄帝说："我问无为谓，无为谓不应答。并非不欲应答，而是不知应答。我问狂屈，他心里想说，口却忘了要说的话。我问你，你知道答案，又为何说隔而不近呢？"

黄帝说："真行道的，根本就不用知见；似是行道的，是因为他还能忘却；我与你呢，总是隔膜而不近道，因为你我都是以知见言说。"

狂屈听闻，认为黄帝这人很明白：言说不能近道。

[注]

[1]玄水之北：北，旧作"上"。王叔岷、方勇校。下文"白水之南"与之相对，可作旁证。

[2]何处何服：处（chǔ），居。服，从事。处、服对言，一静一动。

[3]何从何道：从，跟随。道，途径。谓跟着什么人，走哪条路？

[4]今已为物也，欲复归根，不亦难乎：作为世间一物，人要复归道原，这不是很难吗？保持与自然之道的本然联系，不"坐驰"而忘本，是一件难事；下文说须打通生死，方有可能。

[5]达人：旧作"大人"。以道视之，万物均平，如何把人群分出尊卑？以大小论人，绝非庄子之文，乃腐儒恶意篡改。

[6]生也死之徒，死也生之始，孰知其纪：徒，从。纪，十二年为一纪，喻

时间的分际。生死相续相随，时间从何处能断然切分？

> 天地有大美而不言，四时有明法而不议，万物有成理而不说。圣人者，原天地之美而达万物之理。是故至人无为，大圣不作，观于天地之谓也。合彼神明至精，与彼百化[1]。物己，死生方圆，莫知其根也。遍然而万物，自古以固存[2]。六合为巨，未离其内；秋豪为小，待之成体；天下莫不沉浮，终身不故；阴阳四时运行，各得其序；惛然若亡而存；油然不形而神；万物畜而不知。此之谓本根，可以观于天矣①！

今译

天地有大美而不言，四时有明法而不议，万物有成理而不说。圣人，回归天地之美，通达万物之理，因此，至人自然无为，大圣不事妄作，说的是观照天地而取法。合于天地则神明至精，与道变化而无停顿。人与我，皆是物，死生方圆，而不知其根。大道普遍周流而不离万物，自古恒久而永存；宇宙为大，而不能在其外；秋毫为小，一切有形之物赖此成形。天下万物无不随之沉浮而始终变动不居。阴阳四时循环运行，各自得其秩序。道，昏冥若无而真实存在，油然无形而功能奇妙，万物靠它生长却不自知。这就是本根。人由此可以观天地。

[注]

[1] 合彼神明至精，与彼百化：合，旧作"今"。陈景元《阙误》引刘得一本作"合"。彼，天道。下有"物己"二字，断入下句。

[2] 遍然而万物，自古以固存：遍，旧作"扁"，字通。意为大道遍在万物，自古以存。

〔释〕

① 此之谓本根，可以观于天矣：人亦是万物之一，终生随道沉浮而变动不居，然而遍得天赋而可能觉悟大道，回归根本源头，可以观照天地万物。人能观天，是庄子提出的一个重大命题。《列御寇》中说"物物皆观，物物皆游"，也是"观天"命题的发挥。人文化成的源头，正是经由"观天"而觉悟大道。中国古代天文历法的发明，中华文字的创造，人体经络体系的准确定位，医疗养生技术的发展，畜牧与农耕技术的形成，饮食技术如醋和酒的发酵，音乐、绘画和书法的滥觞，都是天人相通的文化结晶。究其本根，则在于自然大道。万有物化而道独存，故大道遍然，涵盖一切处，包容一切物，无远而不届，无古无今，在当下，人群可以相亲，文明可以沟通。人文建设必然要依从天然之理，故人际、群际的战争冲突和暴力压迫，乃是人类选择的歧路，有违廓然大道之公正无私。

啮缺问道乎被衣，被衣曰："若正汝形，一汝视，天和将至；摄汝知，一汝度，神将来舍①。德将为汝美，道将为汝居[1]。汝瞳[2]焉如新生之犊而无求其故。"

言未卒，啮缺睡寐。

被衣大说，行歌而去之，曰："形若槁骸，心若死灰，真其实知[3]，不以故自持。媒媒晦晦，无心而不可与谋。彼何人哉！"

今译

啮缺向被衣问道。被衣说："你端正身形，专一视听，天然纯一的和气将光临于你；收摄你的心知，专一你的量度标准，神明的至虚将齐聚于你。德，将成为你善美的源头；道，将成为你居住的家园。你只需天真烂漫，如同新生的牛犊一样无知无求，而不用追问其缘故。"

话还没有说完，啮缺就呼呼睡去。

被衣高兴极了，一路歌舞而去，他咏唱道："身体枯槁如干树，心知寂静如死灰，葆有真知而不泄，不持已成之我心。蒙蒙昧昧无光耀，心境空虚不谋虑，天下真有这样人！"

[注]

[1] 德将为汝美，道将为汝居：若能收摄杂多而归于纯一，人将合于天道，德，将成为你善美的源头；道，将成为你居住的家园。西方存在哲学家"诗意栖居"的命题，可是从庄子的只言片语而闻道，从而窥见自然天道的真实信息？东方文化与西方文化是否可以经由这个关节点而走向进一步的融会贯通？全世界有远见卓识的人，应该下功夫探索这个无比重要的文化母题，以指引人类前进的方向。

[2] 瞳：瞳矇，天真无知貌。《淮南子·道应训》："蠢乎若新生之犊。"

[3] 真其实知：真，作动词用。以实知为真，即真行其知。

[释]

① 若正汝形，一汝视，天和将至；摄汝知，一汝度，神将来舍：形正而神凝，天然和气会降临于你；收心一度，神明至虚将齐聚于你。人将提升其存在之维而合于浩然天道。经由收心摄知而使心眼聚焦于"一视"，从而可以通透内观，而至于神游虚境，乃是进入天道之维的路径。"一度"，即唯一尺度，非天道而何！有标的，有方法，是整部《庄子》的眼线所在。治庄者，切切不可大意，而犯下"眼大漏神、刷锅漏盆"的错误；若是乱立标准，以人为天，贩卖私货，就是伪劣冒充。

舜问乎丞[1]曰："道可得而有乎？"

曰："汝身非汝有也，汝何得有夫道！"

舜曰："吾身非吾有，孰有之哉？"

曰："是天地之委形也；生非汝有，是天地之委和也；性命非汝有，是天地之委顺也；子孙非汝有，是天地之委蜕也。故行不知所往，处不知所持，食不知所味。天地之强阳，气也[2]，又胡可得而有邪！"

今译

舜请教丞："道可以得到并且拥有吗？"

（丞）说："你的身体都不归你所有，你怎么可能拥有道？"

舜说："我的身体不归我所有，归谁所有？"

（丞）说："是天地赋予你形体。生命不归你所有，是天地赋予的和合之气；性命不归你所有，是天地赋予的遂顺机缘；子孙不归你所有，是天地赋予的蜕变化生。所以，行不知何往，住不知何居，食不知所味，人不过天地之间徜徉一气，又有什么可以去获取并占有的！"

[注]

[1]舜问乎丞：丞，舜之师。庄子所说"应帝王"，不是说什么人可以做帝王之师，而是说天道才是大宗师。此处舜的问话甚是可笑，于是得到丞的教训。

[2]天地之强阳，气也：强阳，运动。天地之间，万物变化万千，运动不居，通为虚空之气，哪里有什么不变之物？又如何可以归谁占有呢？鄙陋者终身鄙陋，天网恢恢而不漏，如何能够解倒悬？

孔子问于老聃曰："今日晏闲，敢问至道。"

老聃曰：

"汝斋戒，疏瀹而心，澡雪而精神，掊击而知[1]！夫道，窅然难言哉！将为汝言其崖略。

"夫昭昭生于冥冥，有伦生于无形，精神生于道，形本生于精，而万物以形相生。故九窍者胎生，八窍者卵生。其来无迹，其往无崖，无门无房，四达之皇皇也。邀于此者，五藏宁[2]，四肢强，思虑恂达，耳目聪明。其用心不劳，其应物无方，天不得不高，地不得不广，日月不得不行，万物不得不昌，此其道与！

"且夫博之不必知，辩之不必慧，圣人以断之矣！若夫益之而不加益，损之而不加损者，圣人之所保也。渊渊乎其若海，魏魏乎其若山[3]。终则复始也，运量万物而不遗[4]。则君子之道，彼其外与！万物皆往资焉而不匮，此其道与！

"中国有人焉，非阴非阳，处于天地之间，直且为人，将反于宗。自本观之，生者，暗醷[5]物也。虽有寿夭，相去几何？须臾之说也，奚足以为尧、桀之是非！果蓏有理，人伦虽难，所以相齿。圣人遭之而不违，过之而不守[6]。调而应之，德也；偶而应之，道也。帝之所兴，王之所起也。

"人生天地之间，若白驹之过郤，忽然而已①。注然勃然，莫不出焉；油然漻然，莫不入焉。已化而生，又化而死。生物哀之，人类悲之。解其天弢，堕其天袠[7]。纷乎宛乎，魂魄将往，乃身从之。乃大归乎！不形之形，形之不形，是人之所同知也，非将至之所务也，此众人之所同论也。彼至则不论，论则不至。明见无值，辩不若默；道不可闻，闻不若塞：此之谓大得。"

今译

孔子请教老聃："今日安闲，夫子可否为我讲解至道？"

老聃说：

"你先要斋戒，洗涤心灵，澡雪精神，粉碎知心。道，深奥而难言。我为你说个大概吧。

"昭明之物生于幽暗，有形者生于无形，精神生于道。形体生于精微，万物以不同形状相互衍生，所以九窍之物胎生，八窍之物卵生。道，来无形迹，往无际涯，出入无门，居住无房，四通八达，博大无疆。顺道者，五脏宁，四肢强，思虑通达，耳聪目明；用心不劳苦，应物不拘束。若非得大道之普遍周流，则天不能高，地不能广，日月不能运行，万物不能昌盛。这不都是大道自然的结果吗？

"博学的人未必能知道，善辩的人未必有慧智，对此圣人早有裁断。至于那人为增益而不能加、人为减损而不能少的，正是圣人所要坚守不离的道。道，渊渊乎如海，巍巍乎如山，终而复始地运转，承载万物而无所遗留。君子之人道，可否自外于天道？万物都来汲取而永远不匮乏，这不就是大道吗？

"中国有人，负阴而抱阳，处于天地之间，只是一时为人，终将回归本宗。以本宗之道观之，生命无非是元气吐纳所成，虽有寿夭的分别，相差又有多少？人生一世，说起来不过在须臾之间，倏忽间而荡然无存！至于什么尧是桀非，又何足挂齿？树上有果，地下有瓜，各有其理；人伦关系虽然繁杂，无非长幼相序。圣人遭遇世事，不去故意违逆；时过境迁，也不会滞留心中。调适身心以应世，是为修德；遥相呼应以配天，是为顺道。天帝由此而兴，人王由此而起。

"人生天地间，如白驹过隙，疾驰不住，忽然而逝。万物蓬勃，莫不生机盎然；油然流然，莫不颓败消亡。已经变化而有生，又将变化而有死。生物都为死而哀伤，人类都为死而悲痛。死亡除去天生带来的皮囊，解开自然赋予的禁锢，如纷纭宛转的一缕轻烟，魂魄即将逝去，而身体随之消散，这可不是人之大归吗？无形之气化为有形之物，有形之物复化为无形之气，乃是至人同知的道理。据说，洞悟死生不是至人所应追求的要务，人们的议论几乎众口一词。然而能够做到的人，不会议论；而议论纷纷的人，又做不到。议论和知见，都没有什么实际的价值；滔滔的雄辩，还不如沉默无言。道，不可闻，耳有所闻，还不如塞听，这才是大得。"

[注]

[1]疏瀹而心，澡雪而精神，掊击而知：疏瀹（yuè），洗涤。掊（pǒu），抨击。

［2］五藏宁：三字旧脱，武延绪、张远山据《文子·原道》校补。

［3］魏魏乎其若山："若山"，旧脱，马叙伦、王叔岷、陈鼓应校补。

［4］运量万物而不遗：遗，遗失。旧作"匮"。林希逸、刘文典等据陈景元《阙误》校正。

［5］暗（yīn）醷（yì）：气聚成块。

［6］遭之而不违，过之而不守：遇事不故意违逆；时过境迁，也不会滞留心中。虚而待物也。

［7］解其天弢，堕其天袭：弢，弓袋；袭，同帙，束衣。出则生入则死，始终循环相通；死可以除去天生带来的皮囊，解开自然赋予的禁锢。知生死一条，故安然而不惧。去桎梏，解倒悬，方可做真人。

［释］

① 人生天地之间，若白驹之过郤，忽然而已：人生百年，不过转瞬之间；财物无所占有，形体不能滞留，究竟意义何在？精神觉醒，方可大梦先觉（《齐物论》）；养生不为长寿，薪尽火传才是永生。

  东郭子问于庄子曰："所谓道，恶乎在？"
  庄子曰："无所不在。"
  东郭子曰："期而后可。"
  庄子曰："在蝼蚁。"
  曰："何其下邪？"
  曰："在稊稗。"
  曰："何其愈下邪？"
  曰："在瓦甓。"
  曰："何其愈甚邪？"
  曰："在屎溺。"
  东郭子不应。

庄子曰："夫子之问也，固不及质。正获之问于监市履狶也，每下愈况。汝唯莫必，无乎逃物。至道若是，大言亦然。周遍咸三者，异名同实，其指一也。尝相与游乎无有之宫，同合而论，无所终穷乎！尝相与无为乎！澹而静乎！漠而清乎！调而闲乎！寥已吾志，既[1]往焉而不知其所至，去而来不知其所止，吾已往来焉而不知其所终，彷徨乎冯闳，大知入焉而不知其所穷。物物者与物无际，而物有际者，所谓物际者也。不际之际，际之不际者也[2]。谓盈虚长[3]杀，彼为盈虚非盈虚，彼为长杀非长杀，彼为本末非本末，彼为积散非积散也。"

今译

东郭子问庄子："所谓道，何所在？"

庄子说："无所不在。"

东郭子说："期望你说明白。"

庄子说："在蝼蚁。"

（东郭子）说："怎么如此卑下？"

（庄子）说："在稊稗。"

（东郭子）说："怎么更加卑下？"

（庄子）说："在瓦甓。"

（东郭子）说："怎么越来越卑下？"

（庄子）说："在屎尿。"

东郭子不出声。

庄子说："先生所问的，原本就不切题啊。市场的税吏名叫获，他问屠夫，今天猪肥不肥？屠夫捏捏猪腿，手总是越来越往下，说是每下愈况。除非你不要具体指明，否则道无法离开具体的事物。道既在小物，若言大物，也是如此。周、遍、咸，三个名称，实质相同，所指的意义一样，即道在万物不遗。让你我一起，遨游于无何有之宫，齐同万物和合之论，而无有穷尽吧！让你我一起，尝试安于寂静无为！恬淡而安然，落寞而清虚，调和而闲适。寂寂寥寥，我的心志空虚辽阔，去而不知何所往；有往有返，而不知何所止；有往有来，而不知何所终；彷徨于广漠之大野，大知入于无何有之宫，而不知其终极边际。驾驭万物者，与物无分际；万物各有分际，乃是造物所设的分际。道无分际，万物有分际，物之分际中自有不分际者在，在于其盈虚长杀。万物有盈虚，道无盈虚；万物有长杀，道无长杀。万物有本末，道无本末；万物有积散，道无积散。"

[注]

[1]既：旧作"无"，讹。古字"旡"，同"既"。因形似而讹为"无"。王叔岷校正。

[2]不际之际，际之不际者也：物有分际，道无分际；有分际之物，自有不分际之道在；在于何处？在于物之盈虚长杀。道不远人，人自远道；人若入道行道，则能体现天道之真。言道非一物，言道在万物，更是言道在人心，故道可亲可行。

[3]长：繁体作"長"，旧讹为"衰"。张远山校正。下句"彼为长杀非长杀"之"长"亦同。

　　妸荷甘与神农同学于老龙吉。
　　神农隐几，阖户昼瞑。
　　妸荷甘日中奓户而入，曰："老龙死矣！"
　　神农隐几拥杖而起，嚗然放杖而叹[1]，曰："天知予僻陋慢诞[2]，故弃予而死。已矣夫子！无所发予之狂言而死矣夫！"
　　弇堈吊闻之，曰："夫体道者，天下之君子所系焉。今于道，秋豪之端万分未得处一焉，而犹知藏其狂言而死，又况夫体道者乎！视之无形，听之无声，于人之论者，谓之冥冥，所以论道，而非道也。"
　　于是泰清问乎无穷，曰："子知道乎？"无穷曰："吾不知。"
　　又问乎无为，无为曰："吾知道。"

曰："子之知道，亦有数乎？"曰："有。"

曰："其数若何？"无为曰："吾知道之可以贵、可以贱、可以约、可以散，此吾所以知道之数也。"

泰清以之言也问乎无始，曰："若是，则无穷之弗知与无为之知，孰是而孰非乎？"

无始曰："不知深矣，知之浅矣；弗知内矣，知之外矣。"

于是泰清仰[3]而叹曰："弗知乃知乎！知乃不知乎！孰知不知之知、知之不知乎[4]？"

无始曰："道不可闻，闻而非也；道不可见，见而非也；道不可言，言而非也！知形形之不形乎！道不当名。"

无始曰："有问道而应之者，不知道也；虽问道者，亦未闻道。道无问，问无应。无问问之，是问穷也；无应应之，是无内也。以无内待问穷，若是者，外不观乎宇宙，内不知乎大初。是以不过乎昆仑，不游乎太虚。"

今译

婀荷甘与神农一起求学于老龙吉。

神农隐几，关闭房门，白天睡着了。

婀荷甘中午推门而入，说："老龙死了。"

神农拄着拐杖站起来，啪啦一声扔掉拐杖而叹息，说："老龙知道我鄙陋散漫，所以弃我而死。罢了！夫子死了，再也没有谁口出狂言来启发我了！"

弇堈前来吊唁，有所听闻，说："体道至人，为天下君子所依归。如今老龙吉对于体道，连一根毫毛末端的万分之一都不到，却知道藏匿狂言而死，又何况体悟大道的至人呢？大道，视之无形，听之无声，对于谈论大道的人们，道可说是幽远深暗。以言论道，则非道。"

泰清求教于无穷："你知道吗？"无穷说："我不知。"

又求教于无为，无为说："我知道。"

说:"你知道,可有路径?"说:"有啊。"

说:"什么路径?"无为说:"我知:道可使人高贵,道可使人低贱,道可使人简约,道可使人散漫。这是我所知道的路径。"

于是泰清去请教无始:"如果是这样,无穷无知,无为有知,究竟谁是谁非呢?"

无始说:"不知者深沉,有知者浅陋。不知者在道内,知之者在道外。"

泰清仰天而叹,说:"不知者乃是知?知者乃是不知?谁能知不知之知,知之不知?"

无始说:"道不可闻,可闻之道必非真道;道不可见,可见之道必非真道;道不可言,可言之道必非真道。谁知那形塑有形者,本来是无形的?道不可名。"

无始说:"有人询问道,凡是回应者都不知道;询问者本人也不知道。道,不可问;有问,也不可应。不可问而偏要询问者,乃是叩问虚空;不可应而偏要回应者,其内容空洞不实。以内容的空洞来回应叩问的空洞,这样的人,外不能观照宇宙万象,内不能体悟太初灵明,因此无法越过昆仑之巅,更不能神游太虚胜境!"

[注]

[1] 叹:旧讹为笑(咲),义不通。王叔岷校正。

[2] 诞:旧讹作"訑"。

[3] 仰:旧为"卬",讹作"中"。《淮南子·道应训》作"仰"。

[4] 知之不知乎:五字旧脱。《齐物论》《淮南子·道应训》有此句。今补正。

光曜问乎无有曰:"夫子有乎?其无有乎?"

无有弗应也[1]。

光曜不得问,而孰视其状貌,窅然空然[2]。**终日视之而不见,听之而不闻,抟之而不得也。**

光曜曰:"至矣,其孰能至此乎!予能有无矣,而未能无无也。及为无有矣,何从至此哉!"

今译

光曜请教无有:"夫子您是有,还是无有?"

无有不回应。

光曜得不到回答,熟视无有的样子:空空渺渺,整日看他看不见,整日听他听不到,整日触摸也摸不着。

光曜说:"这是至高境界!谁能做到这样呢?我能做到有'无',却不能做到无'无';我致力于'无',仍然属于'有'的境界,如何能达到"无无"的至境?"

[注]

[1]无有弗应也:五字原脱。俞樾、刘文典、王叔岷、张默生、陈鼓应据《淮南子·道应训》补。

[2]窅然空然:窅(yǎo),眼睛深眍而空洞的样子。

大马之捶钩者,年八十矣,而不失豪芒。

大马曰:"子巧与!有道与?"

曰:"臣有守也。臣之年二十而好捶钩,于物无视也,非钩无察也。是用之者,假不用者也,以长得其用,而况乎无不用者乎!物孰不资焉!"

今译

大司马府上打制带钩的工匠,年已八十,他捶的钩,丝丝入扣,分毫不差。

大司马问:"你是手艺巧呢,还是有道术呢?"

(钩匠)说:"我有所持守。我从二十岁起就爱好捶钩,别的东西都不看,除了带钩,一概不关心。我的用心,凭借的是心无旁骛的'无所用心',所以制作带钩能天天有长进。何况那无处不起作用的大道呢？万物都取资于道，有什么不能长进？"

冉求问于仲尼曰："未有天地可知邪？"

仲尼曰："可。古犹今也[1]。"

冉求失问而退。明日复见，曰："昔者吾问'未有天地可知乎？'夫子曰：'可。古犹今也。'昔日吾昭然，今日吾昧然。敢问何谓也？"

仲尼曰："昔之昭然也，神者先受之[2]；今之昧然也，且又为不神者求邪！无古无今，无始无终。未有子而有孙[3]，可乎？"

冉求未对。

仲尼曰："已矣，末应矣！不以生生死，不以死死生。死生有待邪？皆有所一体。有先天地生者，物邪？物物者非物，物出不得先物也，犹其有物也。犹其有物也，无已！圣人之爱人也，终无已者，亦乃取于是者也①。"

今译

冉求请教仲尼："未有天地之前，道可知吗？"

仲尼说："可以。古时犹如今时。"

冉求一时无话，退出。次日，又来问："昨天我问：'未有天地之前，道可知吗？'夫子说：'可以。古时犹如今时。'昨天我明白，可是今天又迷惑了。请问是何缘故？"

仲尼说："昨天你能明白，是心神直接领悟；今天你又迷惑，是不是还要为心神之外的名相知解有所索求呢？道，不迁不动，无古无今，无始无终。没有儿子，会有孙子吗？"

冉求答不出来。

仲尼说："罢了！你不必回答了。生不是用来趋向死，死也不是用来终结生。

死和生难道相互依赖吗？都是一以贯之的一个整体啊。岂有先于天地而生的物吗？造物者不能是物。一物当然不能先于另一物。而一旦有了物，物与物连环相嬗，变化无尽。圣人之爱人，也没有尽头，其好生之德，乃是取资于生生不息的大道啊。"

[注]

[1] 古犹今也：郭象注："言天地长存，乃无未有之时。"说"天地万物自古以固存"，这不是庄子的思想。上文中庄子说："遍然而万物，自古以固存"，是说大道永存，不是"万物固存"。万物，以及万物中之大者，天地，是否永恒而固存呢？参见《列子·天瑞》有关"杞人忧天"的文字：

> 杞国有人忧天地崩坠，身亡所寄，废寝食者；又有忧彼之所忧者，因往晓之，曰："天，积气耳，亡处亡气。若屈伸呼吸，终日在天中行止，奈何忧崩坠乎？"其人曰："天果积气，日月星宿，不当坠耶？"晓之者曰："日月星宿，亦积气中之有光耀者；只使坠，亦不能有所中伤。"其人曰："奈地坏何？"晓者曰："地积块耳，充塞四虚，亡处亡块。若躇步跐蹈，终日在地上行止，奈何忧其坏？"其人舍然大喜，晓之者亦舍然大喜。长庐子闻而笑曰："虹蜺也，云雾也，风雨也，四时也，此积气之成乎天者也。山岳也，河海也，金石也，火木也，此积形之成乎地者也。知积气也，知积块也，奚谓不坏？夫天地，空中之一细物，有中之最巨者。难终难穷，此固然矣；难测难识，此固然矣。忧其坏者，诚为大远；言其不坏者，亦为未是。天地不得不坏，则会归于坏。遇其坏时，奚为不忧哉？"子列子闻而笑曰："言天地坏者亦谬，言天地不坏者亦谬。坏与不坏，吾所不能知也。虽然，彼一也，此一也。故生不知死，死不知生；来不知去，去不知来。坏与不坏，吾何容心哉？"

[2] 神者先受之：昔日昭然，今日昧然，再求昨天心神领悟，没有任何困难；

今天心神丧亡，似乎是依靠文字语句的辨析，思求外显的名相，其知解陷入了无尽的迷懵。所以孔子问：没有儿子，会有孙子吗？心神在先，名相在后，你已然偏离大道之真，陷入了假言的迷雾。所以下文说，孔子怀着失望的心情说：算了吧，你不用回答了！废话多说也无益，不如闭口不言。孔子批评冉求，至人所求是道，如果方法错了，以名相知见，岂能进道！此理诚为后世学者戒。

［3］未有子而有孙：传世本作"未有子孙而有子孙"，陆德明《经典释文》又作"而有孙子"。传写有误，张远山校正。前文"无古无今，无始无终"，是说道无古今，超越时空；接着说子孙代嬗，道行无隙，以神进道，天然相契，此为庄子得道真言，二三假人岂能明白！郭象注："言世世无极。"成疏："言子孙相生，世世无极，天地人物，悉皆无原无有之时也，可乎，言不可也。"

［释］

① 取于是者也：是，上述道理。道生万物，而圣人体道，知天下万物皆是天之所子，故能民胞物与，爱人不已。道是无情却有情。天地可崩坠，大化常流行。汝身非汝有，天下岂为私！郭象谬注："取于自耳，故恩流百代而不废也。"

颜渊问乎仲尼曰："回尝闻诸夫子曰：'无有所将，无有所迎。'回敢问其游[1]。"

仲尼曰："古之人，外化而内不化，今之人，内化而外不化。与物化者，一不化者也。安化安不化，安与之相摩[2]？必与之莫多[3]。狶韦氏之囿，黄帝之圃，有虞氏之宫，汤武之室[4]。君子之人，若儒墨者师，故以是非相齑[5]也，而况今之人乎！圣人处物不伤物。不伤物者，物亦不能伤也。唯无所伤者，为能与之[6]相将迎。"

山林与！皋壤与！与我无亲，使我欣欣然而乐与[7]！乐未毕也，哀又继之。哀乐之来，吾不能御，其去弗能止。悲夫，世人直为物逆旅耳！夫知遇而不知所不遇，知能能而不能所不能。无知无能者，固人之所不免也。夫务免乎人之所不免者，岂不亦悲哉！

至言去言，至为去为。齐知之所知①，则浅矣！

今译

颜渊请教仲尼："我曾听夫子说：'无所送，无所迎。'如何能游心此境？"

仲尼说："古时的人，外表不断变化而内心保持宁静，现在的人，内心不停地变更而外表却僵硬不化。因应外物而变化的人，自有一个虚静不变的纯真内心。什么化？什么不化？人心与外物如何相刃相摩？人与物相接，不可纷繁杂乱，才能避免相刃相摩。狶韦氏有苑林，黄帝有花圃，虞舜有宫殿，汤武有密室。世上的彬彬君子，如儒者墨者的师傅之流，致力于是非辩难而相互诋毁，何况今天的人呢！圣人与万物和谐相处，而不伤害万物；不伤害万物的人，万物也不伤害他。无伤无害者，方可与万物相迎相送而无冲突摩擦。"

高山茂林，旷野田园，并不亲我迎我，却可以使我欣欣然乐而忘忧。乐尚未逝去，哀继之而来。哀乐袭来，我不能抵挡，哀乐逝去，我不能阻止。可悲呀！人作为世间之一物，只是来去匆匆的一个过客吗？只知所遇，而不知未曾遇；能其所能，而不能其所不能。无知无能，固然是人之不能免。务求免于人之不能免，岂不是十分可悲？

至言无言，至为无为。人以为己有的知见等于所要认识的实情，真是浅薄固陋，不可救药啊。

[注]

[1]游：至人之游，无有所将，无有所迎，不送也不迎，如镜之明照万物，真切，如实，即为止境。止者，至也，是至高的标准，不是停顿滞留之地，而是宛转无穷的进路，故以此说至人之游。

[2]与之相摩：摩，摩擦。通行本作"靡"，通"摩"。郭象和成玄英都注为"靡顺"，是为了将后文"是非相蛮"解释为相和，而非相诋毁。

〔3〕必与之莫多：人与物相接，不可纷繁杂乱，而应持守纯一。万物纷纭，道心唯一，故可齐万物，等生死，普遍周流，爱人无已。多，繁乱，杂多；万物纷繁。

〔4〕狶韦氏之囿，黄帝之圃，有虞氏之宫，汤武之室：这几位都有自己的王宫或禁城。请注意：囿、圃、宫、室，格局是变得越来越狭小。要这些设施做什么用呢？是为了与外界的人与物相隔绝，以避开摩擦。若能随大化而生其心，顺万物而不伤，何必用禁宫关闭自己呢？

〔5〕君子之人，若儒墨者师，故以是非相韲：韲，挤压，粉碎。君子，儒墨者师法的榜样，把自己的一切说成是，把对手的一切说成非，相互争斗攻伐，致力于把对手碾为齑粉。

〔6〕之：旧讹作"人"。王孝鱼据唐写本校正。

〔7〕山林与！皋壤与！与我无亲，使我欣欣然而乐与：高山茂林，旷野田园，与人无亲无疏，却使我欣然忘忧。天高地阔，何必要归我私有！然而，快乐未逝，哀愁又来，人如之奈何！哀愁来自何处呢？天耶，人耶？在某个范围内，人有小知小能，在此范围之外，人则无知无能。但是，人如何能够以自己的有限之知来避免自以为是的盲目迷信，避免用小知小能来冒充真知，于是制造各种冲突和苦难？此段是庄子的论述，不是孔子的引文。

〔释〕

① 齐知之所知：知，知解。之，至于。所知，物，对象。知不及物。二者之间的鸿沟永远存在。如果试图把二者画上等号，以为知解与其对象整齐划一，则是人类可能犯下的最严重的错误。吾生也有涯，而知也无涯。以生求知，则殆。而将一己之知，误认为是对象的实情，甚至是物本身，后果则更为严重。这里提出的是世界范围内从未解决的真与谬的最大问题。

把自己的知识推至所要认识的对象，甚至以为二者完全等同。例如，知道月亮是住着嫦娥的月宫，就以为我说的月亮就是月宫！可怜的人啊，如何才能把你从语言和知识的迷雾中唤醒！你自以为有知，你自以为是，你可知道人的言语、幻象、意识有多少虚妄的陷阱，多么容易让人深陷其中，浅薄，顽固，鄙陋，乃至于僵死，一旦落入陷阱，万劫而不复！人生之大惑，岂不令人心惊！

　　知不及物、知非所知；不明白这一事实，乃是俗人不能走出的最大误区。《齐物论》："天地一指，万物一马。"人有所言说而指称事物，几乎可以任意指谓而无边界；这种"信即是真"的盲目心态，是真正的哲学所要克服的人性普遍的偏见（胡塞尔）。《惠施》说："指不至。"指月不能至月。指事不能至事。真人"其知情信，其德甚真"（《应帝王》），应该包括了对"指不能至"这一事实的领悟。真言有"当"（《田子方》），即真言不会越出知的界限。

庄子真义内篇第十

庚桑楚

题解

庚桑，姓。庚桑楚北据畏垒山，即畏垒墟。《史记》所说《亢桑子》《畏累虚》与此或有关系。此篇可看作庄子政治哲学的集中论述。最可注意的，是庄子所说，乱之本生于尧舜之间，而千世之后人相食。以天下为笼，雀鸟则无所逃遁。对"移是"说的严厉批评，则预见了暴力肆虐的历史进程。

老聃之役有庚桑楚者，偏得老聃之道[1]，以北居畏垒之山[2]。其臣之画然知者去之，其妾之絜然仁者远之[3]。拥肿之与居，鞅掌之为使[4]。居三年，畏垒大壤。

畏垒之民相与言曰："庚桑子之始来，吾洒然异之。今吾日计之而不足，岁计之而有余。庶几其圣人乎！子胡不相与尸而祝之，社而稷之乎？"

庚桑子闻之，南面而不释然。弟子异之。

庚桑子曰："弟子何异于予？夫春气发而百草生，正得秋而万实成[5]。夫春与秋，岂无得而然哉？天道已行矣。吾闻至人，尸居环堵之室，而百姓猖狂，不知所如往。今以畏垒之细民，而窃窃焉欲俎豆[6]予于贤人之间。我其杌[7]之人邪！吾是以不释于老聃之言。"

弟子曰："不然。夫寻常之沟，巨鱼无所还其体，而鲵鳅为之制；步仞之丘，巨兽无所隐其躯，而孽狐为之祥[8]。且夫尊贤授能，先善与利，自古尧、舜以然，而况畏垒之民乎！夫子亦听矣！"

庚桑子曰：

"小子来！夫函车之兽，介而离山，则不免于罔罟之患；吞舟之鱼，砀而失水，则蚁能苦之。故鸟兽不厌高，鱼鳖不厌深。夫全其形生之人，藏其身也，不厌深眇而已矣。

且夫二子者，又何足以称扬哉！是其于辩也，将妄凿垣墙而殖蓬蒿也。简发而栉，数米而炊，察察乎[9]又何足以济世哉！举贤则民相轧，任知则民相盗。之数物者，不足以厚民。民之于利甚勤，子有杀父，臣有杀君[10]，正昼为盗，日中穴阫[11]。吾语女：大乱之本，必生于尧、舜之间，其末存乎千世之后。千世之后，其必有人与人相食者也。"

今译

老聃有个弟子叫庚桑楚，他修习老聃的道术有独到之处，便带着师傅的传承，前往北方的畏垒山住下来。凡是自矜条理而有知的仆从，一律辞退；凡是自夸清洁而仁爱的使女，一概疏远。挑选那些臃肿不中绳墨的人一起居住，自己动手从事粗重的劳作。他在畏垒山住了三年，那一带变得五谷丰登，人民安居乐业。

畏垒的民众议论说："庚桑子刚来时，我们都觉得他与众不同而惊奇不已。看他每一天似乎也没有做什么，可是按照年来计算，成就却有好多！他一定是个圣人无疑！我们大家何不把他尊为君，在庙堂里供奉起来？"

庚桑楚面向南方，觉得很不快乐。弟子们十分纳闷。

庚桑楚说："你们为何不能理解我呢？春气发而百草萌生，秋气正而万实成熟。春华秋实，难道是它们自己如此吗？那是天道运行的结果啊！我听闻：至人静处于方丈小室而清静无为，百姓自由自在而无拘无束。如今畏垒的民众窃窃议论，要把我供奉为贤人，我难道是这样的一个标的吗？想到老聃的教导，我心中为此深感不安。"

弟子说："不是这样吧？数尺宽的水沟，大鱼无法转身，而泥鳅可以来去自如；一丈高的土丘，巨兽不能安身，而妖狐却出入自在。尊崇贤者，任用能人，奖励行善者，给他们厚利，自从尧舜以来就是这样做的，何况畏垒的民众呢？您就听从他们的好意吧！"

庚桑楚说：

"小子你过来！张嘴能咬住一辆车的巨兽，一旦独自远离了深山茂林，就很难避免罗网陷阱的祸患；开口能吞下一只船的大鱼，一旦脱离了江河深水而搁浅，就会受到蝼蚁们的欺负。所以，鸟兽奔走时不厌天高，鱼鳖潜水时不厌渊深。而全形全性的人，要找藏身的地方，更不厌其深邃，不厌其渺远，如此而已！

"你说的尧和舜这两位，有什么好称赞的呢！他们忙着制定规章，就像傻子一样，凿穿垣墙而种植蓬蒿做篱笆，量着头发丝梳妆，数着米粒儿煮饭。这样的人，自以为明察秋毫，要济世救人，哪里能做得到！举贤任能，民众就会相互倾轧；崇尚智巧，民众就会彼此盗窃。这些伎俩，不足以使民风变淳厚。弄得人民一心贪利，就会出现儿子为利而杀父、臣为利而杀君、白日偷盗、正午劫舍的乱局。我告诉你们：大乱的根源，必然是起于尧舜的治下，其流弊会危害千年。千年之后，会出现人吃人的景象啊！"

[注]

[1] 偏得老聃之道：偏，独到。偏得，独得。陆德明《经典释文》：偏得，向秀注音"篇"。今案：此篇有向秀注28条，可证在原始本外篇无疑。

[2] 北居畏垒之山：陆德明《经典释文》说：垒，崔本作纍。

[3] 其臣之画然知者去之，其妾之絜然仁者远之：絜，陆德明《经典释文》引向秀注：音知。絜，应为"潔（洁）"；传写之误。王叔岷校正。

[4] 拥肿之与居，鞅掌之为使：拥肿，臃肿不堪；鞅掌，粗重笨拙。陆德明《经典释文》崔云：拥肿，无知貌；鞅掌，不仁意。

[5] 正得秋而万实成：万实，各种果实；旧本作"万宝"。陆德明《经典释文》：元嘉本作"万实"。

[6] 俎豆：俎，肉案；豆，高脚食盘。俎豆此处作动词用，供奉。陆德明《经典释文》崔云：俎豆，食我与众人间。

［7］杓（dí）：标的。

［8］步仞之丘，巨兽无所隐其躯，而孽狐为之祥：步仞之丘，成疏：六尺为步，七尺为仞。陆德明《经典释文》崔云：蛊狐以小丘为善也。"丘"后旧衍"陵"，今删。孽，旧作"孽"，张远山《庄子复原本》校正。

［9］察察乎：明察秋毫的样子。旧作"窃窃乎"。陆德明《经典释文》："司马云，细语也。一云：计较之貌。崔本作察察。"今据此校正。

［10］子有杀父，臣有杀君：杀（shì），同弑。

［11］日中穴阫：阫，向秀注：墙。同坏，夯土为墙。旧作"坏"，不通。日中穴坏，白天挖墙打洞，公然抢劫，喻人伦秩序大乱。

南荣趎蹴然正坐曰："若趎之年者已长矣，将恶乎托业以及此言邪？"

庚桑子曰："全汝形，抱汝生，无使汝思虑营营。若此三年，则可以及此言矣！"

南荣趎曰："目之与形，吾不知其异也，而盲者不能自见；耳之与形，吾不知其异也，而聋者不能自闻；心之与形，吾不知其异也，而狂者不能自得。形之与形亦辟[1]矣，而物或间之邪？欲相求而不能相得。今谓趎曰：'全汝形，抱汝生，无使汝思虑营营。'趎勉闻道，达耳矣[2]！"

庚桑子曰："辞尽矣，奔蜂不能化藿蠋，而能化螟蛉[3]；越鸡不能伏鹄卵，鲁鸡固能矣！鸡之与鸡，其德非不同也，有能与不能者，其才固有巨小也。今吾才小，不足以化子。子胡不南见老子！"

今译

南荣趎局促不安地端正坐好，说："我的年龄比较大了，要怎样修习，才能领略夫子所说的这些话啊？"

庚桑子说："保全你的身形，葆养你的心性，不要让你的思虑用于营求。这样过三年,你就可以领悟我说的话。"

南荣趎说:"眼睛的样子,看上去人人都相似,可盲人却无法见物;耳朵的样子,看上去人人都相似,可聋人却不能听声。心的样子,看上去人人都相似,可患有疯心症的人却不能料理自己的身体。人与人之间,形体看上去也相通,为何人们努力相求,却不能相得呢?如今夫子说:'保全你的身形,葆养你的心性,不要让你的思虑用于利益营求。'我对自己说,努力闻道!可这些话仅止于我的耳朵呀。"

庚桑子说:"我的话,已经说完。土蜂不能孵化豆虫,而能孵化桑虫;越鸡不能孵化鹅蛋,鲁鸡则可以孵化鹅蛋。鸡的天性并无不同,却有能与不能的分别,那是因为才具有大小。现在看来,我的才具太小,不足以教你。何不去南方拜见老子呢?"

[注]

[1] 形之与形亦辟:郭庆藩《庄子集释》:"辟,郭注:未有闭之。崔云:相著也。家世父(郭嵩焘)云:郭象注误。辟,喻也。章怀太子注:辟,晓,喻也。"(撮引)人与人可以沟通心意。

[2] 勉闻道,达耳矣:陆德明《经典释文》崔向云:仅达于耳,未彻入于心也。

[3] 奔蜂不能化藿蠋,而能化螟蛉:奔蜂,前旧衍"曰",今删。而能化螟蛉,五字旧脱。王叔岷补。

南荣趎赢粮,七日七夜至老子之所。

老子曰:"子自楚之所来乎?"

南荣趎曰:"唯。"

老子曰:"子何与人偕来之众也?"

南荣趎惧然顾其后。

老子曰:"子不知吾所谓乎?"

南荣趎俯而惭，仰而叹曰："今者吾忘吾答，因失吾问。"

老子曰："何谓也？"

南荣趎曰："不知乎，人谓我朱愚。知乎，反愁我躯。不仁则害人，仁则反愁我身；不义则伤彼，义则反愁我己。我安逃此而可？此三言者，趎之所患也。愿因楚而问之。"

老子曰："向吾见若眉睫之间，吾因以得汝矣。今汝又言而信之。若规规然若丧父母，揭竿而求诸海也。汝亡人哉，惘惘乎！汝欲反汝情性而无由入，可怜哉！"

南荣趎请入就舍，召其所好，去其所恶，十日息愁[1]，复见老子。

老子曰："汝自洒濯，熟哉郁郁乎！然而其中津津乎犹有恶也[2]。夫外韄者不可繁而促，将内揵；内韄者不可缪而促，将外揵[3]。外内韄者，道德不能持，而况放道而行者乎！"

南荣趎曰："里人有病，里人问之，病者能言其病，然其病病者，犹未病也[4]。若趎之闻大道，譬犹饮药以加病也。趎愿闻卫生之经而已矣。"

老子曰："卫生之经，能抱一乎！能勿失乎！能无卜筮而知吉凶乎！能止乎！能已乎！能舍诸人而求诸己乎！能翛然乎！能侗然乎！能儿子乎！儿子终日嗥而不嗌不嗄[5]，和之至也；终日握而手不掜[6]，共其德也；终日视而目不瞚，偏不在外也[7]。行不知所之，居不知所为，与物委蛇，而同其波。是卫生之经已。"

南荣趎曰："然则是至人之德已乎？"

曰："非也。是乃所谓冰解冻释者，能乎？夫至人者，相与交食乎地而交乐乎天，不以人物利害相撄，不相与为怪，不相与为谋，不相与为事，翛然而往，侗然而来。是谓卫生之经已。"

曰："然则是至乎？"

曰："未也。吾固告汝曰：'能儿子乎！'儿子动不知所为，行不知所之。身若槁木之枝而心若死灰[8]。若是者，祸亦不至，福亦不来。祸福无有，恶有人灾也！"

今译

南荣趎携带干粮走了七日七夜，到了老子的住处。

老子说："你是从庚桑楚那里来的吧？"

南荣趎说："是的。"

老子说："你怎么还带着那么多人啊？"

南荣趎吃惊地回顾身后。

老子说："你不知我的话什么意思吗？"

南荣趎低头而惭愧，仰头而叹息，说："如今我不知如何回答，因此把我的问题也忘记了。"

老子说："你要问什么呢？"

南荣趎说："不知，人家说我愚钝；有知，反而会伤害我自身。不仁，则有害于人；行仁，恐怕会伤害我自身。不义，会伤害他人；行义，我又担心自己受伤害。这三件事是我的忧愁所在；看在庚桑楚引荐的分上，希望夫子给予教诲。"

老子说："刚才从你的眉目之间，我看出你有满腹的疑窦。现在从你的话得到了印证。看你的样子失魂落魄，如同丢失了父母，自己高举着标杆要到大海里去寻求呢。你这不是把自己弄丢了吗！你眼前一片迷茫吧？你要找回自己的真性情，又不知从何入手。真是可怜人！"

南荣趎请求入学受业，追求德性所好，除去德性所恶。十天后他的忧虑有所消解，再次去拜见老子。

老子说："你自我洗涤，气色郁郁葱葱，看来有所成就了！然而精气不舒，会有害你的健康啊！从外而来的压迫，不可过繁过紧，过繁过紧会导致心神的闭塞；内心自发的压迫，也不可过繁过紧，过繁过紧会导致耳目感官的闭塞；内外同时加以压迫，即使得道高人也承受不住啊，何况你还是初学呢！"

南荣趎说："村里有人生病，邻居来问候，病人能说出自己的病，知道得病的原因，他的病，就还可以治疗。我听闻大道，如同饮下猛药而加重了病情。现在我只求护身养性的经方。"

老子说："护身养性的经方！你能持守纯一吗？能守而不失吗？能不求卜筮而预知吉凶吗？能停止外求吗？能止于止处吗？能舍弃外物而自求己心吗？能翛然往来无拘束、浑然自在无得失吗？能纯真柔和如婴儿吗？婴儿整天号哭而不嗄不哑，是因为他元气充沛；整天握拳而手不痉挛，是因为他与天性合一；整天瞪着眼而目光不游移，是因为他并不审视外物。行走而不知何往，居家而不知所为，与物宛转推移、浮沉同波，这就是护身养性的经方。"

南荣趎说："那么，这就是至人的德性吗？"

（老子）说："还不是。经历严寒的冰冻，化成一江春水，需要阳光的照耀；外烁，还不是内德。至人与众人一道，从大地获得养身的食物，从昊天获得自己内心的快乐；他不与人物利害相纠结，不随从世俗作妖作怪，不仿照众人算计得失，不结党营私谋划事端。翛然而往，侗然而来，这就是护身养性的经方。"

（南荣趎）说："那么，这是至高的境界吗？"

（老子）说："还不是。我先前说过：'你能纯真柔和如婴儿吗？'婴儿时时活动而无所为，任意行走而不知目标在何方。至人身形如槁木，心神如死灰。这样的人，没有祸来，没有福至；无福无祸，哪里会有什么人灾呢？"

〔注〕

〔1〕召其所好，去其所恶，十日息愁：南荣趎追求德性所好，除去德性所恶。十天后忧虑消解。所求者，道；所去者，知、仁、义。息，旧本作"自"。

〔2〕津津乎犹有恶也：津津，淤滞不畅，有弊端。

〔3〕外韄者不可繁而促，将内揵；内韄者不可缪而促，将外揵：韄（hù），束缚，压迫。促，旧作"捉"。缪，纠缠。受外力束缚，不可繁多而促迫，否则会内拒；受内力束缚，不可纠结而促迫，否则会外抗。

〔4〕然其病病者，犹未病也：能把病作为病来对待，就可疗救。

〔5〕终日嗥而不嗌不嗄：不嗌不嗄，不嗄不哑。不嗌之"不"字，旧本脱。据陆德明《经典释文》补。

〔6〕终日握而手不掜：掜（yì），扭曲，痉挛。

[7] 终日视而目不瞬，偏不在外也：瞬，眨眼；偏，偏看。偏不在外，即不片面关注某个视觉对象。

[8] 身若槁木之枝而心若死灰：此句不当形容小儿，故上句"行不知所之"应断以句号。或为衍文。存疑待考。

宇泰定者，发乎天光。发乎天光者，人见其人，物见其物[1]。人有修者，乃今有恒。有恒者，人舍之，天助之。人之所舍，谓之天民；天之所助，谓之天子。

学者，学其所不能学也；行者，行其所不能行也；辩者，辩其所不能辩也。知止乎其所不能知，至矣[2]；若有不即是者，天钧败之。

备物以将形，藏不虞以生心，敬中以达彼。若是，而万恶至者，皆天也，而非人也，不足以滑和[3]。万恶不可内于灵台[4]。灵台者，有持而不知其所持，而不可持者也[5]。不见其诚己而发，每发而不当，业入而不舍，每更为失。为不善乎显明之中者，人得而诛之；为不善乎幽暗[6]之中者，鬼得而诛之。明乎人，明乎鬼者，然后能独行。

券内者，行乎无名；券外者，志乎期费。行乎无名者，唯庸有光；志乎期费者，唯贾人也，人见其跂，犹之魁然。与物穷者，物入焉；与物且者，其身之不能容，焉能容人！不能容人者无亲，无亲者尽人。

兵莫憯于志[7]，镆铘为下；寇莫大于阴阳，而无所逃于天地之间[8]，无所逃于天地之间。非阴阳贼之，心则使之也。

今译

心宇泰然安定，其神明源自天光；源自天光而发动神明，人现其人性，物现其物性。人若修心葆光，就会得其恒常而不失；修得恒常者，众人会来聚居，天道会来襄助。人所聚居者，称为天民；天所襄助者，称为天子。

学者，要学自己所不能知；行者，要行自己所不能为；辩者，要辩自己所不能辩。知，要止步于知之所不能知；这是人的至境。人若不能效法此道，天轮的均平作用必将挫败其人为图谋。

顺物性以养身形，无思虑以养心神，中心诚敬，遵循天道；若能如此，各种灾祸都是天命的考验，不是出于人为作孽。灾祸不入于灵台，心性自然和谐。灵台有所持守，而不知其所持守，不固执其所持守。心神不诚而有所发动，动必失当；恶趣已然侵入灵台，最初未彻底清理，随后的变动也会处处失当。恶心发动，显于光天化日之下，人得而诛之；恶心发动，藏于隐晦幽暗之处，鬼得而诛之。心思光明可见于人，可见于天，方可独自行道而不偏。

内修的人，行事但求心安，而无名无迹；外求的人，行动但取实惠。行事无名无迹，藏于庸常而葆光；求取实惠的，如同商贩，锋芒毕露，像魁星一样歪斜。与外物对立而不能连通的人，外物会入侵心中；与万物抵牾不和，连自身都不能安处，哪里会接物容人！不能容人者，无人亲近；无人亲近者，自绝于人。

比刀兵的毒祸更厉害的，是恶人心志的酝酿发动，而宝剑镆铘还在其下；比贼寇害人更厉害的，是阴阳二气的侵袭，而军阵擂鼓倒在其次。人生世上，来来往往，无非阴阳二气；人在天地之间，无可逃遁！并非阴阳害人，而是人心的志向不正，自招祸患。

[注]

[1] 物见其物：四字旧脱，郭庆藩据陈景元《阙误》引张君房本补。向、郭注："天光自发，故人见其人，物见其物。"

[2] 知止乎其所不能知，至矣：至人之知，止于知之所不能知。也就是说，知，无法进入人所不能知的浑沌领域。人面对不可知、不可为的领域，必须学会听从、接纳、归顺、融入大道并与道偕行，而入于寥天大一。天而不人，才是根源和家乡，让人得到虚静空灵、安宁和平。人不行天道，就会被自然之轮的均平作用粉碎。维特根斯坦有名言："凡是不能言说的，人当保持沉默。"

《帛书老子》："知不知，尚矣。不知不知，病矣。"

［3］不足以滑和：滑（gǔ），乱。和，旧作"成"。刘文典校正。和，德心和谐。

［4］万恶不可内于灵台："万恶"二字旧脱，俞樾补正。内，纳入。

［5］灵台者，有持而不知其所持，而不可持者也：灵台，心田，心宇。持，持守。心有所持守，而人并不自知；不可固持，是因为心有持守则塞而不流。

［6］暗：旧形作"闇"，讹作"閒"。褚伯秀、王叔岷校正。

［7］兵莫憯于志：憯，同惨，毒害，戕贼。恶人心志的酝酿发动，其毒害远远超过刀剑兵器。

［8］而桴鼓为小；无适而非阴阳：十一字旧脱，张远山《庄子复原本》补。

道通为一，其分也成也[1]；其成也毁也。所恶乎分者，其分也以备；所以恶乎备者，其有以备。故出而不反，见其鬼[2]；出而得，是谓得死。灭而有实，鬼之一也。以有形者象无形者，而定矣！

出无本，入无窍，有实而无乎处，有长而无乎本标[3]，有所出而无窍者有实。有实而无乎处者，宇也。有长而无本标者，宙也。有乎生，有乎死，有乎出，有乎入。入出而无见其形，是谓天门。天门者，无有也，万物出乎无有。有不能以有为有，必出乎无有，而无有一无有。圣人藏乎是。

今译

天道通约不隔，万物均平为一；道分施于物，物有得而成；有成之物则趋向毁灭，如此生死相嬗如环。物之分得皆有所全备，故而厌恶再分；物之全备仍然求全备，故而厌恶全备。所以，出生而不返，表现为畏惧，固执于生而畏死；出生而贪得，是德心之死。心已灭而形体尚在，实为僵尸鬼。如果能够把有形之象当作无形之象，则心之宇安泰宁定，无畏无虑。

出离则无根，归入则无窍。有实存，不知它何处驻足。有恒长，却不知它动静行藏。可出离而无法返回的，真有而实存。有实存而无形体定处的，遍于宇；

有恒长而无动静行藏的，塞于宙。万物由之而生，由之而死，由之而出，由之而入；出生入死，不见其形迹，就叫天门。天门就是一个"无有"；万物出生于无有。存，不能出于有，必出于无。所以没有"有"，只有"无"；圣人藏身于这个"无"。

[注]

[1] 道通为一，其分也成也："为一""成也"四字旧脱，王叔岷、陈鼓应等补正。

[2] 出而不反，见其鬼：本性迷失，不能返本，虽形体尚存，乃与鬼魅一般。

[3] 标：一为"剽"，字通。意为细枝末节。

古之人，其知有所至矣。恶乎至？有以为未始有物者，至矣，尽矣，弗可以加矣！其次以为有物矣，物以生为丧也，以死为反也，是以分已。其次曰始无有，既而有生，生俄而死。以无有为首，以生为体，以死为尻；孰知有无死生之一宗[1]者，吾与之为友。是三者虽异，公族也。昭景也，着戴也，屈氏也，着封也，非一也。

有生黬[2]也，披然曰移是[3]。尝言移是，非所言也。虽然，不可知者也。腊者之有膍胲[4]，可散而不可散也；观室者周于寝庙，又适其偃溲[5]焉，为是举移是。

请尝言移是。是以生为本，以知为师。因以乘是非，果有名实；因以己为质，使人以为己节，因以死偿节。若然者，以用为知，以不用为愚，以彻为名，以穷为辱。移是，今之人也，是蜩与学鸠同于同[6]也。

今译

古代有人的认知可以达至最高境界，至此而止步。止于何处呢？达于至知的至人，认为万物尚未出现前的无，才是至境，才是源头，而无以复加。次一等的人，承认有形之物组成世界，但是认为生就是从道降落，死才是回返，如此，生死既有分别，又同归于大道。再次一等的人，认为有生于无，有生就有死。把无当作头脑，生当作身体，死当作尾骨；谁能把有无和生死贯通一宗，就是我的朋友。这三种认知，虽有差异，却属于同宗。楚国的公族，昭氏和景氏以官职为姓；屈氏以封地为姓；三姓不同，却出于同宗。

有人脸上长黑斑，就愤然说："把它铲除掉！"这种排他的"铲除论"，只能是随便说说，断然不可实行；因为实际情形千变万化，不知其运用结果究竟会怎样。腊月里祭祀，一定用全牛，祭祀后，蹄和胃分散给众人食用。请问：全牛可分散，还是不可分散？考察筑室，要仔细观看庙堂和寝室，也要去看厕所；究竟哪个部分重要，哪个部分可以"铲除"呢？

让我尝试来议论。"铲除论"设定：以我的生命为本，以我的知见为师。依据这个标准而派生出各种是非判断，如同演算乘法一样，可从百千到万亿，形成垒层叠加的名实体系。有了这样的体系，人就会自以为是，以己为主、为正，以他人为宾、为副；自己为主为正，就可以随意役使他人，要他人受我节制，要他人死命为我效忠。如果"铲除论"得到实行，就会以有用于庙堂为明达，不用于庙堂为愚蠢；就会把进入权力体系视为荣耀，把远离权力体系视为耻辱。当今之时，"铲除论"大行其道，人们模仿出入蓬蒿之间的夏蝉和斑鸠，只知赞同与自己音声相和的同党。

[注]

[1] 宗：旧作"守"，形近而误。陈景元《阙误》引文如海本作"宗"。下文言三姓同宗，可为旁证。

[2] 黡（yǎn）：皮肤上的黑斑。

[3] 披然曰移是：披，同"劈"，剖开。司马云，有疵者，欲披除之。甚当。"铲除论"者以己为准，凡是不喜之人、不悦之事，就断然命令："给我统统铲除！"郭注："既披然而有分，则各是其所是矣。是无常在，故曰移。"

[4] 膍胲：膍（pí），胃；胲（hǎi），蹄。

［5］偃溲：厕所。陈景元《阙误》引江南古藏本有"溲"字，上言"寝庙"，此处应为"偃溲"，有理。

［6］同于同：只是赞同与自己声气相同的人，即党同伐异。

蹍市人之足，则辞以放骜，兄则以妪，大亲则已矣。故曰，至礼不人，至义不物，至知不谋，至仁无亲，至信辟金[1]。

彻志之勃，解心之谬，去德之累，达道之塞。贵富显严名利六者，勃志者也。容动色理气意六者，谬心者也。恶欲喜怒哀乐六者，累德者也。去就取与知能六者，塞道者[2]也。此四六者不荡，胸中则正，正则静，静则清，清则[3]明，明则虚，虚则无为而无不为也。

道者，德之钦也；生者，德之光也；性者，生之质也。性之动，谓之为；为之伪，谓之失。知者，接也；知者，谋[4]也。知者之所不知，犹睨也。动以不得已，之谓德，动无非我，之谓治[5]，名相反而实相顺也。

今译

踩了路人的脚，要赔礼，说"恕我莽撞"；踩了兄长的脚，要弯一下腰致歉；踩了父亲的脚，则不用作任何表示。所以说：至高的礼，不把人当外人；至高的义，不把物当外物；至高的知，不做任何谋划；至高的仁，不作亲疏分别；至高的信，不用金钱做担保。

涤除意志的悖逆，解除心神的乖谬，去掉德心的负累，打通道行的阻塞。尊贵、富有、显赫、威严、名位、利禄等六项，造成意志悖逆。容貌、动作、色欲、辩理、使气、意愿等六项，导致心神乖谬。憎恶、嗜欲、喜悦、愤怒、哀伤、快乐等六项，造成德心牵累。舍弃、趋就、索取、赠与、知虑、技巧等六项，导致道行阻塞。上面所说的四类六项，如果不鼓不荡，胸中则气正，气正则心静，心静则神清，神清则见明，见明则德虚，德虚则可无为而无不为。

道，是德之由来，万物之本性；生命，是德之光彩；性，是生命的本质，形体的统帅。性之发动，称为有为；所为不真，称为过失。知，是对外接洽，知，是内心谋划；人所知甚少，所不知甚多，犹如瞬息一瞥，知见极其有限。行动出于不得已，就是合于德；行动总是因循我的本性，就是治；无为是道，有为是德；名虽相反，实则相顺。

[注]

[1] 至礼不人，至义不物，至知不谋，至仁无亲，至信辟金：此为庄子至言名句，四字一句，音色铿锵。旧本作"至礼有不人"，"有"字为衍文。

[2] 塞道者：勃志、谬心、累德、塞道之下"者"字旧脱，王叔岷据高山寺本补。

[3] 清，清则：三字旧脱，裘锡圭、张远山据《吕览·有度》校正。

[4] 谋：谋划，旧作"謨"，字通。

[5] 动无非我，之谓治：行动因循我的本性，就是治。陈鼓应依马叙伦说，改"无"为"而"，似不可取。下文说"名虽相反，实则相顺"正是从天人两端来论说，"动不得已"与"动无非我"恰好是天人和顺的应有之义。此处的"我"，乃是真人之我也！

羿工乎中微，而拙乎使人无己誉。圣人工乎天而拙乎人。夫工乎天而俍乎人者，唯全人能之[1]。唯虫能虫，唯虫能天。全人恶有天？恶有人之天[2]？而况吾天乎人乎！

一雀过羿，羿必得之，惑也[3]。以天下为之笼，则雀无所逃[4]。是故汤以庖人[5]笼伊尹，秦穆公以五羊之皮笼百里奚。是故非以其所好笼之而可得者，无有也。

介者拸画，外非誉也；胥靡登高而不惧，遗死生也。夫复謵不馈而忘人，忘人，因以为天人矣。故敬之而不喜，侮之而不怒者，唯同乎天和者为然。出怒不怒，则怒出于不怒矣；出为无为，则为出于无为矣。欲静则平气，欲神则顺心。有为也，欲当则缘于不得已。不得已之类，圣人之道。

今译

后羿，擅长用箭射中细微的目标，却拙于使人不赞誉他。圣人，善于顺应天，而拙于使人忘记自己。既善于顺应天，又能使别人忘却自己的，只有全人才能做到。唯有虫鸟能安然做虫鸟，唯有虫鸟能安然而顺天。至于全人，他何曾有一个天？何曾有人性之天？更何况用一己私意来分别人与天？

一只鸟雀从后羿的地盘上飞过，后羿一定要把它射下来，这表明他已经迷惑了本性。把天下做成一个大牢笼，所有的鸟雀都无处可逃。因此，商汤以庖厨作牢笼，困住了伊尹；秦穆公用五张羊皮作牢笼，困住了百里奚。因此，要把人关进牢笼，就要投其所好，否则不能成功。

刖足的人，避开精美的服饰，是因为不再期望他人的赞誉；判了死刑的囚徒，登上高处也不畏惧，因为早已把生死置之度外。经修行恢复天性而无有缺损，从而可以忘人。能忘人，则可以成为天人。所以受人尊敬而不喜悦，受人侮辱而不发怒，只有通于天性之和谐的人能做到。已经脱离喜怒的人，虽怒而不怒：因为他的发怒不再是出于人情之喜怒；已经脱离人为的人，虽为而不为：因为他的为不再是出于人情之所为。要心性宁静，先要平定气血；要灵台神明，先要理顺心胸；凡有所作为，要允当而无过失，则要因缘际遇而出于不得已。遵循不得已的方略，是圣人的道术。

[注]

[1]工乎天而俍乎人者，唯全人能之：俍，擅长；俍乎人，善待他人。

[2]全人恶有天？恶有人之天：二个"有"字，张远山据王敔注补。

[3]一雀过羿，羿必得之，惑也："过"，旧讹为"适"；"惑"，旧作"威"。陆德明《经典释文》：威，崔本作或。"或"改为"威"，应是郭象的手笔。郭注：

"威以取物,物必逃之。"

〔4〕以天下为之笼,则雀无所逃:郭注:"天下之物,各有所好,所好各得,则逃将安在!"支道林评郭象,"在近而笑远,有矜伐于心内","犹饥者一饱,渴者一盈",把饱腹当作适意,而妄谈"逍遥",令人捧腹!

〔5〕庖人:旧讹作"胞人"。郭庆藩《庄子集释》:"赵谏议本胞作庖。"

庄子真义内篇第十一

徐无鬼

题解

徐无鬼，寓言人物。徐无鬼明示魏武侯：嗜欲贪婪为性命之病，私心有奸为心神之病。牧马童子教导黄帝：除害放马则天下大治。庄子喻惠施：五音合律则有当，无需相镇以君声。叔牙性傲，不得为相；狙猿便巧，性命有伤。唐尧畜人，许由逃亡；舜行善，身伛偻。真人不惑，故可以解人惑；尚大不惑，天下无鬼。

徐无鬼因女商见魏武侯[1]，武侯劳之曰："先生病矣，苦于山林之劳，故乃肯见于寡人。"

徐无鬼曰："我则劳于君，君有何劳于我！君将盈嗜欲，长好恶，则性命之情病矣；君将黜嗜欲，掔好恶，则耳目病矣。我将劳君，君有何劳于我！"

武侯超然不对。

少焉，徐无鬼曰："尝语君，吾相狗也。下之质执饱而止[2]，是狸德也；中之质若视日；上之质若亡其一。吾相狗，又不若吾相马也。吾相马，直者中绳，曲者中钩，方者中矩，圆者中规，是国马也，而未若天下马也。天下马有成材，若卹若失，若丧其一[3]，若是者，超轶绝尘，不知其所。"

武侯大说而笑。

徐无鬼出，女商曰："先生独何以说吾君乎？吾所以说吾君者，横说之则以《诗》《书》《礼》《乐》，从说之则以《金板》《六弢》，奉事而大有功者不可为数，而吾君未尝启齿。今先生何以说吾君，

徐无鬼

181

使吾君说若此乎？"

　　徐无鬼曰："吾直告之吾相狗马耳。"

　　女商曰："若是乎？"

　　曰："子不闻夫越之流人乎？去国数日，见其所知而喜；去国旬月，见所尝见于国中者喜；及期年也，见似人者而喜矣；不亦去人滋久，思人滋深乎？夫逃虚空者，藜藋柱乎鼪鼬之径，踉位其空[4]，闻人足音跫然而喜矣，又况乎昆弟亲戚之謦欬其侧者乎！久矣夫，莫以真人之言謦欬吾君之侧乎①！"

今译

　　缗山人徐无鬼，由女商推荐去见魏武侯。武侯慰问说："先生辛苦疲病了！隐居山林多劳苦，所以才要来见我吧？"

　　徐无鬼说："我是来慰问君侯，君侯不需慰问我！君侯若是放纵嗜欲，崇尚好恶，你的性命之本就会患病；君侯若是抛弃嗜欲，除却好恶，你的耳目感官享受就会遭遇困顿。所以我来慰问君侯，君侯不需慰问我！"

　　武侯眼睛翻向上，不说一句话。

　　过了一会，徐无鬼又说："让我来给你说说我的相狗术吧。狗的下品，只知饱腹；狗的中品，眼睛朝天；狗的上品，好像忘了有自己。我的相马术，还更好一些呢。我这样相马的步幅：笔直如绳，弯曲如勾，方正中矩，圆环合规。这样的马是国中骏马，但是比不上天下骏马。天下骏马材质天然，总是茫茫然若有所失，好像忘了有自己，这样的马，跑起来奔逸绝尘，追都追不上。"

　　武侯高兴得手舞足蹈。

　　徐无鬼辞去。女商问："先生说了些什么，让君侯如此开心？我平日对君侯所说的，文的是《诗》《书》《礼》《乐》，武的是《金版》《六韬》，行事有实际效验的，不可胜数，然而君侯从未开口一笑。如今先生究竟说了些什么，能让君侯如此高兴呢？"

　　徐无鬼说："我只是说相狗和相马。"

女商说："真的吗？"

（徐无鬼）说："你不曾听说远在越国的流放者吗？离开家乡几天，见到熟人就开心。离开一个月，见到同乡就高兴。离乡一年，见到与乡人相似的就喜不自胜。这就是说，离乡愈久，思乡愈深！那些逃离人群、流落空谷的人，在鼠鼬出没的荆棘边搭起草棚，在旷野里游荡，听到有人走来的足音就感觉亲切，更不用说有兄弟亲朋在身边声言谈笑了！看来君侯身边有很久不曾有真人的声言谈笑了吧？"

[注]

[1] 魏武侯：前395—前370年在位。

[2] 下之质执饱而止：品质下等的狗只知道用食物填肚子。执，取。

[3] 若卹若失，若丧其一：卹，同侐，静；失，同佚，安静。安静茫然，如同忘了自己有一个身体。

[4] 逃虚空者，藜藿柱乎鼪鼬之径，踉位其空：逃至旷野空谷的人，用茅草在鼪鼬出没的小径边搭起棚子，在空野旷谷间游荡居停。藜藿，茅草。柱，竖起，搭建。踉，跳跃游荡。位，原意为官员列位朝廷，此处喻草莽树桩列队迎人。

[释]

① 久矣夫，莫以真人之言謦欬吾君之侧乎：以真人之言，謦欬谈笑，在庙堂之间难得一闻。而那些《诗》《书》《礼》《乐》《金版》《六韬》之类的大话，实则让人不得不整天身体端着、面上板着、心里扮着，既无补于事，又无益于人，更有伤于己。堕肢体，去聪明，就是要除去社会性习得的伪饰，回复天然的本性，学做真人，学说真话，方能避开偏邪小道，而入于人生正途。

徐无鬼见武侯，武侯曰："先生居山林，食芧栗，厌葱韭，以宾寡人[1]，久矣夫！今老邪？其欲干酒肉之味邪？其寡人亦有社稷之

福邪？"

徐无鬼曰："无鬼生于贫贱，未尝敢饮食君之酒肉，将来劳君也。"

君曰："何哉！奚劳寡人？"

曰："劳君之神与形。"

武侯曰："何谓邪？"

徐无鬼曰："天地之养也一，登高不可以为长，居下不可以为短。君独为万乘之主，以苦一国之民，以养耳目鼻口，夫神者不自许也。夫神者，好和而恶奸[2]。夫奸，病也，故劳之。唯君不病之[3]，何也？"

武侯曰："欲见先生久矣！吾欲爱民而为义偃兵，其可乎？"

徐无鬼曰："不可。爱民，害民之始也；为义偃兵，造兵之本也。君自此为之，则殆不成。凡成美，恶器也[4]；君虽为仁义，几且伪哉！形固造形，成固有伐，变固外战。君亦必无盛鹤列于丽谯之间，无徒骥于锱坛之宫[5]，无藏逆于得！无以巧胜人，无以谋胜人，无以战胜人。夫杀人之士民，兼人之土地，以养吾私与吾神者，其战不知孰善？胜之恶乎在？君勿若已矣[6]！修胸中之诚，以应天地之情而勿撄。夫民死已脱矣。君将恶乎用夫偃兵哉！"

今译

徐无鬼见武侯。武侯说："先生住在山林深处，吃橡子栗子，遍尝葱韭野菜，抛弃寡人，有很久了！如今年老了，要归来吗？想酒肉厚味了吧？也许寡人有福，能得到贤人来辅助社稷了吧？"

徐无鬼说："我生于贫贱，不敢向往君侯的酒肉；只是来慰劳君侯。"

武侯说："什么？你来慰劳我？"

（徐无鬼）说："慰劳君侯的心神与形体。"

武侯说："这是何意呢？"

徐无鬼说："天地养育的万物平等齐一，居高者不为长，居下者不为短。君侯身为万乘之主，劳苦一国民众，只为一己的耳目口鼻之欲，元神必定不安。元神喜求安宁和谐，厌恶干戈烦乱，烦乱则生病，所以我来慰劳您。只是君侯并不认为自己有病，这是何缘故呢？"

武侯说："我想见先生已经很久了。现在我要爱民，我要为仁义而寝兵！这样做总可以了吧！"

徐无鬼说："不可以。爱民，即是害民的开端。为了仁义而罢兵，即是兴兵的起点。你要这样有所作为，恐怕行不通。已成之美名，乃作恶之器具；你说的仁义，接近于虚伪！有形的造作导致模仿，造势有所成，必然骄横自夸；而造势不成，必然引发外战。不要在高楼下排列战阵，不要在祭坛前演马练兵；不要怀藏逆天的雄心，不要用诡计胜人，不要用谋略胜人，不要用兵战胜人。杀害他国人民，兼并他人土地，以奉养一己私利，满足个人野心，你这样做有什么善可言？胜在何处？你还是不肯消停吗？培植内心的真诚，顺应天地的实情，不要捣鬼扰众。这样，百姓才能脱离死地。何必在这里空谈什么停战寝兵呢！"

[注]

[1] 食芋栗，厌葱韭，以宾寡人：芋（xù），橡子。厌，饱食。宾，摈弃。

[2] 神者，好和而恶奸：神，元神；《黄帝内经·灵枢·天年》说："血气已和，荣卫已通，五脏已成。神气舍心，魂魄毕具，乃成为人。"明赵台鼎《脉望》说："内念不萌，外想不入，独我自主，谓之元神。"《老子》的"载营魄抱一"，也是说的元神，与思虑之神相对。和，和谐流畅；奸，干戈扰乱。

[3] 唯君不病之：君侯却不把自己的病当作病。不，旧讹为"所"。张远山校正。

[4] 凡成美，恶器也：已成的美名，往往都是作恶的工具。老子云："天下皆知美之为美，斯恶矣。"

[5] 必无盛鹤列于丽谯之间，无徒骥于锱坛之宫：鹤列，兵阵。丽谯，高楼。徒，步兵。骥，马队。锱坛，有围垣的宫殿。

[6] 君勿若已矣：勿若，旧作"若勿"，宣颖、奚侗、王叔岷、张远山校。

徐无鬼　　　　　　　　　　　　　　　　　　　　　　　　185

黄帝将见大隗乎具茨之山[1]，方明为御，昌寓骖乘，张若、謵朋前马，昆阍、滑稽后车；至于襄城之野，七圣皆迷，无所问途。

适遇牧马童子，问途焉，曰："若知具茨之山乎？"

曰："然。"

"若知大隗之所存乎？"

曰："然。"

黄帝曰："异哉小童！非徒知具茨之山，又知大隗之所存。请问为天下。"

小童曰："夫为天下者，亦若此而已矣，又奚事焉！予少而自游于六合之内，予适有瞀病，有长者教予曰：'若乘日之车而游于襄城之野。'今予病少痊，予又且复游于六合之外。夫为天下，亦若此而已，予又奚事焉！"

黄帝曰："夫为天下者，则诚非吾子之事，虽然，请问为天下。"

小童辞。黄帝又问。

小童曰："夫为天下者，亦奚以异乎牧马者哉！亦去其害马者而已矣[2]！"

黄帝再拜稽首，称天师而退。

今译

黄帝要去具茨山拜见泰隗。方明驾车，昌寓陪乘，张若、謵朋开道，昆阍、滑稽殿后。来到襄城郊外，七位圣人都迷了路，不知去问谁。

恰好见到一个牧马的童子，就向他问路："你知道具茨山吗？"

"知道啊。"

"你知道泰隗住在哪里吗？"

"知道啊。"

黄帝说："你原来是神童啊！你不仅知道具茨山，还知道泰隗住在哪里。请问，如何治理天下？"

童子说:"治理天下嘛,不算什么,就像牧马一样。我年少时游于六合之内,患了眼花症,有个老人教导我:'你乘太阳之车,游于襄城郊外。'如今我眼病好了不少,还要去游历六合之外。治理天下嘛,那算什么事!就像我放马一个样子啊。"

黄帝说:"治理天下,确实不是小童分内之事。尽管如此,还是请问,如何治天下?"

小童不答。黄帝再三请教。

小童说:"治理天下,和放马没什么两样嘛!去除害马的虎狼,就可以了!"

黄帝再拜叩首,口称"天师"告退。

[注]

[1] 黄帝将见大隗乎具茨之山:大隗(wěi),神名。具茨山,嵩山余脉,在河南禹州、新郑一带。

[2] 去其害马者而已矣:害马者,虎狼之辈;害人者,窃国治人之徒。郭注:"马以过分为害。"成疏:"谓分外之事"。二位权威文人认定:不守本分的马是害马者!这样的话语体系,是为马儿着想,还是为虎狼设计?现代汉语中"害群之马"已经成为常用成语,可见人群的"成心"可以由"圣人"们形塑,一旦养成,可能经久不变。

　　知士无思虑之变则不乐,辩士无谈说之序则不乐,察士无凌谇之事则不乐,皆囿于物者也。

　　招世之士兴朝,中民之士荣官。筋力之士矜难,勇敢之士奋患,兵革之士乐战,枯槁之士宿名,法律之士广治,礼乐之士敬容,仁义之士贵际[1]。

　　农夫无草莱之事则不比,商贾无市井之事则不比[2]。庶人有旦暮之业则劝,百工有器械之巧则壮。

　　钱财不积则贪者忧,权势不尤则夸者悲,势物之徒乐变,遭时有所用,不能无为也,此皆顺比于岁,而物于物者也[3],驰其形性,

潜之万物，终身不反，悲夫！

今译

爱好知识的士人，看不到社会思潮流动变迁，就郁郁不乐。爱好辩论的士人，看不到言谈辩论有热点焦点，就郁郁不乐。爱好苛察的士人，看不到需要加以惩罚的人和事，就郁郁不乐。这都是些把自我与私己偏好紧紧捆在一起的人。

招揽世俗名誉的士人，站立朝堂之上自我炫耀；投合民众舆论的士人，把官职荣耀挂在头顶；筋力强健的士人，矜夸于奔赴国难；勇敢无畏的士人，听到有祸患来临就兴奋不已；披坚执锐的士人，盼望着去攻城略地；枯槁清修的士人，留意于江湖名闻和声望；以制作规章为业的士人，努力于推广律条和法治；鼓吹礼乐的士人，特别重视官场的礼仪；崇尚仁义的士人，格外强调名分的等级差别。

农夫没有耕种之事就无事可做，商贾没有货物贸易就无事可做，市井庶人朝夕之间生意兴隆就会越发勤奋，百工匠人有了精巧器械就信心高涨。

贪恋财货的人，看不到钱财积聚就日夜忧虑；爱好夸耀的人，权势不高就内心悲愁；趋炎附势的人，喜欢时势多动荡，希图遭逢大变局，以便乘势而上，而绝不甘心于默默无为。这都是参与形影竞逐的人，其身心沉溺于物性的役使。驰骛身心，沉溺于万物，至死而不返。岂不令人悲痛！

[注]

[1] 仁义之士贵际：际，分际，如名分正偏、贵贱等级之类。

[2] 农夫无草莱之事则不庀，商贾无市井之事则不庀：庀，治理；旧讹为"比"。俞樾据《国语·鲁语》等校正。

[3] 而物于物者也：旧作"不物于易者也"。钱穆、张远山校正。庄子反对"物于物"，即溺陷于物性而浑浑噩噩，丧失人之天赋神性，终其一生而错失精神超越的目标和宗旨。且看郭注："士之所能，各有其极，若四时之不可易而。故当其时物，顺其伦次，则各有用矣。是以顺岁则时序，易性则不物，物而不物，

非毁如何！"以虫鸟之心而诋毁大鹏之志，更以佞人之心冒充天道，郭象注庄，非毁如何！

> 庄子曰："射者非前期[1]而中，谓之善射，天下皆羿也，可乎？"
> 惠子曰："可。"
> 庄子曰："天下非有公是也，而各是其所是，天下皆尧也，可乎？"
> 惠子曰："可。"
> 庄子曰："然则儒墨杨秉[2]四，与夫子为五，果孰是邪？或者若鲁遽者邪？其弟子曰：'我得夫子之道矣，吾能冬爨鼎而夏造冰矣！'鲁遽曰：'是直以阳召阳，以阴召阴，非吾所谓道也，吾示子乎吾道。'于是为之调瑟，废一于堂，废一于室，鼓宫宫动，鼓角角动，音律同矣。夫或改调一弦，于五音无当也，鼓之，二十五弦皆动，未始异于声，而音之君已[3]。且若是者邪？"
> 惠子曰："今夫儒墨杨秉，且方与我以辩，相排[4]以辞，相镇以声，而未始吾非也，则奚若矣？"
> 庄子曰："齐人蹢子于宋者[5]，其命阍[6]也不以完，其求钘钟也以束缚[7]，其求唐子也而未始出域[8]，有遗类矣[9]！夫楚人寄而谪阍者，夜半于无人之时而与舟人斗，未始离于岑而足以造于怨也。"

今译

庄子说："射箭的人，没有预先确定目标而射中，可以算是善射吗？天下人都算是后羿，可以吗？"

惠子说："可以！"

庄子说："天下没有公认的标准，各人都以自己的标准为标准，天下人都算是唐尧，可以吗？"

惠子说："可以！"

庄子说："儒家、墨家、杨朱、公孙龙四家，加上你，有五家，究竟哪一家才是真理的标准？或者应该听从鲁遽的言论？鲁遽的弟子说：'我已经得到夫子的道术了：冬天可烧鼎，夏天可造冰。'鲁遽说：'这只是以阳招阳，以阴招阴，不是我的道。我来为你演示。'鲁遽调好两具瑟，一在厅堂，一在内室，弹拨一瑟宫音，则另一瑟宫音动，弹拨一瑟角音，则另一瑟角音动，律相同则音动。如果改变一弦的音调，使五音不相应，这时弹拨一瑟，另一瑟的二十五弦会一起乱动；五声还是五声，而音律之君主却没有了！你与人辩论，也是这样的情形吧？"

惠子说："儒家、墨家、杨朱、公孙龙与我辩论，彼此用言辞相对抗，以音声相压制，他们从未把我压倒。这不就证明我优胜吗？"

庄子说："有个齐人，儿子离家出逃投奔宋国，他对看门人责骂不停。他爱古玩，找到一个小铜钟就珍藏起来。儿子逃到外乡，他口口声声说要去找，双脚却从未踏出齐国的都城。这个齐人，忘记了一件大事：他要断子绝孙了！有个楚国人，寄住在别人家里，动辄责骂看门人；半夜里孤身一人乘船出行，还未离岸就与船夫开始争斗。这个楚人，到处争执而结怨于人，他忘记了一件大事：恐怕小命难保啊！"

［注］

［1］前期：预先瞄准；喻设定目标、宗旨。

［2］儒墨杨秉：儒、墨、杨朱、公孙龙（字秉或子秉）。

［3］音之君已：已，停止。五音得当而共鸣，音有君主；音律不当，则音无君主。

［4］排：旧作"拂"。今据世德堂本作"排"校正。

［5］齐人蹢子于宋者：齐国人的儿子出逃到宋国。

［6］阍：看门人。

［7］其求鈃钟也以束缚：鈃钟，长颈小铜钟。束缚，包裹。

［8］其求唐子也而未始出域：唐，同荡，逃亡。域，国境，此处指齐国都城。

［9］有遗类矣：遗，遗失；类，大类。齐人忘记了一个大事：儿子没了，还有孙子吗？

庄子送葬，过惠子之墓，顾谓从者曰："郢人垩，墁[1]其鼻端若蝇翼，使匠石斫之。匠石运斤成风，听而斫之[2]，尽垩而鼻不伤，郢人立不失容。宋元君闻之，召匠石曰：'尝试为寡人为之。'匠石曰：'臣则尝能斫之。虽然，臣之质死久矣。'自夫子之死也，吾无以为质矣，吾无与言之矣①！"

今译

庄子送葬，路过惠施的墓，回首对弟子说："郢人用白石灰刷墙，鼻子尖溅了一个白点，像苍蝇翅一样薄，他请匠石用斧子削掉。匠石抡起大斧，呼呼生风，蝇翅样的白灰随之落下，鼻子未有丝毫损伤，而郢人稳稳站立，面不改色。宋元君听说后，召唤匠石，说：'你来给寡人表演一番。'匠石说：'我能用斧头砍削鼻灰，可是我的对手早已不在人世了。'自从夫子去世，我的对手已经不在了，我再也没有可以对话的人了！"

［注］

［1］墁：覆盖。旧讹作"慢"。
［2］运斤成风，听而斫之：陈景元《阙误》引江南李氏本有四字：瞑目恣手。成疏：瞑目恣手，听声而斫。

［释］

① 吾无以为质矣，吾无与言之矣：质，对。可以问答、对话的人。惠子已逝，庄生无人可质对而言矣！

嵇康《赠秀才入军》之十四下半阕："目送归鸿，手挥五弦。俯仰自得，游心太玄。嘉彼钓叟，得鱼忘筌。郢人逝矣，谁与尽言。"知音难觅，感慨系之：

飞鸿远去，天地虚空。弦外有意，音声不闻。哲人诗人，彼此通心；百年孤独，宇宙浑沦。斯人何在，谁为思忖？心香一瓣，可慰英魂！

管仲有病，桓公往问之，曰："仲父之病病矣，可不讳，云至于大病[1]，则寡人恶乎属国而可？"

管仲曰："公谁欲与？"

公曰："鲍叔牙。"

曰："不可。其为人洁廉善士也。其于不己若者不比之。又一闻人之过，终身不忘。使之治国，上且钩乎君[2]，下且逆乎民。其得罪于君也，将弗久矣！"

公曰："然，则孰可？"

对曰："勿已，则隰朋可。其为人也，上忘而下畔[3]，愧不若黄帝，而哀不己若者。以德分人谓之圣，以财分人谓之贤。以贤临人，未有得人者也；以贤下人，未有不得人者也。其于国有不闻也，其于家有不见也。勿已，则隰朋可。"

今译

管仲有病，桓公去慰问，说："仲父的病已经很重，我们不必讳言；若是一病不起，寡人该找谁来管理国事呢？"

管仲问："你想要用谁？"

桓公说："鲍叔牙。"

（管仲）说："不可。他为人廉洁自好，对于不如自己的人根本看不起，而且一旦听到别人有过失，就会终身不忘。用他治国，对上会拘束君王，对下会违逆民意。用不了多久，他就会被君王治罪！"

桓公说："那么，谁可以呢？"

管仲说："一定要我说的话，可以用隰朋。隰朋这人，对君上，浑然若忘，对下属，疏而无亲。他自愧德性比黄帝差得很远，所以对于不如自己的人满怀同情。把自己的美德分给人，是圣，把自己的财富分给人，是贤。自以为贤能而傲视别人，永远不会得人心；尊他人为贤能，永远不会失人心。隰朋对国事，似乎听而不闻，对家事，似乎视而不见。一定要我说，则隰朋是可以的。"

[注]

[1] 仲父之病病矣，可不讳，云至于大病：仲父病深，不必忌讳；若是病情再加重，寡人可怎么办？传世本为"可不谓云，至于大病"。今据《列子·力命》"可不讳，云至于大病"校正。

[2] 上且鉤乎君：鉤（jū），同"锔"，传统铜碗铜盆的手工艺。不作"钩"解。

[3] 上忘而下畔：上忘，浑然忘记有君上。下畔，与众人疏远而不亲。多有注家据《列子·力命》"上忘而下不畔"而增一"不"字，解作"君上忘记他，下属不背叛他"，主语变成了"上"和"下"。均是误解。今案：畔，边界、分际；喻与人保持距离，界限分明，孑然独立。唯有如此，方能忘我而全神。

> 吴王浮于江，登乎狙之山，众狙见之，恂然弃而走，逃于深蓁。有一狙焉，委蛇攫搔，见巧乎王。王射之，敏给搏捷矢。王命相者趋射之。
> 狙既死[1]，王顾谓其友颜不疑曰："之狙也，伐其巧，恃其便，以敖予，以至此殛也。戒之哉！嗟乎，无以汝色骄人哉！"
> 颜不疑归而师董梧，以锄其色，去乐辞显，三年而国人称之。

今译

吴王在江上游览，登上猴山。众猴见了，纷纷惊慌逃走，藏进密林深处。有一只猴，盘桓左右而不去，还搔首弄姿，对着吴王显示其巧能。吴王对它射了一箭，它身手敏捷，把箭拨开。吴王下令众卫兵一齐放箭。

那只猴子就这样死了。吴王转头对身边的友人颜不疑说："这猴子！自以为灵巧，自以为敏捷，敢对我傲慢无礼，以至于断送了性命。引以为戒吧！呜呼哀哉！人啊，千万不要在他人面前自显其美呀！"

颜不疑归家之后，拜师董梧，祛除辞彩，褪去荣华。三年后，国人纷纷称赞他。

[注]

[1] 狙既死：既，旧作"执"，形近而误。王叔岷据《太平御览》校正。

南伯子綦隐几而坐，仰天而嘘。

颜成子入见，曰："夫子，物之尤也，形固可使若槁骸，心固可使若死灰乎？"

曰："吾尝居山穴之中矣。当是时也，田和[1]**一睹我，而齐国之众三贺之。我必先之，彼故知之；我必卖之，彼故鬻之。若我而不有之，彼恶得而知之？若我而不卖之，彼恶得而鬻之？嗟乎！我悲人之自丧者，吾又悲夫悲人者。吾又悲夫悲人之悲者，其后而日远矣！"**

今译

南伯子綦隐几入静，仰天嘘气。

颜成子进见，说："夫子，您是一个与众不同的奇人。怎么能够做到身形如同枯枝而不动不摇？怎么能够做到心境如同死灰而无思无念？"

（南伯子綦）说："过去我隐居山间洞穴。当年田和拜见我，我得到齐国民众三次祝贺。我想自己必定是有所炫耀，他才会知道我；我必定是有所卖弄，他才想来收买我。如果我不曾炫耀名声，他人怎会知道有我？如果我不曾卖弄才华，他人怎会来收买我？唉！我悲叹他人自丧真德，我又悲叹那个悲叹者，我又悲叹那个悲叹悲叹者的人！如此以往，我离人群就越来越远了。"

[注]

[1] 田和：和，齐太公名。旧作"禾"。

　　仲尼之楚，楚王觞之。孙叔敖执爵而立。市南宜僚受酒而祭，曰："古之人乎！于此言已。"

　　曰："丘也闻不言之言矣，未之尝言，于此乎言之。市南宜僚弄丸而两家之难解[1]。孙叔敖甘寝秉羽而郢人投兵[2]。丘愿有喙三尺。彼之谓不道之道，此之谓不言之辩，故德总乎道之所一。而言休乎知之所不知，至矣。道之所一者，德不能同也；知之所不能知者，辩不能举也；名若儒墨而凶矣。故海不辞东流，大之至也；圣人并包天地，泽及天下，而不知其谁氏。是故生无爵，死无谥，实不聚，名不立，此之谓达人[3]。狗不以善吠为良，人不以善言为贤，而况为达乎！夫为大不足以为达，而况为德乎！夫大备矣，莫若天地；然奚求焉，而大备矣！知大备者，无求，无失，无弃，不以物易己也。反己而不穷，循古而不摩[4]，达人之诚！"

今译

　　孔子到楚国。楚王设宴款待他。孙叔敖站立持爵，市南宜僚接过酒爵敬酒，说："先生似有古人之风，请在此发表言说。"

　　（孔子）说："孔丘曾经听闻不言之言，我未曾言说，在此尝试一说。市南宜僚一心弄丸，避开了两家的争斗。孙叔敖在睡榻上摇动羽扇，使郢人可以息兵修文。我愿以三尺之舌称颂二人的功德。孙叔敖可以说是不言而合道，市南宜僚可以说是不言而雄辩。所以，物德汇总于道之纯一，人言休止于知之所不知，这是至高的标准。道之纯一不杂者，不能被个人的物德占全；知之所不能知者，辩论也无法遍举。名相之争如儒墨之流，则凶险无比。海洋不拒东流之水，是大的至高境界；圣人包容天地万物，惠及天下百姓，却没有姓氏名分。所以，生前没有爵位，死后没有谥号，不聚实财，不图虚名，这就是旷达的至人。狗不以善吠为良，人不以善言为贤，何况旷达的至人呢？因此说，自矜伟大，不是真旷达，何况是自矜有德呢？伟大而全备的，莫如天地；而天地何所求！无所贪求，故大而备。人领悟了大备，可以无所求，无所失，无所弃，因为他不会被外物所改变。时时返璞归真，而生生不已，循道而行，不偏不倚，这是达道之人的实质。"

[注]

[1] 市南宜僚弄丸而两家之难解：楚人白公胜要起事，逼迫市南宜僚加入。宜僚以弄弹丸杂耍而不顾，不加入冲突。两家之难——介于两家争斗的两难处境——得以化解。注家多解为解除了两家的灾难。不当。

[2] 孙叔敖甘寝秉羽而郢人投兵：孙叔敖在睡榻上摇动羽扇，化解了外敌之患，使郢人可以息兵，人民得以喘息。

[3] 达人：郭注改"达"为"大"，前后有四处。张远山校正。

[4] 循古而不摩：古，故，本源。摩，同石磨之"磨"，碾磨要转弯；不磨，意为遵道直行。

子綦有八子[1]，陈诸前，召九方歅曰："为我相吾子，孰为祥？"

九方歅曰："梱也为祥。"

子綦瞿然喜曰："奚若？"

曰："梱也将与国君同食以终其身。"

子綦索然出涕曰："吾子何为，以至于是极也？"

九方歅曰："夫与国君同食，泽及三族，而况父母乎！今夫子闻之而泣，是御福也。子则祥矣，父则不祥。"

子綦曰："歅，汝何足以识之。而梱祥邪？尽于酒肉，入于鼻口矣，而何足以知其所自来？吾未尝为牧而牂生于奥，未尝好田而鹑生于寔，若勿怪，何邪？吾所与吾子游者，游于天地。吾与之邀乐于天，吾与之邀食于地。吾不与之为事，不与之为谋，不与之为怪；吾与之乘天地之诚，而不以物与之相撄[2]，吾与之一委蛇而不与之为事所宜，今也然，有世俗之偿焉！凡有怪征者，必有怪行，殆乎！非我与吾子之罪，几天与之也！吾是以泣也。"

无几何而使梱之于燕，盗得之于道，全而鬻之则难，不若刖之则易。于是乎刖而鬻之于齐，适当渠公之街[3]，然身食肉而终。

今译

子綦有八个儿子，排成一列，请九方歅来，说："为我儿子相面，看谁有福气？"九方歅说："梱有福相。"

子綦惊喜不已，说："他会怎样呢？"

（九方歅）说："梱将与国君同食，一直到老。"

子綦一听，眼泪就流了下来，说："我儿做了什么坏事，竟至于落到这步田地呢？"

九方歅说："与国君同食，福泽将惠及三族，何况是父母！你现在听到后流泪哭泣，是拒绝福运！这样看来，儿子有福，父亲不吉祥！"

子綦说："歅，你哪里知道！你以为梱有福气吗？酒肉饱腹，不过口鼻之欲而已，您可知道它从何处来？我家不曾放牧，房子西南角上跑出母羊；我家不曾打猎，而房子东南角跑出鹌鹑。你竟不觉得奇怪，是什么缘故？我与儿子悠游一生，乃是游于天地之间；从高天获得乐趣，从大地获得食物；我与我子不参与世事，不谋划算计，不做怪异之事；我与我子乘天地之本质，而不让外物扰乱天地之实情。我与我子顺物而上达，而不会计较世事俗情是否合宜。今天，世俗的报应来了！凡是怪异的征象，都由怪异的作为引起。危险啊！莫非我与我子有错，老天要降下惩罚吗？我因此而哭泣！"

不久后，（子綦）让梱前往燕国。半路上盗贼把梱掳了去。怕身体健全的人不好卖，就砍去了一只脚，卖到了齐国，在渠公的肉铺里做下人，算是终生食肉。

[注]

［1］子綦：成疏认为是楚国司马子綦。一说是南郭子綦。或是庄子师。

［2］乘天地之诚，而不以物与之相撄：不以外物与天地之诚相撄。注家有误解为与己相撄。不当。

［3］适当渠公之街：适，做下人；当街，售卖。

啮缺遇许由曰："子将奚之？"

曰："将逃尧。"

曰："奚谓邪？"

曰："夫尧，畜畜然仁[1]，吾恐其为天下笑。后世其人与人相食与！夫民，不难聚也；爱之则亲，利之则至，誉之则劝，致其所恶则散。爱利出乎仁义，捐仁义者寡，利仁义者众。夫仁义之行，唯且无诚[2]，且假乎禽贪者器。是以一人之断制利天下，譬之犹一覕也[3]。夫尧知贤人之利天下也，而不知其贼天下也，夫唯外乎贤者知之矣。"

今译

啮缺遇见许由，问他说："先生要去何处？"

（许由）说："我要逃离唐尧。"

（啮缺）说："这是怎么回事？"

（许由）说："这个唐尧，手里牵着缰绳，嘴里鼓吹仁义，恐怕要被天下人耻笑，后世必定会出现人吃人的可怕局面！聚拢民众，不是难事。见仁爱就来亲近，见利益就来聚集，见名誉就作出努力，等到大家都感到厌恶了，就会一哄而散。以仁义之名推出爱利以得人，其结果必定是献身仁义者少，而利用仁义者多。所以，推行仁义，必非诚心，而且会给禽兽般的贪心者一个利器，让他们可以公然作恶。如果由一个人独自决断，为天下人发放利益，那么利益就如昙花之一现，即使眼睛看得见，手也抓不着。唐尧只知贤人可以利益天下，不知贤人可以贼害天下。只有超然独立而外于贤人者，能懂得这个道理。"

【注】

[1] 畜畜：畜（xù），畜，象形为牵牛鼻子，义为饲养牲畜，引申为牧民。

[2] 唯且无诚：且，成善楷《庄子笺记》解为"取"。例见《老子》第六十七章："舍慈且勇，舍俭且广，舍后且先：死矣。"

[3] 以一人之断制利天下，譬之犹一覕也：覕（piē），同"瞥"。由一个人作权衡决断，来为天下人分派利益，那点儿利益就如昙花一现，伸手抓不着，嘴巴吃不到。

有暖姝者，有濡需者，有卷娄者[1]。

所谓暖姝者，学一先生之言，则暖暖姝姝而私自说也，自以为足矣，而未知未始有物也。是以谓暖姝者也。

濡需者，豕虱是也，择疏鬣长毛[2]，自以为广宫大囿。奎蹄曲隈，乳间股脚，自以为安室利处。不知屠者之一旦鼓臂布草操烟火，而己与豕俱焦也。此以或进，此以或退[3]，此其所谓濡需者也。

卷娄者，舜也。羊不慕蚁，蚁慕羊[4]，羊肉膻也。舜有膻行，百姓悦之，故三徙成都[5]，至邓之虚而十有万家。尧闻舜之贤，举之童土之地，曰："冀得其来之泽。"舜举乎童土之地，年齿长矣，聪明衰矣，而不得休归，所谓卷娄者也。

是以神人恶众至，众至则不比，不比则不利也。故无所甚亲，无所甚疏，抱德炀和，以顺天下，此谓真人。于蚁弃知，于鱼得计，于羊弃意[6]。以目视目，以耳听耳，以心复心。若然者，其平也绳，其变也循[7]。古之真人，以天待人，不以人入天。古之真人！

今译

自得之人自矜其美，苟安之人濡沫嘘湿；有为之人脊背佝偻。

自矜之人，学得一位先生的言论，就容光焕发，内心窃喜，志得意满而自以为是。他不知有万物之先，不知有万人之外。自美其美，谓之自得之人。

濡沫嘘湿之人，就像猪身上的虱子。找到鬃疏毛长的角落，自以为豪宫广苑；钻进蹄弯胯曲、乳隙腿缝之处，安家利生。可虱子不知，一旦屠夫抱来柴草燃起烟火，自己将与猪一起烤得焦煳。因于懵懂，是进也惑，退也惑，此为喘息苟安之人。

佝偻之人，有虞舜。羊不爱蚂蚁，蚂蚁爱羊，那是因为羊肉有膻味。舜的所作所为膻味特重，故得老百姓爱悦，所以三次迁移而聚成都邑；迁到邓墟后，人民众多，达十余万家。唐尧听闻舜的贤良，推举他去不毛之地做首领，说："希望荒漠能得到他的润泽。"于是舜致力于建设荒漠，直到年龄变老，耳目衰颓，还不能归家休养。所以称为佝偻之人。

所以，神人厌恶众人来归附。众人来归附，也不与他们亲近；不亲近就无所谓利害分割。所以，对人无所亲近，无所疏离，抱持真德，向阳而醇和，这才是真人。天道之风吹拂万物，蚂蚁弃绝膻味之知，则不必爱羊；鱼儿回归江河湖海，则不必濡沫嘘湿；羊儿忘记一己之美，则无意于处处行膻。真人见他人之目，听他人之耳，会他人之心；如此真人，平平不动，即是测量万物的准绳，变化涌流，即是衡量人世的标尺。古之真人，以天待人，不以人侵天。如此，方为亘古之真人！

[注]

[1]有暖姝者，有濡嘘者，有卷娄者：嘘，旧作"需"；卷娄，旧作"卷娄"；张远山校正。濡嘘，濡沫嘘湿；喻"鱼处于陆"。卷娄，蜷曲佝偻。

[2]择疏鬣长毛："长毛"二字原缺，刘文典据陈景元《阙误》引张君房本校正。

［3］此以或进，此以或退：或，旧作"域"，注家多解为境遇，文义不顺。疑"或"字传写而误。或，通惑。

［4］羊不慕蚁，蚁慕羊：羊，旧讹作"羊肉"，不通；乃从下文"肉"字而衍。

［5］三徙成都：《五帝本纪》载，舜迁徙至历山而成聚，迁徙至雷泽而成邑，迁徙至河滨而成都。

［6］于蚁弃知，于鱼得计，于羊弃意：真人推天道而及于万物：蚂蚁弃绝膻味之知，则不必爱羊；鱼儿回归江河湖海，则不必濡沫嘘湿；羊儿忘记一己之美，则无意于处处行膻。膻味能吸引蚂蚁，行善能吸引众人。弃绝自以为仁的心意，才是天性自然，即"唯虫能虫，唯虫能天"。

［7］其平也绳，其变也循：平，恒常；平常心不是平凡心，而是寂静天然的本心。真人，有平常不动之心，可以作为测量万物的准绳；有变化涌流之动心，可以作为衡量人世的标尺。可参考《列御寇》"以不平平，平而不平。"

  得之也生，失之也死；得之也死，失之也生；药也。其实堇也，桔梗也，鸡痈也，豕零也。是时为帝者也，何可胜言[1]**！**

今译

  药可治病，故得之而生，失之而死；药又可为毒，故得之而死，失之而生。什么是药？即如紫堇、桔梗、芡实、猪苓之类。药，何时为君，何时为臣，千变万化而不可固定，岂能一言说尽！

［注］

  ［1］其实堇也，桔梗也，鸡痈也，豕零也。是为帝者也，何可胜言：实堇（jǐn），紫堇。桔梗，梗草的根。鸡痈，芡实，俗称鸡头米。豕零，猪苓。四味均为常用中药材。药可治病，又可毒人。其炮制工艺、用法用量、药性毒性之转换，均因人因地因时而变，临证用法又各各不同，怎么能预先确定哪一味是

君药，哪一味是臣药呢？此处讲中医中药，是《庄子》中最详尽的一处文字，十分珍贵，足以证明战国中期的中医药学术已经相当发达，其理则条畅，造福人群，至今传承不绝。

句践也以甲楯五千[1]栖于会稽，唯种也能知亡之所以存，唯种也不知其身之所以愁。故曰：鸱目有所适，昼出则瞑；鹤胫有所节，解之也悲[2]。故曰：风之过河也，有损焉，日之过河也，有损焉。请只风与日相与守河，而河以为未始其撄也，恃源而往者也。故水之守土也审，影之守人也审，物之守物也审。故目之于明也殆，耳之于聪也殆，心之于殉也殆。凡能，其于府也殆。殆之成也不给改。祸之长也兹萃，其反也缘功，其果也待久[3]。而人以为己宝[4]，不亦悲乎！故有亡国戮民无已，不知问是也。

今译

越王勾践在会稽屯有五千甲兵。只有文种，有办法救亡图存；也只有文种，不知自身有危险。所以说：鸱鸮适于夜视，白昼见光则瞑，变成瞪眼瞎；仙鹤的胫上有结节，若分解就痛苦，变成拐子腿。所以说：风吹河水有损耗，日晒河水有损耗；尽管河上天天风吹日晒，河水不受困扰，只因有源头活水而不尽其涌流。所以，河水守土而不偏移，影子守人而不偏移，物守物性而不偏移。所以，目欲明察则危殆，耳欲聪听则危殆，心欲殉物则危殆；凡努力行使智能，脏腑就有危殆。危殆既成，来不及改悔；祸患已成，会迅速蔓延；要返璞归真，则需很大的力气；要得到成效，则要耗费很长的时间。人们都以智能为自己的家珍，而不知问道，不是很可悲吗？那些亡国戮民而无休无止的人，不知问道，迷于邪路而不返。

[注]

[1] 五千：旧作三千。王叔岷据《史记》校正。

[2] 鸱目有所适，昼出则瞑；鹤胫有所节，解之也悲：鸱，鸱（chī）鸮（xiāo），猫头鹰。昼出则瞑，四字旧脱。今据《秋水》"鸱鸺夜撮蚤，察毫末，昼出瞑目，而不见丘山"补正。昼出则瞑，解之也悲相对，文完义足。

[3] 祸之长也兹萃，其反也缘功，其果也待久：祸患已成，滋长迅速，而要返归平常，需要付出很大的力气，要得到效果，则会耗费很长的时间。

[4] 人以为己宝：扣上文"凡能"，即以智能为珍宝。

故足之于地也践，虽践，恃其所不蹍而后善博也。人之于知也少，虽少，恃其所不知而后知天之所为也。

知大一，知大阴，知大目，知大均，知大方，知大信，知大定，至矣！

大一通之，大阴解之，大目视之，大均缘之，大方体之，大信稽之，大定持之。尽有天，循有照，冥有枢，始有彼。则其解之也，似不解之者；其知之也似不知之也；不知而后知之。其问之也，不可以有崖，而不可以无崖。颉滑[1]有实，古今不代，而不可以亏，则可不谓有大扬榷乎[2]！阖不亦问是已[3]，奚惑然为！以不惑解惑，复于不惑①；是尚大，不惑[4]。

今译

足踏在地上，只踩着巴掌大的地方；两只脚之外的土地似乎无用，但为我们行道致远提供了博大空间。人的知识，少得可怜，虽然很有限，却能让我们向未知的领域开放自己，而后能领悟天道之所为。

知大一，知大阴，知大目，知大均，知大方，知大信，知大定，即至人之真知！

大一通达寥天，大阴分有万物，大目遍观内外，大均循环不遗，大方无隅无曲，大信恳切笃实，大定持守不失。历尽万物均有天照，玄冥之中有枢纽，起始之处即有道。有所领悟者，似乎无所领悟；知道者，又似乎不知道；知不知，而后方能知。问道者，不可预设界限，也不可没有界限。表面文理错综，而内核结实确然；从古至今，不曾有更替，也不曾有亏损；这不就意味着大道的锤炼造化，自有其天然的节律吗？何不追问廓然大道？因为什么错乱而迷惑？唯有真人清醒而不惑，不惑者可以解人之惑，可以使人复归原初的无惑。崇尚大道造化，就无惑。

[注]

[1] 颉滑：纹样错乱。

[2] 可不谓有大扬搉乎：扬，举起；搉（què），敲打；大扬搉，比喻锻造万物的锤子，即大道。《淮南子·俶真训》有："若藏天下于天下，则无所遁其形矣。物岂可谓无大扬搉乎！"即创造万物的大手笔，大道。多有注家解释为"概略"，未得庄子之意。

[3] 阖不亦问是已：何不问此大道？上文说："故有亡国戮民无已，不知问是也。"世人以己能为宝，迷于俗知，不知问道。

[4] 尚大，不惑：崇尚大扬搉，故无惑。

[释]

① 以不惑解惑，复于不惑：以不惑解惑，先有真人而后有真知，故不惑者方可解惑者之惑。复于不惑，复归原初的无惑，不是原初的无知。必先自己有疑，有所追问，有机会得闻真人真言，方可释疑解惑，进入天真之境。

知与所知的关系，乃是认识论的根本问题，庄子此篇的重要意义值得特别关注。胡塞尔的现象学认为，意向与对象是一个永不分离的对子，就类似此处的问题。庄子说：得象忘言，得意忘象。这个言、象、意的多棱镜，有助于我们破除对于语言符号与其所指事物之间关系的习惯性迷信。言，是语言符号系统的运用。任何语言符号系统，都是自我单一性定义、内部要素彼此约束的一套网络结构，例如月亮不是太阳，白天对应黑夜，等等。因此，人面临的第一个陷阱，是语言的意义虚拟性和符号系统的内部指涉性：词语由词语来定义，一不小心就会让人陷入自说自话、自我辩解的自我欺骗。第二个陷阱：言说是情境性的，词语是多义的，话语是关系建构和利益博弈的社会行动，策略性的语言使用，与宣传蒙蔽甚至欺诈勒索的暴力和邪恶，常常缺乏可靠的隔离层的保障。第三个陷阱涉及最复杂困难的意义问题：私人意义与公共意义之间常常具有紧张甚至断裂的关系，种种意义扭曲和失真的状态，使意义的产生与沟通并不总是处于流畅和谐的理想状态。早期的维特根斯坦曾经设想用图像理论来解决语言意义不清的人类难题，即认为语言就是一幅地图。这样似乎可以解决人言人殊的困难，但很快他就否定了这种"语言图像论"。他认为，语言的本质在于其虚拟性和隐喻性，能指与所指本来就没有任何实质的一一对应关系；而哲学的概念思辨，大多是出于对语言本质的误解。传统哲学到他这里已经终结。其中一个重要的含义是：语言符号与所指的实体相对应的实在论假定已经完全破产。套用维特根斯坦的俏皮话："那人不在，你无法把他捆住吊起来。"

惠施、公孙龙等辩者的"指不至"之论，也与这个哲学命题有关。手指指月，不能至月。意识能指，可以海阔天空，然而，所指对象却总是不能被意识抓住，更不能用语言和概念框住。因此，知与所知，永远不能等同，总是处于紧张对立状态的对立面。言与物不齐，愚者总想以意齐之，一想即错，一说即错，日日重复，如何能不错误百出，积重难返！

庄子的解决方案是：至言去言，至为去为。言者有言，其所言者特未定也；言无言，不是完全闭口不说，而是要真正明白人类言说的根本局限，破除语言迷信，不随波逐流，不上当受骗。如果一定要说话，则必须言而有当；对于难以表达或者不能说尽的意思，则要随说随扫，留有余地，保持有所不知的开放立场；有了分歧，不要固执于辩难争执，为利益或者面子耍赖皮、撒泼，更不可故意混淆视听、强词夺理，使用言语暴力。必先有真人而后有真知。做真人才能求真知，有真人方可有真言。真人真言，与道合一，物物而不物于物者也。真人，超然物外而与大化同流！

庄子真义内篇第十二

列御寇

题解

列御寇，以人名篇。比较列子修道途径以及得失之间的精微之处，庄子引以为说。庄子拒聘，词意恳切。庄子将死一章，应是庄子临终遗言。尤其是关于神和明的立论，乃庄子思想的核心秘密所在。编撰者当为庄子亲传弟子。陆德明《经典释文》引有崔譔注，应在原始本外篇。今补佚文二章。

子列子[1]居郑圃，四十年人无识者。国君卿大夫眎之，犹众庶也。国不足，将嫁于卫。弟子曰："先生往无反期，弟子敢有所谒；先生将何以教？先生不闻壶丘子林之言乎？"子列子笑曰："壶子何言哉？虽然，夫子尝语伯昏瞀人[2]，吾侧闻之，试以告女。其言曰：有生不生，有化不化。不生者能生生，不化者能化化。生者不能不生，化者不能不化，故常生常化。常生常化者，无时不生，无时不化。阴阳尔，四时尔，不生者疑独[3]，不化者往复。往复其际不可终，疑独其道不可穷。《黄帝书》曰：'谷神不死，是谓玄牝。玄牝之门，是谓天地之根。绵绵若存，用之不勤。'故生物者不生，化物者不化[4]。自生自化，自形自色，自智自力，自消自息。谓之生化、形色、智力、消息[5]者，非也。"

今译

先生列子居住郑国的圃田，四十年没人知道他是谁。郑国的国君、卿相、大夫，都视他如平民百姓。有一年，郑国闹饥荒，列子打算离开郑国，到卫国去。弟子说："先生这一走，不知何时回来。弟子冒昧请教，先生有什么要教导我们吗？您的老师壶丘子林不曾说过什么吗？"列子笑了，说："壶子哪里有什么话要说呢？虽然如此，老先生在跟伯昏瞀人聊天时，我在旁边听到了。现在试着说给你们听。他说：能生者不生，能化者不化。不生者生生不已，不化者化化无穷。被生者不能不生，被化者不能不化，所以常生常化。常生常化者，无时不生无时不化。阴阳交互，四时往复，不生者凝精聚神，抱一不离，道行无尽。往复不可终结，凝聚没有穷尽。《黄帝书》说："谷神虚空，永恒不死，犹如母体，滋生万物。母体门户，天地之根。生育群有，绵绵若存，尽显其能，不知辛勤。"所以，道能生育万物，而道无死无生；道能变化万物，而道无所变化。道，能生化万物，能赋予形与色，能给予智与力，能启动消亡与长养。但是，称之为生化者、形色者、智力者、消息者，则不可。

[注]

[1]子列子：列子后学尊列子为夫子，故有此称。此段文字见于《列子·天瑞》篇首。今案：此为《庄子》佚文。主要证据有二：一是张湛注引向秀注。从未有任何资料显示向秀曾经注《列子》。二是切合本篇题旨。

[2]伯昏瞀人：瞀（鶩，wù），旧作"瞀（mào）"，形似而误。后同。瞀人，《庄子》书他处亦作"无人"。

[3]不生者疑独：疑，同"凝"。《庄子·达生》"乃凝于神"。今案：神凝，神宁也。凝于神：抱精守神。疑独：守神抱一而不离。

[4]生物者不生，化物者不化：《列子·天瑞》张湛注："庄子亦有此言。向秀注曰：吾之生也，非吾之所生，则生自生耳。生生者岂有物哉？故不生也。吾之化也，非物之所化，则化自化耳。化化者岂有物哉？无物也，故不化焉。若使生物者亦生，化物者亦化，则与物俱化，亦奚异于物？明夫不生不化者，然后能为生化之本也。"

向秀肯定庄子所言之道为"生化之本"。

张湛注引陆德明《经典释文》:"向秀,字子期,晋常侍,注《南华真经》二十八篇。"

张湛此注,可作为此段为庄子佚文的坚实证据。

郭象"万物各自得",则是"逆着说";将庄子"生物者非物"诡辩为郭氏"生物者无物",而"无物者"即无所有,因而断言"无道"。立场对立,势如水火,两相不容,此文遭郭氏删除,几无可疑。

[5] 消息:起落,生灭。阴降则物消;阳生则物息。息,长养。

列御寇之齐,中道而反,遇伯昏瞀人。

伯昏瞀人曰:"奚方而反?"

曰:"吾惊焉。"

曰:"恶乎惊?"

曰:"吾尝食于十浆,而五浆先馈。"

伯昏瞀人曰:"若是,则汝何为惊已?"

曰:"夫内诚不解,形谍成光[1],以外镇人心,使人轻乎贵老,而虀其所患[2]。夫浆人特为食羹之货,无多余之赢,其为利也薄,其为权也轻,而犹若是,而况于万乘之主乎?身劳于国,而知尽于事,彼将任我以事,而效我以功。吾是以惊。"

伯昏瞀人曰:"善哉观乎!汝处已,人将保汝矣!"

无几何而往,则户外之屦满矣。

伯昏瞀人北面而立,敦杖蹙之乎颐,立有间,不言而出。

宾者以告列子,列子提屦,跣而走,暨于门,曰:"先生既来,曾不发药乎?"

曰:

"已矣,吾固告汝曰:人将保汝,果保汝矣!非汝能使人保汝,而汝不能使人无保汝也,而焉用之感豫出异[3]也?必且有感,摇而本才,又无谓也。与汝游者,又莫汝告也。彼所小言,尽人毒[4]也。莫觉莫悟,何相孰也!巧者劳而知者忧,无能者无所求,饱食而敖游，汎若不系之舟，虚而敖游者也！

"郑人缓也，呻吟裘氏之地。祇三年而缓为儒。河润九里，泽及三族，使其弟墨。儒墨相与辩，其父助翟。十年而缓自杀。其父梦之曰：'使而子为墨者，予也，阖胡尝视其垠[5]？既为秋柏之实矣！'

"夫造物者之报[6]人也，不报其人而报其人之天，彼故使彼。夫人以己为有以异于人以贱其亲，齐[7]人之井饮者相捽也。故曰：今之世皆缓也。自是，有德者以不知也，而况有道者乎！古者谓之遁天之刑。圣人安其所安，不安其所不安；众人安其所不安，不安其所安。庄子曰：'知道易，勿言难。知而不言，所以之天也；知而言之，所以之人也；古之人，天而不人[8]。'

"朱泙漫学屠龙于支离益，单[9]千金之家，三年技成而无所用其巧。圣人以必不必，故无兵；众人以不必必之，故多兵。顺于兵，故行有求[10]。兵，恃之则亡。

"小夫之知，不离苞苴竿牍，敝精神乎蹇浅[11]，而欲兼济道物，太一形虚。若是者，迷惑于宇宙，形累不知太初。彼至人者，归精神乎无始，而甘冥乎无何有之乡。水流乎无形，发泄乎太清。悲哉乎！汝为知在毫毛，而不知大宁！"

今译

列御寇前往齐国，半路返回，遇见伯昏瞀人。

伯昏瞀人说："为何这么快就回来了？"

（列御寇）说："我受了惊吓。"

（伯昏瞀人）说："受了什么惊吓？"

（列御寇）说："我在十家粥铺用餐，有五家为我优先服务。"

伯昏瞀人说："这样你就害怕了？"

（列御寇）说："我内心自矜有成，不能融化，以至于身形显露光焰，对外震慑人心，使人愿意馈赠于我，到头来会致我大患。这些店家无非卖些粥饭，盈利微薄，无权无势；他们尚且如此尊重我，何况那些握有权柄的万乘之君？身体操劳于国事、心知繁忙于政务的君王必定委托我重任，而后考核我的功绩。我岂能不受惊吓！"

伯昏瞀人说："你的观察很精准！你等着吧！人们将来追逐你。"

过了不久，伯昏瞀人又到了列御寇的家，看见门口摆满了宾客的鞋子。

伯昏瞀人面朝北，停下拐杖，顶着下巴，站立片刻，没有说话，转身就走。

迎宾的人报告了列子。列子提着鞋子，光着脚跑出来，追到院门口，说："先生既然来了，何不给个药方，帮我治病呢？"

（伯昏瞀人）说：

"算了吧！我早已告诉你，众人将要追逐你。果然今天来了这么多。你的病，不在于能让众人追逐，而在于不能让众人不追逐。这些尊崇对你有什么用处呢？你要让自己内心愉悦，感觉卓越而出众吗？这种优越感，会动摇你的材性。而且，这毫无意义啊！一心逐利而归附你的人，不会对你说半句真话；那些人的佞妄小言，全都是超级的毒药。那些不觉不悟的人，怎么会与你相熟相亲！巧者身劳，知者心忧，无能者无所求；饱腹而遨游，悠然往来，如一叶不系之舟，虚己而逍遥，能如此者，方为真人。

"郑国有个人，名叫缓，在裘氏那里小声诵书，三年后成为一介儒生，因为他的名声，仁义润泽邻里，恩惠施与三族。于是他让弟弟学习墨家的道术。后来兄弟二人展开儒墨之辩，其父偏袒墨家，缓愤愤不平，十年后自杀身亡。其父梦中见缓，缓在梦中责备父亲说：'让你的小儿子学习墨家的，不是我吗？这些年来，你何曾为我扫墓？我坟上的楸和柏，早就结出果实了呀！'

"造物者对人有所造就，不是赋予人以人为之性，而是赋予人天然之性，所以人遵循天性而可成就人生。像郑缓这样的人，自以为优异出众，甚至傲慢地轻贱自己的家人，就像同饮一口井水的邻里乡亲揪着头发相互厮打。所以说，当今的人，个个像郑缓，都自以为是。这种自以为是的傲慢，有德之人尚且认为不智，何况是有道之人呢！自以为是的人，时时承受着古时所说的'违背天道的刑罚'。圣人安于自然，不安于人为；众人安于人为，不安于自然。庄子说：'知道易，不言难。知而不言，依循天然；知而言之，依循人为。古之至人，依

天不依人。'

"朱泙漫跟从支离益学习屠龙术，耗尽了千金家财，三年后技术熟练，却发现没有地方可以施展本领。圣人不以争斗为必然，所以能够免于争战；众人认为争斗是必然，所以世上多兵战。战争之徒好战，乃是因为行事有所求。兵战乃凶事，凡是依恃武力的，必定走向灭亡。

"凡夫的心知，斤斤计较于茅草包土献礼、文书往还馈赠之类的细枝末节，一无益处，只是疲敝人的精神而已！这些人却像做梦一样，妄想自己能修炼真性，达于天道，兼及人物，使身形与灵虚贯通，齐于芴漠之一气。世俗之人，心中充满了迷惑，外不知宇宙之大；身形劳累疲乏，内不知太初之无。而达道的至人，精神返归于无始无物，甘心于无何有之乡的酣睡，如同流水畅行，乃至于无物之所，发散于至高清虚之境。可悲啊！你把心知用于外物的毫毛，却不知高远宁静的大道！"

[注]

[1]内诚不解，形谍成光：谍（dié），泄露。内心志气高昂而不能化解，外形就显露威赫的光焰。向秀注："未能悬解。"

[2]虀其所患：虀（jī），消解。

[3]感豫出异：自己感觉优越出众。

[4]人毒：注家争论颇多。成善楷《庄子笺记》认为是"鸩毒"脱误为"尢毒"；尢的篆字与"人"易混。尢，淫，甚也。

[5]埌：旧作良。陆德明《经典释文》："良，或作埌，音浪，冢也。"

[6]报：造就，赋予。

[7]齐：齐同，类似。多有注家误以为齐国之齐。

[8]天而不人：归于天然之道，而不是以人为标准。

[9]单：应为殚，殚尽，耗空之意。

[10]顺于兵，故行有求：恃武而好战，害人害己，乃自取灭亡之途。

[11]不离苞苴竿牍，敝精神乎蹇浅：苞，白茅，苴，土块；竿牍，竹片制

成的文书。喻庙堂虚礼和文版唱和之类,让人忙活得精神空虚而疲敝。

　　宋人有曹商者,为宋王使秦。其往也,得车数乘;王说之,益车百乘。
　　反于宋,见庄子,曰:"夫处穷闾陋巷,困窘织屦,槁项黄馘者,商之所短也;一悟万乘之主而从车百乘者,商之所长也。"
　　庄子曰:"秦王有病召医,破痈溃痤者得车一乘,舐痔者得车五乘,所治愈下,得车愈多。子岂治其痔邪?何得车之多也?子行矣!"

今译

　　宋人有个曹商,为宋王出使秦国。去的时候,宋王赐给马车数辆。到了秦国,得到秦王欢心,加赐马车一百辆。
　　回到宋国,来见庄子,说:"住在穷街陋巷,身上缺衣服,锅里没粮食,脖子瘦得像枯树,耳朵蜡黄像死尸,这个我可不擅长;至于当面会见万乘之君,身后跟随着马车百辆,本人说到就做到!"
　　庄子说:"秦王有毛病,征召医生,能破痈消溃的,赏车一乘;舌舔痔疮的,赏车五乘。治疗方法越下贱,得车越多。想必你是为秦王治痔去了?怎么得到这么多的车呢?走开!"

　　鲁哀公问乎颜阖曰:"吾以仲尼为贞干,国其有瘳乎?"
　　曰:"殆哉圾乎!仲尼方且饰羽而画,从事华辞,以支为旨,忍性以视民,而不知不信,受乎心,宰乎神,夫何足以上民!彼宜女与?予颐与?误而可矣!今使民离实学伪,非所以视民也,为后世虑,不若休之。难治也!"
　　施于人而不忘,非天布也,商贾不齿,虽以事齿之,神者弗齿。
　　为外刑者,金与木也;为内刑者,动与过也。宵人之离外刑者,金木讯之;离内刑者,阴阳食之。夫免乎外内之刑者,唯真人能之。

孔子曰："凡人心险于山川，难于知天。天犹有春秋冬夏旦暮之期，人者厚貌深情。故有貌愿而益，有长若不肖，有顺懁而达，有坚而缦，有缓而釬。故其就义若渴者，其去义若热。故君子远使之而观其忠，近使之而观其敬，烦使之而观其能，卒然问焉而观其知，急与之期而观其信，委之以财而观其仁，告之以危而观其节，醉之以酒而观其侧，杂之以处而观其色。九征至，不肖人得矣。"

今译

鲁哀公问颜阖："我想聘任仲尼做国家栋梁，鲁国的弊端有望痊愈了吧？"

（颜阖）说："鲁国将会变得岌岌可危！仲尼将会徒劳地用羽毛来修饰图画，以空言作为美辞，用枝节作为主干，坚忍心性以治理民众，而不知他自己缺乏忠信；不忠其心，不信其神，哪里会有资格来引导民众呢？孔子适合做你的栋梁之臣吗？我如今年迈，与仲尼一起娱乐，倒是可以的。如今你要民众远离实际，学习虚伪空论，这不是引导百姓的正道。为后世考虑，不如休止这个提议。否则，国家就危险了！"

布施恩惠于众人，而自己却念念不忘，这不是自然的布施。奸商小贩与众人不是同类，即使人们与他们有所接触，内心也不会认为他们是同类。

从外施加的刑罚，有刀斧锁铐，有桎梏棍棒；从内滋生的刑罚，有烦乱骚动，有偏激过烈。宵小之徒罹患外刑，忍受铁木刑具的拷打；罹患内刑，则忍受阴阳攻伐的煎熬。能够免于内外刑罚，只有真人才可以做到。

孔子说："大凡人心，其险恶超过深山大川，其难知超过浩渺苍天。天有春夏秋冬、白天黑夜，其变化规律可以预期；人的面貌厚重，内心实情深藏不露。所以，有人貌似诚恳而内心骄溢，有人貌似长者而其实不肖，有人貌似慎重达理而其实性情急躁，有人貌似坚强而其实刚愎自用，有人貌似亲切柔和而其实桀骜凶悍。所以看上去追求仁义如饥似渴的人，往往摈弃仁义如同逃避烹油烈火。考察君子的人品，使他去远处观其忠，近在身边观其敬，委以难题观其能，瞬间提问观其知见，约定期限观其信用，托管财宝观其廉，告之危急情形以观其气节，饮酒之后观其行则，男女杂处观其色态。九种征象具备了，君子小人，判然有别。"

> 正考父一命而伛，再命而偻，三命而俯，循墙而走，孰敢不轨！如而夫者，一命而吕巨，再命而于车上舞，三命而名诸父。孰协唐许！
> 贼莫大乎德有心而心有睫，及其有睫也而内视，内视而败矣！
> 凶德有五，中德为首。何谓中德？中德也者，有以自好也，而訾其所不为者也。穷有八极，达有三必，形有六府。美、髯、长、大、壮、丽、勇、敢，八者俱过人也，因以是穷；缘循、偃仰、困畏不若人，三者俱通达。知慧外通，勇动多怨，仁义多责。达生之情者傀，达于知者肖；达大命者随，达小命者遭。

今译

正考父初次得到任命，成为士，背躬了起来；又得到任命，成为大夫，腰就变得弯曲；再得到任命，成为卿相，整个身体俯伏朝下，扶着墙走路，一举一动，哪敢有半点儿越轨？至于那些凡夫俗子，一旦成为士，就昂首向天；二次升官，就在车上舞蹈；三次升官，就直呼父辈的名号。哪里比得上唐尧和许由的谦逊？

邪恶之最，是有心造作为德，而心中有眼；心中有眼而可以内视，于是专注自我；专注自我则导致德性败坏。

凶德有五种，其中最邪恶的，是自德居中。什么是自德居中？就是自以为是，自恋自好，以他人之是为非，诋之毁之。穷困有八个极端，通达有三个必然条件，刑罚有六腑。俊美，多髯，颀长，高大，强壮，华丽，勇毅，果敢，自以为有这八种美德，胜过他人，故而穷困潦倒。因缘顺道，俯仰屈伸，知困而畏，有此三者，遇事可以通达无碍。智、慧外通，显露不藏；好勇斗狠、动而不静，多有怨恨；自矜仁、义，诘责他人；通达生命之实情者，心胸岿巍；致力于知巧诡计者，格局狭小；通达天命的人，平安顺任大化之自然而然；苟活小命的人，不能超脱其周遭境遇的桎梏束缚。

人有见宋王者，锡车[1]十乘。以其十乘骄稚[2]庄子。

庄子曰："河上有家贫恃纬萧而食者，其子没于渊，得千金之珠。其父谓其子曰：'取石来锻之！夫千金之珠，必在九重之渊而骊龙颔下，子能得珠者，必遭其睡也。使骊龙而寤，子尚奚微之有哉！'今宋国之深，非直九重之渊也；宋王之猛，非直骊龙也；子能得车者，必遭其睡也。使宋王而寤，子为齑粉夫。"

今译

有人晋见宋王，得到十辆车的赏赐。他对庄子夸耀自己有十辆车。

庄子说："河边有一贫苦人家，靠编制芦苇过日子，有一天儿子潜入深渊，得到一颗价值千金的珍珠。老父说：'快拿石头来把它砸碎！千金的珍珠，必定藏在九重深渊，骊龙舌下；你能得到它，一定是正值骊龙打瞌睡；等它睁眼醒来，你小子的命还会活着吗？'如今，宋国昏暗深重，不止九重深渊；宋王残暴凶猛，更远非骊龙可比；你能得到十辆车子，必定是在他昏睡的时候；等他睁开眼醒过来，你就要被他砸成骨粉肉酱了！"

[注]

[1] 锡车：锡，同赐。
[2] 骄稚：颜色傲慢。

或聘于庄子，庄子应其使曰："子见夫牺牛乎？衣以文绣，食以刍叔[1]，及其牵而入于大庙，虽欲为孤犊，其可得乎！"

今译

有君王派人来，聘请庄子出仕。庄子对使者说："你可见过用于祭祀的牺牛吗？披着文采斑斓的绣衣，吃着青草和豆料。直到有一天，被人用绳子牵入太庙，那时它想要做一头与世无争的牛犊，还有机会吗？"

[注]

[1] 食以刍叔：食（sì），喂。刍，禾苗。叔，豆菽。

初，列子好游。

壶丘曰："御寇好游，游何所好？"

列子曰："游之乐所玩无故。人之游也，观其所见；我之游也，观其所变。游乎游乎！未有能辨其游者。"

壶丘曰："御寇之游固与人同欤，而曰固与人异欤！凡所见，亦恒见其变。玩彼物之无故，不知我亦无故。务外游，不知务内观。外游者，求备于物；内观者，取足于身。取足于身，游之至也；求备于物，游之不至也。"

于是列子终身不出，自以为不知游。

壶丘子曰："游其至乎！至游者，不知所适；至观者，不知所眂[1]。物物皆游矣，物物皆观矣，是我之所谓游，是我之所谓观也。故曰：游其至矣乎！游其至矣乎！①"

今译

早先，列子喜欢出游。

壶子说："御寇啊，你喜欢游是因为什么呢？"

列子说："游的乐趣在于观赏新颖变化。众人观看所见之物；我观察物之变化。游啊游！谁能分辨游原来有区别！"

壶子说："你说自己的游与人不同，是真的不同吗？能看见外物的人，自然会见到外物的变化呀。外物在变化，你自己也不停地变化。你只知游于外，却不知游于内。游于外的人，期望外物完备；游于内的人，期望自我充实。能在自身找到充实，才是真游；期待在外物找到完备，那不是真游。"

从此列子再也不出游，他认为自己还不懂得游的艺术。

壶子说："游，价值至高无比！至高之游，不知目的地在何方；至高之观，不知眼睛所见为何物。生物者不生，造物者非物；观生物者不是观物，观造化者方是畅游。这才是我说的游，才是我说的观啊。所以说：游，至高无比！游，至高无比！"

[注]

[1] 眠：视。

[释]

① 游其至矣乎：本节文字见于张湛注《列子·仲尼》。瑞士著名汉学家毕来德（Jean Francois Billeter）认为此段是庄子佚文。他在其影响广泛的《庄子四讲》和《庄子研究》中，运用"复调解读"方法，深入阐发庄子哲学在当代世界的文化指导意义，他的活动机能假说直接切入当代哲学关于意识和主体的核心问题，可以说是成功颠覆郭象以来《庄子》注疏学术传统的西方第一人。今将此段文字植入此处，有待高明批评。

鉴于庄子思想中"游"的重要地位，在此略作诠释。"游"，以及文中延伸讨论的"观"，是庄子人生价值定位的重要表述。物物，则是对游的定义。"物物而不物于物"，说明游之超越物的精神属性。神游六合之外，振于无境，其含义都是超然物外，超越时空和人类社群。从正面讲，"物物"可解释为：乘物而游心，在世而离世；忘物而进道，"堕肢体、去聪明"，摒弃对于俗世知识的依赖，物我两忘，虚静空灵，逍遥而游。故而说：游其至矣乎！人生的至高价值，可以通过"游"实现。庄子书中涉及神游、游心于物之初、游于无何有之乡、乘物以游心等处甚多，均可相互参照而发明其深厚意蕴。

庄子将死[1]，弟子欲厚葬之。

庄子曰："吾以天地为棺椁，以日月为连璧，星辰为珠玑，万物为赍送。吾葬具岂不备邪？何以加此！"

弟子曰："吾恐乌鸢之食夫子也。"

庄子曰："在上为乌鸢食，在下为蝼蚁食，夺彼与此，何其偏也！以不平平，其平也不平；以不征征，其征也不征[2]。明者唯为之使，神者征之。夫明之不胜神也久矣①，而愚者恃其所见入于人，其功外也[3]。不亦悲夫！"

今译

庄子将死，弟子想要厚葬他。

庄子说："我以天地为棺椁，日月为联璧，星辰为珠玑，万物为陪葬，这样的葬礼不是很完备吗？还需要加上什么呢？"

弟子说："我怕乌鸦和老鹰来争食夫子啊。"

庄子说："在地上，乌鸦和老鹰要来吃，在地下，蝼蛄和蚂蚁要来吃；夺走乌鸦老鹰的食物，送给蝼蛄蚂蚁，你怎么这样偏心呢？用不均的尺度做衡平，不是真衡平；用假凭据做验证，不是真验证。明，是心灵活动的彰显，神，是深藏不露的内证。明不能胜神，长久以来就已经验证无误；可人们还是凭借个人成心和知见，陷入人为的私意妄作，只知追求外显的事功。岂不令人悲叹！"

[注]

[1] 庄子将死：此四字可证此段文字为庄子后学所撰。《意林》引桓谭《新论》有《庄子》佚文，也有关于生死的主题："庄周病剧，弟子对泣之。应曰：'我今死，则谁先？更百年生，则谁后？先不得免，何贪于须臾？'"文辞意境均合庄子一贯风格。人生须臾，如白驹过隙，谁能止住时间之流，停下生死之轮？若要此生无悔，不应争先后，但笃行天道，薪尽可得火传。此佚文已补入

本书《至乐》正文。

［2］以不平平，其平也不平；以不征征，其征也不征：平，均平与否的标准；征，真实与否的验证；究竟什么是真知的标准和验证的尺度？人为，不可以僭越而冒充为天然。知道天和人的分别，才是至知！

［3］愚者恃其所见入于人，其功外也：愚人凭借自己的有限知见，陷入世俗的狭隘框架，追逐外物，迷失于功利一途。执迷于外物，心有隙而神不全，病久而难医。

［释］

① 明者唯为之使，神者征之。夫明之不胜神也久矣：明，启发，照亮。心光能照之人，只是起信使的作用；还要依靠心神的印证，才会有内在的自明。明是外铄，如教育；神，是自省，个人的觉悟。很久以来，明不能胜神，已经得到印证。心神不全的人不能获得灵感和洞见，因而不会接受有道者的教训。他们不能放弃固定的知见，不能消解封闭的自我观念。愚人从自己的有限知见出发，陷入世俗设定的狭隘框架，一味追逐外物，迷失于功利一途。执迷于外物，心有隙而神不全，病久而难医，此等世人迷途不返，让人悲叹。在登假之时，庄子仍然挂怀世人之苦，念念不忘解生民于倒悬的救济途径。后人评庄子"眼光极冷，而心肠极热"，岂是虚言？哲人临终之生死一叹，余音袅袅而千古流传！

外篇十四

庄子真义外篇第一

寓言

题解

寓言，是庄子最具个性和创造性的言说方式，是庄子推己及人而言道的利器。《庄子》文章的标志性风格，就是通过鲜活生动、趣味盎然的寓言叙事来揭示深邃奇绝的哲理。本篇有向秀注，可以断定在原始本外篇，撰者可能是蔺且。子游闻言进道，是点题之文；庄惠辩孔、曾子系心、魍魉问影、杨朱脱骄，都是文字简练而蕴藉丰厚，体现庄子寓言的奥妙。而旧版所谓"卮"言，实乃直白的"危"言，此关键一字，不可不察。

寓言十九，重言十七，危言[1]日出，和以天倪。

寓言十九，藉外论之。亲父不为其子媒。亲父誉之，不若非其父者也；非吾罪也，人之罪也。与己同则应，不与己同则反；同于己为是之，异于己为非之。

重言十七，所以已言[2]也。是为耆艾，年先矣；而无经纬本末以期年耆者[3]，是非先也。人而无以先人，无人道也；人而无人道，是之谓陈人。

危言日出，和以天倪，因以曼衍，所以穷年。

不言则齐，齐与言不齐，言与齐不齐也。故曰："言无言[4]。"

言无言。终身言，未尝言[5]；终身不言，未尝不言。有自也而可，有自也而不可；有自也而然，有自也而不然。

恶乎然？然于然；恶乎不然？不然于不然。恶乎可？可于可；恶乎不可？不可于不可。物固有所然，物固有所可。无物不然，无物不可。

非卮言日出，和以天倪，孰得其久[6]！

万物皆种也，以不同形相禅，始卒若环，莫得其伦，是谓天均。天均者，天倪也。

今译

寓意之言，十分有九；重复之言，十分有七；直白之言，日日偶出；依凭自然均平的天磨，调和经纬而一以贯之。

寓言，十分有九，借助叙事来论述义理。父亲不给儿子做媒。由父亲来称赞儿子，不如由他人来称赞。作为作者，我这样言说，不能怪罪我，要怪罪的是世人：凡与自己意见相同的，就应和；与自己意见不同的，就反对；意见相同的，就说"是"，意见不同的，就说"非"。

重言，十分有七，是引用已有之言；这些如同长者之言。如果没有以经统纬、以本织末的见识，只是年龄增长而变得老迈，那就不是领先的长者。没有领先的见识，即引领人生的道理，只能称为陈腐之人。

卮言，直白之言，日日偶出，以天均之磨相调和，蔓延生发而可应用无穷。

不言，则万物齐一。齐与言不齐，言与齐不齐。所以说：言无言。

言无言。终身言，未尝言。终身不言，未尝不言。有根由的可以认可，有根由的也可以不认可；有根由的可能确然，有根由的也可能不确然。

为何确然？确然就是确然；为何不确然？不确然就是不确然。为何认可？可就是可；为何不认可？不可就是不可。物都有其然，都有其可；无物不然，无物不可。

如果没有直白之言，调和天均而生发蔓延，如何能够言而有当，存世而长久？

万物都是天道的种子，分别以不同的形式相互连接而运转不停，始点与终点相扣如环，没有端倪可寻，没有穷尽之日，这就是天道的均衡。天道的均衡，就是天磨的循环往复。

[注]

[1] 危言：旧作"卮言"。郭象注："夫卮，满则倾，空则仰，非持故也。况之于言，因物随变，唯彼之从，故曰日出。日出，谓日新也。日新，则尽其自然之分，自然之分尽，则和也。"成玄英等追随郭氏，均释"卮"为满则倾、空则仰的酒器。战国和汉墓出土的古玉卮，都是端端正正的平底圆杯。谁曾见过酒满则倾倒的奇怪玉卮！郭注又说，话只要天天说，就会日新，就尽"自然之分"。

《经典释文·序录》中《庄子》篇目有"危言"。北京大学常森在"论《庄子》'卮言'乃'危言'之讹"一文中，做了详尽论证，精当而有据，今从之。详见下文[注] 6。

[2] 重言十七，所以已言：重（chóng），重复。已，已有。旧作"己"。不通。郭嵩焘注："《广韵》：重，复也。庄生之文，注焉而不穷，引焉而不竭者是也。郭云世之所重，作柱用切者，误。"

[3] 而无经纬本末以期年耆者：期，期限。耆（qí），年老。

[4] 言无言：旧作"无言"。"言无言"之前有"故曰"二字，可证此篇为弟子所撰，故引庄言。日本高山寺古抄本为"言无言"。成疏有"故曰言无言"。前一个"言"字可能是注者故意删除。郭象注："言彼所言，故虽有言而我竟不言也。"注意郭氏所用的"诠释"逻辑和所得结论：庄子不说自己的话，只说别人的话！

[5] 未尝言：旧作"未尝不言"。"终身言，未尝不言"，这根本不像人话。郭象注："虽出吾口，皆彼言耳。"我口中所说，都是他人的话？郭象注庄，竟然如此以意取舍，不惜浑水摸鱼而上下其手！成疏："此复解前言无言义。"成玄英毕竟是个老实疙瘩头，"言无言"，白纸黑字，竟然不曾涂掉！熟贼作案而痕迹如新，谁能替他清洗干净？

[6] 非危言日出，和以天倪，孰得其久：天倪，天磨；圆环往复，可消融犄角之突兀。参考《齐物论》"休乎天均"，《列御寇》"以不平平"。危，正，直。例如说"正襟危坐"。《论语·宪问》："邦有道，危言危行。"危言即直言。真人

直言，真实而情信。《天下》"以天下为沈浊，不可与庄语；以危言为曼衍，以重言为真，以寓言为广。"危言日出，以天均为度量，则可以言而有当，流传长久，赞于神明，充实而已。

庄子谓惠子曰："孔子行年六十而六十化。始时所是，卒而非之，未知今之所谓是，之非五十九非也。"

惠子曰："孔子勤志服知也。"

庄子曰："孔子谢之矣，而其未之尝言。孔子云：'夫受才乎大本，复灵以生[1]。鸣而当律，言而当法[2]。利义陈乎前，而好恶是非[3]，直服人之口而已矣。使人乃以心服，而不敢蘁[4]，立定天下之定[5]。已乎，已乎！吾且不得及彼乎！'"

今译

庄子对惠子说："孔子活到六十岁，而有六十年的变化，先前认定为是的，后来都终止于非。不知今天的是，会不会就像前五十九年一样，也被认定为非呢？"

惠子说："孔子勤勉不已，立志于终生追求知识吧？"

庄子说："孔子本人一定会谢绝你的这个赞语，虽然他未曾亲自这样说。孔子确曾说过：'禀受大道的才德，复归本性的灵动。鸣唱当合乎音律，言说当合乎法则。面前摆着利害和名义，口里却说什么好恶和是非，这样的言说只能服人之口，而不能服人之心。要使人心服，而不敢违逆，就必须以真正的天下之定则来定天下。罢了，罢了！我现在还未达到这个境界呢！'"

[注]

[1] 复灵以生：复归本性的灵动。人经过后天习染而加上了俗世的枷锁，需要"损之又损，以至于无为"，以便恢复天然的灵性，即"雕琢复朴"。"行年六十而六十化"，意为"六十年俱化"。《则阳》与此处相同。

[2]鸣而当律,言而当法:歌唱当合音律,言说当合法则。法,非今日所谓"逻辑",而是言之基本根据。西方学人与此观点相通的,是维特根斯坦。他在《逻辑哲学论》里指出,全部哲学问题都是基于对于语言的迷信和误用,即哲学家都是言而无当的。后期,他用"家族相似性"解释语言游戏的本质:一条棉线含有若干纤维,既有部分重叠而又层层接续,形成绵延不绝的纤维大家族。言说若有"道理",可使精神凸显而澄明。此"道理"可与庄子的"法"相印证。言说法则的独特立论,是庄子对中华文明和世界文明的一个重要贡献。

[3]利义陈乎前,而好恶是非:好恶是非,作动词用,整句是说:面对着眼前的利、义争夺,表达自己的好恶和是非。成善楷《庄子笺记》认为下脱"之"字,义通。面前摆着利益和名分,却为自己的好恶和是非,强辩不休,故孔子说,这种利益操弄的言语暴力,只能服人之口,而不能服人之心。

[4]蘁(wù):违逆。

[5]立定天下之定:以天下之定则来安定天下。唯有天道可作天下之定准。泛泛人言,岂可僭越而称天?

曾子再仕而心再化,曰:"吾及亲仕,三釜而心乐;后仕,三千钟而不洎[1],吾心悲。"

弟子问于仲尼曰:"若参者,可谓无所悬其罪乎?"

曰:"既已悬矣!夫无所悬者,可以有哀乐乎[2]?彼视三釜、三千钟,如鹳雀蚊虻[3]相过乎前也。"

今译

曾子再次出仕而心再化。他说:"我当年能服侍双亲,虽然俸禄只有三釜,内心却很快乐;现在俸禄三千钟,却没有机会给父母添水煮饭,我内心悲哀。"

弟子问孔子:"像曾参这样,能说是已经脱离了自心束缚的过失了吧?"

(孔子)说:"他已经被束缚住了!解脱了束缚的人,哪里还有什么哀和乐呢?无论是三釜,还是三千钟,在至人看来,都像是鸟雀蚊虻从眼前飞过一样啊。"

[注]

[1] 洎：洎（jì），篆字义为"向锅内添水"，此处喻为父母煮饭，服侍在旁。扣上文"吾及亲仕"。一个"洎"字，充分彰显了汉语古文单个字的活泼气韵。

[2] 可以有哀乐乎：乐，旧脱。

[3] 鹮雀蚊虻：鹮（huán），短腿鹭鸶，此处泛指水鸟；旧误作"观"。成疏：如鸟雀蚊虻。可证。

颜成子游谓东郭子綦曰："自吾闻子之言，一年而野，二年而从，三年而通，四年而物，五年而人来[1]，六年而鬼入，七年而天成，八年而不知死、不知生，九年而大妙。"

今译

颜成子游对东郭子綦说："自从我闻听先生教诲，一年恢复质朴，二年放弃固执，三年通道，四年与物齐同，五年众人来集，六年神明来舍，七年天然成就，八年不知有死有生，九年一体大妙。"

[注]

[1] 五年而人来：人，旧脱。张远山据成疏"为众归也"补正。

生有为死也：劝公以其私[1]。死也，有自也；而生阳也，无自也[2]。而果然乎？恶乎其所适？恶乎其所不适？天有历数，地有人据[3]，吾恶乎求之？莫知其所终，若之何其无命也？莫知其所始，若之何其有命也？有以相应也，若之何其无鬼邪？无以相应也，若之何其有鬼邪？

寓言

227

众罔两问于景曰："若向也俯而今也仰，向也括而今也被发；向也坐而今也起，向也行而今也止，何也？"

景曰："搜搜[4]也，奚稍问也！予有，而不知其所以。予，蜩甲也，蛇蜕也，似之而非也。火与日，吾屯也；阴与夜，吾代也[5]。彼，吾所以，有待邪[6]？而况乎以有待无者乎[7]！彼来则我与之来，彼往则我与之往，彼强阳则我与之强阳。强阳者[8]，又何以有问乎！"

今译

人，有生而作死者，那就是用一己之私，冒充天下之公。死，似乎有其根由；生，是纯然阳气的生发，似乎无任何根由。但果真如此吗？我们怎么能知道，死、生、有、无，何处有边界，何处无边界？天有历数，时空秩序运转不停；地有人据，事务繁复演进排布。我向何处求索真相？不知天道终于何处，怎知天命确实虚无？不知天道始于何处，怎知天命确实存有？如果有征象可作凭据，怎么能说一定没有鬼神？如果没有征象可作凭据，怎么能说一定有鬼神？

魍魉们对影子发问："你刚才俯身，现在仰头，刚才束髻，现在散发，刚才坐下，现在站起，刚才走路，现在止步，你怎么毫无操守啊？"

影子回答说："这算什么话呀，你不要这样问！我确是一个实有之物，但是我不知自己从何而来。我像是蝉壳，像是蛇蜕，可实际上都似是而非呀！火光和阳光照着，我就显现；阴暗和黑夜来临，我就消失。我时时跟随的那个人形，是我必须依待的一个实有之物吧？更何况我还有必须依待的非实物的道呢！那个并非实物的道，是一个'无物'，'无物'来，我随之来，'无物'往，我随之往，那个'无物'徘徊徜徉，非来也非往，我也徘徊徜徉，非来也非往。那个徘徊徜徉者，你和我又怎么知道应该如何追问呢？"

[注]

[1]生有为死也，劝公以其私：私，旧脱。陈景元《阙误》引张君房本有

"私"字。郭注云"由私其生",成疏云"私爱其生",可作旁证。本句理解历来有争议。今案:"也"应解作"者"。"生有为死者,劝公以其私",意义更通透。

〔2〕死也,有自也;而生阳也,无自也:自,由,根由。

〔3〕天有历数,地有人据:据,章太炎解为"勮",繁杂事务。也可引申为"剧",人间有杂剧也。

〔4〕搜搜:叟叟,淘米的声音。喻琐细无聊之事。《诗经·大雅·生民》:"释之叟叟,烝之浮浮"。

〔5〕火与日,吾屯也;阴与夜,吾代也:屯,驻扎。代,代谢。

〔6〕彼,吾所以,有待邪:注意断句。影子说:人形,是我所依待的,人形又有所依待。

〔7〕而况乎以有待无者乎:无,旧脱。郭注:"推而极之,则今之有待者至于无待,而独化之理彰。"郭氏将"以有待无"改作"有待至于无待"而倡自得、独化。郭庆藩据陈景元《阙误》引张君房本补"无"字作"而况乎以无有待者乎",误。

〔8〕强阳者:倘佯,运动貌。强阳者,暗喻道。扣"非来非往者":虽有倘佯运动,而实乃一如如不动者也。

阳子居南之沛,老聃西游于秦,邀于郊,至于梁而遇老子。老子中道仰天而叹曰:"始以汝为可教,今不可也。"

阳子居不答。至舍,进盥漱巾栉,脱屦户外,膝行而前,曰:"向者弟子欲请夫子,夫子行不闲,是以不敢。今闲矣,请问其故。"

老子曰:"而睢睢,尔盱盱[1],而谁与居[2]?大白若辱,盛德若不足。"

阳子居蹴然变容曰:"敬闻命矣!"

其往也,舍者迎将,其家公执席,妻执巾栉,舍者避席,炀[3]者避灶。其反也,舍者与之争席矣!

今译

阳子居要南行去沛，老聃要西行去秦，二人约定在郊区见面，到了梁，遇到老子。老子在途中仰天叹气，说："原先以为你可教，现在知道不行啊。"

阳子居没有说话。到了旅舍，侍候老子洗漱，然后脱鞋摆在户外，膝行向前，说："刚才弟子想请教，先生没有空，不敢问；现在得空，请指正弟子的过错。"

老子说："你目光朝天，神态傲慢，谁要和你相处呢？最大的洁白，如同墨迹；德心茂盛的人，好像有所欠缺而永远不自满。"

阳子居惭愧地变了脸色，说："先生的教诲，我明白了！"

在阳子居来的时候，旅舍的侍者出门恭迎，老板亲自作陪，老板娘亲自送上洗漱用具，吃酒席的人纷纷起身，向火取暖的人赶紧起身离开炉火。在回去的时候，旅舍里的人都和他抢座位。

[注]

[1]尔盱盱：尔，旧脱。刘文典据《列子·黄帝》补。盱盱，眼睛朝天直视，喻傲然不群。

[2]而谁与居：你与谁人可以并存呢？至人无己，唯有忘己者，可入天道，可与人共存。

[3]炀：向火。陆德明《经典释文》司马云："对火曰炀。"对火，向火，围炉烤火。

庄子真义外篇第二

山木

题解

"山木自寇",因有用于人。庄周游樊,感悟物累。孔子悟道而绝知捐俗。游于建德之国,因缘而率真,忘心而行道。真人真言,涵蕴光华,《山木》为文,质厚而隽永。大弟子蔺且,得庄子真心者也。

庄子行于山中,见大木,枝叶盛茂。伐木者止其旁而不取也。问其故,曰:"不材之散木[1],无所可用。"庄子曰:"此木以不材得终其天年。"

夫子出于山,舍于故人之家。故人喜,命竖子杀雁而享[2]之。竖子请曰:"其一能鸣,其一不能鸣,请奚杀?"主人曰:"杀不能鸣者。"

明日,弟子问于庄子曰:"昨日山中之木,以不材得终其天年;今主人之雁,以不材死。先生将何处?"

庄子笑曰:"周将处乎材与不材之间。材与不材之间,似之而非也,故未免乎累。若夫乘道德而浮游则不然。无誉无訾,一龙一蛇,与时俱化,而无肯专为[3];一下一上,以和为量[4],浮游乎万物之祖[5];物物而不物于物,则胡可得而累邪!此神农、黄帝之法则也。若夫万物之情,人伦之传,则不然。合则离,成则毁;廉则挫,尊则亏,有为则议[6],贤则谋,不肖则欺。胡可得而必乎哉[7]!悲夫,弟子志之,其唯道德之乡[8]乎!"

今译

庄子行于山中，见到一棵大树，枝叶茂盛。采伐木材的人在树下休息，却不砍伐。庄子问其原因，伐木者说："散木不成材，毫无用处。"庄子告诉弟子："这棵树因为不成材，得以终其天年，而不被人伤害。"

夫子走出山中，投宿在友人家里。友人很高兴，叫童子杀鹅备酒。童子问："两只鹅，一只能鸣，一只不能鸣，请问杀哪只？"主人说："杀那只不能鸣的。"

次日，弟子问庄子："昨天山中大树，因为不成材而得以终其天年；主人家的鹅，却因为不成材而死于刀下。先生，您会如何选择呢？"

庄子笑着说："那么，我就处于材与不材之间吧！材与不材之间的说法，似是而非，所以还是不能免于拖累。如果能乘道德而遨游天地，就可以免于拖累。无赞誉也无非难，一时如龙，一时如蛇；与时俱化，不固执于人为的分类；一时下行一时上行，而以天然和谐为量度。沉浮于万物之始源，化生万物而不为物执，哪里还有人生之累呢？这原是神农和黄帝的法则。至于众人的俗情，人伦的传统，就全然不同了：聚合则分崩离析，谋成则导向毁灭，刀刃锋利则会遭遇钝挫，独断尊荣则会有亏损，有为则招致非议，贤良则被人谋算，不肖无能则被人欺压。怎么能把人固定于一隅呢？悲乎！弟子谨记！进于道，循于德，才是人生的根本出路！"

[注]

[1] 不材之散木：五字旧脱。王叔岷、张默生据《事类赋》补。

[2] 享：旧作"烹"，误。王念孙等据《吕览·必己》校。

[3] 无肯专为：不愿固定在某个类别。拒绝被人为分类。

[4] 一下一上，以和为量：一下一上，旧作"一上一下"。俞樾、姚鼐等以"上""量"相韵校正。

[5] 万物之祖：祖，初始。万物之祖，未有万物之初，喻生物之道。

[6]尊则亏,有为则议:旧作"尊则议,有为则亏"。王叔岷据《吕览·必己》有"尊则亏"和《淮南子·说林训》有"有为则议"校正。

[7]胡可得而必乎哉:必,固执而不化,观念偏执,此处指将人当作物,来分类固化。参见《外物》首句"外物,不可必"。

[8]其唯道德之乡:乡,向。唯有道德走向,才是人生的真正出路。

市南宜僚见鲁侯,鲁侯有忧色。

市南子曰:"君有忧色,何也?"

鲁侯曰:"吾学先王之道,修先君之业;吾敬鬼尊贤,亲而行之,无须臾居[1]**。然不免于患,吾是以忧。"**

市南子曰:"君之除患之术浅矣!夫丰狐文豹,栖于山林,伏于岩穴,静也;夜行昼居,戒也;虽饥渴隐约,犹且胥疏于江湖之上而求食[2]**焉,定也;然且不免于罔罗机辟之患,是何罪之有哉?其皮为之灾也。今鲁国独非君之皮邪?吾愿君刳形去皮,洒心去欲,而游于无人之野。南越有邑焉,名为建德之国**[3]**。其民愚而朴,少私而寡欲;知作而不知藏,与而不求其报;不知义之所适,不知礼之所将。猖狂妄行,乃蹈乎大方**[4]**。其生可乐,其死可葬。吾愿君去国捐俗,与道相辅而行。"**

君曰:"彼其道远而险,又有江山,我无舟车,奈何?"

市南子曰:"君无形倨,无留居,以为君车。"

君曰:"彼其道幽远而无人,吾谁与为邻?吾无粮,饿无食[5]**,安得而至焉?**

市南子曰:"少君之费,寡君之欲,虽无粮而乃足。君其涉于江而浮于海,望之而不见其崖,愈往而不知其所穷。送君者皆自崖而反。君自此远矣!故有人者累,见有于人者忧。故尧非有人,非见有于人也[6]**。吾愿去君之累,除君之忧,而独与道游于大莫之国。"**

今译

市南宜僚见鲁侯,鲁侯面有忧色。

市南子说:"君侯面带忧色,为什么呀?"

鲁侯说:"我学习先王之道,修行先君之业;我敬奉神鬼,尊重贤人,亲身操劳躬行,从未懒惰懈怠,然而还是不免于祸患,为此我心里忧愁。"

市南子说:"君侯您呐,消除祸患的道术太浅薄了!丰腴华丽的狐狸,文采斑斓的豹子,栖息山林深处,隐伏岩洞之中,心神安稳,其德性为静;夜间行动,白昼潜伏,严守纪律,其德性为戒;即使饥渴难耐也能隐忍不发,到江湖上求食,倏忽出没,其德性为定;然而即便如此,还是不能免除祸患:不知何时何处,就会落入网罗和陷阱。狐狸豹子们有错吗?无非是因为皮毛贵重,才招来灭顶灾祸!如今的鲁国不就是君侯身上的华丽皮毛吗?我希望您能脱离形体,褪去皮毛,洗涤心灵,消除嗜欲,遨游于荒漠旷野。越国之南,有一个建德之国。那里的人民愚钝而纯朴,无私心,少欲望;只知劳作,不知匿藏,只知给予,不求回报;不知仁义躲在哪里,不知礼节用在何处;随心所欲而狂放自然,行事做人大方而合乎天道;他们在生活中得到欢乐,死后得到葬埋。我建议君侯离开邦国,舍弃俗世,跟随天道,行走远方。"

鲁侯说:"那里路远而危险,又有大江高山阻隔,我没有船,没有车,怎么走得了?"

市南子说:"君侯不以身形为倨傲,不以尊位为留恋,您就有船有车了!"

鲁侯说:"那里地处偏僻,荒无人烟,我去了跟谁做伴呢?没有粮,没有食,我怎么去得成呢?"

市南子说:"君侯减少靡费,清除物欲,即使没有粮食也足以生存。您渡过江河,浮游于大海之上,回首看不见此岸,前行越远,越不知前程有终点。送行的人们从岸边返回家乡,您一人自此孤独远行,再也看不见归处。所以说,占有和使役他人,自己必有祸患;占有人人羡慕的财物,自己必有忧愁。唐尧并不占有人,也不占有财物啊。我愿意为您卸下祸累的重担,清除忧虑的源头,让您独自乘道而游，去往大漠之野。"

[注]

[1] 无须臾居：旧作"无须臾离居"，俞樾校正。居，止。

[2] 犹且胥疏于江湖之上而求食：且，旧作"旦"。郭庆藩校：世德堂本作"且"。今从之。胥，片刻，时间短。疏，稀疏，空间大。

[3] 建德之国：庄子的理想国，素朴无私，作而不藏，不唱礼仪，猖狂大方。

[4] 猖狂妄行，乃蹈乎大方：自由任性而行，却合乎大道之方。《庚桑楚》谓"百姓猖狂，不知所如往。"

[5] 饿无食：饿，旧作"我"。今据陆德明《经典释文》"一本我作饿"校正。上文有"吾无粮"，不当重复"我"；用"饿"，则文字有曲折。

[6] 尧非有人，非见有于人也：有，占有。因私心贪婪，而以人为物，以我为尊而以人为役，从而失落人的本真天性，即"物于物"。扣上文建德之国人性"无私""不藏"之美质。以占有为尊荣，以占有之丰而炫耀于人，尧可不是这样的贪婪之人。此处可见庄子言语厚道，心肠柔软，不苛责于人。

方舟[1]而济于河，有虚船来触舟，虽有褊心之人，终不怒也[2]；忽有一人在其上，则一呼张之，一呼歙之[3]；一呼而不闻，再呼而不闻，于是三呼也，则必以恶声随之。向不怒而今怒，向虚而今实也[4]。人能虚己以游世，其孰能害之！

今译

两船渡河齐头并进，偶尔会相互磕碰；如果对方船上没有人，无论性情怎样急躁，也不会发怒。忽然看见对方船上有人，就会大喊大叫：赶快撑开！赶快收拢！第一声不听，再喊第二声，第二声还不听，第三声就要开骂了！起先不发怒，现在要发怒，是因为原来以为是空船，现在看到船上竟然有人，那就忍不住要骂人了！人啊，如果能够虚己以游世，谁能够伤害他呢？

[注]

[1] 方舟：两舟相并。《齐物论》"彼是方生"，也是用的这个文法，即彼是（彼此）相对，两者构成一个"方"。

[2] 终不怒也：四字旧作"不怒"。终、也二字，刘文典、王叔岷据《太平御览》《事类赋》补。

[3] 忽有一人在其上，则一呼张之，一呼歙之：旧作"有一人在其上，则呼张歙之。"刘文典、王叔岷据《太平御览》《事类赋》补"忽"字；马叙伦、刘文典据《北堂书钞》引文补。歙（xī），敛息，收拢。

[4] 向不怒而今怒，向虚而今实也：旧作"向也不怒而今也怒，向也虚而今也实"。刘文典、王叔岷据唐写本、《太平御览》、《事类赋》和《淮南子》校正。

北宫奢为卫灵公赋敛以为钟，为坛乎郭门之外。三月而成上下之悬。

王子庆忌见而问焉，曰："子何术之设？"

奢曰："一之间，无敢设也[1]。奢闻之：'既雕既琢，复归于朴。'侗乎其无识，傥乎其怠疑[2]；萃乎芒乎[3]，其送往而迎来；来者勿禁，往者勿止；从其强梁，随其曲傅[4]，因其自穷也[5]。故朝夕赋敛而毫毛不挫，而况有大途者乎！"

今译

北宫奢为卫灵公募捐造编钟，在城门口筑坛，三个月建筑完成，编钟悬挂整齐，音色铿锵。

王子庆忌到卫国，好生羡慕，问："你用了什么样的法术？"

北宫奢说:"我专一守中,哪敢擅用什么法术!我听闻:'经过雕琢,人失去了本性,只求恢复朴素和完整。'我无知无识,像个童子;无思无虑,像个呆子。茫忽昧忽,迎来而送往,来者不拒,去者不留。强梁有力的,随他;趋附顺从的,也随他,因应自然的变化,使人各尽其性罢了。所以,我天天募捐,而于人丝毫无伤,何况行于大道的至人呢!"

[注]

[1] 一之间,无敢设也:一,专一。间,心中。设,用。
[2] 怠疑:王念孙认为意近"怡痴",即呆痴。
[3] 萃乎芒乎:奚侗、王叔岷据《至乐》有"芒乎芬乎"而校作"芬乎芒乎"。
[4] 曲傅:同曲附。
[5] 因其自穷也:"也"字旧脱,刘文典、王叔岷据唐写本补。

仲尼闲居[1],子贡入侍,而有忧色。子贡不敢问,出告颜回。颜回援琴而歌。孔子闻之,果召回入,问曰:"若奚独乐?"

回曰:"夫子奚独忧?"

孔子曰:"先言尔志。"

曰:"吾昔闻之夫子曰:'乐天知命,故不忧。'回所以乐也。"

孔子愀然有间,曰:"有是言哉?汝之意失矣。此吾昔日之言尔,请以今言为正也。汝徒知乐天知命之无忧,未知乐天知命有忧之大也。今告若其实:修一身,任穷达,知去来之非我,亡变乱于心虑[2],尔之所谓乐天知命之无忧也。曩吾修《诗》《书》,正《礼》《乐》,将以治天下,遗来世,非但修一身、治鲁国而已。而鲁之君臣日失其序,仁义益衰,情性益薄。此道不行一国与当年,其如天下与来世矣[3]?吾始知《诗》《书》《礼》《乐》无救于治乱,而未知所以革之之方。此乐天知命者之所忧[4]。虽然,吾得之矣。夫乐而知者,非古人之所谓乐知也[5]。无乐无知,是真乐真知[6],故无所不乐，无所不知，无所不忧，无所不为。《诗》《书》《礼》《乐》，何弃之有？革之何为？"

颜回北面拱手曰[7]："回亦得之矣。"出告子贡。子贡茫然自失，归家淫[8]思七日，不寝不食，以至骨立[9]。颜回重往喻之，乃反丘门，弦歌诵书，终身不辍。

译文

孔子在家中闲坐着，子贡进来侍候，见他面带愁容。子贡不敢询问，出来告诉颜回。

颜回便开始弹琴歌唱。孔子听到琴声，便把颜回叫到身边，问："你为何独自快乐啊？"

颜回说："夫子为何独自忧愁啊？"

孔子说："先说你的心思。"

（颜回）说："我以前听夫子说：'乐于天道而安于命运，欣然无忧。'我因此而快乐。"

孔子脸色凝重，缓缓地说："我说过这话吗？你领会有错吧。那是我过去的话，要以今天的话为准。你只知其一，不知其二。乐天道而安命运，欣然无忧的人，也有大忧愁。今天我告诉你实情：修养自我，任凭命运穷富，超脱生死，不执着自我，心思不会被扰乱，这就是你所说的乐天道而安命运，欣然而无忧。我一向埋头于整理《诗》《书》，订正《礼》《乐》，打算以此治理天下，安顿万世，并不满足于修养自身、治理鲁国。鲁国的君臣一天天乱序，仁德日益衰败，人性日益浇薄。我的学说在一时一地都行不通，对天下万世又能怎样呢？我现在知道《诗》《书》《礼》《乐》对于治乱毫无用处！但我不知如何改变。所以说：乐天道而安命运，欣然无忧的人，实在是有大忧愁呀。话虽如此，我开始明白：我说的乐呀知呀，还不是古人的乐与知。无乐无知，才是真乐真知。所以，根本就不要规定什么乐不乐，知不知，忧不忧，为不为。《诗》《书》《礼》《乐》这一套，何必要丢弃呢？何必要改变呢？"

颜回向北深深拜揖，说："我也明白了。"他出来告诉子贡。子贡茫茫然像是丢了魂一样，回家后连着反省了七天，不睡觉不吃饭，弄得整个人骨立形销。颜回又去开导他一番，然后回到孔子门下，弹琴唱歌，诵书吟诗，终其一生不曾停止。

[注]

[1] 仲尼闲居：此章见于《列子·仲尼》，因述孔子忧心于"《诗》《书》《礼》《乐》无救于治乱"以及"此道不行一国与当年，其如天下与来世何？"不合有势者心意，故遭腐儒任意删除。文字意境与下章相接甚洽，植于此处，应当合宜。

[2] 亡变乱于心虑：杨伯峻《列子集释》："'亡'本作'止'，今从《藏》本、世德堂本、秦本正。"

[3] 其如天下与来世矣：杨伯峻："于省吾《易经新证》以为'矣'即《诗·召南·采蘩》'于以采蘩'之'以'，何也。"

[4] 此乐天知命者之所忧：杨伯峻："《太平御览》四六八引'此乐天知命者之所忧'下有'也'字。"

[5] 非古人之所谓乐知也：杨伯峻《列子集释》："'所谓'二字，各本皆倒作'谓所'，今从吉府本正。"

[6] 无乐无知，是真乐真知：与道同行，逍遥而已。故而无乐也无知。

[7] 颜回北面珙手曰：珙，旧作"拜"。王念孙："拜乃珙之讹。"杨伯峻："珙拜形相近而误也……即今'拱'字。"

[8] 洽：深也。

[9] 骨立：形容消瘦。

孔子围于陈蔡之间，七日不火食。

大公任往吊之，曰："子几死乎？"

曰："然。"

山木　239

"子恶死乎？"

曰："然。"

任曰："予尝言不死之道。东海有鸟焉，其名曰意怠。其为鸟也，翂翂翐翐[1]，而似无能；引援而飞，迫胁而栖；进不敢为前，退不敢为后；食不敢先尝，必取其绪。是故其行列不斥，而外人卒不得害，是以免于患。直木先伐，甘井先竭。子其意者，饰知以惊愚，修身以明污，昭昭乎如揭日月而行，故不免也。昔吾闻之大成之人曰：'自伐者无功，功成者堕[2]，名成者亏。'孰能去功与名，而还与众人？道流而不明居，德行而不名处[3]；纯纯常常，乃比于狂；削迹捐势，不为功名。是故无责于人，人亦无责焉。至人不闻，子何喜哉！"

孔子曰："善[4]！"辞其交游，去其弟子，逃于大泽，衣裘褐，食杼栗，入兽不乱群，入鸟不乱行。鸟兽不恶，而况人乎！

今译

孔子被围困在陈国和蔡国之间，七天没有吃一口热饭。

大公任去慰问他，说："你快要饿死了吧？"

"是的。"

"你怕死吗？"

"是的。"

大公任说："我尝试着言说一下不死之道。东海有一种鸟，名叫意怠。意怠飞得很迟缓，好像软弱无能的样子；它们前后接成队列飞行，互相靠近而栖息；在前的不能突出，落后的不能掉队；有食物不敢先尝，一定要跟在大家后面。所以，它们的行列不乱，外敌无法加害，故而能免于祸患。直木先伐，甘井先竭。你总是装出文质彬彬很有学问的样子，来吓唬笨头笨脑的老百姓，修饰自身来彰显他人的卑贱污浊，明晃晃地像是高举日月行走在人间。所以你才走到今天的地步啊。从前，我闻听大成至人说：'自认为了不起的人，难成大事。自矜于事功的人，必定有软肋；夸耀名声的人，必定有亏欠。'谁能忘掉功和名，而返回自己的本性而与众人相随？大道周流而不显示某种具体的样子，真德遍行而不停止在某个处所；纯粹而恒常，可以比拟为狷狂；削去形迹，弃绝权势，不求功名。所以，无所苛责于他人，他人也不会苛责你。至人不求名闻，你为何这样迷恋名声啊？"

孔子说："谢谢教诲！"他辞别故交旧友，遣散弟子，逃入江湖；穿粗布衣服，采食野果；走入兽群，众兽不惊乱；步入鸟阵，鸟群不变行。连鸟和兽都不讨厌他，何况人呢？

[注]

[1]盼盼狋狋：盼（fēn）盼狋（zhì）狋，飞行迟缓貌。

[2]功成者隳：隳（huī），毁坏。旧讹作"堕"。奚侗、刘文典、王叔岷校正。

[3]道流而不明居，德行而不名处：道、德对举，流而不居，行而不处，意义高远，文义清楚。旧作"道流而不明，居得行而不名处"。郭象注："彼皆居然自得此行耳，非有名而后处之。"郭象改"德"为"得"，以"居得行"来断句，并以此谬解"物各自得"之歪理邪说。

[4]善：旧作"善哉"。"哉"字衍。张远山校正。

孔子问子桑雽[1]曰："吾再逐于鲁，伐树于宋，削迹于卫，穷于商周，围于陈蔡之间。吾犯此数患，亲交益疏，徒友益散，何与？"

子桑雽曰："子独不闻假之亡人与？林回[2]弃千金之璧，负赤子而趋。或曰：'为其布与？赤子之布寡矣；为其累与？赤子之累多矣；弃千金之璧，负赤子而趋，何也？'林回曰：'彼以利合，此以天属也。'夫以利合者，迫穷祸患盖相弃也；以天属者，迫穷祸患盖相收也[3]。夫相收之与相弃亦远矣，且君子之交淡若水，小人之交甘若醴。君子淡以亲，小人甘以绝，彼无故以合者，则无故以离。"

孔子曰："敬闻命矣！"徐行翔佯而归，绝学捐书，弟子无揖于前，其受益加进[4]。

异日，桑雽又曰："舜之将死，直命[5]禹曰：'汝戒之哉！形莫若缘，情莫若率。'缘则不离，率则不劳。不离不劳，则不求文以持形；不求文以持形，固不持物[6]。"

今译

孔子问子桑雽："我有两次被人从鲁国放逐，我靠过的大树被宋人砍倒，留下的脚印被卫人铲除，在商周故地陷入困境而走投无路，在陈蔡之间被围困七天七夜。经过这些患难遭遇，我的亲友越来越疏远，弟子们有很多离我而去，这是为什么呢？"

子桑雽说："你听说过殷人逃亡的事情吗？林回扔掉价值千金的玉璧，背着小儿子逃命。路上有人说：'你这是何苦呢！是为利吗？小孩子能值几个钱！你这是找罪受吧？逃跑的路上背着个孩子，真够你受的。抛下玉璧而背负孩童，你这人脑子有毛病啊！'林回说：'玉璧与我，只是利益；孩子与我，是天性的归属。'因为利益走到一起，大祸临头时，必然会相互离弃；因为天性归属走到一起，大祸临头时，必然会相依为命。相互离弃，相依为命，能同日而语吗！君子之交淡如水，小人之交甘若醴；君子之交清淡而常亲，小人之交重利而绝情。那些人与你相交时并无真情分，与你分手时当然也没有真情分。"

孔子说："敬闻教诲！"踟蹰慢步回到家中，弃绝一切世间学问，抛开各类官册文书，告诉弟子免除拜揖的礼仪教条；为弟子授业修道，进步神速。

又过了几天，子桑雽对孔子说："舜临死，语重心长地告诫禹：'你要戒慎恐惧！形体不妨随缘，性情务必率真。'形体随缘，就不会罹患，性情率真，就不会累心。不罹患，不累心，就不必用文饰来保持自身；不用文饰来保持自身，就不必持守任何外物。"

【注】

［1］子桑雽:《大宗师》有"子桑户"。或云庄子师从长桑公子。

［2］子不闻殷之亡人与? 林回:"殷之亡人",旧作"假人之亡"。马叙伦:"假为殷之误。"司马注:林回,"殷之逃民之姓名"。

［3］迫穷祸患盖相弃也;以天属者,迫穷祸患盖相收也:盖,大概。旧作"害"。"迫穷祸患"四字连读。

［4］徐行翔佯而归,绝学捐书,弟子无挹于前,其受益加进:翔佯,旧作"翔佯"。挹,同揖。受,旧作"爱"。今案:依庄子义,师不当"爱"徒。受,同授,即传道授业。

［5］直命:旧作"真泠"。司马本作"直泠",泠通"命"。

［6］则不求文以持形;不求文以持形,固不持物:持,持守。旧作"待",成善楷《庄子笺记》校为"持",今从之。持形,保养自身。持物,持守外物,即占有。

庄子衣大布而补之,正緳系履[1]而过魏王。

魏王曰:"何先生之惫邪?"

庄子曰:"贫也,非惫也。士有道德不能行,惫也;衣弊履穿,贫也,非惫也,此所谓非遭时也。王独不见夫腾猿乎? 其得楠梓豫章也,揽蔓其枝而王长其间,虽羿、蓬蒙不能眄睨[2]也。及其得柘棘枳枸[3]之间也,危行侧视,振动悼栗,此筋骨非有加急而不柔也,处势不便,未足以逞其能也。今处昏上乱相之间,而欲无惫,奚可得邪? 此比干之见剖心,征也夫!"

今译

庄子路过魏国,粗布大衣上缝了补丁,草鞋系着麻绳,顺道去见魏王。

魏王说:"先生怎么这般困顿呀?"

庄子说:"我只是贫穷,而不是困顿。士人听闻道德,却不能亲身实行,那是人生的困顿;衣服鞋子破旧,只是贫穷而已,不是困顿。现在人们都在说时运无道。君王没有见过在树上飞荡的猿猴吗?它们得以身处楠梓榆樟之类的大树高处,攀揽横枝成为宫殿,自己做主,在林中为王。即使有后羿和逢蒙,也无法窥见它们,哪里有机会施射呢!如果它们身处柘棘枳枸的荆棘丛中,则只能聚精会神观望,小心翼翼行走,整日里战战兢兢发抖。不是它们忽然间筋骨变得僵硬,动作不再灵活,只是因为处境实在险恶,它们的才能无法发挥作用。如今人们处于昏君和乱相之间,要想脱离困顿的处境,怎么可能呢!比干被独夫用刀子挖去心脏,就是一个明显的证据啊!"

[注]

[1] 正緳系履:緳(xié),麻绳。履(lǚ),草鞋。

[2] 眣睆:斜眼窥视,觊觎。

[3] 柘棘枳枸:柘(zhè),带刺的灌木。棘,荆棘。枳(zhǐ),俗称臭桔。枸(gòu),同构,构树即楮实。楮实子,古代医家用作潜阴补阳之药。

孔子穷于陈蔡之间,七日不火食。左据槁木,右击槁枝,而歌焱氏之风[1],有其具而无其数,有其声而无宫角。木声与人声,犁然有当于人之心。颜回端拱还目而窥之。

仲尼恐其广己而造大也,爱己而造哀也[2],曰:"回,无受天损易,无受人益难。无始而非卒也,人与天一也。夫今之歌者其谁乎!"

回曰:"敢问'无受天损易'。"

仲尼曰:"饥渴寒暑,穷桎不行,天地之行也,运化之泄也[3],言与之偕逝之谓也。为人臣者,不敢去之。执臣之道犹若是,而况乎所以待天乎?"

"何谓'无受人益难'?"

仲尼曰："始用四达，爵禄并至而不穷。物之所利，乃非己也，吾命有在外者也[4]。君子不为盗，贤人不为窃，吾若取之，何哉？故曰：鸟莫知于鹢鸸，目之所不宜处，不给视，虽落其实，弃之而走。其畏人也，而袭诸人舍，社稷存焉尔[5]！"

"何谓'无始而非卒'？"

仲尼曰："化其万物而不知其禅之者，焉知其所终？焉知其所始？正而待之而已耳。"

"何谓'人与天一邪'？"

仲尼曰："有人，天也；有天，亦天也。人之不能有天，性也[6]。圣人晏然体逝而终矣！"

今译

孔子被围困在陈蔡之间，七天不能生火做饭。他左手扶着一棵枯树，右手拿木枝敲击树干，口中唱着炎帝时代的歌谣。他敲击木枝笃笃作响，没有完整的音乐旋律；他发出的声音干枯迟涩，没有伴奏和鸣。木声和着人声，如同犁头划进泥土，开出层层波浪，与人心律动相应合。颜回在一旁拱手侍立，侧耳倾听而不敢直视。

孔子唯恐颜回因为崇敬老师而夸大其词，也怕他因为爱惜老师而制造悲哀的氛围，说："颜回啊！不因天命而使性情受损，还容易；不因人为而使性情受益，就很难。任何起始，都已经指向了终结之处；人与天本来合一（故当忘我）。当下的歌唱者又是谁呢？"

颜回说："请问，什么叫作'不因天命而使性情受损'？"

孔子说："饥渴寒暑，使人困顿而闭塞不畅，这是天地运行的节奏，人只能与它协同变化，就是常说的顺其自然。为人臣为人子的，不敢违背君王和父母，遵从人道尚且如此，何况遵从天道呢？"

"什么叫作'不因人为而使性情受益'？"

孔子说："如果一开始出仕，就闻达四方，官爵有了，利禄也有了，从此源源不断，富贵尊荣一起来，那是外来的利益，不是我的本性如此，我的命是受制于外的。君子不做强盗，贤人不做小偷。我要是捞取利益，那算什么呢？俗语说：鸟类的智慧没有超过燕子的。眼睛不相宜的处所，即使近在咫尺也不细看；树上的果实落到它头上，还是弃之不顾而飞走。燕子怕人，但是会飞入人舍，在社庙里筑巢得以安身。"

"什么叫作'任何一个起始，都已经指向了终结之处'？"

孔子说："万物化生而不知相继者是谁，如何知道一物之终点在何处、其始点在哪里？唯有自正而待天然之进化，如此而已！"

"什么叫作'人要与天合一'？"

孔子说："人为，是出于天然，天性，也是出于天然；人不能尽有天然，是出于人的性分有限定。圣人安然于体道行道，日日新又日新，如逝水长流而终其天年，如此而已！"

[注]

[1] 焱氏之风：焱，同炎，火盛之貌；旧讹作"猋"，犬走之貌。焱氏之风，炎帝时候的歌曲。

[2] 广己而造大也，爱己而造哀也：因为推崇孔子而大造舆论，因为爱戴孔子而营造哀伤气氛。

[3] 运化之泄也："化"，旧作"物"。刘文典据陈景元《阙误》引江南本校正。

[4] 吾命有在外者也："有"，旧作"其"。唐写本作"有"。宣颖、刘文典、王叔岷、张远山校正。

[5] 其畏人也，而袭诸人舍，社稷存焉尔："舍"，旧作"间"。郭注、成疏都作"人舍"。燕子怕人，但是会飞入人舍，在社庙里筑巢，得以安身而保生命无虞。因为社庙是人们崇敬的地方，故不会无故杀生。此句是孔子解释自己为何要入世：不是为了获取个人利益，而是为了行道于人间。

[6] 人之不能有天，性也：人不能尽有天然，是出于人的性分有限定。故此，至人安然行道而无憾终身，绝不僭越本分而称自己拥有天道。

庄周游于雕陵之樊，睹一异鹊自南方来者。翼广七尺，目大运寸，感周之颡，而集于栗林。

庄周曰："此何鸟哉！翼殷不逝，目大不睹。"褰[1]裳躩步，执弹而留之。睹一蝉，方得美荫而忘其身。螳螂执翳[2]而搏之，见得而忘其形；异鹊从而利之，见利而忘其真。

庄周怵然曰："噫！物固相累，二类相召也。"捐弹而反走，虞人逐而谇之。

庄周反入，三日不庭[3]。

蔺且从而问之，"夫子何为顷间甚不庭乎？"

庄周曰："吾守形而忘身，观于浊水而迷于清渊。且，吾闻诸夫子曰：'入其国，从其俗[4]。'今吾游于雕陵而忘吾身，异鹊感吾颡，游于栗林而忘真，栗林虞人以吾为戮，吾所以不庭也。"

今译

庄周观游于雕陵的篱笆外面，看见一只奇异的大鸟从南方飞来，翅膀舒展有七尺长，眼睛睁圆有一寸宽。它掠过庄周头顶，然后落在栗树林中。

庄周很惊奇，说："好怪的鸟啊！翅膀很长却不会高飞，眼睛很大却不能见人。"他拎起衣角，快步跟随，手执弹弓，瞄准怪鸟，准备射它。这时他看到一只夏蝉，正在树荫下抒情歌唱，不知自己身处险境。蝉的身后有一只螳螂举起带齿刃的双臂，准备出手搏击。它看到口腹小利，就忘记了自己的形体。那只怪鸟也在螳螂身后步步迫近，眼里只有即将到口的美食，全然不顾自己身处险境。

庄周此时猛然惊醒，说："啊呀！万物本来就有利益链条的牵绊，不同类属之间会招引攻杀、吞噬。"他抛掉弹弓，回头就跑。栗林小吏从后面一直紧追不舍，厉声质问庄周。

庄周回到家，三天心情不平静。

蔺且问庄子："夫子近日为何面色不平和？"

庄子说："我追随外物而忘记了自身，观照浊水而不见清渊。蔺且啊，我的老师说过：'入其国，从其俗。'我游于雕陵，忘记了自身；怪鸟掠过我的头顶，游于栗林，忘记了自己身处险境；我又遭到栗林小吏的误会和责问。故此我心中不能平静。"

[注]

［1］褰（qiān）：撩起；旧讹作"蹇"（jiǎn），跛足，形近而误。
［2］翳：藏箭矢的袋囊，喻兵器。成善楷引《说文》："翳，藏弓弩矢器也"。"医"为"翳"的假借字。
［3］三日不庭：三日，一作"三月"，存疑待考。庭，通"廷"，平整。不庭，心情不平静。
［4］入其国，从其俗：旧讹作"入其俗，从其令"。张远山据《淮南子·齐俗训》校正。

阳子之宋，宿于逆旅。逆旅之人[1]有妾二人，其一人美，其一人恶。恶者贵而美者贱。
阳子问其故，逆旅小子对曰："其美者自美，吾不知其美也；其恶者自恶，吾不知其恶也。"
阳子曰："弟子记之：行贤而去自贤之心[2]，安往而不爱哉！"

今译

杨朱要到宋国去，途中住宿在旅店。店主人有两个老婆，一个貌美，一个貌丑。貌丑的受尊重，貌美的受轻贱。
杨朱询问其中缘由。年轻的店主人回答说："貌美的那一位自以为美，我不觉得她有什么美；貌丑的那一位自以为丑，我不觉得她有什么丑。"
杨朱对弟子说："弟子谨记！行贤，要去除自以为贤的成心，无论走到哪里，不是都会受尊重吗？"

[注]

［1］之人，旧脱"之"字，王叔岷据陈景元《阙误》引刘得一本校正。

［2］去自贤之心：去除自以为是的傲慢。心，旧作"行"。王叔岷据陈景元《阙误》引刘得一本校正。此章言去自贤之心，与《寓言》篇杨朱去傲的故事相互发明。

庄子真义外篇第三

达生

题解

通达生命实情，形神葆全无隙，蹈水入火而不惧，不用规矩自徜徉。外物者非物，能游心者而无往不适；天而不人，故神开以明，岂用醉酒以保身？神人逍遥于宇宙之外，鸥鸟高飞于海外天上，野兽不入于庭园藩篱。王夫之说：此篇深至，得庄子之真。

达生之情者，不务生之所无以为；达命之情者，不务命之所无奈何[1]。养形必先之以物，物有余而形不养者有之矣；有生必先无离形，形不离而生亡者有之矣。生之来不能却，其去不能止。悲夫！世之人以为养形足以存生；而养形果不足以存生，则世奚足为哉！虽不足为而不可不为者，其为不免矣！

夫欲免为形者，莫如弃事[2]。弃事则无累，无累则正平，正平则与彼更生，更生则几矣！事奚足弃而生奚足遗？弃事则形不劳，遗生[3]则精不亏。夫形全精复，与天为一[4]。天地者，万物之父母也。合则成体，散则成始。形精不亏，是谓能移。精而又精，反以相天。

今译

通达人生之实情的人，不会致力于追求人生不可能之事。通达天命之实情的人，不会致力于天命所限定的无可奈何之事。保养身形必须依赖物资，但物资有余却身形不养的人不在少数；葆全天性离不开身形，但身形健康却丧失天性的人不在少数。生来,不能阻挡,死去,无法挽留。可悲呀!世上的人们以为养身就足以全生!而养形不足以全生,世事又有什么值得追求的呢?世事不值得追求,而又不能不有所作为,于是人们就只能忙着养形了。

在养形之外还有所追求的人,不如摒弃俗事。摒弃俗事则不累,不累则身正心平,身正心平则顺道更生,日日新又日新,就接近于德性完全了。俗事为何要摒弃,生命为何要忘怀?摒弃俗事就会身形不劳,忘怀生命就会精神无亏。身形健全,精神复朴,就与天合一。天地,是万物的父母,合则成此物之实体,散则为彼物之兆始。身形精神不亏,就可以推移绵延,炼精养神而循环递进,返璞归真而合于天道。

[注]

[1] 达命之情者,不务命之所无奈何:命,旧讹作"知",或遭篡改。《养生主》"公文轩见右师"有郭(或向秀)注:"是以达生之情者,不务生之所无以为,达命之情者,不务命之所无奈何也,全其自然而已。"可证"知"为"命"之误。武延绪、刘文典、王叔岷、张默生、严灵峰等校正。

[2] 弃事:事,旧作"世"。王叔岷、张远山校正。下文"事奚足弃"可为旁证。

[3] 遗生:忘生。不以己有知而有为益生。此句表明庄子非功利的人生观。

[4] 形全精复,与天为一:形体健全而无恙,精神复归朴素纯一,就可以与天合一。养生包括养形和养神两个方面,庄子更强调精神归一、超越生死对待的引领作用。《养生主》"薪尽火传"的含义,即形体虽化而精神常存。

列姑射山在海河洲中[1],山上有神人焉,吸风饮露,不食五谷;心如渊泉,形如处女;不偎不爱[2],仙圣为之臣;不畏不怒,愿悫[3]为之使;不施不惠,而物自足;不聚不敛,而己无愆[4]。阴阳常调,日月常明,四时常若,风雨常均,孕育常时,年谷常丰;而土无札伤[5],人无夭恶,物无疵厉,鬼无灵响焉。

今译

河入大海，东方有洲，名为姑射列山。山上居住着神人，吸风饮露，不食人间五谷；心如渊泉般纯洌，形如处子般柔情；若隐若现难见到，仙人圣人甘为臣仆；无惧无怒容貌平和，人民淳朴诚愿相助；不施恩惠，万物自足；不聚不敛，生活富足。阴阳调和，日月常明，四时有序，风平雨顺，化育有时，年年丰收；土地滋润，万物不伤，人众康健，虫草无灾也无恙，鬼魅无形也无响。

[注]

[1] 列姑射山在海河洲中：通行本无此章，此章见于张湛注《列子·黄帝》。《逍遥游》已见，乃一事二叙，参差而互文。今判定为《庄子》佚文，植入此处。

张湛引陆德明《经典释文》：射音夜。《山海经》曰：姑射国在海中，西南环之。从国南水行百里曰姑射之山。又西南行三百八十里，曰姑射山。郭云："河水所经海上也。言遥望诸姑射山，行列在海河之间也。"此文标明有郭象注（或原为向秀注），疑为庄子佚文。

《经典释文·序录》言：郭象所见庄子原书"言多诡诞，或似《山海经》，或类占梦书，故注者以意去取"。"似《山海经》"是郭象删除《庄子》原文"十分有三"的重要理由之一。此文内容与《山海经》有重叠，又多言神仙奇诞，所以"注者以意去取"，故在删除之列。

[2] 不偎不爱：忽隐忽现。陆德明《经典释文》：或隐或显，隐约可见之意。《山海经》曰：北海之隅，其人水居偎爱。隐偎也。《字林》云：偎，仿佛见不审也。

[3] 愿悫：愿悫（què），诚恳淳朴之人。

[4] 无愆：愆（qiān），贫乏。

[5] 孕育常时，年谷常丰，而土无札伤：孕，旧作"字"，形近而误。土，地。札伤，死伤。陆德明《经典释文》引郑众注《周礼》云：越人名死为札。

子列子问关尹曰:"至人潜行不窒,蹈火不热,行乎万物之上而不栗。请问何以至于此?"

关尹曰:

"是纯气之守也,非知巧果敢之列[1]。居,予语女!凡有貌象声色者,皆物也,物与物何以相远?夫奚足以至乎先?是形色而已[2]。则物之造乎不形,而止乎无所化。夫得是而穷之者,物焉得而止焉!彼将处乎不淫之度,而藏乎无端之纪,游乎万物之所终始。壹其性,养其气,合其德,以通乎物之所造。夫若是者,其天守全,其神无郤[3],物奚自入焉!

"夫醉者之坠车,虽疾不死。骨节与人同,而犯害与人异,其神全也。乘亦不知也,坠亦不知也,死生惊惧不入乎其胸中,是故遻物而不慑。彼得全于酒而犹若是,而况全于天乎[4]?圣人藏于天,故物莫之能伤也[5]。

"复仇者,不折镆干;虽有忮心者,不怨飘瓦,是以天下平均。故无攻战之乱,无杀戮之刑者,由此道也。不开人之人,而开天之天[6]。开天者德生,开人者贼生[7]。不厌其天,不忽于人,民几乎以其真。"

今译

列子求教于关尹:"至人潜入深渊不会窒息,蹈入烈火不觉炽热,行走于万物之巅而不战栗。请问怎么才能做得到?"

关尹说:

"至人的境界乃是葆守纯和元气的结果,不是凭借智巧勇敢的作用。坐下来,我告诉你。凡是具有貌相声色的,都是物,物与物相去会很远吗?那么为何有的在前,有的在后?无非都是形色而已。物都是从无形的造化而出生,至于有形而终结。众人只是在养形上下功夫,怎么会走上正道呢?至人,处于和谐不偏的中道,藏于循环无端的枢纽,游于万物终始的原点,纯一其真性,葆养其真气，和合其真德，能通达造化万物的天道。这样的至人，天性守护完全，神志贯通无隙，外物岂能撄扰其天性的运作？

"醉汉从马车上坠落，即使有磕碰之伤，也不会丢掉性命。他的骨节与别人一样，受伤害的程度不一样，是因为其心神完整。乘车不知情，坠车也不知情，死生惊惧的观念根本不曾进入胸中，所以与外物碰撞也不知害怕。一个醉汉，仅仅借助酒力而葆全心神，就有如此的效应，何况至人顺应天道而永葆神全呢！圣人把自己藏于自然，所以外物对他没有伤害。

"存心复仇的人，不会去针对敌人用过的一把宝剑；性情忌恨的人，不会因为风吹落瓦片砸到他身上而发怒，这是因为，天然的力量可以均平人为的是非。所以，要消除攻伐的乱局，避免杀戮的刑罚，必须经由此道。不要开启属人的人道，而要开启属天的天道；开启恢宏的天道，就能养护生命；开启狭隘的人道，就是戕害生命。常守天性而永不自满，人性日新而无所疏忽，民众即可近于率真而行。"

[注]

[1] 列：通"烈"，作用，结果。注家多解为"类"或"例"，未当。

[2] 形色而已：形，旧脱。向秀注："同是形色之物耳，未足以相先也。以相先者，唯自然耳。"

[3] 其天守全，其神无郄：郄，同隙，隙缝，缺漏。天性守一而得全，神识无缺而灵动。神灵无隙，是贯穿《庄子》全书的一个关键论点。如何避免心灵割裂而成碎片化的垃圾场，乃当代人恢复精神健全的切近命题。

[4] 彼得全于酒而犹若是，而况全于天乎：此句下，向秀有两条注："醉故失其所知耳，非自然无心也"；"得全于天者，自然无心，委顺至理也。"

[5] 圣人藏于天，故物莫之能伤也：郭象注："不窥性分之外，故曰藏也。"

[6] 不开人之人，而开天之天：不要开启属人的人道，要开启属天的天道。人的天性中，也有情欲好恶、是非分别，一旦开启便会错综蔓延而无穷无尽；天道无所不包而平均化齐，才是唯一出路。可参考《寓言》"言与齐不齐"和"言无言"的论述。旧作"人之天"，张远山注：刘文典据陈景元《阙误》引刘得一

本作"人之人"校正。

[7] 开天者德生,开人者贼生:德生,得到性命;贼生,戕害性命。德、贼二字均作动词用。生,同"性"。

仲尼适楚,出游林中[1]**,见佝偻者承蜩,犹掇之也。**

仲尼曰:"子巧乎,有道邪?"

曰:"我有道也。五六月,累丸二而不坠,则失者锱铢[2]**;累三而不坠,则失者十一;累五而不坠,犹掇之也。吾处身也,若橛株拘**[3]**;吾执臂也,若槁木之枝。虽天地之大,万物之多,而唯蜩翼之知。吾不反不侧,不以万物易蜩之翼,何为而不得!"**

孔子顾谓弟子曰:"用志不分,乃凝于神。其佝偻丈人之谓乎!"

丈人曰:"汝蓬衣徒也,亦何知问是乎?修汝所以,而后载言其上。"[4]

今译

仲尼要去楚国,在林中漫游,看见一位驼背老丈手持竹竿捕蝉,就像用手指拿捏一样便捷。

仲尼说:"老丈如此灵巧!你有道吧?"

(老丈)说:"我有道。要练习五六个月,杆头叠起两个弹丸而不坠落,就会成功多,失手少;叠三个弹丸不坠落,就差不多十拿九稳;叠五个弹丸不坠落,就像随手拾物。我身体直立,就像一个枯树桩;我举起手臂,就像一段干树枝;天高地广,万物繁多,我只知道有蝉翼。不瞻前,不顾后,天下万物都不能换这蝉翼,怎会不得心应手呢?"

孔子回头对弟子说:"用志不分,心神合一,说的就是这位驼背老丈啊!"

老丈说:"你是个蓬衣的儒士,怎么懂得问这种事呢?收起你那些老把戏,再说上一等的道理吧!"

[注]

[1] 出游林中：游，旧作"于"，刘文典据《太平御览》校。

[2] 累丸二而不坠，则失者锱铢：向秀注："累二丸而不坠，是用手之停审也；故承蜩所失者，不过锱铢之间耳。"

[3] 橛株枸：橛，旧作"厥"；陆德明《经典释文》：一本作"橛"。枸，即构树，旧作"拘"，《太平御览》作"枸"。

[4] 丈人曰："汝蓬衣徒也，亦何知问是乎？修汝所以，而后载言其上"：此处二十一字旧脱。蓬，旧作"逢"。《列子·黄帝》此句下向秀注："儒服宽而长大者。"可证此句遭郭象妄删。"修汝所以，而后载言其上"，张湛注："反于自然之道，然后可载此言于身上也。"张注不妥。修，俞樾认为是剪刈之意。载，再。《知北游》老聃教训孔子："疏瀹而心，澡雪而精神，掊击而知。"可以参考。庄子精神贯通一气，下通而上达，十分欣赏那些由术而进道的工匠，如解牛，潜水，斫轮，御车，等等，《庄子》书中例证甚多。庄子心灵哲学的奥秘，于此可窥见一斑。道枢一贯而流布万端，"知雄而守雌"，此中消息，唯有道而能实行者可知。

海上之人有好鸥鸟[1]者，每旦之海上，从鸥鸟游，鸥鸟之至者百住[2]而不止。其父曰："吾闻鸥鸟皆从汝游，汝取来，吾玩之。"明日之海上，鸥鸟舞而不下也。

今译

海上有人爱鸥鸟，每天去海上，与鸥鸟一起游玩，鸥鸟飞来，数百上千。他父亲说："听说鸥鸟都跟你一起游玩，你去捉一些来，供我把玩。"

第二天到了海上，成群的鸥鸟在天空飞舞，一只也不肯下来。

[注]

[1]鸥鸟:《列子·黄帝》作"沤鸟"。谢灵运《山居赋》:"抚鸥鲅而悦豫,杜机心于林池。"自注:"庄周云:海人有机心,鸥鸟舞而不下。"《世说新语·言语》"佛图澄与诸石游"句下刘孝标注:"林公(即支道林)以石虎为海鸥鸟。"下文接着说:"《庄子》曰:海上之人好鸥者,每旦之海上,从鸥游,鸥之至者数百而不止。其父曰:'吾闻鸥鸟从汝游,取来玩之。'明日之海上,鸥舞而不下。"今认定为《庄子》佚文,植于"仲尼适楚"一章后,顺序与《列子》相同。

[2]百住:百数。

周宣王之牧正有役人梁鸯者,能养野禽兽,委食于园庭之内,虽虎狼雕鹗之类,无不柔驯者。雄雌在前,孳尾成群,异类杂居,不相搏噬也。

王虑其术终于其身,令毛丘园传之。

梁鸯曰:"鸯,贱役也,何术以告尔?惧王之谓隐于尔也,且一言我养虎之法。凡顺之则喜,逆之则怒,此有血气者之性也。然喜怒岂妄发哉?皆逆之所犯也。夫食虎者,不敢以生物与之,为其杀之之怒也;不敢以全物与之,为其碎之之怒也。时其饥饱,达其怒心[1]。虎之与人异类,而媚养己者,顺也;故其杀之,逆也。然则吾岂敢逆之使怒哉?亦不顺之使喜也。夫喜之复也必怒,怒之复也常喜,皆不中也。今吾心无逆顺者也,则鸟兽之视吾,犹其侪也[2]。故游吾园者,不思高林旷泽[3];寝吾庭者,不愿深山幽谷,理使然也。"

今译

周宣王的畜牧府里有一个仆役,名叫梁鸯,善于驯服野禽兽,饲养在园庭之内,即使是虎狼雕鹗,也都柔顺服帖。雄雌在前成双成对,后面跟从着成群的幼崽，各类动物杂居相处和睦，而不会彼此搏杀啃噬。

宣王考虑到梁鸯的驯养术可能会在他身后绝传，就下令让毛丘园传其衣钵。

梁鸯说："我呀，只不过是一个下贱的仆役，我能传给你什么术呢？怕大王会责备我隐瞒，姑且说说我养虎的方法吧。顺着就高兴，逆着就发怒，凡是有血气的，都是这样的脾性。喜怒的发作，并非无章可循，都是逆着其脾性才发怒。所以，养虎的人，不敢喂它活物，因为杀死活物会触发怒气；也不敢喂它全物，因为撕碎全物会触发怒气。要把握其饥饱，调达其怒气。老虎与人异类，却取媚于养虎的人，是因为养虎的人顺着它。它要扑杀的，都是逆着它脾性的。我哪里敢逆着它让它发怒呢？当然也不能顺着它让它过于高兴。高兴过后就发怒，发怒过后就高兴，都不是中和的状态。现在我的心态是不顺也不逆。鸟兽看我，就像看它们的同类一样。所以，在我的园林里游荡的，不再思量高林大泽；在我的庭院中居留的，不再向往深山幽谷。这是有其道理的。"

[注]

[1]达其怒心：向秀注："达其心之所以怒而顺之也"。其中"食虎者……故其杀之，逆也"片段见于内篇《人间世》。细读全文，应该是《人间世》引自本文。全文自成一体，前后连贯，且描摹生动，义理隽永，实为战国时代的文章。可认定为《庄子》佚文。此见于《列子·黄帝》。张湛注《列子》，收录保存古文献之功，不可磨灭！

[2]侪（chái）：同类。

[3]游吾园者，不思高林旷泽：游吾园，游其樊。野禽兽游于樊笼既久，而忘却山林旷泽。众鸟兽此游，非彼游也。庄子曰："吾亡是非，不亡彼此。"吾自适其适，而不愿为彼。嵇康《与山巨源绝交书》说自己："又读《庄》、《老》，重增其放，故使荣进之心日颓，任实之情转笃。此犹禽鹿，少见驯育，则服从教制；长而见羁，则狂顾顿缨，赴蹈汤火；虽饰以金镳，飨以嘉肴，愈思长林而志在丰草也。"嵇康似乎是针对此文此园而有此感慨。世间凡物可以拘束，出类拔萃而清绝无待者，唯求其放达而已矣！

状不必童而智童[1]，智不必童而状童[2]。圣人取童智而遗童状，众人近童状而疏童智。状与我童者，近而爱之；状与我异者，疏而畏之。有七尺之骸，手足之异，戴发含齿，倚而趣者[3]，谓之人；而人未必无兽心。虽有兽心，以状而见亲矣。傅翼戴角，分牙布爪，仰飞伏走，谓之禽兽；而禽兽未必无人心。虽有人心，以状而见疏矣。庖牺氏、女娲氏、神农氏、夏后氏，蛇身人面，牛首虎鼻[4]：此有非人之状，而有大圣之德。夏桀、殷纣、鲁桓、楚穆，状貌七窍，皆同于人，而有禽兽之心。而众人守一状以求至智，未可几也[5]。黄帝与炎帝战于阪泉之野[6]，帅熊、罴、狼、豹、貙、虎为前驱，雕、鹖、鹰、鸢为旗帜，此以力使禽兽者也。尧使夔典乐，击石拊石，百兽率舞；箫韶九成，凤皇来仪：此以声致禽兽者也。

然则禽兽之心，奚为异人？形音与人异，而人不知接之之道焉[7]。圣人无所不知，无所不通，故得引而使之焉。

禽兽之智有自然与人童者，其齐欲摄生[8]，亦不假智于人也。牝牡相偶，母子相亲；避平依险，违寒就温；居则有群，行则有列；小者居内，壮者居外；饮则相携，食则鸣群。太古之时[9]，则与人同处，与人并行。帝王之时[10]，始惊骇散乱矣。逮于末世，隐伏逃窜，以避患害。今东方介氏之国[11]，其国人数数解六畜之语者，盖偏知之所得。太古神圣之人，备知万物情态，悉解异类音声。会而聚之，训而受之，同于人民。故先会鬼神魑魅，次达八方人民，末聚禽兽虫蛾[12]。言血气之类心智不殊远也[13]。神圣知其如此，故其所教训者无所遗逸焉。

今译

形状不相同的，智慧却相通；智慧不相通的，形状却相同。圣人选取相通的智慧，而不选取相同的形状。众人选取相同的形状而不选取相通的智慧：形状与自己相同的，便亲之爱之；形状与自己不同的，便疏远而畏惧。凡是身高七尺，手与脚样子两样,头上长发,口中生齿,两脚站立、快步行走的,都叫作人;人未必没有禽兽之心。即使有禽兽之心,因为有人的形状,也能被人亲近。凡是身上长翅,头上生角,龇着牙齿,张着脚爪,抬头会飞,低头能跑的,都叫作禽兽,而禽兽未必没有人心。即使有人心,因为有禽兽的形状,却被人疏远。伏羲氏、女娲氏、神农氏、夏后氏,有的样子像蛇身人面,有的像是牛头虎鼻,形状异于众人,却有大圣的品德。夏桀王、殷纣王、鲁桓公、楚穆王,面貌与七窍都和人们一样,却有禽兽之心。众人坚持从人的外形出发,去追求至高的智慧,根本就没有希望啊!黄帝在阪泉之野与号称炎帝的蚩尤作战,帅熊、罴、狼、豹、貙、虎作前驱,以雕、鹖、鹰、鸢作旗帜。黄帝是以勇力役使禽兽。唐尧使夔主管音律,敲磬奏乐,百兽合着节拍齐舞;《萧韶》九曲演成,凤凰都来朝拜;唐尧是用音乐来指挥禽兽。

而禽兽之心,为什么与人隔绝不通呢?因为形状与声音,异于人类,众人不知道如何与它们交接。而圣人无所不知,无所不通,所以能接引并役使禽兽。

禽兽的智慧生来就可与人相通。它们懂得满足嗜欲,养生益寿,从不需要假借人类的智慧。它们雌雄结伴,母子相亲;远离平地,依托险峻;逃离阴寒,寻求温阳;安居时合群,出行时成列;幼弱在里,强壮在外;饮水时彼此提携,吃食时呼叫群众。上古时代,它们同人一起居住,一同出行。到了五帝的时代,开始受惊吓而散乱。等到乱世来临,它们只能隐伏潜藏,或逃窜远方,以免杀身之患。现在东方有个介氏国,国人勉强听得懂六畜的语音,大概是保留了一点古人的智慧吧。上古的神人圣人,熟知各种生灵的内在性情,通晓异类的音声表达,所以,就把它们会聚成群,施行训教,同人类没有两样。所以古人说,先会合鬼神妖怪,然后沟通八方人民,最后再聚集禽兽昆虫。这是说,凡是有血气的动物,情感和智慧,并不疏远而隔断。神人圣人明白这个道理,他们所训教的种类,不会有遗漏。

[注]

[1] 此章原在《列子·黄帝》,通行本无。应为郭象所删。考其文脉,应在

梁鸯养兽一章之后。《庄子·山木》："入兽不乱群，入鸟不乱行。鸟兽不恶，而况人乎！"庄子在濠上有知鱼之乐，鸟兽视梁鸯如其侪，均与全书思路一以贯之。此篇主题，涉及人兽心智比较问题，动物间关系的深度生态伦理问题，以及地球生物演化的方向问题，等等，意义深远，不可小觑。

［2］童：张湛注：当作"同"。也可释为"通"。下文诸处，同此。

［3］倚而趣者：直立行走。倚，双脚直立。趣，趋，步行疾趋。

［4］庖牺氏、女娲氏、神农氏、夏后氏，蛇身人面，牛首虎鼻：传说中庖牺氏、女娲氏、神农氏、夏后氏都有似人形又似神怪的面貌。或者古时有戴面具的习俗，以至于有此传说。

［5］众人守一状以求至智，未可几也：几，同"冀"，希望。按照人的外形去追求至高的智慧，根本就没有希望！卢重玄曰："人不知含生之物神同形殊，以为忧惧，乃以状貌同异以为亲疏者，惑矣。故《庄子》曰：物所齐有者为神，故神为养生之主也。"

［6］黄帝与炎帝战于阪泉之野：黄帝与自号炎帝的蚩尤战于涿鹿，古籍中说法不一。此处所谓炎帝应是神农氏之后裔。《韩非子·十过》："黄帝合鬼神与西泰山之上，驾象车而六蛟龙，毕方并辖，蚩尤居前。"似乎蚩尤曾是黄帝从属。后文所说"帅熊、罴、狼、豹、䝙、虎为前驱，雕、鹖、鹰、鸢为旗帜"之事，多见于《山海经》。不应将其看作仅仅是图腾崇拜。"使四鸟"之类的传说，古人当深信不疑，他们相信前人确实与禽兽相通，不仅可以"引而使之"，而且能利用其作为战争利器。

［7］人不知接之之道焉：人，旧本脱。陆德明《经典释文》："不知接之之道"作"人不知接之之道焉；一本无人字。"人，今人，众人。

［8］齐欲摄生：齐，整治，料理；此处指设法满足。摄，维护，保养。

［9］太古之时：远古，上古。即燧人、伏羲、神农三皇时代。

［10］帝王之时：相传是黄帝、颛顼、帝喾、唐尧、虞舜五帝时代。

［11］介氏之国：周代东夷古国，位于山东胶州，有狩猎、饲养之技，善解兽语。《左传·僖公二十九年》：介葛卢闻牛鸣，曰："是生三牺，皆用之矣！其音云。"听到牛的悲鸣，就知道其三子被用于牺牲。

［12］禽兽虫蛾：蛾，陆德明《经典释文》：一作"蚁"。

［13］血气之类心智不殊远也：凡是有血肉的（动物），心智相通，而不会完全隔断。人与动物界的连接、贯通，乃地球上各个物类之间共情关心、和合相处的基本条件。庄子这一判断，为我们善待其他物种提供了深层（生态）伦理的基本依据。

颜渊问乎[1]仲尼曰："吾尝济乎觞深之渊矣，津人操舟若神。吾问焉，曰：'操舟可学邪？'曰：'可。能游者可教也，善游者数习而后能[2]。若乃夫没人，则未尝见舟而便操之也[3]。'吾问焉而不吾告，敢问何谓也？"

仲尼曰："能游者之可教也，轻水故也。善游者之数习而后能也，忘水故也[4]。若乃夫没人之未尝见舟而便操之也，彼视渊若陵，视舟之覆，犹其车却也。覆却万方陈乎前，而不得入其舍，恶往而不暇！以瓦注者巧，以钩注者惮，以黄金注者殙。其巧一也，而有所矜，则重外也。凡外重者，内拙[5]。"

今译

颜回求教于仲尼："我曾经在觞深之渊渡河，摆渡者驾船的技术神出鬼没。我向人家请教，说：'驾船可以学吗？'说：'可以啊。会游泳的才可以教。游泳高手，练习几下就会了。能够深潜水而行的，初次见到船，一上手就会了。'我问他怎么操作，他不告诉我。这是怎么回事？"

仲尼说："会游泳的人可以教他驾船，是因为他熟悉水性；游泳高手学得快，是因为他能忘记水性；潜水的人不学而能，是因为他见水如同见陆地，见船在水上倾覆，如同见车轮倒行。宇宙万方，颠倒倾覆于至人眼前，也不会搅扰其心神，这样的人无往而不利！用瓦片赌博轻松而灵巧，用带钩下注则心有忌惮，用黄金做赌注就会头脑发昏。赌博的技巧没有变，心中有顾虑，就会看重外物。看重外物的人，内德会有亏。"

[注]

[1] 颜渊问乎:乎,旧脱,据张湛注《列子·黄帝》补。

[2] 能游者可教也,善游者数习而后能:此句旧作"善游者数能",据《列子·黄帝》补。向秀注:"其数自能也,言其道数必能不惧舟也。"郭象注:"数习而后能"。

[3] 则未尝见舟而便操之也:便,便捷;《列子·黄帝》作"谡",立即也。向秀注:"能鹜没之人也。"即像野鸭一样潜水的人。

[4] 能游者之可教也,轻水故也。善游者之数习而后能也,忘水故也:两句旧作"善游者数能,忘水也",王先谦、刘文典等校正,张远山《庄子复原本》有详注。

[5] 外重者,内拙:物于物者,神亏。有土者,德损。

田开之见周威公,威公曰:"吾闻祝肾学生,吾子与祝肾游,亦何闻焉?"

田开之曰:"开之操拔簪[1]以侍门庭,亦何闻于夫子!"

威公曰:"田子无让,寡人愿闻之。"

开之曰:"闻之夫子曰:'善养生者,若牧羊然,视其后者而鞭之。'"

威公曰:"何谓也?"

田开之曰:

"鲁有单豹者,岩居而谷饮[2],不与民共利,行年七十而犹有婴儿之色,不幸遇饿虎,饿虎杀而食之。有张毅者,见高门县薄,无不趋[3]也,行年四十而有内热之病以死。豹养其内而虎食其外,毅养其外而病攻其内。此二子者,皆不鞭其后者也。

"仲尼曰:'无入而藏,无出而阳,柴立其中央[4]。'三者若得,其名必极。夫畏途者,十杀一人,则父子兄弟相戒也,必盛卒徒而后敢出焉,不亦知乎!人之所取畏者,衽席之上,饮食之间,而不知为之戒者,过也!"

今译

田开之见周威公。威公说:"我听说祝肾在研究养生,先生师从祝肾学道,有什么见闻呢?"

田开之说:"我在夫子那里,只是拿着扫帚清理庭院的,哪里会听闻夫子说什么道术呢?"

威公说:"田先生不要太谦虚啊。我是真想听一听。"

开之说:"我听夫子说:'善于养生的,就像牧羊一样,看准落后的羊,加以鞭策。'"

威公说:"这是什么意思呢?"

开之说:

"鲁国有个人叫单豹,居住在深山岩穴之下,非山泉澧水不饮,凡与民争利之事不为,行年七十,犹有婴儿一般的容貌颜色。不幸走路遇到饿虎,被老虎杀死吃掉了。还有一个人叫张毅,不论是高门大户,还是茅草棚屋,他都能做到亲疏无间。很不幸,行年四十,感染了热病,早早就去世了。单豹养其内,而老虎食其外,张毅养其外,而病攻其内,这两位都是不知道鞭策后进的例子啊。

"仲尼说:'入水不宜太深藏,出山不宜太阳刚,树木于环山近水之央。'这三项都能做到,就必定是至人。旅途艰险多难,十人中有一人被害,父子兄弟必定相互告诫,结队成群才出行,绝对不敢落后,这不是很有智慧吗?人啊,最需要谨慎对待的地方,是衽席之上,饮食之间。然而人们不知有所戒惧,可真是大过错。"

[注]

[1] 拔篲:扫帚。

[2] 谷饮:在山谷中喝溪水;旧作"水饮",马叙伦、刘文典、王叔岷、

张远山据《太平御览》七二零、《淮南子·人间训》校正。

［3］见高门县薄，无不趋：见，旧脱。刘文典、王笑渔据陈景元《阙误》引刘得一本、《淮南子·人间训》补正。高门，富户。县薄，悬帘作门，穷家。趋，快步走，喻趋奉；旧作"走"。

［4］无入而藏，无出而阳，柴立其中央：此句解说纷纭。张远山《庄子复原本》今译："不要出世而隐藏，不要入世而张扬，要像柴垛那样立于中央。"不妥。此三句均为比喻，不宜用概念来框定。结合文义"鞭打后进"的主题，今用形象化的处理方法：入于水底，则过于阴深，出乎山峰，则过于阳刚，傍山近水的开阔坡地，最适于树木生长。

祝宗人玄端以临牢筴，说彘曰："汝奚恶死？吾将三月豢汝，七日戒，三日斋[1]，藉白茅，加汝肩尻乎雕俎之上，则汝为之乎？"

为彘谋，曰："不如食以糟糠而错之牢筴之中。"自为谋，则苟生有轩冕之尊，死得于腞楯之上，聚偻之中[2]，则为之。

为彘谋，则去之，自为谋，则取之。所异彘者，何也！

今译

祭祀主官头戴黑色的冠冕，来到牢笼旁边，对小猪说："你为什么要怕死呢？我要好好地喂你三个月，然后戒色七天，吃斋三日，拿洁白的茅草厚厚铺垫，把你的肩臀放置在木漆雕花的案板上面，这样子你还不愿意做牺牲吗？"

为小猪谋划，就说："吃的是有滋有味的糟糠，住的是结结实实的牢笼，作为牺牲，你还想怎么样呢？"为自己谋划，就说：活着要尊贵，坐的是高头马车，戴的是黑色礼帽；死了有哀荣，棺材上雕着花纹，下葬用豪华车轿运送；如此活法（以及死法），还不满意吗？

为小猪谋划，心里想的是从牢笼里逃走；为自己谋划，心里想的是赶紧攫取官位。请问主官大人，人和猪的区别，究竟是什么呢？

[注]

[1]七日戒，三日斋：七，旧作"十"，王叔岷校正。斋，旧作"齐"，字通。

[2]腞楯之上，聚偻之中：腞（zhuàn）楯（shǔn），运灵柩的车。聚偻（lóu），雕花的棺材。

桓公田于泽，管仲御，见鬼焉。

公抚管仲之手曰："仲父何见？"

对曰："臣无所见。"

公反，诶诒为病[1]，数日不出。

齐士有皇子告敖者，曰："公则自伤，鬼恶能伤公！夫忿滀之气，散而不反，则为不足；上而不下，则使人善怒；下而不上，则使人善忘；不上不下，中身当心，则为病。"

桓公曰："然则有鬼乎？"

曰："有。沈有履。灶有髻。户内之烦壤，雷霆处之；东北方之下者，倍阿鲑蠪跃之；西北方之下者，则泆阳处之。水有罔象，丘有峷，山有夔，野有彷徨，泽有委蛇。"

公曰："请问委蛇之状何如？"

皇子曰："委蛇，其大如毂，其长如辕，紫衣而朱冠。其为物也，恶闻雷车之声，见人则捧其首而立[2]。见之者殆乎霸[3]。"

桓公辴然而笑曰："此寡人之所见者也。"

于是正衣冠与之坐，不终日而不知病之去也。

今译

齐桓公在湖泽畋猎，管仲驾车，桓公看见了鬼。

桓公抓住管仲的手，问："仲父看见了什么？"

管仲说:"臣什么也没有看见。"

返回宫殿,桓公呆呆地发愣,像是生了病,好几天不肯出门见人。

齐国有个士人,叫皇子告敖,他对桓公说:"主公是自己吓唬自己,鬼怎么会伤害你呢?忿气散而不返,则真气不足;忿气上行不下,就使人易怒;忿气下行不上,使人善忘;忿气不上不下,郁结在心,就会生病。"

桓公问:"那么真的有鬼吗?"

回答说:"有啊。湿地里有鬼叫履,灶膛有鬼叫髻,厕所有鬼叫雷霆,东北角有鬼叫倍阿、鲑蠪,西北角有鬼叫泆阳,江河有鬼叫罔象,丘陵有鬼叫峷,山峰有鬼叫夔,旷野有鬼叫彷徨,湖泽有鬼叫委蛇。"

桓公问:"委蛇长得什么样?"

皇子说:"委蛇,头大如车轮,身长似车辕,穿紫衣,戴红帽。它胆子很小,特别害怕听到雷声轰鸣和车轮滚动的声音,看见人就用手捂脸。要是有人能看到委蛇,恐怕就要做天下的霸主了。"

桓公愉悦而大笑,说:"寡人见到的,就是这个鬼!"

于是端正衣冠,与皇子告敖对坐畅谈,不知不觉间,当天病就好了。

[注]

[1]骇佁为病:骇(ǎi)佁(yǐ),痴呆。旧作"誒詒"。形近而误。

[2]见人则捧其首而立:"见人"二字旧脱,刘文典、王叔岷校正。

[3]见之者殆乎霸:见鬼者,殆乎霸!殆,推测词,或许。心中有鬼自见鬼,谁说《庄子》不委蛇!

纪渻子为王养斗鸡。

十日而问:"鸡已乎?"曰:"未也,方虚憍而恃气。"

十日又问,曰:"未也,犹应向景[1]。"

十日又问,曰:"未也,犹疾视而盛气。"

十日又问,曰:"几矣,鸡虽有鸣者,已无变矣,望之似木鸡矣,

达生

其德全矣[2]。异鸡无敢应，见者反走矣[3]。"

今译

纪渻子为周宣王养斗鸡。

十天后宣王问："鸡养成了吗？"纪渻子回答说："不行，还是昂头挺胸，骄傲而任气。"

十天后又问，回答说："不行，听到声音、见到影像还是有反应。"

十天后又问，回答说："不行，还是怒目而视，盛气凌人呢。"

十天后再问，回答说："差不多了。别的鸡还会鸣叫，但它内心根本不为所动，外表显得呆若木鸡，其德性已经恢复完全；别的鸡根本就不敢照面，看到它转身就逃。"

[注]

[1] 犹应向景：向，响。景，影。对于影像和声响，还会作反应。

[2] 似木鸡矣，其德全矣：呆若木鸡，不玩把戏，心神完全，抱一见素。喻唯有道德之乡。

[3] 异鸡无敢应，见者反走矣：见，旧脱。陈景元《阙误》引有"见"，成疏有"见"。

孔子观于吕梁，县水三十仞，流沫四十里，鼋鼍鱼鳖之所不能游也。见一丈夫游之，以为有苦而欲死者[1]也。使弟子并流而拯之。数百步而出，被发行歌而游于塘下。

孔子从而问焉，曰："吾以子为鬼，察子则人也。请问：蹈水有道乎？"

曰："亡，吾无道。吾始乎故，长乎性，成乎命[2]。与齐俱入，与汩偕出，从水之道而不为私焉。此吾所以蹈之也。"

孔子曰："何谓始乎故，长乎性，成乎命？"

曰："吾生于陵而安于陵，故也；长于水而安于水，性也；不知吾所以然而然，命也。"

今译

孔子在吕梁观游，见瀑布高悬二十余丈，激流溅出浪花四十里，鼋鼍和鳄鱼都不敢在此游水。他看见一个男子跳进水里，以为是遭遇苦难而自杀的，便教弟子顺岸赶去救人。那人没入水中，几百步以后才浮出水面，唱着歌，披散着头发，游到岸边。

孔子跟过去，说："我以为你是鬼，仔细一看，才知道是人。请问，游水有道术吗？"

那人说："没有，我哪里有什么道术！我始于故有之才，长于本性之能，成于天然之道。游水，就是随漩涡下潜而入，随涌流浮起而出，顺从水势而不由自己，我游水也就如此而已。"

孔子问："什么叫作始于故有之才，长于本性之能，成于天然之道？"

回答说："我生在高坡，安于高坡，这是始于固有；我长在水中，安于水中，这是长为习性；我不知所以然而然，是成于天然。"

[注]

[1] 欲死者："者"字旧脱，王叔岷校补。
[2] 始乎故，长乎性，成乎命：始于故有之才，长为本性之能，成于天然之道。

梓庆削木为鐻，鐻成，见者惊犹鬼神。鲁侯见而问焉，曰："子何术以为焉？"

对曰："臣工人，何术之有！虽然，有一焉。臣将为鐻，未尝敢以耗气也，必斋以静心。斋三日，而不敢怀庆赏爵禄；斋五日，不敢怀非誉巧拙；斋[1]七日，辄然忘吾有四枝形体也。当是时也，无公朝。其巧专而外滑消[2]，然后入山林，观天性；形躯至矣，然后成见镶，然后加手焉；不然则已。则以天合天，器之所以疑神者，其由是与[3]！"

今译

梓庆削木，制作悬挂钟磬的虡。虡做成了，见到的人都很惊奇，一致称赞是鬼斧神工。鲁侯见了，问他："虡做得这么好，你有什么道术吗？"

梓庆说："我一个工匠，哪里有什么道术！不过，有一点：要作虡的时候，不敢耗费精神，必须斋戒以定心。斋戒三天，不再有奖赏爵禄的念头；斋戒五天，不再有任何巧拙毁誉的想法；斋戒七天，心志专一，忘记了自己有形体四肢。这时，完全忘记了什么朝堂公务，专心所作之事，外在的一切纷乱都消失净尽，然后进入山林深处，观察木头的天性与形体；一旦找到了合适的材料，便有成虡在胸，然后可以加手施工。材料不合适就不动手，一旦动手，必然是以我的天性汇合树木的天性。我做的虡，被人夸作'如有神助'，一定是这个原因吧！"

[注]

[1] 斋：四"斋"旧作"齐"，字通。

[2] 其巧专而外滑消：滑，纷乱；旧作"骨"，字通，王叔岷、张默生、王笑渔、陈鼓应、张远山等校。

[3] 其由是与：由，旧脱。马叙伦、刘文典等据陈景元《阙误》引江南本校。

东野稷以御见庄公，进退中绳，左右旋中规。庄公以为父弗过也[1]，使之钩百而反。

颜阖遇之，入见曰："稷之马将败。"

公密而不应。少焉，果败而反。

公曰："子何以知之？"

曰："其马力竭矣，而犹求焉，故曰败。"

今译

东野稷善于驾车，得以晋见卫庄公。他驾的马车进退笔直，中于绳墨，左转右旋，浑圆中规。庄公认为造父也不过如此，于是命令他连续走百圈，才可以停。

颜阖在外看见了，入见庄公，说："东野稷的马将要溃败。"

庄公板着脸不出声。很快，马溃败而返。

庄公问："你是怎么知道的？"

（颜阖）回答说："马的气力已经耗尽，人还要死命强求，溃败乃是必然的事。"

[注]

[1] 庄公以为父弗过也：父，造父，周穆王御者，后封于赵。父，旧讹作"文"，吴汝纶《庄子点勘》校正。《太平御览》七四六引作"造父"。造父学御事，见《外物》篇。

工倕旋而盖[1]规矩，指与物化而不以心稽[2]，故其灵台一而不桎[3]。

忘足，屦之适也；忘要，带之适也；知忘是非，心之适也；不内变，不外从，事会之适也；始乎适而未尝不适者，忘适之适也[4]。

今译

工倕随手而画，圆不用规，方不用矩，完全合乎规矩。他的手指与图像凝合为一，手到像成，不必用心思来计量，所以他的灵台虚空晴明，心志专一而不凝滞。

人忘了足，是因为鞋子舒适；人忘了腰，是因为腰带舒适；人有智慧而忘是非，是因为心灵安适；不移本性而能动，不随外物而趋赴，乃是因为处境安适。源头起始于安适之所，则能无往而不适，乃是忘记个人安适的真安适。

[注]

[1] 盇（hé）：同"合"。通行本作"盖"，形近而误。
[2] 指与物化而不以心稽：指，手指。稽，稽查，仔细盘算。
[3] 灵台一而不桎：灵台，心神之所。一，完整无缺，神全。不桎，不被条条框框所桎梏。
[4] 始乎适而未尝不适者，忘适之适也：适，适宜。忘适，忘记对于适意与否的俗世标准，而能适于天适。

有孙休者，踵门而诧子扁庆子曰："休居乡，不见谓不修，临难，不见谓不勇。然而田原不遇岁，事君不遇世，宾于乡里，逐于州部，则胡罪乎天哉？休恶遇此命也？"

扁子曰："子独不闻夫至人之行[1]邪？忘其肝胆，遗其耳目，芒然彷徨乎尘垢之外，逍遥乎无事之业[2]，是谓为而不恃，长而不宰。今汝饰知以惊愚，修身以明污，昭昭乎若揭日月而行也。汝得全而形躯，具而九窍，无中道夭于聋盲跛蹇而比于人数，亦幸矣，又何暇乎天之怨哉！子往矣！"

孙子出，扁子入。坐有间，仰天而叹。

弟子问曰："先生何为叹乎？"

扁子曰："向者休来，吾告之以至人之德，吾恐其惊而遂至于惑也。"

弟子曰："不然。孙子之所言是邪？先生之所言非邪？非固不能惑是。孙子所言非邪？先生所言是邪？彼固惑而来矣，又奚罪焉！"

扁子曰："不然。昔者有鸟止于鲁郊，鲁君说之，为具太牢以飨之，奏九韶以乐之。鸟乃始忧悲眩视，不敢饮食。此之谓以己养养鸟也。若夫以鸟养养鸟者[3]，宜栖之深林，浮之江湖，食之以鳅鲦，委蛇而处，则安平陆而已矣[4]。今休，款启寡闻之民也，吾告以至人之德，譬之若载鼷以车马，乐鴳以钟鼓也，彼又恶能无惊乎哉！"

今译

有个叫孙休的人，上门向扁庆子述说自己的满腹疑惑："我在乡里居住，没有人说我不修德性；遇到危难，没有人说我不勇敢。但是种田没有好收成，侍奉君王不能得重用，居家被友邻离弃，出门被邦国驱赶，我是哪里得罪了上天？我的命怎么这样苦？"

扁庆子说："你难道从未听说至人的行为吗？至人忘了自己有肝胆，不知自己有耳目，茫然无知，彷徨于尘垢之外，逍遥乎无事之业，这是'有所成就而不居功，辅助万物生长而不宰制'。如今你把自己的知识装饰得文采斑斓，惊吓愚钝的民众，把自身擦洗得明亮洁白，以彰显他人的肮脏卑污，就像是把太阳和月亮举在自己头上而四处招摇。你还能形躯完整，九窍一个也不少，没有中途变成聋瞎瘸瘫，现在仍然算是一个活人，就是三生有幸了！你怎么还要怨天怨地呢！赶紧走开！"

孙休走了。扁庆子回到屋里，坐了片刻，仰天叹息。

弟子问："先生为什么叹息？"

扁庆子说："刚才孙休来求教，我告诉他至人的德性，怕是会惊吓到他，以至于更加迷惑而不可救药了。"

弟子说："大概不会吧！孙休所说的对吗？先生所说的错吗？错的不能否定对的。孙休所说的不是错的吗？先生所说的不是对的吗？他自己本来就陷入了迷惑，先生又有什么过错呢！"

扁庆子说："不对！从前有一只鸟，停在鲁国郊外，鲁君十分喜爱，就预备了太牢之宴来招待它，演奏《九韶》大乐来愉悦它。这只鸟变得目光眩晕，模样悲愁,渴了不敢饮,饥了不敢食。这是鲁君以自己的喜好来养鸟啊。如果是以鸟儿自己所喜欢的来养鸟,那就该把它放归深山密林,让它遨游在江湖之上,自己去捕食泥鳅、鲦鱼,逍遥太空而自由盘旋,自寻适宜之处,降落在近水的平陆沙滩而安顿栖息。那个孙休,是个浅薄寡闻的陋人,我竟然给他讲至人的德性,就像用高车大马装载一只老鼠,以钟鼓之乐取悦一只尺鹦,他能不受惊吓吗!"

[注]

[1] 至人之行:旧作"至人之自行",王叔岷校正。

[2] 逍遥乎无事之业:事,张远山认为应作"为",乃郭象擅改。存疑待考。

[3] 若夫以鸟养养鸟者:以鸟养养鸟,才是"正处"。

[4] 食之以鳅鲦,委蛇而处,则安平陆而已矣:旧作"食之以委蛇,则平陆而已矣"。俞樾补五字,于省吾校补一字。张远山《庄子复原本》注解甚详。

庄子真义外篇第四

至乐

题解

天下有无至乐？纷乱是非如何厘定？忧惑拣择如何解除？生来死去如何面对？本章所述庄子妻死、庄子病重情境，均为弟子亲见亲历，写得简约明彻，读来情真意切。篇末物种嬗变之说，不当比拟于生物天演；而几微连环化生的天才式猜想，可与今日之环球生态哲学相媲美。

天下有至乐无有哉？有可以活身者无有哉？今奚为奚据[1]？奚避奚处？奚就奚去？奚乐奚恶？

夫天下之所尊者，富贵寿善也；所乐者，身安厚味美服好色音声也；所下者，贫贱夭恶也；所苦者，身不得安逸，口不得厚味，形不得美服，目不得好色，耳不得音声。若不得者，则大忧以惧，其为形也亦愚哉！

夫富者，苦身疾作，多积财而不得尽用，其为形也亦外矣！夫贵者，夜以继日，思虑善否，其为形也亦疏矣！人之生也，与忧俱生。寿者惛惛，久忧不死，何之苦也[2]！其为形也亦远矣！烈士为天下见善矣，未足以活身。吾未知善之诚善邪？诚不善邪？若以为善矣，不足活身；以为不善矣，足以活人。故曰："忠谏不听，蹲巡勿争[3]。"故夫子胥争之，以残其形；不争，名亦不成。诚有善无有哉？

今俗之所为与其所乐，吾又未知乐之果乐邪？果不乐邪？吾观夫俗之所乐举群趣者，誙誙然如将不得已，而皆曰乐者，吾未之乐也，亦未之不乐也。果有乐无有哉？吾以无为诚乐矣，又俗之所大苦也。故曰："至乐无乐，至誉无誉。"

天下是非果未可定也。虽然，无为可以定是非。至乐，活身，唯无为几存。请尝试言之：天无为以之清，地无为以之宁。故两无为相合，万物皆化生[4]。芒乎芴乎，而无从出乎！芴乎芒乎，而无有象乎！万物职职，皆从无为殖。故曰："天地无为也，而无不为也。"人也孰能得无为哉！

今译

天下有没有至高的快乐呢？有没有可以滋养身心的生命食粮呢？人要做些什么，不做什么？人要逃避什么，而归于何处？人要如何选择目标，要喜爱什么，厌恶什么？

天下人所尊崇的，是财富、尊贵、长寿、善名；人们乐此不疲的，是身安、美味、华服、美色、音乐；人们所厌恶的，是贫穷、卑贱、夭亡、丑陋；人们所苦恼的，是身不得安逸，食不得厚味，形不得华服，目不得美色，耳不得乐音。心里想的，若是不能得到，就忧愁，以至于恐惧。人为养身所要求的真多，也真够愚蠢！

那些富人，劳苦身心，追求外事，积累财货很多，却不能好好受用，他们本来要养身，却完全忽略自身。那些贵人，夜以继日地思虑得失，计较对错，他们本来要养身，却完全疏离自身。人生在世间，一开始就与忧虑相伴相随，而那些长寿者，浑浑噩噩，因为久久不死而忧愁，痛苦不堪，这样养身不是远离初衷了吗！性格刚烈的士人，为了天下人的利益，宁愿舍身做善事，却不足以活身。我不知这是真善，还是真不善？把养身的目标当作善，不足以养身；摈弃这些目标，反而可以活人。所以说："忠谏无人听，退后不再争。"伍子胥要争，结果被残酷杀害；如果他退身不争，就不会有烈士的美名。他究竟有没有成就善的目标呢？

如今世人的所作所为，所求所乐，我不知是真快乐，或者是真不快乐。我看世人，纷纷纭纭，争相奔趋，惛惛懂懂，往而不返，他们都说这就是快乐。

我未曾快乐,也未曾不乐。有没有真乐呢?我以无为作真乐,而被世人看作是大苦。所以说:"至乐不乐,至誉无誉。"

天下之是非,果真不易裁定。尽管如此,如能无为,则可以裁定是非。要至乐,要活身,只有无为,才算是接近真知。我尝试来论述:天无为,可以清明,地无为,可以安宁。天地无为,相合而化生万物。恍恍惚惚,天地无为,恍恍惚惚,无为无形;无形无象,生人生物,万物化育,道生道长。所以说:"天地无为,而无所不为。"人,谁能无为?

[注]

[1] 奚为奚据:据,安居,不动,喻无所为。
[2] 何之苦也:之,旧脱。张远山《庄子复原本》据多位注家校正。
[3] 逡巡勿争:逡巡,退避,旧作"蹲循"。字通。
[4] 万物皆化生:生,旧脱。刘文典等据陈景元《阙误》、成疏校正。

庄子妻死,惠子吊之,庄子则方箕踞鼓盆而歌。

惠子曰:"与人居,长子老身,死不哭亦足矣,又鼓盆而歌,不亦甚乎!"

庄子曰:"不然。是其始死也,我独何能无慨[1]!然察其始而本无生;非徒无生也,而本无形;非徒无形也,而本无气。杂乎芒芴之间,变而有气,气变而有形,形变而有生,今又变而之死。是相与为春秋冬夏四时行也。人且偃然寝于巨室,而我噭噭[2]然随而哭之,自以为不通乎命,故止也。"

今译

庄子妻子死了,惠子去吊丧。庄子正像簸箕一样张开双腿坐在地上,敲打着陶盆,如泣如诉地长歌以当哭。

惠子说："一生的夫妻，生儿养女，相伴到老，如今斯人已逝，你不哭也就罢了，还要鼓盆而歌，不是太过分了吗？"

庄子说："不是这样的。她刚死的时候，我岂能不伤心感慨！然而细细想来，最初这个人本来就没有生；不仅没有生，也没有形体；不仅没有形体，也没有气；在恍惚之间，阴阳交互变化而有了生气，气变化而有形体，形体变化而生，如今又变化而至于死。乃是同春夏秋冬四时运行一样。她寝卧于天地之间为其巨室，安然而入睡，我要是紧随其后而嗷嗷大哭，觉得自己真是不通天命，所以就停止了哭泣。"

[注]

[1]慨：旧作"概"，字通。
[2]嗷嗷：旧误作"噭噭"。

庄周病剧[1]，弟子对泣之。
应曰："我今死，则谁先？更百年生，则谁后？先不得免，何贪于须臾[2]？"

今译

庄子病重，弟子对着他落泪。
庄子对弟子说："我今天逝去，这个先行者是谁？等一百年之后再生，那个后来者又是谁？人，出生入死，行于大化，先后相序，既然不能免于先行，何必留恋须臾瞬间？"

[注]

[1]"庄周病剧"一节，通行本不见。《意林》引东汉桓谭《新论》认定为

《庄子》佚文。病剧之人不能著述，可证此篇为庄子后学所著。

[2] 先不得免，何贪于须臾：先，先行而逝；与"更百年生"相对而言。以生死为一条，则先后有连贯。我与非我，乃天地之一气，大化流行而循环往复，人若留恋须臾，祈求止住时间的转轮，不亦愚乎？

支离叔与滑介叔观于冥伯之丘，昆仑之墟[1]，黄帝之所休。俄而瘤生其左肘[2]，其意蹶蹶然恶之。

支离叔曰："子恶之乎？"

滑介叔曰："亡，予何恶！生者，假借也，假之而生。生者[1]，尘垢也。死生为昼夜。且吾与子观化而化及我，我又何恶焉！"

今译

支离叔与滑介叔，观游于冥伯峰，昆仑山，黄帝曾经休息的地方。滑介叔的肘间忽然生出一个瘤子，他愕然似有厌恶之意。

支离叔问："你厌恶它吗？"

滑介叔说："不！我为何厌恶？生，是有所假借，借物以生。凡有生者，皆与尘垢同类。死生如同昼夜，轮换交替。我和你一起观察物化之情，现在物化轮到我的身上，我为何厌恶它呢？"

[注]

[1] 冥伯之丘，昆仑之墟：丘，墟，大地隆起之处。扣下文人身之隆起。相传昆仑之墟为黄帝旧居。

[2] 瘤生其左肘：瘤，身上的臃肿凸起；旧作"柳"，今据郭庆藩《庄子集释》校正。

[3] 假之而生。生者：六字旧断作"假之而生生者"，不当。生者，物也，与尘垢同类；生生者则为道。

庄子之楚，见空髑髅[1]，髐然有形。撽以马捶，因而问之，曰："夫子贪生失理，而为此乎？将子有亡国之事、斧钺之诛，而为此乎？将子有不善之行，愧遗父母妻子之丑而为此乎？将子有冻馁之患，而为此乎？将子之春秋故及此乎？"于是语卒，援髑髅，枕而卧。

夜半，髑髅见梦曰："子之谈者似辩士，视子所言，皆生人之累也，死则无此矣。子欲闻死之说乎？"

庄子曰："然。"

髑髅曰："死，无君于上，无臣于下；亦无四时之事，从然以天地为春秋，虽南面王乐，不能过也。"

庄子不信，曰："吾使司命复生子形，为子骨肉肌肤，反子父母、妻子、闾里、知识，子欲之乎？"

髑髅深矉蹙额曰："吾安能弃南面王乐而复为人间之劳乎！"

今译

庄子去楚国，路上看到一个骷髅，只剩下一个干枯的骨头壳。他用马鞭敲打一下，问它说："老先生，你是贪欲过度违背生理而丧生的吗？你是遭遇亡国之祸、刀兵之灾才变成这样吗？你是做了坏事怕给父母妻子丢丑才这样吗？你是饥荒冻饿而死的吗？你是年岁已老而寿终正寝的吗？"话说完了，拉骷髅作枕而眠。

半夜，骷髅出现在梦中，说："你的言谈像是个辩士。你所说的，都是活人的拖累。死了，就没有这些了。你要不要听我说说死后的好日子？"

庄子说："好啊。"

骷髅说："人死了，上面没有君王，下面没有臣子，没有四季，只是随天地度日，即使南面为王，其快乐也比不上啊。"

庄子不信，说："我让司命神恢复你的身形，使你长上骨肉肌肤，让你重新回到老家的父母妻子乡亲熟人中间，你可愿意？"

骷髅听了，皱眉蹙额，说："我怎能放弃南面王的乐趣，再回人间忍受那些劳苦呢？"

[注]

[1] 庄子之楚，见空髑髅：此章突兀草率而意蕴肤浅。王夫之谓"生狂躁之心者所假托"。张远山认为是秦汉之际某人所作《马捶》羼入《至乐》。《南史·文学传》说何子朗"尝为《败冢赋》，拟庄周《马捶》"。此章当删。今暂存待考。

颜渊东之齐，孔子有忧色。
子贡下席而问曰："小子敢问，回东之齐，夫子有忧色，何邪？"
孔子曰：
"善哉汝问！昔者管子有言，丘甚善之，曰：'褚小者不可以怀大，绠短者不可以汲深。'夫若是者，以为命有所成而形有所适也，夫不可损益。吾恐回与齐侯言尧、舜、黄帝之道，而重以燧人、神农之言。彼将内求于己而不得，不得则惑；人惑则死[1]。
"且女独不闻邪？昔者海鸟止于鲁郊，鲁侯御而觞之于庙，奏九韶以为乐，具太牢以为膳。鸟乃眩视忧悲，不敢食一脔，不敢饮一杯，三日而死。此以己养养鸟也，非以鸟养养鸟也。夫以鸟养养鸟者，宜栖之深林，游之坛陆，浮之江湖，食之鳅鲦，随行列而止，委蛇而处。彼唯人言之恶闻，奚以夫譊譊为乎！《咸池》《九韶》之乐，张之洞庭之野，鸟闻之而飞，兽闻之而走，鱼闻之而下入，人卒闻之，相与还而观之。鱼处水而生，人处水而死。彼必相与异，其好恶故异也。故先圣不一其能，不同其事。名止于实，义设于适[2]，是之谓条达而福持[3]。"

今译

颜回东行到齐国，游说齐侯，孔子面带忧色。
子贡离开座席，问："弟子请教：颜回去了齐国，夫子面有忧色，是何缘故？"

孔子说：

"问得好！从前管子有言，我很赞成。他说：'袋子小不能盛大物，绳子短不能汲深井。'这就是说，天命有所成，形体有所适，不可减损也不可增补。我怕颜回对齐侯言说尧、舜、黄帝之道，还要加上燧人氏和神农的言论。那样一来，齐侯将会向内心追求而不能寻得，不得就会疑惑，君主疑惑，颜回就要死了。

"你难道没有听说吗？从前有一只海鸟停在鲁国郊外。鲁侯驾车迎接到太庙，置办酒宴，演奏《九韶》大乐，用国王祭祀社稷的礼仪，牛羊猪俱全，为海鸟进膳。海鸟目光迷惑，情绪悲愁，不敢吃一口肉，不敢饮一杯酒，三天就死了。鲁侯这是拿养人的方式养鸟，而不是以养鸟的方式养鸟。要是以养鸟的方式养鸟，应该把它放生于深林，让它游于滩涂，浮游于江湖，让它吃泥鳅，回到自己同类的行列中去，行止于自适之处。海鸟最讨厌的是人说话的声音，何必滔滔费词，聒噪不休？《咸池》和《九韶》之类的雅乐，在广漠大野演奏，只能让鸟听了惊飞，兽类听了逃走，鱼类听了下潜，只有人类听到了，会聚拢在一起围观。鱼在深水中能活，人在深水中会死，彼此的好恶不同，所以才互为异类。因此，先圣不强求人们的技能整齐划一，不强求人们的事业整齐划一。名相必以真实为依归，义理必以适宜为依归，人和物各得其所，才是条理顺畅，辐辏匀称。"

[注]

[1] 人惑则死：齐侯迷惑则可能杀颜回，故孔子忧愁。

[2] 名止于实，义设于适：名相必以真实为依归，义理必以适宜为依归，即以人和物的天性自适为依归。

[3] 条达而辐持：辐，旧作"福"。钱穆、王叔岷、张远山据《老子》"三十辐，共一毂"校正。

列子适卫，食于道途[1]，见百岁髑髅，攓蓬而指之曰："唯予与女，知尔未尝死，予未尝生也[2]。若果羞[3]乎？予果欢乎？"

种有几，得水则为𦼪[4]，得水土之际，则为蛙蠙之衣。生于陵屯，则为陵舄。陵舄得郁栖则为乌足，乌足之根为蛴螬，其叶为胡蝶。胡蝶，胥也，化而为虫，生于灶下，其状若脱，其名为鸲掇。鸲掇千日为鸟，其名为乾余骨。乾余骨之沫为斯弥，斯弥为食醯。颐辂生乎食醯，黄軦生乎九猷，瞀芮生乎腐蠸。羊奚比乎不笋久竹生青宁，青宁生程，程生马，马生人，人又反入于机[5]。万物皆出于机，皆入于机[6]。

今译

列子前往卫国，在路边进食，看见土里露出一个百岁骷髅。列子拔开蓬蒿，指着骷髅说："唯有我和你，知道你未曾死，我未尝生。你死了，果真忧愁吗？我活着，果真欢乐吗？"

种子内含几微，生在水中，成为继。生在水土交界的地方，化为青苔。生在高地，变成车前草。车前草得粪壤，则化为乌足草。乌足草的根茎变为蛴螬，叶子化为蝴蝶。蝴蝶也叫胥，化为虫，生于灶下，形状如蝉蜕，名叫鸲掇虫。鸲掇虫经千日化为鸟，名叫乾余骨。乾余骨的唾液化为斯弥虫，斯弥虫化为蒠蠔虫。颐辂虫出于蒠蠔虫，黄軦虫出于九蟾虫，瞀芮虫出于腐蠸虫，羊奚草缠绕无笋的老竹，化为青宁虫，青宁虫化为虎豹，虎豹化为马，马化为人，人最终返回物之大化。万物皆出于几微之物化，又归于几微之物化。

[注]

[1] 列子适卫，食于道途：旧作"列子行，食于道从"。郭庆藩注：《列子·天瑞》作"食于道徒"。徒，通"途"。

[2] 予未尝生也：予，旧脱，俞樾校正。

[3] 若果恙：恙，旧作"养"，字通。

[4] 得水则为𦼪：𦼪，一断为二，二断为四。分裂而连续，亦断亦续，非

断非续。庄子妻死章说："气变而有形，形变而有生。"可与此句意义相互发明。《寓言》："万物皆种也，以不同形相禅。"此章描述几微物化之天然链索，论述"死生为一条"之人生原理，旨意深远。

［5］人又反入于机：《列子·天瑞》作"人久入于机"。

［6］万物皆出于机，皆入于机：机，气机变化。上文说"是相与春秋冬夏四时行也"。天地之间一气混茫，万物岂能逃出自然演化的根本规律！

庄子真义外篇第五

秋水

题解

《秋水》可匹《逍遥游》之宏大，《齐物论》之精美，文中有魏牟斥公孙龙之事，撰者应为魏牟。庄子钓鱼、惠子相梁、濠梁辩鱼，均为古今雅文之冠，辞约而意长，得庄生之真而有文采者也！

秋水时至，百川灌河。泾流之大，两涘渚崖之间，不辩牛马。于是焉河伯欣然自喜，以天下之美为尽在己。顺流而东行，至于北海，东面而视，不见水端。于是焉河伯始旋其面目，望洋向若而叹曰："野语有之曰'闻道百，以为莫己若'者，我之谓也。且夫我尝闻少仲尼之闻[1]，而轻伯夷之义者，始吾弗信。今我睹子之难穷也，吾非至于子之门则殆矣，吾长见笑于大方之家。"

北海若曰："井鱼[2]不可以语于海者，拘于虚也；夏虫不可以语于冰者，笃于时也；曲士不可以语于道者，束于教也。今尔出于崖涘，观于大海，乃知尔丑，尔将可与语大理矣。天下之水，莫大于海，万川归之，不知何时止而不盈；尾闾泄之，不知何时已而不虚；春秋不变，水旱不知。此其过江河之流，不可为量数。而吾未尝以此自多者，自以比形于天地，而受气于阴阳，吾在于天地之间，犹小石小木之在大山也。方存乎见小，又奚以自多！计四海之在天地之间也，不似礨空之在大泽乎？计中国之在海内，不似稊米之在大仓乎？号物之数谓之万，人处一焉；人萃[3]九州，谷食之所生，舟车之所通，人处一焉；此其比万物也，不似豪末之在于马体乎？

五帝之所禅[4]，三王之所争，仁人之所忧，任士之所劳，尽此矣。伯夷辞之以为名，仲尼语之以为博。此其自多也，不似尔向之自多于水乎？"

今译

秋水顺应时节到来了，有百条大川汇入黄河，有千条小溪注入大流，两岸间水势连天，渚边崖边望去，分不清牛和马。这时，黄河之神河伯内心涌起一阵喜悦，以为天下之美尽在自己一身。飘飘然顺流而下，东行到海，只见莽莽苍苍，一片汪洋无边无际。河伯当下脸色大变，他对海神北海若说："俗话说：'知道有百家议论，就觉得谁都不如自己有见识。'这种人，不就是在说我吗！过去听人说仲尼还不够博学，伯夷还不够义气，我还固执不信呢。现在终于亲眼看到了海的汪洋博大。要是我不来见你，那可就危殆了，我一定会被大方之家所嘲笑，而终生没有反思。"

北海若说："井底之鱼，不可以和它谈论大海，是因为空间局限；夏天的小虫，不可以和它谈论冰凌，是因为时间短暂。死读书的士人，不可以和他谈论大道，是因为他已被礼教束缚。你从狭窄的河岸之间走出来，见到了大海，知道了自己原先的浅薄鄙陋，所以我可以对你说大道了。这普天之下，水最多的地方，就是大海。所有的河流都汇集到此处，不知何时会停止，而海水永远不盈满；海水从尾闾泻走，不知何时会停止，而大海永远不枯竭。春旱秋涝，大海知觉不到任何影响。因此，大海的水超过江河的水，多到不能用任何量具来计数。而我并不因此而自大；因为我知道，从天地得到庇护，禀受阴阳之气，处于广袤天地之间，自己不过像大山里的一棵草，一块石子，小到可以忽略不计，哪里还会盲目自大呢！算起来四海在天地之间，不过像大泽里的一个蚁穴；中国在四海之内，不过像粮仓里的一粒谷米。地上的各种物类，有成千上万种，人类不过其中万分之一；人群聚集在九州，五谷生长，舟车通行，纷纷纭纭，一个人在其中不过万万分之一。一个人与万物相比，不过马身上的一根毫毛而已！有些事情让人特别操心，五帝以礼义所禅让的，三王用武力所争夺的，士人所计较思虑的，官吏所日日操劳的，不都是天下之细微小物吗？伯夷辞让而获得名声，仲尼游说以显示其博学，都是自夸的行径，就像你以黄河水多而自夸，不是同样可笑吗？"

[注]

[1] 尝闻少仲尼之闻：曾听闻有人嘲笑仲尼见识少。少，动词，以之为少。
[2] 井鱼：旧作"井蛙"。王叔岷校正。
[3] 萃：聚集。旧讹作"卒"。
[4] 五帝之所禅：禅，旧作"连"。王叔岷、张默生、陈鼓应等校正。

河伯曰："然则吾大天地而小豪末，可乎？"

北海若曰：

"否。夫物，量无穷，时无止，分无常，终始无故。是故至知观于远近[1]，故小而不寡，大而不多，知量无穷。证向今故[2]，故遥而不闷，掇而不跂，知时无止；察乎盈虚，故得而不喜，失而不忧，知分之无常也；明乎坦途，故生而不说，死而不祸，知终始之不可故[3]也。

"计人之所知，不若其所不知；其生之时，不若未生之时；以其至小，求穷其至大之域，是故迷乱而不能自得也。由此观之，又何以知毫末之足以定至细之倪，又何以知天地之足以穷至大之域！"

今译

河伯说："那我以天地为大，以毫末为小，应该可以吧？"

北海若说：

"不可以！凡物，其数量无穷尽，其时间无停顿，其分化无止境，其终和始，更是从来不固定。所以，至知之人，能够遍观远近，小的不以为少，大的不以为多，因为他知道物量无穷。至知之人，能够明鉴古今一体，对远古不看作神秘，对当今不拔高为顶峰，因为他知道，时间本无停顿，古今本无断裂。至知之人，能够明察盈虚变化，能够得而不喜，失而不忧，因为他知道物的分化没有止境。至知之人，能够洞彻幽明往来，生来不喜悦，死去不悲愁，因为他知道生命的终始循环，不可拆解。

"推算起来，人的所知，远远少于人的不知；人生存的时间，远远少于不生存的时间。从这样一个至小的时空，来求索那个至大的时空，只会得到迷惑和错乱，人生如何能够逍遥自得！由此来观照，怎么能够确知毫末就是至小？怎么能够确知天地足以穷尽至大？"

[注]

[1] 至知观于远近：至，旧作"大"。误。既否定了"大天地而小豪末"，则不会以"大"作正面论说。张远山校正。

[2] 证向今故：向，过往，旧时。故，常，例如"蹈常袭故"。

[3] 故：同"诂"，解释。例如《汉书·儒林传》："训故举大谊而已。"

河伯曰："世之议者皆曰：'至精无形，至大不可围。'是信情乎？"

北海若曰：

"夫自细视大者不尽，自大视细者不明。夫精，小之微也；垺，大之殷也：故异便耳，此势之有也[1]。夫精粗者，期于有形者也；无形者，数之所不能分也；不可围者，数之所不能穷也。可以言论者，物之粗也；可以意致者，物之精也；言之所不能喻[2]，意之所不能察致者，不期精粗焉。

"是故达人之行，不出乎害人之途也[3]，不多仁恩；动不为利，不贱门隶；货财弗争，不多辞让；事焉不借人，不多食乎力；不为清廉[4]，不贱贪污；行殊乎俗，不多辟异；为在从众，不贱佞谄；

世之爵禄不足以为劝，戮耻不足以为辱；知是非之不可为分，细大之不可为倪。闻曰：'至人不闻，至德不得，达人无己[5]。'约分之至[6]也。"

今译

河伯说："世上有议论者说：'最精细的东西没有形体，最广大的东西没有外围。'这话是真实可信的吗？"

北海若说：

"以小观大，看不到全体；以大观小，看不清细节。米之精华，比小更细微；外城之郭，比城更阔大；小和大各有其宜，各有其势。而小大精粗，适于衡量有形之物；精微无形者，不能用数量作分别；广大无围者，不能用数量来穷尽。可以言语直接论断的，是物的粗略；只能以意旨领会的，是物的精微；言不可喻、意不能指的，则完全超出物的范围，不可以用小大精粗来描述。

"所以，达道之人的行为，不取害人的途径，根本不存什么仁恩的念头；行动不求功利，不会轻视地位卑微的人；不争夺财货，不用虚假辞让；做事不依靠别人，不用夸耀自力更生；不追求清廉的名声，不用抨击贪污；行为自然潇洒而脱离世俗，不用标新立异；做事随和从缘，不用反对卑躬讨巧的人；庙堂的爵禄不算是激励，俗世的刑罚也不算是耻辱；知晓是和非并无固定分界，小和大不是相对的两极。曾经听闻教诲：'至人无名，至德无得，达人无己。'分归于一，化约而齐，知止为至。"

[注]

[1] 垺，大之殷也：故异便耳，此势之有也：垺（fú），外城。殷，宏大。便，便宜。势，形势。

[2] 言之所不能喻：喻，旧讹作"论"，不通。今据陆德明《经典释文》一本作"喻"校正。无法言喻、意指的层面，比言语所对应的表面事物，更为

精致。

［3］达人之行，不出乎害人之途也：达人，旧作"大人"。"之途也"三字旧脱，今据陈景元《阙误》引张君房本校补。陈鼓应认为，庄子不当褒扬"大人"，故将此段删去。郭注"大人无己"。

［4］不为清廉：此句旧本缺。郭注："理自无欲。"成疏："体达玄道，故无情欲，非关苟贵清廉，贱于贪污。"王叔岷拟补"守贵清廉"。张远山拟补"不贵清廉"。今拟"不为清廉"。为者，人为，造作，伪也。供识者批评。

［5］至人不闻，至德不得，达人无己：旧作"道人不闻，至德不得，大人无己"。"道人""大人"均不是庄子用语，不知何人所改。

［6］约分之至：约，八尺的绳，准绳；喻量度。分（fēn），从八，从刀，切分，划分。郭注："约之以至其分，故冥也，夫唯极乎无形而不可围者为然。"约、分对举，为何变成了递进关系？分，为何解作本分（fèn）、身份？谁的身份？身份怎么就会冥冥遥遥而不可围？谁人可以"至高无上，至大无围"？一味诡辩而至于斯，实在可悲！

河伯曰："若物之外，若物之内，恶至而倪[1]贵贱？恶至而倪小大？"

北海若曰：

"以道观之，物无贵贱；以物观之，自贵而相贱；以俗观之，贵贱不在己。以差观之，因其所大而大之，则万物莫不大；因其所小而小之，则万物莫不小。知天地之为稊米也，知毫末之为丘山也，则差数睹[2]矣。以功观之，因其所有而有之，则万物莫不有；因其所无而无之，则万物莫不无。知东西之相反而不可以相无，则功分睹[3]矣。以趣观之，因其所然而然之，则万物莫不然；因其所非而非之，则万物莫不非。知尧、桀之自然而相非，则趣舍[4]睹矣。

"昔者尧、舜让而帝，之、哙让而绝；汤、武争而王，白公争而灭。由此观之，争让之礼，尧、桀之行，贵贱有时，未可以为常也。梁丽可以冲城，而不可以窒穴，言殊器也；骐骥骅骝，一日而驰千里，捕鼠不如狸狌，言殊技也；鸱鸺夜撮蚤，察毫末，昼出瞋目而不见丘山，言殊性也。故曰，盖师是而无非，师治而无乱乎？是未明天地之理，万物之情者也。是犹师天而无地，师阴而无阳，其不可行明矣！然且语而不舍，非愚则诬也！五帝殊禅，三代殊继[5]。差其时，逆其俗者，谓之篡夫；当其时，顺其俗者，谓之义之徒。默默乎，河伯！女恶知贵贱之门，小大之家！"

今译

河伯说："从物的外部关系，从物的内在性质，如何能判定贵和贱？如何能判定大和小？"

北海若说：

"以道的视角观照，物本来没有贵贱。出于物的视角，各物都是珍视自己而轻贱他人。从世俗的视角看，贵贱的评价来自外界，不由自己。用分别差异的视角看，相比于小的，就是大，所以万物皆大；相比于大的，就是小，于是万物皆小；知晓天地之小，可以如米粒，知晓毫末之大，可以如山丘，这样就明白了差别有级数。从功用的视角看，以其有用之处而归于有，则万物都是有；以其无用之处而归于无，则万物都是无；知晓东和西方向相反，但都表示方向，就明白了功能的定位有差别。以取舍的视角来看，凡私意认可的即可，则万物都可；凡私意不认可的就不可，则万物都不可；知晓尧和桀各是其是，各非其非，就会明白成心自有取舍，却不是超然的公道。

"从前，唐尧、虞舜因禅让而得大位，子之、燕哙因禅让而灭国；商汤、周武因争斗而成王，白公因争斗而败亡。由此看来，争与让的礼法，尧与桀的作为，有时贵有时贱，并没有一定的常规。大木可以用来攻城门，却不能堵塞蚁穴，这是用途有不同。骏马一天奔驰千里，捕鼠却不如狸猫，这是技能有差别；猫头鹰黑夜里能捉到跳蚤，明察毫末，可是大白天瞪圆了眼睛也看不见高山大丘，这是其天性有差别。有人说：'何不师法是而否定非，何不师法治而否定乱？'说这话的，真是不明天地之理、万物真相的糊涂虫。只是师法天而不师法地，只是师法阴而不师法阳,行得通吗?明知扞格不通还要喋喋不休,那不是本性愚蠢,就是故意骗人!五帝各有各的禅让,三王各有各的继承;不合时宜、不从俗情的,叫作篡逆之贼;合乎时势、顺从民俗的,叫作道义之君。河伯呀,你默而无言吧!你如何能用一个固定的标准,来分辨贵贱之门,大小之家!"

[注]

[1]倪:分际,判别。

[2]差数睹:视角有参差,不同的景观自会显现。

[3]功分睹:睹,旧讹作"定"。功分(fēn),功能的分别,取决于视角。张远山《庄子复原本》:庄子言自然,郭象言名教。

[4]趣舍:趣,取。舍(捨),旧讹作"操"。刘文典校正。

[5]五帝殊禅,三代殊继:五帝,旧作"帝王"。马叙伦校正。

河伯曰:"然则我何为乎?何不为乎?吾辞受趣舍,吾终奈何?"

北海若曰:"以道观之,何贵何贱,是谓反衍[1];无拘而志,与道大蹇[2]。何少何多,是谓谢施;无一而行,与道参差。严乎若国之有君,其无私德;繇繇乎若祭之有社,其无私福;泛泛乎其若四方之无穷,其无所畛域。兼怀万物,其孰承翼?是谓无方[3]。万物一齐,孰短孰长?道无终始,物有死生,不恃其功。一虚一满,不位乎其形。年不可举,时不可止[4]。消息盈虚,终则有始。是所以语大义之方,论万物之理也。物之生也,若骤若驰。无动而不变,无时而不移。何为乎,何不为乎?夫固将自化。"

今译

河伯说:"那么我应该怎么做?不该怎么做?辞受取舍之间,我该怎么选择呢?"

北海若说:"以道来观照,哪有什么贵和贱?贵贱不能割断,万物蔓延无止息；不要让心志拘于一端，像个瘸子一样奔走，而错失人间大道。以道来观照，有什么多和少？多与少不断代谢而迁延；不要一只脚跳跃着走路，而与大道相参差。大道俨然，似乎一个有道的国君，恩德无所偏施；大道悠然，如同祭台上的社神，不会偏私某一家的福泽；大道虚空，上下四方而无所穷尽，到哪里去寻找边界？大道兼容万物，难道会有谁人独自承受其羽翼的庇护？大道不偏不倚，万物一齐俱化，哪里说得上谁人短谁人长？大道无终无始，物有生成朽坏，此消彼长，谁人能自恃永久昌盛？年岁来往不可阻挡，时间流逝无法停止；死、生、盈、虚，终而复始；这就是我勉强可以言说的道义之方，万物之理。人的一生，如同快马奔驰，一举一动都处于变化之中，无时无刻不在迁移流转之间。你该怎么做，不该怎么做呢？万物无非顺道而自化呀！"

[注]

[1]何贵何贱，是谓反衍：何，无。例如《诗经·小雅》："何草不黄，何日不行，何人不将，经营四方。何草不玄，何人不矜，哀我征夫，独为匪民。"反衍，蔓延，万物泛然生化，哪里有什么贵贱之分？郭象注："贵贱之道，反复相寻"。谬解。

[2]与道大蹇：蹇（jiǎn），跛足。

[3]无方：不固守一隅。

[4]年不可举，时不可止：举，拒，阻止。人无法让时间停住。

河伯曰："然则何贵于道邪？"

北海若曰："知道者必达于理，达于理者必明于权，明于权者不以物害己。至德者，火弗能热，水弗能溺，寒暑弗能害，禽兽弗能贼。非谓其薄之也，言察乎安危，宁于祸福，谨于去就，莫之能害也。故曰，天在内，人在外，德在乎天。知夫人之行[1]，本乎天，位乎德[2]；蹢躅而屈伸，反要而悟极[3]。"

曰："何谓天？何谓人？"

北海若曰："牛马四足，是谓天；落马首，穿牛鼻，是谓人。故曰，无以人灭天，无以故灭命[4]，无以得殉名。谨守而勿失，是谓反其真。"

今译

河伯说："为什么一定要贵道呢？"

北海若说："得道者必明于事理，明于事理者必定善于权衡，善于权衡者不以外物伤害自己。至德之人，火不能灼热，水不能溺亡，寒暑不侵，禽兽无害。不是说应该轻视这些危险，而是说能审察安危，安然而处之，去就无咎，于人无害。所以说，'内守天性，外应人物，德本于天。'知晓人的行为出于天然，以德作为定位的根本，屈伸进退而变化无滞，可以回归道枢而通于玄极。"

（河伯）说："什么是天性？什么是人为？"

北海若说："牛马有四足，是自然天性；络马首，穿牛鼻，是人为。所以说，'不要用人为来戕害天性，不要用人间成例来背离天命，不要为了博取声名而葬送本性之德。'谨守天性而不失，就是返璞归真。"

[注]

[1] 知夫人之行：夫，旧讹作"天"。褚伯秀、刘文典、王叔岷、陈鼓应、张远山据陈景元《阙误》引江南古藏本校正。"人之行，本乎天"，文义方当。

[2] 位乎德：德，旧讹作"得"。褚伯秀、刘文典、王先谦等校正。

[3] 反要而悟极：悟，旧讹作"语"，王叔岷、张远山校正。极，玄极，至大无外，至小无内，即天道。道不可言。不应为"语"字。

[4] 无以故灭命：故，故常，成例。《天运》："变化齐一，不主故常。"命，天命。不可固守人间的成法，来违逆自然的天命。

夔怜蚿[1]，蚿怜蛇，蛇怜风，风怜目，目怜心[2]。

夔谓蚿曰："吾以一足趻踔[3]而行，予无如矣。今子之使万足[4]，独奈何？"

蚿曰："不然。子不见夫唾者乎？喷则大者如珠，小者如雾，杂而下者不可胜数也。今予动吾天机，而不知其所以然。"

蚿谓蛇曰："吾以众足行，而不及子之无足，何也？"

蛇曰："夫天机之所动，何可易[5]邪？吾安用足哉！"

蛇谓风曰："予动吾脊胁而行，则有似也[6]。今子蓬蓬然起于北海，蓬蓬然入于南海，而似无有，何也？"

风曰："然，予蓬蓬然起于北海而入于南海也，然而指我则胜我，鳅[7]我亦胜我。虽然，夫折大木，蜚[8]大屋者，唯我能也。故以众小不胜为大胜也。为大胜者，唯圣人能之。"

今译

夔羡慕蚿，蚿羡慕蛇，蛇羡慕风，风羡慕眼睛，眼睛羡慕心。

夔对蚿说："我用一只脚跳跃而行，已经是卓绝于世了；你要驱动你的一万只脚，那可真是不得了啊！"

蚿回答说："事情不是这样的！你不曾见过有人吐唾沫吗？那些唾沫星子，大的像珍珠，小的像水雾，顺带落下的，更是多到不计其数。我呢，只能按照天赋的机能行动，我也不知为何会是这样呀。"

蚿对蛇说："我用百足来行走，还比不上你这个无脚的家伙，这究竟是什么原因呢？"

蛇回答说："我无足而行，靠的是老天的安排，无法改变呀！再说，我要脚能做什么用呢？"

蛇对风说："我运动肩骨和肋条，踟蹰而行，走起路来好像是有脚的样子。你呼呼地从北海过来，忽忽地又去往南海，可你似乎什么也没有呀，这到底又是怎么回事呢？"

风回答说："是啊，我忽忽然起于北海，忽忽然入于南海，那是因为我飞得快；然而有人用手来指我，小眼睛一看，那比我快得多；用脚来踹我，小心思一动，更比我快得多。虽然如此，要说折断大树掀翻屋顶这样的粗活儿，大概唯有我才能做得到吧。我凭借很多小不胜，终于积累成一个大胜。不能与他物比长短，算是我的小不胜，不忘自己的天性，则是我的大胜。小不胜而大胜，只有圣人才能做到吧？"

[注]

[1] 夔怜蚿：夔（kuí），独足兽。蚿，百足虫。怜，欣羡。

[2] 目怜心：有注家怀疑此章文字有遗漏，因为目和心没有相应的段落。下文中，风说：我飞得快，不如眼睛看得快，更不如心思动得快。恰好各有交代，而且恰到好处。《庄子》文字，令人叹为观止。若补一字，便为蛇足。

[3] 趻踔：趻（chěn）踔（chuō），高蹈于途。

[4] 子之使万足：万足，独足的夔，羡慕（怜）百足虫多足，故有"万足"之称，其口吻心情，读来惟妙惟肖。《庄子》文章作法，饶有奇趣。若改"万"字为"百"，虽然合乎事实，然而文气全失，哪里还是《庄子》面目。

[5] 易：替代，改变。

[6] 则有似也：似乎像有足的样子。下文"似无有"的"似"，形迹全无，仍然是从"有足"作引申。

[7] 䠐（qiū）：足踏。

[8] 蜚（fēi）：同"飞"，翻飞。《山海经》："太山上多金玉桢木。有兽焉，其状如牛而白首，一目而蛇尾，其名曰蜚。"

孔子游于宋，匡人围之[1]数匝，而弦歌不惙。

子路入见，曰："何夫子之娱也？"

孔子曰："来，吾语女。我讳穷久矣，而不免，命也；求通久矣，而不得，时也。当尧、舜之时而天下无穷人，非知得也；当桀、纣之时[2]而天下无通人，非知失也：时势适然。夫水行不避蛟龙者，渔父之勇也；陆行不避兕虎者，猎夫之勇也；白刃交于前，视死若生者，烈士之勇也；知穷之有命，知通之有时，临大难而不惧者，圣人之勇也。由处矣！吾命有所制矣！"

无几何，将甲者进，辞曰："以为阳虎也，故围之；今非也，请辞而退。"

今译

孔子要去宋国，路过卫国的时候，被匡人团团围住。孔子每日里琴声歌声不曾间断。

子路进见，说："夫子为何如此欢娱呀？"

孔子说："过来，我告诉你：我很久以来企图避免道穷人困的局面，却不能避免，这是我的命苦。我很久以来追求通达向上，却不能成功，这是时运不济。尧舜的时代，天下没有落魄的士子，不是因为他们知识超群；桀纣的时代，天下没有通达的士子，也不是因为他们智慧不足；这都是时势使然。游于水中而不避蛟龙，是渔夫之勇；行走陆地而不避兕虎，是猎人之勇；面对刀光剑影而能视死如归，是壮士之勇；明白途穷是出于命运，通达是出于时势，临大难而心静如止水，这是圣人之勇。仲由啊，你要安然不惊！我的命早由天定。"

不多时，持盾牌的匡人进来告辞："原来以为是阳虎，所以包围你。现在知道是误会，我们就散去了。"

[注]

[1] 游于宋，匡人围之：旧"宋""匡"二字误倒。陆德明《经典释文》："司马云：匡为卫邑。"孔子去往宋国时路过卫国的匡邑，被人围住。

[2] 之时：尧舜、桀纣下，"之时"二字旧脱。陈景元《阙误》引张君房本有此二字。

公孙龙问于魏牟曰："龙少学先王之道，长而明仁义之行；合同异，离坚白；然不然，可不可；困百家之知，穷众口之辩：吾自以为至达已。今吾闻庄子之言，茫焉异之。不知论之不及与？知之弗若与？今吾无所开吾喙，敢问其方。"

公子牟隐几太息，仰天而笑曰："子独不闻夫坎井之蛙乎？谓东海之鳖曰：'吾乐与！出跳梁乎井干之上，入休乎缺甃之崖。赴水则接腋持颐，蹶泥则没足灭跗。还视[1]虷蟹与科斗，莫吾能若也。且夫专擅[2]一壑之水，而跨跱坎井之乐，此亦至矣。夫子奚不时来入观乎？'东海之鳖左足未入，而右膝已絷矣。于是逡巡而却，告之曰：'夫海，万里[3]之远，不足以举其大；千仞之高，不足以极其深。禹之时，十年九潦，而水弗为加益；汤之时，八年七旱，而崖不为加损。夫不为顷久推移，不以多少进退者，此亦东海之大乐也。'于是坎井之蛙闻之，适适然惊，规规然自失也。且夫知不知是非之竟，而犹欲观于庄子之言，是犹使蚊负山，商蚷驰河也，必不胜任矣。且夫知不知论极妙之言，而自得[4]一时之利者，是非坎井之蛙与？且彼方跐黄泉而登大皇，无南无北，奭然四解，沦于不测；无西无东[5]，始于玄冥，反于大通。子乃规规然而求之以察，索之以辩，是直用管窥天，用锥指地也，不亦小乎？子往矣！且子独不闻夫寿陵余子之学步[6]于邯郸与？未得国能[7]，又失其故行矣，直匍匐而归耳。今子不去，将忘子之故，失子之业。"

公孙龙口呿而不合，舌举而不下，乃逸而走。

今译

公孙龙问魏牟："我年轻时学先王之道，长大后懂得仁义之行。我能把同和异混合，能把坚和白分开，能把别人认为错的说成对，把别人认为不可的说成可；我知识广博，可使百家困惑不堪；我思辨能力超强，能让众人闭口无语。我自己觉得已经登峰造极了。现在听到庄子的言说，让我吃惊不小！让我茫然若失！

不知是我的辩才不如他,还是学问不如他?当下我即使能张开口,也不知要说些什么。请问这是什么缘故?"

公子牟隐几嘘气,仰天而笑,说:"你没有听说坎井里的青蛙吗?它对东海的大鳖说:'我快乐极了!我出门就在井栏上跳跃蹦跶,归家就在井壁的凹洞里蹲坐休息,我在洼地里游泳,水淹到腋下,可以托住下巴,在池塘中嬉戏,泥浆会浸没脚趾脚背。环视周边的小虫蟹和小蝌蚪,他们可比我差得太远了。我独占一汪之水,自得坎井之乐,不是达到极致了吗!欢迎先生您时时前来观瞻。'东海之鳖要进坎井,它左脚还没有进入,右膝已经卡在井沿上。于是大鳖缓缓抽身而退,对青蛙说:'大海,用万里之远,不足以形容其大,用千仞之高,不足以形容其深。夏禹的时代,十年中有九年发大水,海水也不曾增多一分一毫;商汤的时代,八年中有七年大旱灾,海岸也没有高出一分一毫。一任时光流转而无动迁,历经多少变易而无进退,这是东海之乐呀!'坎井之蛙听了这番话,惊得目瞪口呆,惶惑无主,一时间忘记了自己是谁。如果智识不足以了解是非的究竟,而还想参悟庄子的言说,这就像让蚊子背负大山,让小虫飞跃黄河,哪里能够做得到呢!那些智识不足,难以理解高妙的言论,只是为了一时争胜而信口开河的人,不就像井底之蛙吗?庄子的道术,下抵黄泉上达青天,无论南北,四方通达,其深度不可测算;无论西东,兆始于玄冥,复归于大通。你自己惶惶惑惑,心中梦想着要明察通达,而求索于口舌之辩,简直就是以细管测天空,用锥尖量大地,实在是格局太狭小了!你走开吧!你没有听说寿陵的少年去邯郸学步的事吗?赵国的绝活没有学到手,自己小时候走路的技能又忘记了,只好一路爬行回老家。你若不赶紧离开,就会忘记原来的技能,失去糊口混饭的生计!"

公孙龙张口不能闭,结舌不能伸,一溜烟逃走了。

[注]

[1] 视:旧脱。《太平御览》引司马彪注有"视"字。

[2] 专擅:专,旧脱。专擅,与"跨跱"对举。

[3] 告之曰："夫海，万里"：旧作"告之海曰：'夫千里'"。

[4] 自得：旧作"自适"。张远山校正，他认为是郭象擅改。

[5] 无西无东：旧作"无东无西"。东，与"反于大通"韵。

[6] 学步：步，旧作"行"。刘文典、王叔岷校正。

[7] 国能：赵国流行的竞技。

  庄子钓于濮水。楚王使大夫二人往先焉，曰："愿以境内累夫子[1]！"

  庄子持竿不顾，曰："吾闻楚有神龟，死已三千岁矣[2]。王巾笥[3]而藏之庙堂之上。此龟者，宁其死为留骨而贵乎？宁其生而曳尾于涂中乎？"

  二大夫曰："宁生而曳尾涂中。"

  庄子曰："往矣！吾将曳尾于涂中。"

今译

  庄子在濮水岸边钓鱼。楚王派两个大臣去见他，传达楚王的一番心意："希望能把国家托付给先生。"

  庄子手持钓竿，头也不回，说："我听说楚国有一只神龟，死的时候已经有三千岁，国王用丝巾包着它的骨甲，放在竹箱里，在宗庙里供奉着。请问，那个神龟，是宁愿死后留下骨甲在供台上受礼拜，还是更愿意活着在烂泥里摇尾巴呢？"

  两个大臣都说："它应该更愿意活着在烂泥里摇尾巴。"

  庄子说："二位请回吧！我还要在烂泥里摇尾巴呢。"

[注]

[1] 愿以境内累夫子："夫子"旧作"矣"。刘文典、王叔岷校正。

[2] 死已三千岁矣：死的时候已经有三千岁。不是已死去三千年。

[3] 巾笥：巾，丝巾。笥，竹筐。巾笥，作动词用，用巾笥来珍藏。

惠子相梁，庄子往见之。

或谓惠子曰："庄子来，欲代子相。"

于是惠子恐，搜于国中三日三夜。

庄子往见之，曰："南方有鸟，其名鹓鶵，子知之乎？夫鹓鶵，发于南海而飞于北海，非梧桐不止，非练实不食，非醴泉不饮。于是鸱鸢[1]得腐鼠，鹓鶵过之，仰而视之曰：'吓！'今子欲以子之梁国而吓我邪？"

今译

惠子在梁国做宰相。庄子要去见他。

有人告诉惠子："庄子来梁国，是要夺你的相位。"

惠子大恐慌，在京都搜查了三天三夜。

庄子去见惠子，说："南方有鸟，名叫鹓鶵，你知道吗？这个鹓鶵从南海出发飞往北海，一路之上非梧桐不栖，非竹米不食，非甘泉不饮。猫头鹰得到一只臭老鼠，鹓鶵刚好从此经过，猫头鹰抬头仰视，大喊一声：'吓！'如今，你是要用你的梁国来吓我吗？"

[注]

[1] 鸱鸢：鸢，旧脱。成疏："凡猥之鸢"。

庄子与惠子游于濠梁[1]之上。

庄子曰："鯈鱼出游从容，是鱼之乐也。"

惠子曰："子非鱼，安知鱼之乐[2]？"

庄子曰："子非我，安知我不知鱼之乐？"

惠子曰"我非子，固不知子矣；子固非鱼也，子之不知鱼之乐，全矣！"

庄子曰："请循其本。且[3]子曰'汝安知鱼乐'云者，既已知吾知之而问我。我知之濠上也。"

今译

庄子和惠子一起，漫游于濠水的桥上。

庄子说："鲦鱼结伴出行，从容游于水中，这些鱼很快乐。"

惠子说："你不是鱼，你怎么得知鱼的快乐呢？"

庄子说："你不是我，怎么得知我不知鱼的快乐呢？"

惠子说："我不是你，肯定不知你；你肯定不是鱼，所以你不知鱼之乐。枝叶全矣，辩论完矣！"

庄子说："让我们循着脉络，回到根本。刚才你说的是'你如何得知鱼的快乐'，你知道我已经得知鱼的快乐，却问我是如何得知的。此时此地，我得之于濠水的桥上啊！"

[注]

[1] 濠梁：濠，濠水。成疏：在淮南钟离郡。今有庄子墓，亦有庄惠遨游之所。梁，即高出水面的石梁。《说文》："石绝水为梁。"

[2] 子非鱼，安知鱼之乐：大哉智者如惠子，乃有此千古之问！至哉真人如庄子，有"知之濠上"之应答。真人生于天地之间，得见大道流行周遍万物，而况一鱼乎！至若人无此能，则必定神明不彰，宇宙昏黑，如何能豁然见道，觉他而明人，与物宛转而安心领命？

[3] 且：旧脱。今据陈景元《阙误》引张君房本有"且"字补。

庄子真义外篇第六

则阳

题解

《则阳》残篇见于安徽双古堆文帝时汉墓，故应在《庄子》原始本外篇。此篇蕴藉深厚，议论精到。首先区别佞人与正德，进而借容成之言，明天光，贬人师；蜗角之国，庄子高论；市南陆沉，子路蒙羞；长梧子善耕耘，曰人心不可扶杂草；柏矩哭辜，叹杀盗非杀人。遽伯玉六十而六十化，卫灵公未亡即为灵。丘里之言，无涉公道；莫为、或使，鸡鸣狗吠，只见物类，不能超拔。

则阳游于楚，夷节言之于王，王未之见。夷节归。
彭阳见王果曰："夫子何不谭我于王？"
王果曰："我不若公阅休。"
彭阳曰："公阅休奚为者邪？"
曰："冬则擉鳖于江，夏则休乎山樊。有过而问者，曰：'此予宅也。'
"夫夷节已不能，而况我乎！吾又不若夷节。夫夷节之为人也，无德而有知，不自许，以之神其交，固颠冥乎富贵之地[1]。非相助以德，相助消也。夫冻者假兼衣于春，暍者望冷风于秋[2]。
"夫楚王之为人也，形尊而严。其于罪也，无赦如虎。非夫佞人正德，其孰能桡焉[3]！故圣人，其穷也，使家人忘其贫；其达也，使王公忘爵禄而化卑。其于物也，与之为娱矣；其于人也，乐物之通而保己焉。故或不言而饮人以和，与人并立而使人化。父子之宜，彼其乎归居，而一闲其所施[4]。其于人心者，若是其远也。故曰待公阅休。"

今译

则阳游历到楚国。夷节向楚王推荐则阳。楚王不见。夷节只得无功而返。

则阳又去见王果,说:"夫子可否向楚王引荐我?"

王果说:"我不如公阅休。"

则阳说:"公阅休是什么人?"

"公阅休冬天在江上刺鳖,夏天在深山密林中休栖。有路过的人问起来,他就说:'这就是我的家啊。'

"夷节不能引荐你,何况我呢?我又不同于夷节。夷节这个人,无德性而富知巧,还懂得不自夸,这样与人交往就显得神乎其神,平日出入于富贵之地,很有一些昏天黑地的技巧。他不能使人增长德性,而能使人本性消磨。冬天受冻的人,期盼用春天的夹衣来取暖;夏日中暑的人,期盼用秋天的冷风来降温。这怎么行呢?

"再说,楚王这个人,身形尊贵而严厉;他对有过犯的人,绝不轻饶,其性情凶暴如同猛虎。能说动他的,恐怕只有曲佞之人和正德之人。圣人穷困时,能使家人忘记贫寒;发达时能使王公忘记爵禄而化为谦卑。圣人对于物,能够愉悦地欣赏而不占有;对于他人,既乐于助人通达,又保持一己的独立。圣人即使默默不言,也能使人感觉到如饮琼浆一样舒畅,与人平等相处,能够感化其性情。父子的情谊最深厚,其父逝世后,公阅休简化了丧葬礼节。圣人的精神境界,与众人相去遥远,不可用道里来计量!所以,要等待公阅休来举荐你。"

[注]

[1] 固颠冥乎富贵之地:"固",通"故"。颠冥,痴顽昏暗,指迷恋交往权贵之术。

[2] 夫冻者假兼衣于春,喝者望冷风于秋:旧作"夫冻者假衣于春,喝者反冬乎冷风"。奚侗、刘文典、高亨、王叔岷据《淮南子·俶真训》校正。假,借。

[3] 非夫佞人正德，其孰能桡焉：桡（ráo），同"扰"，打动。佞人有技巧，指夷节；正德能化人，指公阅休。

[4] 父子之宜，彼其乎归居，而一闲其所施：宜，通义。居，终。归居，去世。

圣人达绸缪，周尽一体矣，而不知其然，性也。复命摇作[1]，而以天为师。人则从而命之也。怵乎知，而所行恒无几[2]，时其有止也，若之何！

生而美者，人与之鉴，不告，则不知其美于人也。若知之，若不知之，若闻之，若不闻之，其可喜也终无已，人之好之亦无已。性也。

圣人之爱人也，人与之名，不告，则不知其爱人也。若知之，若不知之，若闻之，若不闻之，其爱人也终无已，人之安之亦无已。性也。

旧国旧都，望之畅然。虽使丘陵草木之缗入之者十九，犹之畅然，况见见闻闻者也！以十仞之台悬众间者[3]也。

冉相氏得其环中以随成，与物无终无始，无几无时[4]。日与物化者，一不化者也，阖尝舍之夫师天[5]！而不得师天，与物皆殉，其以为事也，若之何？夫圣人未始有天，未始有人，未始有始，未始有物，与世偕，行而不替，所行之备，而不洫[6]。其合之也，若之何？

汤得其司御伊尹登恒[7]，为之傅之，从师而不囿；得其随成，为之司其名；之名嬴然，法得其两见[8]。

仲尼之尽虑，为之傅之。容成氏曰："除日无岁，无内无外[9]。"

今译

圣人通达纷纭万物，涵盖一体大同，而自己不知为何是这样，此乃出于天性。回归天命的本然之流，扶摇而上行，以天为宗师；众人跟随在后，称他为圣人。

假如因为自己心知有限而忧虑不堪，有所行动而时间有限定，眨眼间就到了生命的终点，人会怎样呢？

资质美丽的人，给他一面铜镜，他才知道自己的貌美。人若不告诉他，则不知自己在别人眼里是貌美的。不论他对自己的美，知还是不知，有无听闻别人的议论，他的天生可爱不会停止，人们喜爱他的美貌也不会停止。这乃是天性使然。

圣人素来爱人，人家给他加上爱人如子的好名声；若不告诉他，他也不知自己爱人如子。无论知与不知，闻与不闻，其爱人之心始终如故，众人安然接受他的关爱，也始终如故。这乃是天性使然。

人看见自己的故国旧家，远远望去就觉得心情舒畅；即使草木掩没了丘陵的十分之九，看见了仍然觉得心情舒畅。何况那个全见其所见、全闻其所闻的思归之人！家国胜景，如同十仞的高台，悬于每个人的心中，那是何等美丽的故园风光啊！

冉相氏领悟了环中之道枢，而随道宛转，与万物同行，无终无始，无停无休。至人日日随物而变化，却始终遵循不变的大道，何尝须臾离开过以天为师？不以天为师，不遵从自然之道，只知追随外物而与物俱丧，一生追求事功，会有什么结果？圣人无有成心，不存天，不存人，不存始，不存物；只是与世同光合尘，日日行道而无休止，周流普遍而无淤滞。若与此等至人和合，又会是怎样的境界？

商汤的司御伊尹得悟大道，辅佐并教导商汤；商汤既追随师傅，又不局限于师傅，方能随道而行；虽给予王师的任命，而师傅的名义，二人却都不曾放在心上。所以师法者就有了两个，出现天师与人师并立的假象。

仲尼竭尽一生知虑，努力要做帝王师。容成氏说："假如天上没有太阳，人间哪会有岁月四季；人的内心若无光明，整个世界将会是一片黑暗。"

[注]

[1]复命摇作：复命，摈弃雕琢修饰，回归本真天性的源头；摇作，扶摇而

上行，达于天道。如大鹏图南，扶摇直上九万里，此之谓也！

[2] 忧乎知，而所行恒无几：人若总是忧虑于知识的不确定，而生命的践行又有时间的限制，转瞬间生命已到尽头，人其无可奈何而已矣！

[3] 十仞之台悬众间者：悬，旧作"县"，字通。众间，众人心间。此段文字道尽人心的幽深秘密，也体现了庄子胸怀万物的至真至诚。万物一齐，而臻于化境，寥廓纯一之美丽风光，于方寸间尽显无遗！

[4] 得其环中以随成，与物无终无始，无几无时：环中，道之枢纽。随成，《大宗师》有"乘成以随先生"，谓跟随成道者修习。无几无时，与道同行，精神高迈，可超越人生的时间限定性；扣上文"行无几，时其有止"。

[5] 阖尝舍之夫师天：阖尝，何尝。舍，舍弃。今断句与各本不同。旧作"师天而不得师天"，大谬。

[6] 与世偕，行而不替，所行之备，而不洫：偕，一同。行，行道。替，衰废。备，完备周遍。洫（xù），淤塞。今案：此处断句与各本不同。庄子主旨，至人行道于人间，遵循大道之周流不替，而非随众从俗。各注家于此点多所忽略。

[7] 汤得其司御伊尹登恒：伊，旧讹作"门"。登恒，入道。

[8] 得其随成，为之司其名；之名嬴然，法得其两见：司，任命。嬴然的"然"字，今据郭注、成疏都有"嬴然，无心"补。法，师法。此句是说，汤得到伊尹为师，给予王师的任命。师傅的名义，二人都不曾放在心上。人可师法者有两个：人师和天师。在庄子的世界里，道为大宗师，人为接引师。庄子认为：以天为师，难以伪；以人为师，难以真。

[9] 除日无岁，无内无外：假设天上没有太阳，人间哪来年岁四季；内心若无光明，世界将是一片黑暗。这样理解，文义连贯，层层转圜而新意涌现。

魏莹与田侯牟[1]约，田侯牟背之，魏莹怒，将使人刺之。

犀首公孙衍闻而耻之，曰："君为万乘之君也，而以匹夫从仇。衍请受甲二十万，为君攻之，虏其人民，系其牛马，使其君内热发于背，然后拔其国。忌也出走，然后抶其背，折其脊。"

季子闻而耻之，曰："筑十仞之城，城者既七仞[2]矣，则又坏

之，此胥靡之所苦也。今兵不起七年矣，此王之基也。衍乱人，不可听也。"

华子闻而丑之，曰："善言伐齐者，乱人也；善言勿伐者，亦乱人也；谓'伐之与不伐乱人也'者，又乱人也。"

君曰："然则若何？"

曰："君求其道而已矣！"

惠子闻之，而见戴晋人[3]。

戴晋人曰："有所谓蜗者，君知之乎？"

曰："然。"

"有国于蜗之左角者，曰触氏；有国于蜗之右角者，曰蛮氏，时相与争地而战，伏尸数万，逐北，旬有五日而后反。"

君曰："噫！其虚言与？"

曰："臣请为君实之。君以意在四方上下，有穷乎？"

君曰："无穷。"

曰："知游心于无穷，而反在通达之国，若存若亡乎？"

君曰："然。"

曰："通达之中有魏，于魏中有梁，于梁中有王，王与蛮氏，有辩乎？"

君曰："无辩。"

客出而君惝然若有亡也。

客出，惠子见。

君曰："客，达人[4]也，圣人不足以当之。"

惠子曰："夫吹筦也，犹有嗃也；吹剑首者，吷而已矣[5]。尧、舜，人之所誉也。道尧、舜于戴晋人之前，譬犹一吷也。"

今译

魏惠王䓖与齐侯田午盟约。田午背约。魏䓖大怒，要派人行刺田午。

犀首将军公孙衍听到后，感到很羞耻。他说："君王乃是万乘之君，却以一介匹夫的方式对付仇人。我请求带甲兵二十万，为君王攻打齐国，俘虏人民，劫掠牛马，让齐君心火上攻，背上长疮。然后攻破齐国都城，逼迫田忌出逃；抓住田忌，鞭打后背，敲断他的脊梁。"

季子听到后，感到羞耻。他说："要筑十仞高的城墙，已经到了七仞，现在又要毁坏它，这可真是瞎折腾，白白地让徒役们受苦。如今有七年兵戎不起，人民的生活稍稍安顿，这是王业的根基啊。公孙衍是个乱臣，不可听信。"

华子听说后，很藐视他们，说："说伐齐是善举的，是乱臣；说不伐齐是善举的，也是乱臣。主张伐齐的，主张不伐齐的，都是一群乱臣。"

魏惠王问："那么，出路是什么呢？"

（华子）说："君王必须求道，如此而已。"

惠施听到了这件事，引荐戴晋人去见惠王。

戴晋人说："有一种动物叫蜗牛，君王知道吗？"

（魏惠王）说："知道。"

（戴晋人说：）"有个邦国，地盘在蜗牛的左角上，叫触氏。还有个邦国，在蜗牛的右角，叫蛮氏。两国经常为了争夺土地而开战，战况激烈，一次可杀敌数万，大举追逐败北的敌军，要十五天之后才能班师回朝。"

魏惠王说："嘻嘻！这是您编出来的空话吧？"

（戴晋人）说："我可以为您证实。君王以为上下四方，有没有穷尽？"

魏惠王说："没有穷尽。"

（戴晋人）说："君王你可知道，游心于无穷无极，途经的那些国家，不是小到可以忽略不计吗？"

魏惠王说："是的。"

（戴晋人）说："途经的国家有魏，在魏中有梁，在梁中有王。梁王与蛮氏，有什么分别吗？"

魏惠王说："没有分别。"

客人告辞。魏惠王怔怔地发呆，若有所失。

客人走了。惠子进见。

魏惠王说:"这位客人,真是一个了不起的达人!圣人比他差得太远了!"

惠子说:"吹竹箫,发出呜呜的乐声,吹剑首,只有一点儿轻微的嘘声。尧舜,受到人们推崇,但是在戴晋人面前吹嘘尧舜,只有一点儿嘘声。"

[注]

[1]魏䓨与田侯午:䓨,旧作"莹"。午,田齐桓公,旧作"牟"。陆德明等人校正。

[2]七仞:七,旧讹作"十"。

[3]惠子闻之,而见戴晋人:见(xiàn),荐举。戴晋人,庄子化名。《庄子》全书中,庄惠总是争辩不休,而此处是二人相契的事例,从中也透露出惠子反对征战杀伐的立场。

[4]达人:旧讹作"大人"。张远山怀疑为郭象擅改。

[5]吹筦也,犹有嗃也;吹剑首者,映而已矣:筦,同管,箫。嗃,呜呜之声。映,微微嘘声。

孔子之楚,舍于蚁丘之浆[1]。其邻有夫妻臣妾登极[2]者。

子路曰:"是稯稯[3]何为者邪?"

仲尼曰:"是圣人仆也。是自埋于民,自藏于畔[4]。其声销,其志无穷,其口虽言,其心未尝言。方且与世违而心不屑与之俱。是陆沉者也,是其市南宜僚邪?"

子路请往召之。

孔子曰:"已矣!彼知丘之着于己[5]也,知丘之适楚也,以丘为必使楚王之召己也。彼且以丘为佞人也。夫若然者,其于佞人也羞闻其言,而况亲见其身乎!而何以为存[6]!"

子路往视之,其室虚矣。

今译

孔子游于楚国，旅居于蚁丘山下一家草房客店。隔壁相邻的一家人，妻妾仆役，爬到了房顶上，望向远处。

子路说："这些纷纷攘攘的人是谁呀？"

孔子说："是圣人的家人仆役。这位圣人藏在民间，埋头田垄；其声音消隐，志向却宏大无边；口中有言，心中未尝有言；与俗世相背离，心性不屑于同流合污。他是自沉于陆地的真人啊！我猜，他就是市南宜僚。"

子路请求去召他来见孔子。

孔子说："你站住！他知道我喜欢炫耀自己，也知道我已经来到楚国，以为我会让楚王召见我，必定认为我是一个佞人。他对于佞人，羞于闻其言，耻于见其身，你以为他现在还会在此处存身吗？"

子路忍不住去窥看，邻家的屋子已经空无一人。

[注]

[1] 舍于蚁丘之蒋：蒋，草房。旧作"浆"，传写之误。陆德明《经典释文》引司马云："谓逆旅舍以菰蒋草覆之也。"菰蒋，即茭白。蚁丘，蚂蚁国里有山丘，此为《庄子》笔墨游戏。下文"丘里之言"与此相扣。

[2] 登极：登上房顶，目送行人远去。

[3] 稯稯：稯（zōng）稯，禾束，四十把为一稯。房上有茅草，一群人又爬上房顶，所以用稯稯二字形容，喻聚拢。

[4] 自埋于民，自藏于畔：畔，田埂。自埋于民间，深藏于垅亩。田园诗人，此其萌乎！

[5] 丘之著于己：著于己：张扬自我。孔子以仁义为旗帜，名标天下；市南子当然清楚。

[6] 而何以为存：你怎么会以为他还会在此存身呢？存，存身。故下文说人

走"室虚"。

长梧封人问子牢[1]曰:"君为政焉勿卤莽,治民焉勿灭裂。昔予为禾,耕而卤莽之,则其实亦卤莽而报予;芸而灭裂之,其实亦灭裂而报予。予来年变剂[2],深其耕而熟耰之,其禾繁以滋,予终年厌飧。"

庄子闻之曰:"今人之治其形,理其心,多有似封人之所谓,遁其天,离其性,灭其情,亡其神,以为伪[3]。故卤莽其性者,欲恶之孽,为性萑苇蒹葭,始萌以扶吾形,寻擢吾性[4];并溃漏发,不择所出,漂疽疥痈,内热溲膏是也。"

今译

长梧封人对子牢说:"你管理政务,不要鲁莽;治理民众,不要草率。从前我种植禾谷,耕地很粗放,谷子的收成也同样粗劣不堪;锄草很马虎,粮食的籽粒就不够饱满。次年我改变方法,深耕而熟耘,禾苗生长茂盛,一年到头粮食吃不完。"

庄子听了,说:"今天的人们治理形体,修养心神,大多就像长梧封人所说的:违背天然,远离本性,尚虚情而灭实际,失落精神本真,故意欺心作伪。因此,鲁莽粗暴地对待心性,一定会长出欲望的杂草,如同人性中的芦苇,繁殖蔓延,攀附人形,拔擢人性;最后导致溃疡痔漏发作,毒水涌出孔窍;脓疮渗透皮肤,脏腑内的热火流出脂膏尿溲。"

[注]

[1] 长梧封人问子牢:长梧封人,《齐物论》有长梧子,得道至人。子牢,孔子弟子,曾在宋国为卿。

[2] 变剂:剂,方。旧作"齐",字通。楚伯秀、王敔校正。

[3] 以为伪:旧作"以众为",不通。今据陆德明《经典释文》引司马彪本

作"以为伪"校正。下文"民知力竭，则以伪继之。日出而伪，士民安取不伪"，即上面天天作伪，是源头，下面以作伪应对，是反应。有无耻文人故意偷换主语，把治人者作伪，篡改为民众作伪。

[4] 以扶吾形，寻擢吾性：扶，攀附枝蔓。擢，连根拔起。

柏矩学于老聃，曰："请之天下游。"

老聃曰："已矣！天下犹是也[1]。"

又请之，老聃曰："汝将何始？"

曰："始于齐。"

至齐，见辜人[2]焉，推而强之，解朝服而幕之，号天而哭之，曰："子乎！子乎！天下有大菑，子独先离之。曰'莫为盗！莫为杀人[3]！'荣辱立，然后睹所病；货财聚，然后睹所争。今立人之所病，聚人之所争，穷困人之身，使无休时，欲无至此，得乎！"

古之君人者，以得为在民，以失为在己；以正为在民，以枉为在己；故一形有失其形者[4]，退而自责。今则不然，匿为物而愚不识[5]，大为难而罪不敢，重为任而罚不胜，远其途而诛不至。民知力竭，则以伪继之。日出多伪，士民安取不伪！夫力不足则伪，知不足则欺，财不足则盗。盗窃之行，于谁责而可乎？

今译

柏矩跟从老聃学道，说："请允许我去游历天下。"

老聃说："算了吧！这里不就是天下嘛。"

柏矩再次请求游天下。老聃说："你要从哪里开始呢？"

"从齐国开始吧。"

柏矩到了齐国，看见一个人被处死后当街示众，上前一推，已经僵硬如同一段木头。他脱下朝服盖在辜人身上，仰天哭号："先生啊，先生！天下大难临头，你为何早已遇到祸端？上面警告说：'不要做盗贼！不听就杀头！'可是，把荣辱做成了标准，人们看到的是失败；把财货集中起来，人们看到的是争斗。如今的世道，高举让人失败的价值标准，积聚引人争斗的财货，使得人人感觉穷困无望，役使人们追逐竞争而无休止，要想不走到这种悲惨地步，如何可能呢！"

　　古时的君王，以得在民，以失在己；以正道在民，以过错在己；如有一人无端丧失性命，君主都会退而反省自责。如今的君主却正好相反：隐匿权柄珍宝而愚弄不知者；增加任务的难度而责备众人不愿奉献；加重目标而惩罚不能完成者；把服役之地安排在遥远的地方，而诛杀不能按时到达的人伕。众人的知识和能力都耗尽了，只能用作假的办法来勉强应付。伪诈的政令天天出炉，民众如何能不忙于作伪来应付？力气不足就作伪，知识不足就欺瞒，财货不足就盗窃。如今盗窃风行，究竟应该责备哪一个呢？

[注]

　　[1] 天下犹是也：是，此。这里就是天下！《老子》四十七章："不出户，知天下；不窥牖，见天道。其出弥远，其知弥少。"

　　[2] 辜人：辜，辜磔（zhé），磔，肢解后弃市。

　　[3] 曰：莫为盗！莫为杀人：这是官方的法律条文：不得为盗！不听就杀头！"杀人"，按律当杀之人。"杀盗非杀人。"《天运》："禹之治天下，使民心变，人有心而兵有顺，杀盗非杀人，自为种而天下耳。是以天下大骇，儒墨皆起。"《胠箧》："窃钩者诛，窃国者为诸侯；诸侯之门，而仁义存焉。"

　　[4] 一形有失其形者：有一形丧其形性。褚伯秀等认为"一形"应作"一物"，存疑。今译作"有一人无端丧失性命"。扣辜人之事。

　　[5] 匿为物而愚不识：匿，藏匿。一说同"慝"，古语有弄坏、弄丑之意，字通。匿为物：隐藏权柄宝物。愚不识：愚弄不知者。

　　蘧伯玉行年六十而六十化，未尝不始于是之，而卒诎[1]之以非也。未知今之所谓是之，非五十九非也。

　　万物有乎生而莫见其根，有乎出而莫见其门。人皆尊其知之所知，而莫知恃其知之所不知而后知，可不谓大疑乎！已乎！已乎！且无所逃。

此所谓然与，然乎？

今译

蘧伯玉活到六十岁而有六十年的变化，先前一直认为对的，后来都诎然而弃，终止于非。不知我等今天所谓是，会不会就像前五十九年一样，也应断定为非呢？

万物都有萌生之所，但是看不到其根芽；万物都有所出处，但是看不到其门径。众人皆尊崇其智之能知，而不懂得依赖自己的智能所不知而后达到的真知。这不是人生最大的疑惑吗？罢了，罢了！谁能逃出这个迷局！

这就是本然的真相吗？真相是这样的吗？

[注]

[1] 诎（qū）：声戛然而止。《礼记》："扣之，其声清越以长，其终诎然。"

　　仲尼问于太史大弢、伯常骞、狶韦曰："夫卫灵公饮酒湛乐，不听国家之政；田猎毕弋，不应诸侯之际；其所以为灵公者何邪？"

　　大弢曰："是因是也[1]。"

　　伯常骞曰："夫灵公有妻三人，同滥而浴。史䲡奉御而进所，搏币而扶翼[2]。其慢若彼之甚也，见贤人若此其肃也，是其所以为灵公也。"

　　狶韦曰："夫灵公也死，卜葬于故墓不吉，卜葬于沙丘而吉。掘之数仞，得石椁焉，洗而视之，有铭焉，曰：'不凭其子。'灵公夺而埋之[3]。夫灵公之为灵也久矣！之二人何足以识之！"

今译

仲尼分别去请教太史官大弢、伯常骞、狶韦:"卫灵公纵酒淫欲,不理国家政事;忙于打猎捕兽,不参加诸侯会盟。死后谥号'灵公',是什么原因?"

大弢说:"灵公的谥号符合礼仪的规定。"

伯常骞说:"灵公与三个妻妾同盆沐浴。史鳅奉诏出使请行,灵公双手捧出金币礼品,小心护持。灵公私德亵慢,很过分;而敬重贤人,则恭肃有加。这就是被谥为'灵公'的原因吧?"

狶韦说:"灵公死后,他的孙子卫出公命人占卜,说是葬在故墓不吉,葬在沙丘大吉。挖掘沙丘数仞,得到了一个石椁,冲洗沙土后,看见铭文:'不凭其子'。出公就夺来这个墓地,将灵公埋在了沙丘。灵公早就是一个幽灵了,那二位史官不知实情!"

[注]

[1] 是因是也:灵公乱国,故而谥"灵",是合乎礼仪的。成疏:"依周公谥法:乱而不损曰灵。"乱而不损:邦国乱而人未亡。

[2] 搏币而扶翼:搏币,取币。扶翼,小心护持。

[3] "不凭其子。"灵公夺而埋之:凭,旧作"冯",字通。埋,旧作"里"。旧本两句都在引号内。张远山校正。

少知问于大公调曰:"何谓丘里之言?"

大公调曰:"丘里者,合十姓百名而以为风俗也,合异以为同,散同以为异。今指马之百体而不得马,而马系于前者,立其百体而谓之马也。是故丘山积卑而为高,江河合水而为大,大人合并而为公[1]。是以自外入者,有主而不执;由中出者,有征而不拒[2]。四时殊气,天不赐,故岁成;五官殊职,君不私,故国治;文武殊能,人不赐[3],故德备;万物殊理,道不私,故无功。无功故无为[4],无为而无不为。时有终始,世有变化。祸福淳淳,至有所拂者而有所宜。自殉殊面[5],有所正者有所差。比于大泽,百材皆度;观于大山,木石同坛。此之谓丘里之言。"

少知曰:"然则谓之道,足乎?"

大公调曰:"不然,今计物之数,不止于万,而期曰万物者,以数之多者号而读之也。是故天地者形之大者也,阴阳者气之大者也,道者为之公。因其大以号而读之则可也;已有之矣,乃将得比哉!则若以斯辩,譬犹狗马,其不及远矣。"

少知曰:"四方之内,六合之里,万物之所生恶起?"

大公调曰:"阴阳相照,相盖相治,四时相代,相生相杀。欲恶去就,于是桥起,雌雄片合[6],于是庸有。安危相易,祸福相生,缓急相摩,聚散以成。此名实之可纪,精微之可志也。随序之相理,桥运之相使,穷则反,终则始,此物之所有。言之所尽,知之所至,极物而已。睹道之人,不随其所废,不原其所起,此议之所止。"

少知曰:"季真之莫为,接子之或使[7]。二家之议,孰正于其情,孰遍于其理?"

大公调曰:"鸡鸣狗吠,是人之所知;虽有至知,不能以言读其所化,又不能以意其所为[8]。斯而析之,精至于无伦,大至于不可围。或之使,莫之为,未免于物而终以为过。或使则实,莫为则虚。有名有实,是物之居;无名无实,在物之虚。可言可意,言而愈疏。未生不可忌,已死不可阻[9]。死生非远也,理不可睹。或之使,莫之为,疑之所假。吾观之本,其往无穷;吾求之末,其来无止。无穷无止,言之无也,与物同理;或使、莫为,言之本也,与物终始。道不可有,又不可无[10]。道之为名,所假而行。或使、莫为,在物一曲,夫胡为于大方?言而足,则终日言而尽道;言而不足,则终日言而尽物。道物之极,言默不足以载;非言非默,议有所极。"

今译

少知问太公调："什么是'丘里之言'？"

太公调说："丘里这个地方，聚集了十个姓氏，一百多个人，慢慢形成了邻里风俗。他们认为，把多个异合起来，就是一个同；把一个同分散开，就是很多个异。如今有人指出马的单一部分，得不到全马；把一匹马牵到跟前，部位齐全，才可称为马。所以，山丘由累积低微而渐渐成其高，江河汇合众流而渐渐成其大，大人兼采众长而渐渐成其公。所以，感受外物时，内有主见却不自执；内心生发意念时，遇到不同的证据也不外拒。四个季节气候殊异，天无偏私，构成年岁的序列。五种官吏职守不同，君王无偏私，国家就会安定。文武能力殊异，人无偏私，就可德才具备；万物气质不同，道无偏私，所以物无功利分别。无功所以无为，无为而无不为。时令有终始，世事有变迁。祸福相倚相生，于此人是福，于彼人则为祸。各人自有其追求之物，就像人与人面貌有不同；试图加以评量和匡正，必然有偏差。置于大泽，树木都合尺度；遍观大山，木石皆成景观。这就是丘里之言。"

少知问："把这些话看作道，可以吗？"

太公调说："不可以！物类的数量，不止于万，谓之万物，不过是用一个大数，取一个约定之名而已。所以，天地，是有形之大物；阴阳，是无形之大气；道，是天地阴阳之公约。道，读作至大无尽的名号，就可以了。然而，有名号之'道'，岂能与无名号之道相提并论！以名号辨析：道与言道，就如同马与狗，相去岂可以道里计！"

少知问："四方之内，六合之中，万物产生的源头是什么？"

太公调说："阴阳对应，彼此涵盖，相互制约；四时循环更替，相生相杀。欲、恶、去、就，生物突变；雌雄交合，代代绵延；安危变易，祸福倚伏，缓急交替，聚散相因。这是言语名相可以记下的万物实情，可以描述的精微细节。次序相随，接运相使，到了尽头又恢复初始，循环不已。万物之理则，言语之边界，知识之终点，考察万物的极致，都不会超出这个范围。体道之人，不会痴迷地追随外物而超过这个界限,也不会追问万物的源头起点。议论到此为止。"

少知说:"季真说天道'莫为',接子说天道'或使',两家的议论,哪一个接近实情,哪一个合于公理?"

太公调说:"鸡鸣狗吠,是我们都知道的事实,但即使有人达到了知的顶峰,也不能理解鸡鸣狗吠的初始原因,更不能臆测其变化的终极。据此理辨析,道之精微可以小到无处可测,道之宏阔可以大到无所不包。认为'天道本无所作为',或者'天道乃有意驱使',其根本的错误,是把道看成一物,属于立论不当。'或使论'拘实,'莫为论'偏虚。有名有实,是即形而言物;无名无实,是离物而言道。道,可以言说,可以意会,但言说越多,离道越远。未生的不能禁止其来,已死的无法阻止其去。死生并不远隔,其理由却视而不见。'或使论'、'莫为论',都是一些可疑的假设。我追查道的起始,看不见本源;我追查道的终点,看不到尽头。道,无穷无尽,故以言语描述则非当,因为言词也是一物,与物同理。'或使论'、'莫为论',其本质都是言词,与物相类,故有终也有始。道,不可视为实有的一物,又不可视为不存在的空无。道的名称,乃是假借的说法。'或使论'、'莫为论',局限在物的一隅,怎么可以与大方之家对话呢?言论充足,终日言说都可以是论道;言论不充足,终日言说都只是论物而已。道,是万物的终极边界,无论言说或默想,都不足以承载它。无言说亦无默想,则是议论的边界。"

[注]

[1] 大人合并而为公:大人,不当读作"达人"。此处所述是丘里之言,不是庄子之言。"合并而为公",乃是十分狭隘的社会见识,十分糟糕的政治实践。此可为"大人"(执掌权势的人)之作为,却根本无缘于天道,与达人无关。公道与否,不依人数多少来定。合并而有为,非公;行多数的暴政,亦非天道。

[2] 有征而不拒:征,征象,旧作"正"。拒,拒斥,旧作"距"。张远山据《天运》"中无主而不止,外无征而不行"校正。

[3] 文武殊能,人不赐:旧作"文武大人不赐",不通。王叔岷校正。

［4］故无功。无功故无为：旧作"故无名。无名故无为"。王叔岷据成疏"功归于物，故为无为"校。

［5］自殉殊面：殉，以生命为追求。殊面，人们的追求各自不同，如人面各殊。

［6］雌雄胖合：胖，旧作"片"，字通。胡文英：《仪礼》"夫妇胖合"，谓合其两半以成夫妇。

［7］季真之莫为，接子之或使：季真（约前360—前290），齐人，主张天道无为。接子（约前350—前275），齐人，主张天道有意志，可以役使万物。可参考张远山《庄子复原本》有关考证。

［8］虽有至知，不能以言读其所化，又不能以意其所为：旧作"虽有大知，不能以言读其所自化，又不能以意其所将为"。张远山据成疏校。

［9］已死不可阻：阻，阻碍；旧讹作"徂"。徂（cú），至，去往。

［10］道不可有，又不可无：旧作"道不可有，有不可无"，郭象谬注。

庄子真义外篇第七

外物

题解

外物，外于物。物物而不物于物。游心于物而无所滞留，而宛转于道枢。监河侯口惠而实不至，故庄生忿然作色。任公子钓东海，其风俗超迈，世人不能匹。有儒士发冢者，以《诗》《礼》窃珠。老莱子斥孔"骛万世之患"。神龟之知有所不周。侧足之地，无用而有大用。造父御马，可使蹄外无余地。寓言之道：忘言忘己，与道迁流，归于化境，方为至人。

外物，不可必[1]，故龙逢诛，比干戮，箕子狂。恶来死，桀、纣亡。

人主莫不欲其臣之忠，而忠未必信，故伍员流于江，苌弘死于蜀[2]，藏其血三年而化为碧。

人亲莫不欲其子之孝，而孝未必爱，故孝己忧而曾参悲。

木与木相摩则然，金与火相守则流，阴阳错行，则天地大骇，于是乎有雷有霆，水中有火，乃焚大槐。

有甚忧两陷[3]而无所逃。螴蜳不得和[4]，心若县于天地之间，慰暋沈屯，利害相摩，生火甚多，众人焚和，月固不胜火，于是乎有债然而道尽[5]。

今译

游心于物外，心意不可以固执。关龙逢忠心苦谏，被夏桀杀害。比干被商纣剖心；箕子被逼疯。恶来被诛，桀、纣亡国。

君主都想臣子尽忠，而忠臣却未必得到信任。伍子胥死谏，被抛尸江中。苌弘忠心，遭流放而自杀于蜀地，蜀人藏其血，三年化碧玉。

父母无不希望儿女尽孝，而孝子未必获得父母的慈爱。所以，孝己遭逸被武丁驱逐出门，曾参因小错被父亲用大棒击昏。

木头摩擦可以燃烧，金属靠近火会融化。阴阳错乱，天地会震动，于是有雷霆，大雨夹杂闪电，参天大树会被击中焚毁。

有人忧思过度，陷入天人交战而无法摆脱；因为事情不成而恐惧忧心，如人倒悬半空。郁闷沉顿，利害攻心，虚火上炎，平和正气燃烧殆尽。众人的肉身禁不得邪火攻讦，一朝崩塌，途穷而人困。

[注]

[1] 外物，不可必：外，作动词，超越。物，《庄子》中所谓"物"，包括人与物在内，须依上下文读。必，一成而不变的固执之心。陆德明《经典释文》引"夫忘怀于我者，固无对于天下，然后外物无所用必焉"。无所用必：用心不必，无所固执也。《大宗师》女偊所说进道七阶，外天下，外物，外生，朝彻，见独，无古今，不死不生。超然物外，乃是重要的修行历程和境界。

[2] 苌弘死于蜀：苌弘，周敬王贤臣，放逐至蜀，剖肠而死。

[3] 两陷：内外交攻，进退无据，而陷入精神困顿。

[4] 螴蜳不得和：螴（chén）蜳（dūn），惧怕。和，旧作"成"。张远山校正。

[5] 偾然而道尽：偾（tuǐ）然，颓然。道尽，穷途末路。

庄周家贫，故往贷粟于监河侯。

监河侯曰："诺，我将得邑金，将贷子三百金，可乎？"

庄周忿然作色曰："周昨来，有中道而呼者。周顾视车辙中，有鲋鱼焉。周问之曰：'鲋鱼来！子何为者耶？'对曰：'我，东海之波神[1]也。君岂有升斗之水[2]而活我哉？'周曰：'诺，我且南游

吴越之王，激西江之水而迎子，可乎？'鲋鱼忿然作色曰：'吾失我常与，我无所处。我得升斗之水，然活耳。君乃言此，曾不如早索我于枯鱼之肆！'"

今译

庄周家贫，去找监河侯借粮。

监河侯说："好啊！我不久将得到封邑上交的税银，到时候我借给你三百两，行不行？"

庄周马上变了脸，说："我昨天来这里的路上，听到有个声音在喊我。我回头一看，见车辙中间有一条鲋鱼。我对它说：'鲋鱼你过来！你在这里做什么呢？'回答说：'我是东海的波浪之神。君是否有升斗之水救我的命啊？'我说：'行啊！我不久要去南方见吴越的国王，我到时候请他们引来西江之水迎接你，可以吗？'那鲋鱼脸色大变，十分生气，说：'我现在丧失了生活的正常环境，没有了适宜的容身之处。我想要得到升斗之水，不过是为了活命而已！君这样讲话，还不如趁早到干鱼店里去找我！'"

[注]

[1] 东海之波神：神，旧作"臣"。王叔岷校引《太平御览》六零，《锦绣万花谷前集》二四，以及《艺文类聚》三五，均作"波神"。把神灵也当作臣仆，那是怎样的傲慢？

[2] 升斗之水：旧作"斗升之水"。王叔岷校正。

  任公子为大钩巨缁[1]，五十犗以为饵，蹲乎会稽，投竿东海，旦旦而钓，期年不得鱼。已而大鱼食之，牵巨钩，陷没而下，骛扬而奋鬐[2]，白波若山，海水震荡，声侔鬼神，惮赫千里。任公子得若鱼，离而腊之，自浙河[3]以东，苍梧以北，莫不厌若鱼者。

已而后世辁才讽说之徒，皆惊而相告也。夫揭竿累，趣灌渎，守鲵鲋，其于得大鱼难矣；饰小说以干县令[4]，其于大达亦远矣；是以未尝闻任氏之风，俗其不可，与经于世[5]，亦远矣！

今译

任公子做了一个绳粗钩大的巨型钓竿，用五十头犍牛为钓饵，蹲在会稽山上，将鱼竿一甩，绳钩直入东海。天天垂钓，整整一年了，没有钓到鱼。忽然，一条大鱼来吞饵，牵动大钩，下沉入水，如奔马翻腾跳跃，摆动鱼鳍，激起白色巨浪，犹如高山，海水震荡，声如鬼哭神号，惊动千里之外。任公子钓到这条大鱼，剖开做成鱼干。浙江以东，苍梧以北，家家都分享到这条大鱼。

从此以后，世上那些天天权衡个人才具、到处游说君王的势利之徒，都吃惊不小，把此事相互转告。这些人举着短杆细绳做成的小巧鱼竿，奔赴各地的灌渠田沟，守候着泥鳅和鲋鱼；他们想要钓大鱼，岂不是难如登天！他们擅长的是粉饰细小言辞，谋求城邑令尹的职位，这样的人离发达而天通，差得太远了。他们从未领略公子的品貌风格，从未畅想把不被认可的化而成俗，并以此经纶世道；他们差得太远了！

[注]

[1] 巨缁：黑色的渔线。一说作纶，渔线。

[2] 骛扬而奋鬐：骛（wù）扬，飞行。鬐（qí），通鳍。

[3] 浙河：旧作"制河"。制，通"淛"，浙的本字。

[4] 饰小说以干县令：小说，细小的言辞。干，求取。县令，边远城邑的令尹，非秦置郡县之"县令"。

[5] 任氏之风，俗其不可，与经于世：旧作"任氏之风俗，其不可与经于世"，断句误。故文义不通。俗，风俗化成。其不可：众人尚未认可的高远境界。与经

于世：以此经纶世道。此章文约而义深，旧注未曾见得。

儒以《诗》《礼》发冢。
大儒胪传曰："东方作矣，事之何若？"
小儒曰："未解裙襦，口中有珠。"
大儒曰[1]："《诗》固有之曰：'青青之麦，生于陵陂。生不布施，死何含珠为[2]？'接其鬓，擪其颥[3]，汝[4]以金椎控其颐，徐别其颊，无伤口中珠！"

今译

儒生套用《诗经》《礼记》盗墓。

大儒从上头传话，说："东方已经发亮，事情办得怎么样？"

小儒向上报告："还没有解开衣裤，嘴里含着一颗宝珠。"

大儒说："《诗》早有记载：'麦苗青青兮，生长在山坡；生前不布施，死后含珠又如何？'你要掀开鬓发，牵住胡须，用铜锥撬开嘴巴，小心掰开颊骨。一切动作都要合《礼》，千万不要弄坏口中的珍珠！"

[注]

[1] 大儒曰：三字旧脱。张远山补。

[2] 青青之麦，生于陵陂。生不布施，死何含珠为：此四句《诗经》中不见。成疏说此是佚诗，年久遭删削。成氏过于老实了。此乃《庄子》游戏笔墨也。

[3] 擪其颥：擪（yè），牵。旧作"压"。成疏和陆德明《经典释文》注均作"擪"。

[4] 汝：旧作"儒"。《艺文类聚》引作"而"。

老莱子之弟子出薪[1]，遇仲尼，反以告，曰："有人于彼，修

上而趋下，末偻而后耳，视若营四海，不知其谁氏之子。"

老莱子曰："是丘也，召而来。"

仲尼至。

曰："丘，去汝躬矜与汝容知，斯为君子矣。"

仲尼揖而退，蹙然改容而问曰："业可得进乎？"

老莱子曰："夫不忍一世之伤而骜万世之患[2]，抑固窭邪，亡其略弗及邪？惠以欢为，骜终身之丑[3]，中民之行，易进焉耳[4]，相引以名，相结以隐。与其誉尧而非桀，不如两忘而闭其非[5]誉，反无非伤也，动无非邪也[6]。圣人踌躇以兴事，以每成功。奈何哉，其载焉终矜尔[7]！"

今译

老莱子的弟子出外打柴，遇见仲尼，返回家里报告："有个人来拜见您，他上身长，下身短，躯体佝偻向前，耳朵伸张向后，目光四射有光，像个经营四海的大人物。不知他的家世姓名。"

老莱子说："那是孔丘。叫他进来吧！"

仲尼进来。

（老莱子）说："孔丘！去除你身形中透露的矜持自负，消散你容貌中隐含的聪明知巧，或许可以做个君子。"

仲尼作揖而退，局促不安地改换了容貌，说："我的学业还可长进吗？"

老莱子说："不忍心一世之人受伤害，却放纵祸患而使之驰骛万世，你是心性鄙陋呢，还是方略短缺呢？你好行小惠，勉力勤奋，驰骛不停，不顾终身之丑，投合众人好恶，行为取巧，易进而不退，与众人串联而称颂声名，与众人勾结而藏匿隐讳。与其歌颂尧而非难桀，不如两忘其是非之端，关闭毁誉的源头。尧和桀，貌似相反，凡有所行动，则处处悖天伤人，都是邪鄙无道。圣人凡有所成，总是谨慎而踌躇，而每每成功。为什么，你身上总是满载着傲慢自大！"

[注]

[1] 出薪：出外采樵。薪，采薪。

[2] 不忍一世之伤而骛万世之患：骛（wù），放纵，驰骤。旧讹作"骜"，不通。证据有：成疏："亦有作骛者，云使万代驱骛不已。"陆德明《经典释文》曰："或作骛"。

[3] 惠以劝为，骛终身之丑：劝，勉励。旧讹作"欢"。骛，作动词，驰骤。旧误作"骜"。

[4] 中民之行，易进焉耳：中，投合。此句扣仲尼所问"业可得进乎"，老莱子责备孔子投合众人好恶的行为易有长进，却难以进道！易，今据陈景元《阙误》引张、成本均有"易"字补。

[5] 闭其非誉：非，旧作"所"。马叙伦校正。

[6] 反无非伤也，动无非邪也："反"与"动"对举，尧与桀并列。谓二者不论是应人还是自动，所有的举措都是违天悖道的妄动。

[7] 其载焉终矜尔：载，充满。责备孔子满载傲慢之气。陈景元《阙误》引唐写本焉下无"终"字。

宋元君夜半而梦人被发窥阿门[1]**，曰："予自宰路之渊，予为清江使河伯之所，渔者余且得予。"**

元君觉，使人占之，曰："此神龟也。"

君曰："渔者有余且乎？"

左右曰："有。"

君曰："令余且会朝。"

明日，余且朝。

君曰："渔何得？"

对曰："且之网得白龟焉，其圆五尺。"

君曰："献若之龟。"

龟至，君再欲杀之，再欲活之，心疑，卜之，曰："杀龟以卜吉。"乃刳龟以卜，七十钻而无遗策[2]。

仲尼曰："神龟能见梦于元君，而不能避余且之网；知能七十钻而无遗策，不能避刳肠之患。如是，则知有所困，神有所不及也。虽有至知，万人谋之。鱼不畏网而畏鹈鹕[3]。去小知而大知明，去自善而善矣[4]。婴儿生无石师而能言[5]，与能言者处也。"

今译

宋元君半夜里梦到有人披头散发，在侧门窥视，说："我来自名叫宰路的深潭，作为长江之神的使者，去见河伯。在途中被渔夫余且捉住了。"

元君醒后，叫人占梦。占梦者说："这是一只神龟。"

元君问："有叫余且的渔夫吗？"

左右报告："有。"

元君说："叫他来见！"

余且朝见。

元君问："你捕鱼捉到了什么？"

余且说："网里捕捞到一只白龟，圆周有五尺。"

元君说："把龟献上！"

神龟送到。元君想杀它，又想要放它，心里犹豫不决，又叫人占卜。占卜者说："杀了龟来卜卦，大吉。"于是杀龟，占卜，七十卦都很灵验，没有失策。

孔子说："神龟能显灵托梦给元君，却不能躲避渔夫的网罗；神机妙算，七十卦都灵验，却不能逃避刀斧开膛的灾祸。这样看来，心知总有困穷，心神总有不足。即使知识登峰造极，也难逃万人的算计。鱼，不知畏惧网罗，却害怕鹈鹕。去除小知之心，大知才可彰显；去除自善之心，才可以臻于真善。幼儿学话，无需鸿儒硕师，只需与会说话的人一道相处。"

[注]

[1] 阿门：旁门。

[2] 刳龟以卜，七十钻而无遗策：以卜，旧脱。刘文典、王叔岷校。钻，以火钻龟骨占卜。七十，旧作"七十二"。《太平御览》卷三九九引作"占梦者曰此乃神龟也君乃刳龟以卜七十钻而无遗"。敦煌本、高山寺本均作"七十"。下文"七十"同此。

[3] 鹈鹕：鹈（tí）鹕（hú），鱼鹰。

[4] 去自善而善矣：旧作"去善而自善矣"。郭象擅改。张远山校正。

[5] 婴儿生无石师而能言：石，章太炎《庄子解故》以石为大头之意。

惠子谓庄子曰："子言无用。"

庄子曰："知无用而始可与言用矣。夫地[1]非不广且大也，人之所用容足耳，然则厕足而垫[2]之致黄泉，人尚有用乎？"

惠子曰："无用。"

庄子曰："然则无用之为用也，亦明矣。"

今译

惠子对庄子说："你的言论，大而无用。"

庄子说："知无用的人，才可以与他谈论大用。陆地岂不广阔而宏大吗？人所用的不过容脚而已！然而，把立足之外的土地，一直挖到黄泉，容脚之地对人还有用吗？"

惠子说："无用。"

庄子说："那么，无用可以为大用，不是彰明无误吗！"

[注]

[1] 夫地：旧作"天地"。形近而误。
[2] 堲：深沟，挖掘。旧作"埿"，形近而误。王叔岷校正。

造父[1]之师曰泰豆氏。造父之始从习御也，执礼甚卑，泰豆三年不告。造父执礼愈谨。乃告之曰："古诗言：'良弓之子，必先为箕，良冶之子，必先为裘[2]。'汝先观吾趣[3]。趣如吾，然后六辔可持，六马可御。"

造父曰："唯命所从。"

泰豆乃立木为途，仅可容足；计步而置，履之而行。趣走往还，无跌失也。造父学之，三日尽其巧。泰豆叹曰："子何其敏也？得之捷乎！凡所御者，亦如此也。曩汝之行，得之于足，应之于心。推于御也，齐辑乎辔衔之际[4]，而急缓乎唇吻之和，正度乎胸臆之中，而执节乎掌握之间。内得于中心，而外合于马志，是故能进退履绳而旋曲中规[5]，取道致远而气力有余，诚得其术也。得之于衔，应之于辔；得之于辔，应之于手；得之于手，应之于心。则不以目视，不以策驱；心闲体正，六辔不乱，而二十四蹄所投无差；回旋进退，莫不中节。然后舆轮之外可使无余辙，马蹄之外可使无余地[6]；未尝觉山谷之险，原隰[7]之夷，视之一也。吾术穷矣。汝其识之！"

今译

造父的师傅是泰豆氏。造父最初学御，礼敬谦恭，泰豆却三年都不教他。造父执弟子礼更加恭敬。泰豆这才对他说："古诗说'弓匠的儿子先学做竹箕，铁匠的儿子先学做风箱。'你先看我怎样趋步。趋步学会了，就可执六辔，御六驾。"

造父说:"谨遵师命。"

于是泰豆竖起木桩,排成路径。木桩大小仅能容足,其间隔有一步之遥。泰豆在木桩上快步往还,而不曾失足。造父学着快走,三天就熟练了。泰豆赞叹:"你好机敏!学得好快呀!御车之术,也是如此。你刚才练习木桩行步,默契得之于足,应之于心。推广到御车,缰绳与马衔要协调合一;你口唇发声,缓急轻重要合拍;尺度拿捏于胸臆之内,节奏把握在手掌之间。内得于你的心神,外合于马的志向,就可以进退笔直合乎墨线,迂回弯曲切中规矩,行道可以致远,气力充沛还有赢余。这样,技术就是真正修炼到家了。人与马的默契,得之于马衔,感应至于缰绳;得之于缰绳,感应至于手;得之于手,感应至于心。这样一来,你就不用眼看,不用鞭策,心神闲适,身形舒泰,而六辔不乱,二十四蹄点击落地,位置分毫不差,回旋进退,都恰到好处。从此以后,车轮碾地之外,不必有余辙,马蹄踏痕之外,不必有余地;从此之后,你不再觉得有高山峡谷之险峻,田原旷野之低洼,因为你视之平等如一!我的诀窍说完了,你要记住!"

[注]

[1]造父:周穆王驭手。《穆天子传·卷一》:"天子之御:造父、籴(参)百、耿翛、苟及。"今案:此章为《庄子》佚文。《达生》:"东野稷以御见庄公,进退中绳,左右旋中规。庄公以为父弗过也。"父,即造父。《列子·汤问》此章有卢重玄解:"《庄子》云:厕足之外皆去其土,则不能履之者,心不定也。若御马者亦如使其足,则妙矣。"可证。

[2]必先为箕,良冶之子,必先为裘:箕,箕胎,弯弓的模具。裘,橐籥,用兽皮作成的风箱。

[3]趣:疾步快走。

[4]齐辑乎辔衔之际:辑,配套,合材为辑。辔(pèi),笼头。衔,口嚼。

[5]进退履绳而旋曲中规:旧本下衍"矩"字。杨伯峻校正。

[6]马蹄之外可使无余地:马蹄落点准确无误,道路外侧不留余地。紧扣上一章"厕足而垫",也可证明此章连接上文,为《庄子》佚文无疑。《庄子》文

字绵密,思路回环,令人叹服。

[7]原隰:原隰(xí),低洼的湿地。

庄子曰[1]:

人有能游,且得不游乎?人而不能游,且得游乎?夫流遁之志,决绝之行,噫,其非至知厚德之任与!覆坠而不反,火驰而不顾。虽相与为君臣,时也,易世而无以相贱。故至人不留行焉[2]。

夫尊古而卑今,学者之流也。且以狶韦氏之流观今之世,夫孰能不波,唯至人乃能游于世而不僻,顺人而不失己。彼教不学,承意不彼[3]。

目彻为明,耳彻为聪,鼻彻为颤,口彻为甘,心彻为知,知彻为德。凡道不欲壅,壅则哽,哽而不止则跈,跈则众害生[4]。

物之有知者恃息,其不殷[5],非天之罪。天之穿之也[6],日夜无降,人则顾塞其窦。

胞有重阆,心有天游,室无空虚,则妇姑勃谿;心无天游,则六凿相攘。大樊[7]丘山之善于人也,亦神者不胜。

得溢乎名,名溢乎暴,谋稽乎诐,知出乎争,柴生乎守[8],官事果乎众宜。春雨日时,草木怒生,铫鎒于是乎始修,草木之倒植者过半而不知其然。

静默可以补病,揃搣[9]可以休老,宁可以止遽。虽然,劳者之务也,佚者未尝过而问焉[10]。圣人之所以骇天下,神人未尝过而问焉;贤人之所以骇世,圣人未尝过而问焉;君子之所以骇国[11],贤人未尝过而问焉;小人之所以合时,君子未尝过而问焉。

演门有亲死者,以善毁爵为官师,其党人毁而死者半。

尧与许由天下,许由逃之;汤与务光,务光怒之,负石自沉于庐水[12];纪他闻之,帅弟子而踆于窾水,诸侯吊之。三年,申徒狄因以踣河。

荃者所以在鱼也,得鱼而忘荃;蹄者所以在兔也,得兔而忘蹄;

言者所以在意也[13]，得意而忘言。吾安得夫忘言之人而与之言哉！

今译

庄子说：

人如果能够心性逍遥，怎会不无往而不适？人如果不能够心性逍遥，怎能无往而不适？唉！遁世远人之志，超然弃世之行，至知厚德之人不会采取吧？天覆地坠也不返回，与世背驰而无所顾虑。虽然世人相互隶属，为君为臣，也不过是时代使然，一旦时代改易，人就再不会以贵贱相待了。所以，至人无所留恋，而逍遥独行，连踪迹亦无处可寻。

尊古而薄今，那是学者儒士的流弊。如果以狶韦氏的眼光观察当今之世，谁会不游心而自适于江湖之波流？唯有至人，能遨游世间而不必避处隐居，能顺遂世人而不失一己本性。因他人而立教，不刻意己之所学；能体察他人心意，而又不会变作他人，所以不会同流合污。

目窍通彻则明，耳窍通彻则聪，鼻窍通彻则颤，口窍通彻则甘，心窍通彻则知，知窍通彻则德。凡是通道都不宜堵塞，堵塞就会梗阻，梗阻就会纠结，纠结就会生病。

有知之物会持守气息；人的气息不盛，可不要怪罪大道！天道穿通六窍，日夜而不息，是人自己把孔窍堵塞起来。

胚胎自有双重的城郭，人心要有神游的天空。居家没有空间，婆媳都要争吵。心神不能天游，六窍就会扰攘拥塞。茂林高山适宜人居，就是因为心神喜欢宁静而不胜烦扰。

利得出于名声，名声出于宣扬，计谋生于紧迫，机智出于争斗。财货出于累积，官事成于众宜。春雨及时，草木怒生，农夫拿锹锄来剪除，草木生长更茂盛，人也不知其然。

静默可以疗病，按摩可以延缓衰老，气定可以平息躁动。虽然如此，这些属于劳碌者的事务，逸者从来不过问；圣人谋划而惊扰天下，神人从来不过问；贤人谋划而惊扰天下，圣人从来不过问；君子谋划而惊扰天下，贤人从来不过问；

小人投机以趋附时尚,君子从来不过问。

宋国都城演门外有个人,善于哀悼亲人而痛哭伤身,因此被封爵升官,于是乡邻有一多半的人因为哀悼亡亲而致死。

尧要让天下给许由,许由逃之夭夭。商汤要让天下给务光,务光大怒,背负石头跳进庐水。纪他听说后,率领一群弟子到窾水岸边盘桓,诸侯纷纷来致意挽留。申徒狄苦苦等待了三年之久,最后投河自尽。

筌,是用于捕鱼的,得鱼而可忘筌;网,是用于捕兔的,得兔而可忘网。言,是用于表示意义的,得意而可忘言。我到哪里去找可以对话的忘言之人呢?

[注]

[1]庄子曰:此三字表明,此章为弟子所记庄子语录。或为由他处文字拼接而成,无法确定其来源。本章文义不够连贯,内容却厚重深邃,保留了庄子十分宝贵的言论和思想。

[2]故至人不留行焉:"故"下旧有"曰"字。刘文典、王叔岷据唐写本、高山寺本校正。

[3]彼教不学,承意不彼:此句历来争论颇多。今案"外物不可必"的主旨申论:针对他人特点而实施教化,而不固执于己之所学,即忘记自己的知识;能体谅他人心意,而又不会变作他人,即顺人而不失己。

[4]抮则众害生:抮(zhěn),错综,纠缠。《淮南子·原道训》:"扶摇抮抱羊角而上。"旧作"跈",字通。

[5]有知者恃息,其不殷:恃息,持息,屏住呼吸。殷,盛大。《山木》用"翼殷不逝,目大不睹"来形容翅大而不善飞的笨鸟。

[6]天之穿之也:也,旧脱。唐写本、高山寺本有"也"。

[7]大樊:旧作"大林"。王叔岷据陈景元《阙误》校正。

[8]得溢乎名,名溢乎暴,谋稽乎誸,知出乎争,柴生乎守:得,旧作"德"。誸,急迫。柴,通"赀"(zī),即资财,财货。

[9]静默可以补病,揃搣:默,旧作"然",形近而误。揃(jiān)搣(miè),

按摩；旧作"眦搣"，道家养生法。

［10］虽然，劳者之务也，佚者未尝过而问焉：旧作"虽然若是，劳者之务也，非佚者之所未尝过而问焉"。今据成善楷《庄子笺记》校正。

［11］骇国：骇，旧作"諆"，字通。上文"骇天下""骇世"同。自以为圣贤者谋略策划以惊骇世人，是天下大乱的源头。

［12］负石自沉于庐水：七字旧脱。张远山据成疏和《让王》校正。

［13］在意也："也"字旧脱。上文"在鱼也""在兔也"同。刘文典、王叔岷据高山寺本校。

庄子真义外篇第八

让王

题解

《让王》也出现于双古堆汉墓,在原始本外篇无疑。撰者应为魏年。《外物》:"人有能游,且得不游乎?""至人不留行焉!"《让王》承接其意绪,叙述了一系列游心于世而"逃虚空"之人的行止,生动表现了知轻重、忘人我、自适而无累、全生葆神的母题。

尧以天下让许由。许由不受,退而耕于颍水之阳,终身不见[1]。

又让于子州支父,子州支父曰:"以我为天子,犹之可也。虽然,我适有幽忧之病,方且治之,未暇治天下也。"

夫天下至重也,而不以害其生,又况他物乎!唯无以天下为者,可以托天下也。

今译

唐尧要把天下让给许由。许由不肯接受,隐退而躬耕于颍水北岸,终身不再出现。

尧又要让给子州支父。子州支父说:"要我做天子,或许也是可以的。但是我有过劳之患,正在治病,无暇治理天下。"

天下可算至重了,而不能拿来妨害自己的生命,何况其他呢?只有不把天下用于功利用途的人,才可以托付天下。

[注]

[1] 退而耕于颍水之阳，终身不见：此处12字旧脱。王叔岷据《太平御览》八二二引文补。

舜让天下于子州支伯，子州支伯曰："予适有幽忧之病，方且治之，未暇治天下也。"
故天下大器也，而不以易生。此有道者之所以异乎俗者也。

今译

舜要把天下让给子州支伯。子州支伯说："我有过劳之患，正在治病，无暇治理天下。"

所以，尽管天下至大，却不能拿它来交换生命。这就是有道之人与俗人的区别。

舜以天下让善卷[1]**，善卷曰："余立于宇宙之中，冬日衣皮毛，夏日衣葛絺；春耕种，形足以劳动；秋收敛，身足以休养**[2]**，日出而作，日入而息，逍遥于天地之间而心意自适**[3]**。吾何以天下为哉！悲夫，子之不知余也。"**
遂不受。于是去而入深山，莫知其处。

今译

舜要把天下让给善卷。善卷说："我在宇宙之中立身，冬天穿野兽的皮毛，夏天穿葛布衣服，春天耕地播种，身体劳作得以活动；秋天收获贮藏，身体得到休养。太阳升起就去劳作，太阳落下就会休息，逍遥于天地之间，心意自适。

我拿天下做什么用呢？可悲呀，你真是不了解我！"

他无论如何也不接受。于是离开人群，遁入深山，人不知其去处。

[注]

[1] 舜以天下让善卷：此事见于《列子·杨朱》，论证"实名则贫，伪名则富"的现实，也反证名家"循名责实"的追求，犹如海市蜃楼一般虚幻。今录于此：

> 杨朱游于鲁，舍于孟氏。孟氏问曰："人而已矣，奚以名为？"曰："以名者为富。""既富矣，奚不已焉？"曰："为贵"。"既贵矣，奚不已焉？"曰："为死。""既死矣，奚为焉？"曰："为子孙。""名奚益于子孙？"曰："名乃苦其身，燋其心。乘其名者，泽及宗族，利兼乡党；况子孙乎？""凡为名者必廉，廉斯贫；为名者必让，让斯贱。"曰："管仲之相齐也，君淫亦淫，君奢亦奢。志合言从，道行国霸。死之后，管氏而已。田氏之相齐也，君盈则己降，君敛则己施，民皆归之，因有齐国；子孙享之，至今不绝。""若实名贫，伪名富？"曰："实无名，名无实。名者，伪而已矣。昔者尧、舜伪以天下让许由、善卷，而不失天下，享祚百年。伯夷、叔齐实以孤竹君让而终亡其国，饿死于首阳之山。实、伪之辩，如此其省也。"

[2] 休养：养，旧讹作"食"。
[3] 自适：旧作"自得"。张远山校正。

舜以天下让其友石户之农。
石户之农曰："卷卷乎，后之为人，葆力之士也[1]**。"**
以舜之德为未至也。于是夫负妻戴，携子以入于海，终身不反也。

今译

舜要把天下让给善卷的朋友石户之农。

石户之农说:"大酋长这个人,样子疲累不堪,原来是靠下力气干苦活的呀!"

石户之农认定舜的德性没有达到至高境地,于是赶紧把家什打包,丈夫用肩背,妻子用头顶,携儿带女,逃到海里的小岛上,终身不再返回陆地。

[注]

[1] 葆力之士也:葆,保,持,转喻为使用。

大王亶父居邠[1],狄人[2]攻之。事之以皮帛而不受,事之以犬马而不受,事之以珠玉而不受。狄人之所求者,土地也。

大王亶父曰:"与人之兄居而杀其弟,与人之父居而杀其子,吾不忍也。子皆勉居矣!为吾臣,与为狄人臣,奚以异[3]!且吾闻之,不以所用养害所养。"

因杖策而去之。民相连而从之[4]。遂成国于岐山之下。

夫大王亶父,可谓能尊生矣。能尊生者,虽贵富不以养伤身,虽贫贱不以利累形。今世之人居高官尊爵者,皆重失之[5]。见利轻亡其身,岂不惑哉!

今译

太王亶父住在邠地。戎狄前来攻打。送上皮毛布帛,不接受,送上牲畜犬马,不接受;送上珍珠玉器,也不接受;戎狄所要求的,是土地。

太王亶父说:"与人家哥哥同住,却让他弟弟去打仗送死;与人家父亲作邻居,却让他儿子去打仗送死:我心中不忍。你们都好好地在这里勉力生存吧!做我的臣民，做狄人的臣民，有何差别？我还听古语说：'不要因为养人之物，而害所养之人。'"

于是，太王亶父拄着拐杖，离开了邠地。百姓们都牵车负担，一路跟随。于是到岐山下立国。

太王亶父可谓是一个尊重生命的人。尊重生命的人，富贵时不以滋养而伤身，贫寒时不以财利而累形。现世的人，那些官高而爵显的，把自己和他人的生命全都忘在了脑后，岂不是大惑吗！

[注]

[1] 大王亶父居邠：亶父，周文王祖父。邠，同豳（bīn），在今陕西彬州。

[2] 狄人：亦称犬戎，夏商周时代活跃在雁门以西甘肃华池一带的狩猎民族。《山海经》称"犬封国"，西邻众帝台，北邻鬼方，黄帝后人（黄帝—苗龙—祝吾—弄明—白犬—犬戎）。与中山国白狄同宗。

[3] 为吾臣，与为狄人臣，奚以异：臣，臣属。亶父不忍奴役其邻人，故知尊生。与人父兄居，同为天之子，怎么可以奴役他人！天而不人，此之谓也。不明此理，如何能做人？不明此理，则进退皆错。今人读《庄子》，难道不值得认真思忖！

[4] 民相连而从之：连，引车而行。此处喻成群结队，道路相从。

[5] 皆重失之：重，双重。《人间世》："古之至人，先存诸己而后存诸人。"丧失自己和他人的生命，即重失之。本节文字的主题是尊生，与《大宗师》"亡国而不失人心"可互相参照。

越人三世弑其君，王子搜患之，逃乎丹穴。而越国无君，求王子搜不得，从之丹穴。王子搜不肯出，越人薰之以艾。乘以王舆。

王子搜援绥登车，仰天而呼曰："君乎！君乎！独不可以舍我乎！"

王子搜非恶为君也，恶为君之患也。若王子搜者，可谓不以国伤生矣，此固越人之所欲得为君也。

今译

越人连续杀死三代国君。王子搜忧虑不安,逃到开采丹砂的山洞里。后来越国没有国君,到处寻找王子搜,一直追踪到丹洞。王子搜藏在洞里不肯出来,越人点燃艾草,用烟和火把他熏出来。然后用君王的车来载他。

王子搜攀援绥绳上车,仰天而呼号:"天君,天君!难道不能放过我吗!"

王子搜厌恶的不是君王之位,而是做君王的祸患。王子搜,真是不以国而伤生的人,也正因为如此,越人才想要他做君王。

韩魏相与争侵地。子华子见昭僖侯,昭僖侯有忧色。

子华子曰:"今使天下书铭于君之前,书之言曰:'左手攫之则右手废,右手攫之则左手废。然而攫之者必有天下。'君能攫之乎?"

昭僖侯曰:"寡人不攫也。"

子华子曰:"甚善!自是观之,两臂重于天下也,身亦重于两臂。韩之轻于天下亦远矣,今之所争者,其轻于韩又远。君固[1]愁身伤生以忧戚不得也!"

僖侯曰:"善哉!教寡人者众矣,未尝得闻此言也。"

子华子可谓知轻重矣。

今译

韩国和魏国为了争夺土地而频繁战争。子华子拜见韩昭侯,韩昭侯面带忧愁。

子华子说:"如果让天下人写一个铭文誓约,说:'伸出左手去抢夺铭文,就砍去右手;伸出右手去抢夺铭文,就砍掉左手。夺得铭文的人,会拥有天下。'您会伸手去抢吗?"

韩昭侯说:"寡人不去抢。"

子华子说:"很好!由此看来,一只手臂要比天下重,身体又比一只手重。

韩国比天下小，所争的那块地盘比韩国更小。君王为了争得一块小地盘，就这样忧愁伤身而害生吗？"

韩昭侯说："说得好！给寡人讲道理的人很多，你这样的话我还是第一次听到呢。"

子华子，是一个能分清轻重的人。

[注]

[1] 固：胡，何。

鲁君闻颜阖得道之人也，使人以币先焉。颜阖守陋闾，苴布之衣[1]而自饭牛。鲁君之使者至，颜阖自对之。

使者曰："此颜阖之家与？"

颜阖对曰："此阖之家也。"

使者致币，颜阖对曰："恐听谬[2]而遗使者罪，不若审之。"

使者还，反审之，复来求之，则不得已。

故若颜阖者，非恶富贵也，由重生恶之也[3]。

故曰：道之真以持身[4]，其绪余以为国家，其土苴[5]以治天下。由此观之，帝王之功，圣人之余事[6]也，非所以完身养生也。今世俗之君子，多危身弃生以殉物，岂不悲哉！凡圣人之动作也，必察其所以之与其所以为。今且有人于此，以随侯之珠，弹千仞之雀，世必笑之。是何也？则其所用者重而所要者轻也。夫生者，岂特随珠之重也哉[7]！

今译

鲁侯听说颜阖是个得道之人，派人送来财物，表达有意要聘用他。颜阖住在陋巷，身穿粗布衣服，正在喂牛。鲁侯的使者到了，颜阖亲自接待。

使者说："这是颜阖的家吗？"

颜阖说："是我家。"

使者送上财物。颜阖回应说："恐怕你是听错了，君侯会责怪使者的，不如回去审核一下。"

使者返回去审核，再回来找颜阖，他已经不知去向了。

像颜阖这样的人，不是厌恶富贵，而是因为尊重生命，所以厌恶危害生命的富贵。

所以说，至人用道术之精华护持生命，其余绪用于安排国事和家事，其尘垢草芥用于治理天下。由此看来，运用帝王之术谋取功业，乃是圣人持生之余的琐事，不可拿来保全形体，颐养生命。如今俗世的君子，多忙于追随外物而危害身体，弃绝生命，岂不可悲可叹！圣人要做一件事情，必定先考察要达到的目标，衡量要付出的代价。假如有人用随侯之珠，弹射千仞之外的一只麻雀，世人一定会嘲笑他。为什么？因为付出的代价太重，而所要达到的目标太轻。生命的价值，不是重于随侯之珠太多了吗？

[注]

[1] 苴布之衣：苴（jū）布，麻织的粗布。穿粗布衣服。

[2] 恐听谬："听"后旧衍"者"。

[3] 非恶富贵也，由重生恶之也：旧作"真恶富贵也"。奚侗刘文典、王叔岷据《吕览·贵生》作"由重生恶之也"补正。

[4] 道之真以持身：持，旧作"治"。王叔岷据《吕览·贵生》校。陆德明《经典释文》引王穆夜注"圣人真以持身。"

[5] 土苴：尘土和草叶。

[6] 帝王之功，圣人之余事：张远山认为，帝王，是"使王为帝"之意。帝是动词。后文"圣人之余事"，可为旁证：圣人用帝王术去拥戴王者成帝，而不是王者自为之。在此庄子批评圣知之人以权谋助人而不要自己的命。

[7] 随珠之重也哉：珠，旧作"侯"。"也"字，旧脱，褚伯秀据《吕览·

《贵生》校。

> 子列子穷，容貌有饥色。
> 客有言之于郑子阳者，曰："列御寇，盖有道之士也，居君之国而穷，君无乃为不好士乎？"
> 郑子阳即令官遗之粟。
> 子列子见使者，再拜而辞。
> 使者去，子列子入，其妻望[1]而拊心曰："妾闻为有道者之妻子，皆得佚乐，今有饥色。君过遇而遗先生食，先生不受，岂非命邪哉[2]？"
> 子列子笑，谓之曰："君非自知我也。以人之言而遗我粟，至其罪我也，又且以人之言，此吾所以不受也。"
> 其卒，民果作难而杀子阳。

今译

列子贫困，面有饥色。

有客人对相国郑子阳说："列御寇是个有道之士。他住在贵国，这样贫困不堪，不是显得您不能礼贤下士吗？"

郑子阳马上派人给列子送去粮食。

列子出门见使者，一再拜谢而推辞不受。

使者离去，列子回到家里。妻子对他怨怨相向，捶着胸膛说："我听说有道之人的老婆孩子都过得安稳快乐，可你看看我们，一个个饿得面黄肌瘦。相国有知遇之恩，送来粮食，先生死也不肯接受，俺娘儿们不是命中注定受苦吗？"

列子满脸赔笑，对妻子说："相国并非亲自了解我。现在因为他人说好话送我粮食，将来也会因为他人说坏话而加罪于我。因此我必须拒绝他。"

后来，郑人果然作难，杀死了郑子阳。

[注]

[1]望：怨望。旧作"望之"，"之"字衍。张远山校正。

[2]君遇而遗先生食，先生不受，岂非命邪哉：遇，旧作"过"。岂非命邪哉，旧作"岂不命耶"。张远山校正。

　　楚昭王失国，屠羊说走而从于昭王。昭王反国，将赏从者。及屠羊说。

　　屠羊说曰："大王失国，说失屠羊；大王反国，说亦反屠羊。臣之爵禄已复矣，又何赏之有！"

　　王曰："强之！"

　　屠羊说曰："大王失国，非臣之罪，故不敢伏其诛；大王反国，非臣之功，故不敢当其赏。"

　　王曰："见之。"

　　屠羊说曰："楚国之法，必有重赏大功而后得见。今臣之知不足以存国，而勇不足以死寇。吴军入郢，说畏难而避寇，非故随大王也。今大王欲废法毁约而见说，此非臣之所以闻于天下也。"

　　王谓司马子綦曰："屠羊说居处卑贱而陈义甚高，子其[1]为我延之以三珪[2]之位。"

　　屠羊说曰："夫三珪之位，吾知其贵于屠羊之肆也；万钟之禄，吾知其富于屠羊之利也；然岂可以贪爵禄而使吾君有妄施之名乎！说不敢当，愿复反吾屠羊之肆。"

　　遂不受也。

今译

　　楚昭王丢失国都，屠羊说逃难而跟随昭王。后来昭王返回国都，要奖赏追随者，其中就有屠羊说。

屠羊说向上报告："大王失去国都，我失去屠羊的本行；大王返回国都，我返回来屠羊。我的爵禄已经恢复了，还需要什么奖赏呢？"

王说："命令他接受！"

屠羊说报告："大王失去国都，不是我的过错，所以不敢接受惩罚；大王返回国都，也不是我的功劳，所以不敢接受奖赏。"

王说："让他来见我！"

屠羊说报告："楚国的法律规定，必须有大功得到重赏，庶民才可以晋见君王。你们看我这个人，心智不足以保存邦国，勇气不足以赴死抗敌。吴军攻入郢都，我是为了避祸而逃走，不是特意追随大王。如今大王要废弃法律的约定而接见我，这不是我愿意让天下人看到的事情。"

昭王对相国司马子綦说："屠羊说身份卑微，然而陈说义理，境界很高！你去，聘他担任三公的职位。"

屠羊说报告相国："我知道，三公之位，比我屠羊的行当尊贵多了；万钟的爵禄，比我屠羊的收益丰厚多了。但是，我岂能因为贪图爵禄，而让我们大王拥有胡乱赏罚的坏名声呢？我不敢当，情愿回到我的屠羊铺。"

他终究不接受。

[注]

[1] 子其：旧作"子綦"。俞樾校正。

[2] 珪：旧作"旌"。孙诒让等据陆德明《经典释文》引司马本作"珪"校。

原宪[1]居鲁。环堵之室[2]，茨以生草；蓬户不完，桑以为枢；而瓮以为牖[3]，褐以为塞；上漏下湿，匡坐而弦。

子贡乘大马，中绀而表素，轩车不容巷，往见原宪。

原宪桦冠屣履[4]，杖藜而应门。

子贡曰："嘻！先生何病？"

原宪应之曰："宪闻之，无财谓之贫，学道而不能行谓之病[5]。今宪，贫也，非病也。"

子贡逡巡而有愧色。

原宪笑曰："夫希世而行，比周而友，学以为人，教以为己[6]，仁义之慝，舆马之饰，宪不忍为也。"

今译

原宪居住在鲁国。居室四面土墙，长宽方丈；茅茨盖顶，青草未干；蓬蒿编织的房门残缺不全，用桑枝作成门框；掉了底的陶瓮作成两个窗，用破布作帘子遮风。顶上落雨，地面潮湿。原宪端坐小屋之中，独自抚琴。

子贡乘高大马车，穿紫衣，罩白袍，因为巷子狭小，只得下车步行，来访问原宪。

原宪戴着桦树皮制的帽子，穿着无后跟的草鞋，拄着藤杖来开门。

子贡说："嘻嘻！先生得了什么病呀？"

原宪回答说："我听说，没有钱财叫作贫，学道而不实行叫作病。我现在只是贫，不是病。"

子贡局促不安，面有愧色。

原宪大笑，说："怀揣俗世的报偿而行动，为了结帮拉派而交友，做学术是为了向别人炫耀，行教诲是为了宣扬自己，伪装仁义而暗藏奸诈，高车大马以掩饰浅薄，我可不会无耻到这一步啊。"

[注]

[1]原宪：孔子弟子，名思，字宪。《列子·杨朱》记"原宪窭（lóu）于鲁"：

让王 347

> 杨朱曰："原宪窭于鲁，子贡殖于卫。原宪之窭损生，子贡之殖累身。"
>
> "然则窭亦不可，殖亦不可，其可焉在？"
>
> 曰："可在乐生，可在逸身。故善乐生者不窭，善逸身者不殖。"

[2] 环堵之室：堵，一丈。

[3] 瓮以为牖：旧作"瓮牖二室"。《太平御览》一七四引作"瓮以为牖"。

[4] 桦冠屣履：桦冠，戴着树皮编织的帽子，旧作"华冠"，王叔岷校；屣履，穿着草鞋，旧作"縰履"，张远山校正。

[5] 学道而不能行谓之病：道，旧脱。刘文典、王叔岷校。

[6] 学以为人，教以为己：陆德明《经典释文》："学当为己，教当为人，今反不然也。"原来人类罹患这个毛病，已经有两千多年了！

原子[1]居卫。缊袍无表，颜色肿哙[2]，手足胼胝，三日不举火，七年[3]不制衣。正冠而缨绝，捉衿而肘见，纳屦而踵决。

曳屣而歌《商颂》[4]，声满天地，若出金石。天子不得臣，诸侯不得友。

故养志者忘形，养形者忘利，致道者忘心矣。

今译

原子住在卫国。麻絮的袍子没有外套，身体浮肿暗黑，手足长满老茧；三天不生火，七年不制衣。一正帽子就扯断帽带，一拉衣襟就裸露臂肘，一穿鞋子就裂开后跟。

他趿拉着草鞋，歌咏《商颂》，声音响彻天地，有金石铿锵的韵律。天子不可得而臣，诸侯不可得而友。

所以，葆养心志的人忘记有形体，保养形体的人忘记有利益，通达天道的人忘记有知心。

[注]

[1] 原子：旧作"曾子"。奚侗、刘文典、王叔岷校正。
[2] 颜色肿哙：哙（噲），郭庆藩疑字当作"癗"，病甚。
[3] 七年：旧作"十年"。王叔岷校正。
[4] 曳躧而歌《商颂》：躧，旧作"縰"，字通。《太平御览》三八八引作"履"。

孔子谓颜回曰："回，来！家贫居卑，胡不仕乎？"

颜回对曰："不愿仕。回有郭外之田五十亩，足以给饘粥；郭内之田十亩，足以为丝麻；鼓琴足以自娱；所学夫子之道者足以自乐也。回不愿仕。"

孔子欣然[1]变容，曰："善哉，回之意！丘闻之，'知足者，不以利自累也；审自得者，失之而不惧[2]；行修于内者，无位而不怍。'丘诵之久矣，今于回而后见之，是丘之得也。"

今译

孔子对颜回说："回呀，你过来！家里这么贫困，为什么不去找个官做呢？"

颜回说："我不愿意做官。我家在城外有五十亩田，打下粮食可以蒸煮粥饭；城里有十亩地，种上桑麻可以纺织麻衣；得空弹琴可以自娱，从夫子学来的道，可以自乐。我可不要出仕做官。"

孔子欣欣然舒展面容，说："回呀，你的心志，可以称得上是善美了！我曾经听闻这样的教诲：'知足知止的人，不会让利益牵累自身；能审视己心的人，不怕失去自我；修行内心真性的人，不因为没有官职而羞愧。'我念诵这些话很久了，现在你让我见到了实例，我有很大的收获！"

[注]

[1]欣然：旧讹作"愀然"。王叔岷据陆德明《经典释文》引一本校。一日无官而"愀然"，岂是做圣人的样子！

[2]审自得者，失之而不惧：自得，得天赋而成自性。德性得之于天，故无所失，无所惧。

中山公子牟谓詹子[1]曰："身在江海之上，心居乎魏阙之下，奈何？"

詹子曰："重生。重生则利轻。"

中山公子牟曰："虽知之，未能自胜也。"

詹子曰："不能自胜则从，神无恶乎？不能自胜而强不从者，此之谓重伤。重伤之人，无寿类矣！"

魏牟，万乘之公子也，其隐岩穴也，难为于布衣之士[2]；虽未至乎道，可谓有其意矣。

今译

中山公子魏牟对詹何说："身形流落江湖之上，心还留在魏阙之下，怎么办才好呢？"

詹何说："看重生命！重生，就会轻利。"

魏牟说："我懂得道理，可是难以把握自己。"

詹何说："不能自我控制，就会放纵自己；放纵，不会导致心神厌恶吗？不能自控，又要强迫自己受约束，这叫作双重伤害；受双重伤害的人，寿命必定有损！"

魏牟，万乘国君的公子，隐居在山岩洞穴中修炼，让布衣出身的士子们自愧不如。虽然境界未达至道，但已经显出不凡的志向。

[注]

[1] 詹子：詹何。旧讹作"瞻子"。王叔岷校正。詹何曾启发魏牟，应为庄门弟子而长于魏牟者。

[2] 难为于布衣之士：让布衣之士感到难以匹敌。

孔子穷于陈蔡之间，七日不火食，藜羹不糁，颜色甚惫，而弦歌于室。

颜回择菜于外[1]，子路、子贡相与言曰："夫子再逐于鲁，削迹于卫，伐树于宋，穷于商周，围于陈蔡。杀夫子者无罪，藉夫子者无禁。弦歌鼓琴，未尝绝音，君子之无耻也若此乎？"

颜回无以应，入告孔子。

孔子推琴，喟然而叹曰："由与赐，细人也。召而来，吾语之。"

子路、子贡入。子路曰："如此者，可谓穷矣！"

孔子曰："是何言也！君子通于道之谓通，穷于道之谓穷。今丘抱仁义之道以遭乱世之患，其何穷之为！故内省而不疚[2]于道，临难而不失其德。天寒既至，霜雪既降，吾是以知松柏之茂也。昔桓公得之莒，文公得之曹，越王得之会稽[3]。陈蔡之隘，于丘其幸乎。"

孔子削然反琴而弦歌，子路扢然执干而舞[4]。

子贡曰："吾不知天之高也，地之下也。"

古之得道者，穷亦乐，通亦乐，所乐非穷通也。道得于此，则穷通一也[5]，为寒暑风雨之序矣。故许由娱于颍阳，而共伯得乎丘首[6]。

今译

孔子在陈蔡边界被人围困，七天不生火做饭，野菜粥中没有几颗粮食粒，容貌气色疲惫不堪，室内却不曾停下琴声和歌声。

颜回在门口择野菜，子路和子贡相约一起，对他说："夫子两次被鲁国驱逐，足迹被卫人铲除，休息时倚靠过的大树被宋人砍倒，在商地无路可走，在陈蔡之间被围困；杀他的人不算是罪，捉他的人不曾被禁止。而他自己弹琴唱歌，一直弄个不停，一个君子竟然会这样毫无羞耻吗？"

颜回无法回答，入告孔子。

孔子推开古琴，喟然长叹，说："仲由和端木赐，小人啊！叫他两人进来，我有话说。"

子路、子贡入内。子路说："到了这个地步，可算是穷困潦倒了！"

孔子说："这是什么话！君子通达道理，叫作通，穷于道理，叫作穷。今日的我，怀抱仁义之道，遭遇乱世之祸，怎么可以说是穷困呢？我内心反省而无愧于道，面临危难而不失于德。大寒至，霜雪降，这时才知松柏常青。古代齐桓公流亡莒国而有得，晋文公受辱于曹国而有得，越王败守会稽而有得。在陈蔡之间遭遇困厄，对于我岂不是修养德性的机会吗？"

孔子平静回身，拥琴而歌，子路喜悦地手执盾牌，随声起舞。

子贡说："我真是不知天高地厚啊！"

古人中有得道者，穷困也高兴，通达也高兴，他们所以高兴，不因穷困与通达而改变。道术修得在于自身，不在于穷困或通达，一如寒暑风雨，往来有序，全不入于胸怀。所以，许由在颍水之阳躬耕自乐，共伯在丘首山无事而逍遥。

[注]

[1] 于外：二字旧脱，奚侗校补。

[2] 疚：旧作"穷"。奚侗、王叔岷等校。

[3] 昔桓公得之莒，文公得之曹，越王得之会稽：三句旧脱，刘文典、王叔岷等校。

[4] 孔子削然反琴而弦歌，子路扢然执干而舞：削然，倏然。扢（xī）然，喜悦。

[5] 道得于此，则穷通一也：得，旧作"德"。"一也"旧脱。俞樾等校正。

[6] 许由娱于颍阳，而共伯得乎丘首：许由逃尧，躬耕颍阳；共伯退位，逍

遥于丘首山。丘首，旧作"共首"，注家多解为"共地的丘首山"，颇为别扭。今据续古逸丛书宋刊本校正。

舜以天下让其友北人无择。

北人无择曰："异哉，后之为人也，居于畎亩之中，而游尧之门！不若是而已，又欲以其辱行墁[1]我，吾羞见之。"因自投清泠之渊。

今译

舜要把天下让给他的朋友北人无择。

北人无择说："奇怪呀！大酋长是个什么人？他存身在田亩，游心于尧的宫殿。到此还不知停止，现在竟要用他的可耻行为来涂抹我。我羞于见他！"于是跳入清泠之渊而死。

[注]

[1]墁：涂抹，覆盖。旧误作"漫"。

汤将伐桀，因[1]卞随而谋。

卞随曰："非吾事也。"

汤曰："孰可？"

曰："吾不知也。"

汤又因瞀光而谋，瞀光曰："非吾事也。"

汤曰："孰可？"

曰："吾不知也。"

汤曰："伊尹何如？"

曰："强力忍垢，吾不知其他也。"

汤遂与伊尹谋伐桀，克之，以让卞随。

卞随辞曰："后之伐桀也谋乎我，必以我为贼也；胜桀而让我，必以我为贪也。吾生乎乱世，而无道之人再来谩[2]我以其辱行，吾不忍数闻也！"乃自投洞水[3]而死。

汤又让瞀光，曰："知者谋之，武者遂之，仁者居之，古之道也。吾子胡不立乎？"

瞀光辞曰："废上，非义也；杀民，非仁也；人犯其难，我享其利，非廉也。吾闻之曰：'非其义者，不受其禄；无道之世，不践其土。'况尊我乎！吾不忍久见也。"乃负石而自沉于庐水。

今译

商汤要征伐夏桀，找来卞随谋划。

卞随说："此事我不为。"

汤问："谁可以？"

说："我不知。"

汤找来务光谋划。务光说："此事我不为。"

汤问："谁可以？"

说："我不知。"

汤问："伊尹可以吗？"

说："他能使用强横的暴力，能忍受普天之下的诟病。至于别的本领嘛，我可就不知道了。"

商汤与伊尹共谋，征伐夏桀而取胜，然后要把天下让给卞随。

卞随拒绝，说："大酋长征伐夏桀，曾经要我出主意，他必定认为我是一个贼人；获胜以后，又要把天下让给我，他必定认为我是一个贪人。我本来生在乱世，这无道之人一再来侮辱我，我已经忍无可忍了。"于是自投于洞水而死。

汤又要把天下让给务光。说："有知者做谋划，勇武者去执行，仁德者居其位，这是自古以来的道理。先生，你就来做天子吧！"

务光严词拒绝，说："废除君上，那是不义；杀戮民众，那是不仁；他人冒死，我享受利益，那是不廉。我曾经听闻教诲说：'不义之人，他的爵禄，你不要接受；无道之世，那里的土地，你不要去立足。'何况要立我为君呢？总是看见不仁不义的人，我已经忍无可忍。"于是背负石头自沉于庐水。

[注]

［1］因：约来，招引。
［2］墁：旧作"漫"。涂抹，覆盖。同上文注。
［3］洇（yíng）水：即颍水。旧作"椆水"或"洞水"。形近而误。

昔周之兴，有士二人处于孤竹，曰伯夷、叔齐。二人相谓曰："吾闻西方有人，似有道者，试往观焉。"

至于岐阳，则文王已殁矣[1]。武王闻之，使叔旦往见之。与之盟曰："加富二等，就官一列。"血牲而埋之。

二人相视而笑，曰："嘻，异哉！此非吾所谓道也。昔者神农之有天下也，时祀尽敬而不祈喜；其于人也，忠信尽治而无求焉。乐与政为政，乐与治为治。不以人之坏自成也，不以人之卑自高也，不以遭时自利也。今周见殷之乱而遽为政与治[2]，尚谋而行货[3]，阻兵而保威，割牲而盟以为信，扬行以说众，杀伐以要利，是推乱以易暴也。吾闻古之士，遭治世不避其任，遇乱世不为苟存。今天下暗，周德衰，与[4]其并乎周以涂吾身也，不如避之，以洁吾行。"

二子北至于首阳之山，遂饿而死焉。

若伯夷、叔齐者，其于富贵也，苟可得已，则必不赖。高节戾行，独乐其志，不事于世。此二士之节也。

今译

从前周朝兴起的时候,有两位士人住在孤竹国,名叫伯夷、叔齐。兄弟二人一起商量:"听说,西边有人似乎修得了道术,我们不妨过去看看。"

走到岐水之阳,文王已经去世了。武王听说后,派弟弟姬旦去接见二人,写下盟约条文,说:"保证授二等禄,封一等官。"盟书上涂了用于礼仪牺牲的牛血,埋在地下。

二人相视而笑,说:"嘻嘻!真奇怪!这玩意可不是我们所说的道术啊。古代神农治理天下,四时祭祀表达虔敬,但不是为了从神灵那里求福;对百姓忠实诚信,守护天下平安,不是为了从众人身上谋利。喜欢自正其身的,就让他自正,这是政;乐于寻求辅助的,就给予辅助,这是治。别人有麻烦,不乘人之危以成事;别人有卑污,不趁火打劫而谋私。如今,周人看到殷商有乱,急火火地要为政为治,崇尚阴谋和贿赂,招兵买马以推戴自己的权威,杀牲盟誓以取信于人,宣扬德行以要邀民心,大肆征伐杀戮以攫取实利,这是乘乱而兴暴。我听闻,古代的士子,身逢治世不逃避责任,遭遇乱世不愿意苟活。如今天下昏暗,周人德性衰败,与其和周室共存而让自己沾满污秽,不如避开他们,保持自身清洁。"

二人向北而行,到达首阳山,最后饿死在山上。

伯夷、叔齐这样的人,对于唾手可得的富贵尊荣,必定会拒绝。高风亮节,彳亍而行,独立不阿,于世无染。这二人的节操,有此等风范。

[注]

[1]则文王已殁矣:六字旧脱,王叔岷校补。

[2]与治:二字旧脱。王叔岷据《吕览》、成疏校补。

[3]尚谋而行货:旧作"上谋而下行货"。王念孙等校正。

[4]与:旧脱。《吕览》有"与"字。

庄子真义外篇第九

惠施

题解

《惠施》文字见于通行本《天下》篇，其格式与《天下》各篇不类。《北齐书·杜弼传》云：弼注庄子惠施篇。《困学纪闻》惠施篇原注云：今无此篇，亦逸篇也。《惠施》应是《庄子》佚篇无疑。《秋水》有濠上知鱼，《徐无鬼》有庄、惠关于不期而中的论争，惠子墓边庄子无质的感叹，可证惠施与庄子有极其重要的学术交集，二人友情深厚，非常人可比。今独立此篇，并附录部分有关佚文，以资参考，并求教于大方之家。

惠施[1]多方，其书五车，其道舛驳，其言也不中。

历物之意[2]，曰："至大无外，谓之大一；至小无内，谓之小一。无厚，不可积也，其大千里。天与地卑，山与泽平，日方中方睨，物方生方死。大同而与小同异，此之谓'小同异'；万物毕同毕异，此之谓'大同异'。南方无穷而有穷，今日适越而昔来。连环可解也。我知天之中央[3]，燕之北、越之南是也。泛爱万物，天地一体[4]也。"

惠施以此为大，观于天下而晓辩者。天下之辩者[5]相与乐之。卵有毛；鸡三足；郢有天下；犬可以为羊；马有卵；丁子有尾；火不热；山出口；轮不辗地；目不见；指不至，至不绝[6]；龟长于蛇；矩不方，规不可以为圆；凿不围枘；飞鸟之景未尝动也；镞矢之疾，而有不行、不止之时；狗非犬；黄马骊牛三；白狗黑；孤驹[7]未尝有母；一尺之捶，日取其半，万世不竭。辩者以此与惠施相应，终身无穷。

桓团、公孙龙辩者之徒[8]，饰人之心，易人之意，能胜人之口，不能服人之心，辩者之囿也。

惠施日以其知与人辩[9]，特与天下之辩者为怪，此其柢也。然惠施之口谈，自以为最贤，曰："天地其壮乎！"施存雄而无术[10]。

南方有畸人[11]焉，曰黄缭，问天地所以不坠不陷，风雨雷霆之故。惠施不辞而应，不虑而对，遍为万物说，说而不休，多而无已，犹以为寡，益之以怪。以反人为实，而欲以胜人为名，是以与众不适也。弱于德，强于物，其涂隩矣。

由天地之道观惠施之能，其犹一蚊一虻之劳者也。其于物也何庸！夫充一尚可曰愈；贵道，几矣！惠施不能以此自宁，散于万物而不厌，卒以善辩为名。惜乎！惠施之才，骀荡而不得，逐万物而不反，是穷响以声，形与影竞走也。悲夫！

今译

惠施博通，著书五车；其道理杂乱不纯，言说不当。

惠施历论万物的大概：至大无外，叫作大一；至小无内，叫作小一。无厚度之物，不可积叠，而其大有千里。天与地等高，山与泽齐平。太阳刚好中午，就已经西斜；每物刚一出生，就开始死亡。大同与小同有别，叫作小同异。万物全同全异，叫作大同异。南方既是有穷，也是无穷。今日要去越国，昨天就已经到达。套在一起的连环可以分开。我所知道的天之中央，在燕国之北，在越国之南。泛爱万物，天地本为一体。

惠施以此为最大的道理，显扬于天下，晓喻各方辩者。天下的辩论者也都喜欢这类题目。卵有毛。鸡有三足。楚国郢都拥有天下。犬可以称为羊。马有卵。蛤蟆有尾巴。火不热。山有出口。车轮不碾地。眼睛看不见物。指不能至，至不能穷。龟比蛇长。矩不是方，规不是圆。卯眼与榫头不密闭。飞鸟的影子不动。箭头疾飞，有不行也不止的时候。狗不是犬。黄马、黑牛，计数为三。白狗是黑的。孤犊没有母亲。一尺木杆，每天截半，万世不能穷尽。辩者用这些话题与惠施日日相争，终生无休无止。

桓团、公孙龙都属于辩者之类，他们雕琢人心，改换他人的意思；只能胜人之口，而不能服人之心。这是辩者的局限。

惠施运用知见，每天忙着与人争论不休，特别热衷于和辩者一起鼓弄怪诞言说，因为这是他们的根底。惠施口出狂言，自以为天下无双。他说："天地之间，唯为壮观！"惠施存雄心而无方术。

南方有一位异人，叫黄缭。他问惠施，天地为何不塌陷，为何有风雨雷霆。惠施毫不推辞，张口就加以解说，不假思索就滔滔不绝地应答。他只顾自己说个不停，无休无止，还以为说得太少，还要添油加醋地生出各种怪论。辩者只是一味与人对立，胜人是为了获取声名，所以与众人不能相适。不知葆全德性，只顾争强好胜，实则误入歧途。

从天地大道来观照惠施之技，他像蚊虻一样奔波操劳，与人与世有何益处？他若专注一端，尚有优胜之处；若尊贵天道，则几乎近之。惠施不知安于大道，散于万物而不厌，只为得到一个善辩的名声。唉，可惜了惠施之才！浪荡而不自得，逐万物而不返，就像是用大声来止住回响，让身形与影子竟走啊！可悲可叹！

[注]

[1]惠施：惠之于庄，既是论辩对手，又是学术诤友，不可忽略。王夫之甚至猜测《庄子》（内七篇）乃专为惠子而作。

[2]历物之意：历物，遍说物理。即所谓"历物十事"。

[3]天之中央：旧作"天下之中央"，"下"为衍文。王叔岷、张默生校。陆德明《经典释文》、世德堂本均无"下"字。司马彪注："天下无方，故所在为中。"无处不可。

[4]泛爱万物，天地一体：此为惠施历物十事的宗旨所在，并非只是历"物"之理，而是从天地之理推导出"去尊而泛爱"的人文关怀取向。

［5］天下之辩者：即今日所谓名家。主要代表人物，前有惠施，主张"合同异"以泛爱万物；后有公孙龙，主张"离坚白"以正名责实。惠施晚年曾与公孙龙公开辩论。下文所列即"辩者二十一事"。

［6］指不至，至不绝：意指（能指）不能抵达所指；即使能够抵达，也不能穷尽所指。名实之间，有永远不能填平的鸿沟。《世说新语·文学》："客问乐令旨不至者，乐不复剖析文句，直以麈尾确几曰：至不？客曰：至。乐因又举麈尾曰：若至者，那得去？"刘孝标注："夫藏舟潜往，交臂恒谢，一息不留，忽焉生灭。故飞鸟之影，莫见其移；驰车之轮，曾不掩地。"名为假立，实岂能住？言语实为转喻，而刀剑确有光影。庄子与惠子，既是辩敌，也是对手，乃因在语言逻辑问题上有交集。

［7］孤犊：旧作"孤驹"。《列子·仲尼》和《文心雕龙·诸子》均作"犊"。张远山校正。

［8］桓团、公孙龙辩者之徒：桓团，《列子》作"韩檀"。公孙龙，赵人，（前325—250），著《公孙龙子》，有"辩者二十一事"。

［9］与人辩："人"后旧衍"之"字。

［10］曰："天地其壮乎！"施存雄而无术：今断句从王夫之。存雄，有理论主张；无术，无实践操作。

［11］畸人：旧作"倚人"。陆德明《经典释文》一本、《大宗师》作"畸人"。张远山校正。

附录一　与《惠施》有关的《庄子》佚文

惠子从车百乘，以过孟诸，庄子见之，弃其余鱼。

桓侯行，未出城门，其前驱呼辟，蒙人止之。后为狂也。
　　宋桓侯行，未出城门，其前驱呼辟。至于蒙，蒙人正之，以为狂也。
《太平御览》七百三十九

惠子始与庄子相见而问焉。庄子曰："今日自以为见凤凰，而徒遭燕雀耳。"坐者俱笑。

多言而不眱。
> 眱，视也。萧该《汉书音义》。

绋讴所生，必于斥苦。
> 绋，读曰拂。引柩索也。讴，挽歌。斥，慢缓。苦，用力也。引绋所有（以）讴者，为人用力慢缓不齐，促急也。

> 刘义庆《世说新语·任诞》："张驎酒后挽歌甚凄苦。"刘孝标注："庄子曰：'绋讴所生，必于斥苦。'司马彪注曰：'绋，引柩索也。斥，舒缓也。苦，用力也。引绋所以有讴歌者，为人有用力不齐，故促急之也。'"《世说新语》注。《太平御览》五百五十二。《困学纪闻》原注。

庄子谓惠子曰："羊沟之鸡，三岁为株，相者视之，则非良鸡也。然而数以胜人者，以狸膏涂其头。"

妪鸡搏狸。
> 司马注：羊沟，斗鸡处。株，魁帅也。鸡畏狸故。《艺文类聚》□□。《太平御览》九百十八。《困学纪闻》原注。曹植《斗鸡》诗："愿得狸膏助，常得擅此场。"

雀上高城之垝，而巢于高榆之颠。城坏巢折，凌风而起。故君子之居世者，得时则义行，失时则鹊起。
> 垝，最高危限之处也。□□而起飞也。《文选》谢元晖和伏武昌登孙权故城诗注。

附录二　见于《列子》的有关文字

中山公子牟[1]者，魏国之贤公子也。好与贤人游，不恤国事；而悦赵人公孙龙[2]。乐正子舆之徒笑之。

公子牟曰："子何笑牟之悦公孙龙也？"

子舆曰："公孙龙之为人也，行无师，学无友，佞给而不中，漫衍而无家，好怪而妄言。欲惑人之心，屈人之口，与韩檀等肄之。"

公子牟变容曰："何子状公孙龙之过欤？请闻其实。"

子舆曰："吾笑龙之诒孔穿，言'善射者能令后镞中前括，发发相及，矢矢相属；前矢造准而无绝落，后矢之括犹衔弦，视之若一焉。'孔穿骇之。龙曰：'此未其妙者。逢蒙之弟子曰鸿超，怒其妻而怖之。引乌号之弓，綦卫之箭，射其目。矢来注眸子而眶不睫，矢隧地而尘不扬。'是岂智者之言与？"

公子牟曰："智者之言固非愚者之所晓。后镞中前括，钧后于前。矢注眸子而眶不睫，尽矢之势也。子何疑焉？"

乐正子舆曰："子，龙之徒，焉得不饰其阙？吾又言其尤者。龙诳魏王曰：'有意不心，有指不至，有物不尽，有影不移[3]。发引千钧。白马非马。孤犊未尝有母。'其负类反伦，不可胜言也。"

公子牟曰："子不谕至言而以为尤也，尤其在子矣。夫无意则心同；无指则皆至；尽物者常有；影不移者，说在改也[4]。发引千钧，势至等也。白马非马，形名离也。孤犊未尝有母，有母非孤犊也。"

乐正子舆曰："子以公孙龙之鸣皆条也。设令发于余窍，子亦将承之。"

公子牟默然良久[5]，告退，曰："请待馀日，更谒子论。"

[注]

[1]中山公子牟：魏牟（约前320—前240），庄子弟子或再传弟子。著《公

子牟》四篇。据张远山考证，是《庄子》初始本的编撰者。本文见于《列子·仲尼》。列子（约前450—前375），如何能称道"中山公子牟"？此必为列子后学或庄子后学所撰。或是魏牟所撰。

〔2〕赵人公孙龙：魏牟早年曾与公孙龙交往。在《秋水》（可能是魏牟所撰）中魏牟斥公孙龙："子乃规规然而求之以察，索之以辩，是直用管窥天，用锥指地也，不亦小乎？"魏牟此时已是庄学巨擘。

〔3〕有意不心，有指不至，有物不尽，有影不移：外物，不可必。有起意，则非本心；有所指，不可能到达本质；物不能被分化净尽；影子不移动。

〔4〕夫无意则心同；无指则皆至；尽物者常有；影不移者，说在改也：无私意，则人心同，同于天道所生纯然赤子之心也；能化尽万物者，常存而不变，道也；影子不移动，是说改变了位置，便不再是同一个影子。

〔5〕牟默然良久：公子牟默然，是对辩者子舆的卑劣格调之不屑。非其辩者，则不辩；非所明者，则不明。庄子"不谴是非"，是一种不屈从人后的独立不阿的真性情。

杨朱[1]曰："伯成子高不以一毫利物，舍国而隐耕。大禹不以一身自利，一体偏枯。古之人损一毫利天下不与也，悉天下奉一身不取也[2]。人人不损一毫，人人不利天下，天下治矣。"

禽子问杨朱曰："去子体之一毛以济一世，汝为之乎？"

杨子曰："世固非一毛之所济。"

禽子曰："假济，为之乎？"

杨子弗应。

禽子出语孟孙阳。孟孙阳曰："子不达夫子之心，吾请言之。有侵苦肌肤获万金者，若为之乎？"

曰："为之。"

孟孙阳曰："有断若一节得一国。子为之乎？"

禽子默然有间。

孟孙阳曰："一毛微于肌肤，肌肤微于一节，省矣。然则积一毛以成肌肤，积肌肤以成一节。一毛固一体万分中之一物，奈何轻之乎？"

禽子曰："吾不能所以答子。然则以子之言问老聃、关尹，则子言当矣；以吾言问大禹、墨翟，则吾言当矣。"

孟孙阳因顾与其徒说他事[3]。

[注]

[1]杨朱：即阳子居，约前397—前335，一说约前450—前370。老聃弟子。此文见于《列子·杨朱》。

[2]损一毫利天下不与也，悉天下奉一身不取也：此二句可以看作杨朱的基本观点。此章保留了较全面的杨朱文字及其后学的逻辑展开，是珍贵的诸子研究文献。

[3]孟孙阳因顾与其徒说他事：孟孙阳顾左右而言他，是对禽子言说失道的回应。庄子主张"不谴是非"(《天下》)，即超然独立而不同流合污。不可与言者，则不言。此处的不言之言，表现了对待言说和辩论的超然姿态。

庄子真义外篇第十

胠箧

题解

《胠箧》为《吕览》所引，有"十二世有齐国"之文，当撰于田齐十二世王建即位（前264）之后至《吕览》成书（前239）之前。有向秀注一条，应在原始本外篇。撰者应为庄子再传弟子。此篇与《在宥》《天地》等思路风格同类，而文字与《鹖冠子》近似。文字浅显而议论激烈，当作于战国晚期局势震荡、人心浮动之时。

将为胠箧[1]探囊发匮之盗而为守备，则必摄缄滕，固扃鐍[2]，此世俗之所谓知也。然而巨盗至，则负匮揭箧担囊而趋，唯恐缄滕扃鐍之不固也。然则向[3]之所谓知者，不乃为大盗积者也？

今译

防备小偷来开箱、探囊、撬柜，一定要加紧绳索，打上死结，扣牢锁钮；这就是世上所知所见的聪明人。然而大盗来了，就会连箱子、袋子、柜子一起搬运而走。他还嫌你的绳子、锁钮不够结实、不够牢固呢。世上智者所有的谋划劳作，不都是为大盗们在积聚财货吗？

[注]

[1] 胠箧：胠（qū），从旁边打开。箧（qiè），竹编的箱笼。胠箧，撬开箱笼，

喻行窃。

[2] 摄缄縢，固扃（jiǒng）鐍（jué）：收束绳结，加固闩锁。

[3] 向：旧作"乡"，字通。

故尝试论之，世俗之所谓知者，有不为大盗积者乎？所谓圣者，有不为大盗守者乎？何以知其然邪？昔者齐国邻邑相望，鸡狗之音相闻，罔罟之所布，耒耨之所刺，方二千余里。阖四竟之内，所以立宗庙社稷，治邑屋州闾乡曲[1]者，曷尝不法圣人哉？然而田成子一旦杀齐君而盗其国，所盗者岂独其国邪？并与其圣知之法而盗之，故田成子有乎盗贼之名，而身处尧舜之安；小国不敢非，大国不敢诛，十二世有齐国[2]。则是不乃窃其国[3]，并与其圣知之法，以守其盗贼之身乎？

今译

所以，请听我尝试议论。世间所谓的智者，有不给大盗们积聚财货的？世间所谓的圣人，有不为大盗们守护财货的？怎么知道事情是这样的呢？从前的齐国，乡村比邻而居，相互可以望见，鸡鸣狗吠之声，彼此可以听见；网罗所布，犁锄所耕，方圆二千余里；全境之内，建起宗庙社稷，设立采邑、屋井、州县、闾里、乡党、部曲，都是按照圣人的礼法来治理。然而，田成子一旦杀齐君，盗齐国，他所偷窃的不仅是邦国，而且连圣人的法规也一起盗走了！所以，田成子有盗贼之名，却享受尧舜圣王般的安逸；小国不敢非议，大国不敢诛伐，连续十二世占有齐国。这就是说，窃国者还一并窃走了圣人的法规，拿它来守护其盗贼之身。

[注]

[1] 邑屋州闾乡曲：封建时代层级制度。成疏引《司马法》：六尺为步，百

步为亩,亩百为夫,夫三为井,井四为邑。

[2]十二世有齐国:《胠箧》成文当在庄子殁后二十二年至四十六年之间。张远山注说:田成子,田襄子,田庄子,田悼子,田齐太公(田和),田侯剡,田齐桓公(田午),田齐威王,田齐宣王(辟疆),田齐湣王(田地),田齐襄王(田法章),齐王建。成疏:田成子,敬仲七世孙。敬仲至庄公,凡九世知齐政;太公至威王,三世为齐侯;共计十二世。俞樾:此文论田成,不当从敬仲算起。

[3]窃其国:其国,旧误作"齐国"。今案:上文说:"然而田成子一旦杀齐君而盗其国,所盗者岂独其国邪?"此条郭注:"不盗其圣法,乃无以取其国也。"成疏:"田恒所盗,岂唯齐国?"齐国乃是举例论证,结论不当归结于例证。

尝试论之,世俗之所谓至知者,有不为大盗积者乎?所谓至圣者,有不为大盗守者乎?何以知其然邪?昔者龙逢斩,比干剖,苌弘胣[1],子胥靡。故四子之贤而身不免乎戮。故跖之徒问跖曰:"盗亦有道乎?"跖曰:"何适而无有道邪?夫妄意室中之藏,圣也;入先,勇也;出后,义也;知可否,知也;分均,仁也。五者不备而能成大盗者,天下未之有也。"由是观之,善人不得圣人之道不立,跖不得圣人之道不行;天下之善人少而不善人多,则圣人之利天下也少而害天下也多。故曰:唇竭[2]则齿寒,鲁酒薄而邯郸围[3],圣人生而大盗起。掊击圣人,纵舍盗贼,而天下始治矣。夫川竭而谷虚,丘夷而渊实。圣人已死,则大盗不起,天下平而无故矣!

圣人不死,大盗不止。虽重圣人而治天下,则是重利盗跖也。为之斗斛以量之,则并与斗斛而窃之;为之权衡以称之,则并与权衡而窃之;为之符玺以信之,则并与符玺而窃之;为之仁义以矫之,则并与仁义而窃之。何以知其然邪?彼窃钩者诛,窃国者为诸侯,诸侯之门而仁义存焉。则是非窃仁义圣知邪?故逐于大盗,揭诸侯,窃仁义并斗斛权衡符玺之利者,虽有轩冕之赏弗能劝,斧钺之威弗能禁。此重利盗跖而使不可禁者,是乃圣人之过也。

今译

请听我尝试议论。世间所谓的智者,有不给大盗们积聚财货的?世间所谓的圣人,有不为大盗们守护财货的?怎么知道事情是这样的呢?关龙逢被夏桀斩首,比干被商纣剖心,苌弘被周王曝尸于野,伍子胥被吴王碎尸抛河。四子虽贤,仍然不免遭受屠戮。盗跖的徒弟曾经问盗跖:"盗贼也有道术吗?"盗跖说:"哪里会没有道呢?臆测室中有宝藏,是圣;入室在前,是勇;出户居后,是义;判断行动可否,是知;分赃均匀,是仁。五条不具备,而能成为大盗的,天下未有!"这样看来,行善的人不得圣人之道则不能立身,盗贼不得圣人之道则不能成事。天下善人少,而不善人多,所以圣人利于天下必然少,祸害天下必然多。所以说:"嘴唇揭开会露风,牙齿就感到寒凉;鲁国酒薄而赵人蒙怨,邯郸就被围困。圣人出世,大盗就兴起。"抨击圣人,放走盗贼,天下始可治理。源头枯竭,溪谷的水就空了,山头削平,深渊就填满了,圣人死光,则大盗不起,天下太平,再无祸乱。

圣人不死,大盗不止。推崇圣人治天下,实际上就是让盗跖得天下。圣人制作斗斛以计量,然而大盗连斗斛一起窃取;圣人制作权衡以称重,大盗则连权衡一起窃取;圣人制作符玺以取信,大盗连权衡一起窃取;圣人倡导仁义以矫正众人,大盗连仁义一起窃取。何以知道情形如此呢?偷衣带钩的,被诛杀,而盗邦国的做王侯;王侯门里,高悬仁义的牌匾。这不就是王侯们连仁义圣知一起窃取了吗?所以,那些追随大盗,标榜王侯,窃取仁义圣知以及斗斛、权衡、符玺之利益的强人,为巨大的利益所诱,轩冕之赏而无所动,斧钺之威不能禁。出现这种激励盗跖而无法禁止的局面,不是圣人的过错吗?

[注]

[1] 苌弘胣:胣(chǐ),死后曝尸。苌弘流放蜀地,刳肠而死,曝尸野外。

[2] 竭:俞樾解作竭尾之竭,即"举起"。今案:可解作揭示之揭,即掀开,更妥帖。

[3]鲁酒薄而邯郸围：陆德明《经典释文》引许慎《淮南子》注：楚会诸侯，赵酒厚而鲁酒薄，楚国主酒吏以鲁酒易赵酒，楚王怒而围邯郸。

故曰："鱼不可脱于渊，国之利器不可以示人。"彼圣知者[1]，天下之利器也，非所以明天下也。故绝圣弃知，大盗乃止；摘玉毁珠，小盗不起；焚符破玺，而民朴鄙；掊斗折衡，而民不争；殚残天下之圣法，而民始可与论议。擢乱六律，铄绝竽瑟，塞师旷[2]之耳，而天下始人含其聪矣；灭文章，散五采，胶离朱[3]之目，而天下始人含其明矣；毁绝钩绳而弃规矩，攦工倕[4]之指，而天下始人有其巧矣。故曰：大巧若拙。削曾、史之行，钳儒、墨之口[5]，攘弃仁义，而天下之德始玄同矣。彼人含其明，则天下不铄[6]矣；人含其聪，则天下不累矣；人含其知，则天下不惑矣；人含其德，则天下不僻矣。彼曾、史、儒、墨、师旷、工倕、离朱者，皆外立其德，而以爁乱天下者也，法之所无用也。

今译

所以说："鱼不可脱离深水，邦国利器不可见于他人。"这些圣人的阴谋智巧，乃是切割天下的利器，万万不可拿来明示天下人。所以，绝圣弃知，大盗乃止。破玉毁珠，小盗不起。焚符碎玺，人民朴拙；掊斗折衡，民无竞争；废除天下圣知法规，而后民众才可以相与议论。废弃六律，销毁乐器，堵塞师旷的耳朵，而后天下人才会始含其聪；弃绝纹饰，除去五彩，封住离朱的眼睛，天下人才会始含其明；毁绝钩绳，弃用规矩，折断工倕的手指，天下人才会始含其巧。所以说："大巧若拙。"消除曾参、史䲡的戾行，钳制儒墨之口，摒弃仁义，天下人的德性才能通于大道。那样，人人心中含藏神明，天下就无从闪烁而淆乱；人人心中含藏聪慧，天下就无从疲累而烦扰；人人含藏知见，天下就无从疑惑；人人含藏德性，天下就无从邪僻荒诞。那些作为标榜的曾参、儒、墨、师旷、工倕、离朱之流，都是炫耀德性于外，足以祸乱天下的佞人，仿效他们有何用处！

[注]

[1] 彼圣知者：知，旧作"人"。褚伯秀据陈景元《阙误》引张君房本校正。

[2] 师旷：晋平公乐师。师，旧作"瞽"。王叔岷校正。

[3] 离朱：黄帝时视力出众的人。

[4] 工倕：尧时巧匠。

[5] 钳儒、墨之口：儒，旧讹作"杨"。张远山认为是郭象篡改"儒墨"为"杨墨"。涉及《胠箧》《骈拇》《天地》等五处。

[6] 烁：火光炫耀。旧作"铄"。下文"以爚乱天下"之"爚（yuè）"义同。爚，陆德明《经典释文》引向秀注音"药"。向秀本有外无杂，可证此文在《庄子》原始本外篇。

　　子独不知至德之世乎？昔者容成氏、大庭氏、伯皇氏、中央氏、栗陆氏、骊畜氏、轩辕氏、赫胥氏、尊卢氏、祝融氏、伏牺氏、神农氏，当是时也，民结绳而用之。甘其食，美其服，乐其俗，安其居，邻国相望，鸡狗之音相闻，民至老死而不相往来。若此之时，则至治已。今遂至使民延颈举踵，曰"某所有贤者"，赢粮而趣之，则内弃其亲，而外去其主之事[1]，足迹接乎诸侯之境，车轨结乎千里之外。则是上好知之过也。上诚好知而无道，则天下大乱矣。

今译

你难道不曾听闻至德之世吗？古代有容成氏、大庭氏、伯皇氏、中央氏、栗陆氏、骊畜氏、轩辕氏、赫胥氏、尊卢氏、祝融氏、伏羲氏、神农氏，那时人民结绳而治，楔木记事，饮食简单而心甘，衣服朴素而人美，风俗纯朴而众乐，居处简陋而安适，邻国相望，鸡犬之声相闻，民至老死而不相往来。那个时代，才是天下大治。如今，世道已经到了这样的地步：鼓动老百姓踮起脚跟伸长脖子，说："听说某地有贤人！"于是背上干粮奔赴外邦，抛下家里的亲人，扔开自己熟悉的职事，成群结队，足迹连接到诸侯的边境，车辙绵延千里之外。这都是居于上位的人喜欢操弄圣人之智巧的过错。高高在上的统治者，偏好智巧而昏庸无道，天下一定大乱。

[注]

[1] 外去其主之事：成疏说"内则弃亲而不孝，外则去主而不忠"。主，注家多解为"主人""国君"。不当。今案："去其主之事"即"去其所主之事"。"事"，职业。主事，即"正业"。俗语谓人"不务正业"，即此义。例如《史记》说樊哙"以屠狗为事"。古代职业流行氏族传承，如伏羲氏狩猎，有熊氏驯养，神农氏耕种。《庄子》书中记载了多种职业，例如御、渔、屠、织染、桑蚕、木、石、筑、冶等。老百姓被迫放弃自己的职业特长而流离失所，乃是天下大乱的一个直接原因。

何以知其然邪？夫弓弩、毕弋、机变之知多，则鸟乱于上矣；钩饵、罔罟、罾笱之知多，则鱼乱于水矣；削格、罗落、罝罘之知多，则兽乱于泽矣；知诈渐毒、颉滑坚白、解垢[1]同异之变多，则俗惑于辩矣。故天下每每大乱，罪在于好知。故天下皆知求其所不知，而莫知求其所已知者，皆知非其所不善，而莫知非其所已善者，是以大乱。故上悖日月之明，下烁山川之精，中堕四时之施；惴耎之虫[2]，肖翘之物，莫不失其性。甚矣夫，好知之乱天下也！自三代以下者是已：舍夫种种之民[3]，而悦夫役役之佞；释夫恬淡无为，而悦夫谆谆之意，谆谆[4]已乱天下矣！

今译

何以知道如此呢？弓弩、网罗、机关之类的知识多了，天上的鸟群就会乱；

钓钩、渔网、樊笼之类的知识多了，水里的鱼群就会乱；陷阱、栅栏、套夹之类的知识多了，山泽的野兽就会乱；卖弄智巧以蒙蔽欺诈，混淆辞藻以分析坚白、邂逅参差以分同合异之类的幻术多了，世人就会迷惑不清。所以天下每每有大乱，罪过都在于统治者好智。天下人都知向外追求自己所不知的，却不知内求于自己的天然已知；都知道非议自己以为的不善，却不知非议自己以为的善；统治者好智巧而导致人心混淆，致使天下大乱。他们推行的这些蛊惑人心的智巧，上悖日月之光明，下毁山川之精华，中乱四时之运行；地下爬行的软虫，地上蓬勃的植物，都被他们祸害得失去了天性。好知者乱天下，太过分了！自三代以下，都是这样造孽：天下自种其种、自得其适的人民，被连根拔除；奴役众人的佞人，得宠爱；恬淡无为的天道，遭弃绝；以一己私意而谆谆教人，泛滥成灾。小言谆谆，祸乱已经遍天下！

[注]

［1］解垢：同邂逅，参差不齐貌。喻玩弄辩词而蛊惑人心。
［2］惴耎之虫：惴（zhuì），同蠕（rú）；耎（ruǎn），同软。
［3］种种之民：自种其种、自得其适的民众。《天运》说："自为种而天下耳。"统治者自为王种而私有天下。于是，万千民众悲愤难抑，会向天发问："王侯将相宁有种乎？"（《史记·陈涉世家》）
［4］谆谆之意，谆谆：谆，旧作"啍"，字通。

庄子真义外篇第十一

在宥

题解

《在宥》撰者应为庄子再传弟子。末章文义不属，应删。王夫之云："此篇有条理，意与内篇相近，而间杂老子之说，滞而不圆，犹未得乎象外之旨，亦非庄子之书也。"在，万有。宥，宽大而包容。包容万有，使其自生自长，无为而治，乃政治之论，形上之义少，形下之言多。

闻在宥天下，不闻治天下也。在之也者，恐天下之淫其性也；宥之也者，恐天下之迁其德也。天下不淫其性，不迁其德，岂有治天下者哉[1]？

昔尧之治天下也，使天下欣欣焉人乐其性，是不恬也；桀之治天下也，使天下瘁瘁焉人苦其性，是不愉也。夫不恬不愉，非德也。非德也而可长久者，天下无之。

人大喜邪，毗于阳；大怒邪，毗于阴。阴阳并毗，四时不至，寒暑之和不成，其反伤人之形乎！使人喜怒失位，居处无常，思虑不自得，中道不成章。于是乎天下始乔诘卓鸷[2]，而后有盗跖、曾、史之行。故举天下以赏其善者不足，举天下以罚其恶者不给。故天下之大不足以赏罚。自三代以下者，匈匈焉终以赏罚为事，彼何暇安其性命之情哉！

而且说明邪？是淫于色也；说聪邪？是淫于声也；说仁邪？是乱于德也；说义邪？是悖于理也；说礼邪？是相于技[3]也；说乐邪？是相于淫也；说圣邪？是相于艺也；说知邪？是相于疵也。天下将安其性命之情，之八者，存可也，亡可也；天下将不安其性命之情，之八者，乃始脔卷㺃囊[4]而乱天下也。而天下乃始尊之惜之，甚矣天下之惑也！岂直过也而去之邪！乃齐戒以言之，跪坐以进之，鼓歌以舞之。吾若是何哉？

故君子不得已而临莅天下，莫若无为。无为也而后安其性命之情。故贵以身于为天下，则可以托天下；爱以身于为天下，则可以寄天下。故君子苟能无解其五藏，无擢其聪明；尸居而龙见，渊默而雷声，神动而天随，从容无为而万物炊累[5]焉。吾又何暇治天下哉！

今译

只听说要让天下自在安然，没有听说要治理天下。自在者，唯恐天下纷扰其本性；安然者，唯恐天下变易其常德。天下不乱本性，不改常德，还需要谁来治理呢？

古代，唐尧治理天下，使天下熙熙攘攘，人人发心进取，乐此不疲，所以不能安静。夏桀治理天下，使天下痛苦凄凉，人人悲伤忧愁，所以不能欢愉。不能安静，不能欢愉，是失德。失德离性的做法，可以长久吗？天下没有这样的事。

人大喜，伤阳气；大怒，伤阴液。阴阳俱损，四时违和，寒暑失调，难道不会伤害人的身体吗？使人情绪错乱，行住无常，思虑忧惧，中道不畅，于是天下开始出现牢骚怨恨的言论，乖戾悖谬的行径，后来就有夏桀、盗跖，有曾参、史䲡，其言行之恶，登峰而造极。用尽天下的财富来奖赏善行，还是不够；用尽天下的力量来惩罚恶行，还是不够；所以无论天下有多大，用于赏和罚，总是不够！自三代以下，都是以汹汹气势，喧嚣叫嚷，从事于赏罚之事业，人们何时有机会安顿自己的真实性命！

还有呢，钟爱目明，无非迷恋色彩；钟爱耳聪，无非迷恋音声；鼓吹仁，无非惑乱常理；鼓吹义，无非惑乱常心；注重礼仪，无非鼓励机巧；注重乐章，无非助长淫乐；标榜圣贤的美德，养成了装腔作势的风气。宣扬智巧，执着于吹毛求疵的言语竞争。如果天下人要安顿真实性命，这八种名目毫无价值；如果天下人不要安顿真实性命，这八种名目足以扰攘人心而祸乱天下。如今，天下人开始对此尊崇有加，不是迷惑本性了吗！人们不仅奔着这类宝贝蜂拥而去，而且沐浴斋戒以记诵，跪拜进趋而讽咏，鼓歌齐鸣而舞动。对此我还有什么可说的呢！

所以，如果君子不得已而坐在管理天下的位子上，最好的办法是无为。无为，可以安顿天下人的真实性命。所以说"为天下而尊重生命的人，可以托付天下；为天下而爱惜生命的人，可以寄寓天下。"如果君子能够不放纵其五脏之欲望，不拔擢其感官之功能，身体安然不动而神采光耀，沉静无言而声如雷震，心神萌动时如有天地相随，从容无为，而万物生生不息，果实累累。我哪里有空闲来治理天下呢！

[注]

[1] 岂有治天下者哉：岂，旧脱。在宥：在天下，则宥天下，宽容于天下。人为天下之一物，何谈治理天下？

[2] 乔诘卓鸷：狡猾、凶狠。

[3] 相于技：相，执着于相。下文"相"字义同。相于技，即追求技巧。

[4] 脔卷㹇囊：扭曲痉挛，暴烈横行。㹇，旧作"獊"，字通。

[5] 炊累：炊。烧火，烹食。累，连连，例如果实累累。

崔瞿问于老聃曰："不治天下，安臧[1]**人心？"**

老聃曰：

"汝慎无撄人心。人心排下而进上，上下囚杀，淖约柔乎刚强，廉刿[2]**雕琢，其热焦火，其寒凝冰。其疾俯仰之间而再抚四海之外。其居也渊而静，其动也县而天。偾骄**[3]**而不可系者，其唯人心乎！**

"昔者黄帝始以仁义撄人之心，尧、舜于是乎股无胈，胫无毛，

以养天下之形，愁其五藏以为仁义，矜其血气以规法度。然犹有不胜也，尧于是放讙兜于崇山，投三苗于三峗[4]，流共工于幽都，此不胜天下也。夫施及三王而天下大骇矣。下有桀、跖，上有曾、史，而儒墨毕起。于是乎喜怒相疑，愚知相欺，善否相非，诞信相讥，而天下衰矣；大德不同，而性命烂漫矣；天下好知，而百姓求竭矣。于是乎斤锯制焉，绳墨杀焉，椎凿决焉。天下脊脊大乱，罪在撄人心。故贤者伏处大山嵁岩之下，而万乘之君忧栗乎庙堂之上。今世殊死者相枕也，桁杨[5]者相推也，刑戮者相望也，而儒墨乃始离跂攘臂乎桎梏之间。意，甚矣哉！其无愧而不知耻也甚矣！吾未知圣知之不为桁杨椄槢[6]也，仁义之不为桎梏凿枘也，焉知曾、史之不为桀、跖嚆矢也！故曰：绝圣弃知，而天下大治。"

今译

崔瞿问老聃："不治理天下，如何使人心向善呢？"

老聃说：

"你要慎言！千万不要扰动人心！人心转动如轮，忽下忽上，自累自苦，如囚如杀。行动摇摆而不定，柔弱却能够胜刚强。如凿雕刀刻，锋利如钢，热如炭火，寒似凝冰。心之动，至急至速，眨眼之间可以往来四海之外，安然寂静时，如无底深渊，一旦发动，可以磅礴于九天之上。骄奋飞扬而无法挽系的，唯独人心啊！

"古时候，黄帝开始用仁义来扰动人心，于是尧舜遭殃，股上无肌肉，腿上无汗毛，为了勉强维持天下人不饿死，劳碌奔波，为了推行仁义而五脏愁苦，为了维护规章法度而耗费心血。但还是无法胜任，于是尧把驩兜流放到崇山，把三苗投置于三峗，把共工囚禁在幽都。这是因为要治理天下而力量不够。如此施政，到了三王的时代，天下大乱，人民惊扰！民间有盗跖，朝廷有曾、史，儒家、墨家并起，争论不休。于是，喜怒猜忌，智愚相欺，善恶非议，真假混淆，天下风气衰败颓废；远离了大德，性命人情的秩序完全散乱；天下纷纷以智巧争利，百姓陷入矛盾纠结。于是，发明斧锯以斩杀之，规定绳墨以禁锢之，订立刑罚以决断之。天下纷纷相践踏，乱局无法收拾，罪过就在于扰乱人心！贤能的人逃入深山，隐蔽在高崖之下，万乘君主坐在庙堂上，日夜忧惧，瑟瑟发抖。现如今，以各种刑罚处死的人，尸体相枕；戴着镣铐枷锁的人，前后推挤；被杀被剐的人，彼此对面观望。而那些儒家墨家之徒，在刀斧和枷锁丛中，踮脚奋臂，争辩着仁义是非。唉，太过分了！这些人，不知羞愧，不要脸面，到了何等程度！我不知道，圣人和智者不就是人间的镣铐？仁义不就是百姓的枷锁？我怎能知道，曾、史这些人不是暴桀满朝廷、盗跖遍山林的先声？所以说，断绝圣贤，抛弃智能，天下才会大治！"

[注]

[1] 臧：善，使之向善。旧作"藏"，字通。

[2] 廉刿：廉，锋利。刿（guì），尖刻。

[3] 偾（fèn）骄：奋扬跋扈。

[4] 三峗（wéi）：山名，在今甘肃敦煌东南。或云有三山。

[5] 桁杨：木枷。

[6] 椄（jiē）槢（xí）：木枷的横梁。

  黄帝立为天子十九年，令行天下，闻广成子在于空同之山，故往见之，曰："我闻吾子达于至道，敢问至道之精。吾欲取天地之精，以佐五谷，以养民人。吾又欲官阴阳，以遂群生，为之奈何？"

  广成子曰："而所欲问者，物之质也；而所欲官者，物之残也。自而治天下，云气不待族而雨，草木不待黄而落，日月之光益以荒矣。而佞人之心翦翦[1]者，又奚足以语至道？"

  黄帝退，捐天下，筑特室，席白茅，闲居三月，复往邀之。广成子南首而卧。黄帝顺下风膝行而进，再拜稽首而问曰："闻吾子达于至道，敢问，治身奈何而可以长久？"

广成子蹶然而起，曰："善哉问乎！来，吾语女至道。至道之精，窈窈冥冥；至道之极，昏昏默默。无视无听，抱神以静，形将自正。必静必清，无劳女形，无摇女精，乃可以长生。目无所见，耳无所闻，心无所知，女神将守形，形乃长生。慎女内，闭女外，多知为败。我为女遂于大明之上矣，至彼至阳之原也；为女入于窈冥之门矣，至彼至阴之原也。天地有官，阴阳有藏。慎守女身，物将自壮。我守其一，以处其和。故我修身千二百岁矣，吾形未常衰。"

黄帝再拜稽首曰："广成子之谓天矣！"

广成子曰："来！余语女：彼其物无穷，而人皆以为有终；彼其物无测，而人皆以为有极。得吾道者，上为皇而下为王；失吾道者，上见光而下为土[2]。今夫百昌皆生于土而反于土[3]。故余将去女，入无穷之门，以游无极之野。吾与日月参光，吾与天地为常。当我，缗乎！远我，昏乎！人其尽死，而我独存乎！"

今译

黄帝立为天子十九年，号令天下。听说广成子在崆峒山，前去拜望。说："听说先生您已经得道，请教您，最高明的道之精华何在？我想要拿到这个浓缩天地精华的道，去帮助庄稼生长，喂养百姓；我还想要制宰阴阳变化，扶助各群物种。我应该怎么做呢？"

广成子说："你所问的，乃是事物的精华，你所要管制的，乃是事物的残渣。自从你治理天下，云气不等凝结就开始下雨，草木还没有枯黄就落叶，日月的光芒日益暗淡。你这个心术不正的佞人啊！见识如此浅陋，怎么配得上言说至道！"

黄帝退下，抛弃政事，建筑一间屋子，铺上茅草，斋戒修行三个月，再来请教。广成子朝南躺着，黄帝从下方匍匐近前，叩头礼拜，问："听说先生已经了悟至道，请问如何修身才能保存生命长久不衰？"

广成子忽地坐起来，说："问得好！过来，我告诉你至道。至道的精髓，幽远深邃，至道的终极，沉默无声。闭目塞听，心神宁静；形体要正，必须清净安然；不可劳动身形，不可摇荡精神，这样才能长生不老。目无所见，耳无所闻，心无所知，精神守护身体，身体自然不老。谨慎守护内在心神，关闭感官，隔离外尘，防止外物干扰，以免身心败坏。我帮你上升到大明之上，可以达到至阳之境；帮你进入窈冥之门，到达至阴的源头。天地本有官守，阴阳固有府藏。谨慎守护自身，万物自会茁壮茂盛。我持守至道的纯一，自然合于万物，所以我修身已经一千二百岁，还形体健康，不见衰老。"

黄帝再次叩头礼拜，说："广成子可以称为天人了！"

广成子说："来，我告诉你！道没有穷尽，众人以为有终点；道无可测度，而众人以为有极限。得了我的道，上为天皇，下为人王；失去我的道，上等人荣华显耀，下等人沦落泥土。今天大地上的万千生命，都是生于土，也必将归于土。我将离开人世，直入无穷之门，遨游无极之野，将与日月同光，与天地合一。信任我的，我与之合一；背离我的，我也与之合一。人都有死，唯我独存乎！"

[注]

[1] 蕲蕲：浅薄鄙陋。
[2] 上见光而下为土：见，显现。上等人荣华显耀，下等人沦落泥土。
[3] 百昌皆生于土而反于土：地上的生命，都是生于土，也必将归于土。

云将东游，过扶摇之枝而适遭鸿蒙。鸿蒙方将拊髀[1]雀跃而游。云将见之，倘然止，贽然立，曰："叟何人邪？叟何为此？"

鸿蒙拊脾雀跃不辍，对云将曰："游！"

云将曰："朕愿有问也。"

鸿蒙仰而视云将曰："吁！"

云将曰："天气不和，地气郁结，六气不调，四时不节。今我愿合六气之精，以育群生，为之奈何？"

鸿蒙拊脾雀跃掉头曰："吾弗知！吾弗知！"

云将不得问。又三年，东游，过有宋之野，而适遭鸿蒙。云将大喜，行趋而进曰："天忘朕邪？天忘朕邪？"再拜稽首，愿闻于鸿蒙。

鸿蒙曰："浮游，不知所求；猖狂，不知所往；游者鞅掌，以观无妄[2]。朕又何知！"

云将曰："朕也自以为猖狂，而民随予所往；朕也不得已于民，今则民之放也！愿闻一言。"

鸿蒙曰："乱天之经，逆物之情，玄天弗成；解兽之群，而鸟皆夜鸣；灾及草木，祸及止虫[3]。意！治人之过也。"

云将曰："然则吾奈何？"

鸿蒙曰："意！毒哉！僊僊乎归矣。"

云将曰："吾遇天难，愿闻一言。"

鸿蒙曰："意！心养。汝徒处无为[4]，而物自化。堕尔形体，吐尔聪明，伦与物忘；大同乎涬溟。解心释神，莫然无魂[5]。万物云云，各复其根，各复其根而不知；浑浑沌沌，终身不离；若彼知之，乃是离之。无问其名，无窥其情，物固自生。"

云将曰："天降朕以德，示朕以默。躬身求之，乃今也得。"再拜稽首，起辞而行。

今译

云将东游，路过扶摇之枝，遇到了鸿蒙。鸿蒙正在跳跃游戏。云将立即停下，恭敬站立，问道："老丈是何人？在做何事？"

鸿蒙跳跃不止，对云将说："游戏！"

云将说："我要向您请教！"

鸿蒙仰头看了一眼，说："是吗？"

云将说："天气不和，地气不畅，六气不顺，四时不节。我想要调和六气精华，用于养育百姓。我该如何做？"

鸿蒙继续玩耍，说："不知！不知！"

云将无奈离去。三年后，又一次东游，过宋国，在大野里遇到鸿蒙。云将大喜，快步趋前求教："天忘我了吗？天忘我了吗？"再拜而问。

鸿蒙说："飞天遨游，不知所求；自在逍遥，不知何往。游心观于纷纭之途，而独见无妄真相。我也愚钝而无知！"

云将说："我自以为无欲无求，可是民众跟随在后面仿效，我是不得已而治民！愿闻教诲！"

鸿蒙说："你混乱天之经络，违背物之真实，老天不会助你！你冲散鸟兽族群，让鸟儿在夜间悲鸣；草木被荼毒，幼虫遭祸害。唉！这都是你治人的过错！"

云将说："那我该怎么办呢？"

鸿蒙说："唉，毒害太甚！你快回去吧！"

云将说："我见您一面不容易。还求一定赐教！"

鸿蒙说："唉，静养你的心神！你独自安处，淡然无为，万物自然而化。舍弃自己的形体，抛掉耳目的聪明，忘物忘类，与天地元气合一。心无所系，神无所累，淡漠一气则魂魄静默；万物纷纷，各归其根。各归其根而不知，混混沌沌，不离根本。那些自以为有知的，实是远离根本。不要求问其名相，不要窥探其实情。万物自然而生。"

云将说："天赐给我恩德，晓示我静默。我亲身追求大道，孜孜不倦，如今得到了。"再拜叩首，告辞而去。

［注］

［1］拊髀：拍打大腿。髀（bì），旧作"脾"。王叔岷校正。

［2］游者鞅掌，以观无妄：鞅掌，繁杂。游者透过繁杂现象，观于大道流行。

［3］祸及正虫：正，贞。正虫，幼虫。旧作"止"，形近而误。《庄子解故》引孙诒让："正虫"即"贞虫"。鸿蒙严厉批评云将有为治人，祸及天地大运，草虫正命。

［4］徒处无为：徒处，独处。不要去治理他人！

［5］解心释神，莫然无魂：心不系，神不劳，魂魄寂静，平安吉祥。

世俗之人，皆喜人之同乎己而恶人之异于己也。同于己而欲之，异于己而不欲者，以出乎众为心也。夫以出乎众为心者，曷常出乎众哉！因众以宁，所闻不如众技众矣。而欲为人之国者，此揽乎三王之利而不见其患者也。此以人之国侥幸也。几何侥幸而不丧人之国乎！其存人之国也，无万分之一；而丧人之国也，一不成而万有余丧矣。悲夫，有土者之不知也！夫有土者，有大物也。有大物者，不可以物；物而不物，故能物物。明乎物物者之非物也，岂独治天下百姓而已哉！出入六合，游乎九州，独往独来，是谓独有。独有之人，是之谓至贵。

今译

世俗的人们都喜欢他人同于自己，而厌恶他人异于自己。同于己的，就愿意结交，异于己的，就会排斥。这是因为想要出人头地。一心想做人上人的，真的能出人头地吗？想方设法要众人听从自己，怎能与众人不可胜数的技巧来争短长呢？而为他人的邦国作谋划的，只是看见三王给人的利益，哪里知道三王带来的祸患？为他人的邦国谋划，依赖于侥幸，有多少侥幸成功而不丧亡人之邦国！存人邦国的不到万分之一；丧人国土的，万次也不止。可悲呀！那些拥有国土的人，是多么的愚蠢！拥有国土，是拥有大物。拥有大物者，不可以让自己成为物。用物者非物，才可以用物。物物者非物；明察此理，得见天道，岂止限于治理天下百姓这类琐事啊！出入六合，遨游九州，独往独来，乃是独有之人。独有之人，可以称为至贵。

  达人[1]之教，若形之于影，声之于响：有问而应之，尽其所怀，为天下配；处乎无响，行乎无方。挈汝适，复之挠挠[2]，以游无端；出入无旁，与日无始；颂论形躯，合乎大同[3]，大同而无己。无己，恶乎得有有！睹有者，昔之君子；睹无者，天地之友。

今译

达道之人教人,如同身形对于影子,如同发声对于回响,有问而应答,倾尽自己的心怀,与天下人相匹配。独身静处于无影无响之地,行走于无方无隅之乡。适应自己的天性而往,避开纷扰而回归素朴,悠悠然游于无端无崖之道。出生入死,无所依傍,宛如太阳每日新生,无始亦无终。凡有言说谈论,身体动静,都合乎大同之道,就可以做到无己。已然无己,哪里还有什么世间的这个有,那个有?能见有形之物者,是古人中的君子;能领悟无形之道者,乃天地亘古之友!

[注]

[1] 达人:旧作"大人",此非庄子用词。达道之人,在乎官职大小耶?

[2] 挈汝适,复之挠挠:挈,提挈,带领。挠挠,弯曲。

[3] 颂论形躯,合乎大同:凡有所言说谈论,身体动作,都合乎大同。颂,通"诵"。或为"风雅颂"之颂,即颂歌。此句颂、论、形、躯四字并列。

贱而不可不任者[1],物也;卑而不可不因者,民也;匿而不可不为者,事也;粗而不可不陈者,法也;远而不可不居者,义也;亲而不可不广者,仁也;节而不可不积者,礼也;中而不可不高者,德也;一而不可不易者,道也;神而不可不为者,天也。故圣人观于天而不助,成于德而不累,出于道而不谋,会于仁而不恃,薄于义而不积,应于礼而不讳,接于事而不辞,齐于法而不乱,恃于民而不轻,因于物而不去。物者莫足为也,而不可不为。不明于天者,不纯于德;不通于道者,无自而可;不明于道者,悲夫!何谓道?有天道,有人道。无为而尊者,天道也;有为而累者,人道也。主者,天道也;臣者,人道也。天道之与人道也,相去远矣,不可不察也。

[注]

[1]贱而不可不任者：此段文质低劣，不合庄义。不知是何人羼入。应删，故不作今译。

庄子真义外篇第十二

天运

题解

《天运》应为庄子后学所撰,唯文字铿锵,义理精纯,蕴含深厚,不输乃师才情。黄帝"咸池"一章,是《庄子》唯一论说由音乐而进道的完整章节,立论高明,胜义迭出,尤为宝贵。

"天其运乎?地其处乎?日月其争于所乎?孰主张是?孰维纲是?孰居无事推而行是?意者其有机缄而不得已邪?意者其运转而不能止[1]邪?云者为雨乎?雨者为云乎?孰隆施是?孰居无事淫乐[2]而劝是?风起北方,一西一东,在[3]上彷徨,孰嘘吸是?孰居无事而披拂是?敢问何故?"

务成昭[4]曰:"来!吾语女。天有六极五常,帝王顺之则治,逆之则凶。九洛之事,治成德备,监照下土,天下戴之,此谓上皇。"

今译

"天体运转吗?大地静止吗?日月途经的轨道彼此相争吗?这些都由谁来规划?秩序都由谁来维系?是谁闲居无事而推动这一切?莫非存在一种机械而不由自主吗?难道其运转永远不停吗?是云气降下雨水,还是雨水隆起云气?布云施雨的主宰者是谁?是谁闲居无事,有意玩耍,而推动这一切?风起于北方,一时向西,一时向东,盘旋彷徨在上方,是谁在那里呼吸鼓张?是谁闲居无事而舞动，又是缘起于何种根由呢？"

务成昭说："来！我告诉你。天有六极五常，帝王顺之则治，逆之则凶。九州聚落，天下安定，德行完备，光辉普照，万民拥戴，这就是高天上皇。"

[注]

［1］止：旧作"自止"。张远山校正。

［2］淫乐：淫，"尤"的借字。《广雅·释言》：淫，游也。淫乐，游乐。

［3］在：旧作"有"，字误。陈景元《阙误》作"在"。

［4］务成昭：旧作"巫咸䘏"。裘锡圭校正：《荀子·大略》："舜学于务成昭"。

商太宰荡[1]问仁于庄子。

庄子曰："虎狼，仁也。"

曰："何谓也？"

庄子曰："父子相亲，何为不仁！"

曰："请问至仁。"

庄子曰："至仁无亲。"

太宰曰："荡闻之，无亲则不爱，不爱则不孝。谓至仁不孝，可乎？"

庄子曰："不然，夫至仁尚矣，孝固不足以言之。此非过孝之言也，不及孝之言也。夫南行者至于郢，北面而不见冥山，是何也？则去之远也。故曰：以敬孝易，以爱孝难；以爱孝易，以忘亲难；忘亲易，使亲忘我难；使亲忘我易，兼忘天下难；兼忘天下易，使天下兼忘我难。夫德遗尧、舜而不为也，利泽施于万世，天下莫知也，岂直大息而言仁孝乎哉！夫孝悌仁义，忠信贞廉，此皆自勉以役其德者也，不足多也。故曰：至贵，国爵并焉；至富，国财并焉；至显[2]，名誉并焉。是以道不渝。"

今译

宋太宰荡问庄子，什么是仁。

庄子说："虎狼是仁。"

太宰说："先生在说什么呢？"

庄子说："虎狼，父子相亲相爱，不是仁吗？"

问："至高的仁是什么？"

说："至仁无亲。"

问："我听说：'无亲则不爱，不爱则不孝。'说至仁无亲而不孝，这怎么可以呢？"

庄子说："你说的不对。至仁，是很高的境界，孝，怎么能相提并论！这不是说孝敬亲人是过错，而是说孝亲不能表达至仁的意义。去往南方的人走到郢都，回首北望，再也看不见冥山，那是因为冥山离得太远了。所以说：以敬为孝比较容易，以爱为孝很难；以爱为孝还算容易，以忘亲为爱亲之孝很难；忘亲比较容易，让双亲忘记我很难；让双亲忘记我还算容易，我要忘记天下人很难；我要忘记天下人，还算容易，要让天下人忘记我，最难。至仁，遗弃尧舜，清静无为；利益恩泽，施与万世，天下无人知晓；至仁，从不叹息惆怅，高唱仁孝。那些孝悌仁义、忠信贞廉之类的话，用于自勉，只会使自己接受德性的使役，不足以珍贵。所以说：至尊至贵，摈弃邦国爵位；至富至珍，摈弃邦国金银；至显至荣，摈弃俗世名誉。因此说，大道永恒，永不变化，永不朽坏。"

[注]

[1]商太宰荡：商，宋。太宰，殷、周时代负责治、教、礼、政、刑、事等六典的官职，相当于后来的宰相。荡，旧作"荡"。避汉惠帝刘盈讳。

[2]显：旧作"愿"。奚侗、陈鼓应校。

天运

北门成问于黄帝曰："帝张《咸池》之乐[1]于洞庭之野，吾始闻之惧，复闻之怠，卒闻之而惑；荡荡默默，乃不自得。"

帝曰：

"汝殆其然哉！吾奏之以人，徵之以天，行之以礼义，建之以太清[2]。四时迭起，万物循生；一盛一衰，文武伦经；一清一浊，阴阳调和，流光其声；蛰虫始作，吾惊之以雷霆；其卒无尾，其始无首；一死一生，一偾一起；所常无穷，而一不可待[3]。女故惧也。

"吾又奏之以阴阳之和，烛之以日月之明；其声能短能长，能柔能刚，变化齐一，不主故常[4]；在谷满谷，在坑满坑；涂郤守神，以物为量[5]。其声挥绰，其名高明[6]。是故鬼神守其幽，日月星辰行其纪。吾止之于有穷，流之于无止。予欲虑之而不能知也[7]，望之而不能见也，逐之而不能及也；傥然立于四虚之道[8]。心困乎所欲知[9]，目穷乎所欲见，力屈乎所欲逐，吾既不及已夫！形充空虚，乃至委蛇。女委蛇，故怠。

"吾又奏之以无怠之声，调之以自然之命[10]。故若混逐丛林，生乐而无形[11]，布挥而不曳，幽昏而无声。动于无方，居于窈冥；或谓之死，或谓之生；或谓之实，或谓之荣；行流散徙，不主常声[12]。世疑之，稽于圣人。圣也者，达于情而遂于命也。天机不张而五官皆备[13]。此之谓天乐，无言而心说。故有焱氏为之颂曰：'听之不闻其声，视之不见其形，充满天地，苞裹六极。'女欲听之而无接焉，而故惑也。

"乐也者，始于惧，惧故祟；吾又次之以怠，怠故遁；卒之于惑，惑故愚；愚故道，道可载而与之俱也[14]。"

今译

北门成求教于黄帝："帝君奏响《咸池》之乐于洞庭之野，开头处我感到惊惧，中间一段听了感到倦怠，结尾一段我感到心神困钝，整个人空空荡荡，不能自适。"

黄帝说：

"你有这样的感觉，是对的！我奏《咸池》，最初弄声乃出之于人，继而挥发则得之于天，以礼义为音声演进，以太清作为节律建构。四时交叠而流动，万物繁生而相继，一盛一衰相互交替，文弛武张彼此循环。一清一浊平衡配对，一阴一阳互相调和，光声留影而恍惚其间。蛰虫刚刚萌动时，我就用雷霆之声震之惊之。终止处并非真的结尾，起始处并非真的开头。一死复一生，一伏推一起，循环反复而不间断。迁移变化中有常行而无穷尽，让人无处可以依靠，无处可以止息。所以，你会感到心灵震颤而惊惧不已。

"接下来，我奏响阴阳交流之和合，照之以日月之光明。乐声短长参差，刚柔相济，齐一之中富于变化，旋律行进时时出人意外。遇山谷，则山谷充塞，遇水坑，则水坑满盈；空隙处得以弥合，精神饱满而与物宛转，无时不相宜。声响绰约宽厚，音色高亢明亮。犹如鬼神深藏于幽冥，日月星辰高行于天道。我的演奏，在有穷物象之处徘徊，在无垠无际之外涌流。我心中想要有所思虑，却不能有所察知，我目光想要观望，却不能有所明见，想要奔跑去追赶，却气力微弱不能企及；我茫然四顾，只见自己独立于行进之途，四周包围着广大的虚空。心神困顿无所欲知，目力困顿无所欲见，体力困顿无所欲逐。我无法企及任何标的，只得止步而徘徊。我身形之内充满虚空，以至于委顿而颓靡。你感受到此种颓靡，所以身体倦怠而疲敝。

"接下来，我又奏响无怠之声，应和自然之命，犹如混逐丛林，风声出于万窍，林林总总，有至乐而不见其形；似有一串散点而不见连线，震响于幽昏之间而声音幽绝，倏忽而似动却无影无踪，逍遥于无何有之乡，寂然似居而游于窈冥。人听到了，或以其为死灭，或以其为新生，或以其为果实，或以其为荣华；故音乐流行而弥漫大空，无有一处可闻君声。世人以此至乐，来比拟圣人。圣人者，达于实情而通于天命者，其天机隐含而不张，五官俱闭，犹如一片天籁，默默无言而使人心生喜悦。所以，炎帝为之作颂，说：'听而不闻其声，视而不见其形，充满天地而包裹六极。'你听闻这样的天乐，应接不暇，所以会精神困惑。

"《咸池》之为乐，初始部分生惊惧，惊惧会引发崇敬。中间的演化生出倦息，倦怠会使人产生遁世的冲动。结尾之处生出困惑，困惑使人心神愚钝。人心愚钝无知，则可以廓然而进道，让天道载你同行。"

[注]

[1]《咸池》之乐：黄帝时乐曲。《乐记》："大章，章之也。咸池，备矣。韶，继也。夏，大也。殷周之乐，尽矣。"大章，初露苗头。咸池，臻于完备。韶，是继承。夏，发扬光大。殷周之乐，已是古乐余韵之尽头。《穆天子传·卷二》：天子西征，至于玄池。"乃奏广乐，三日而终，是曰乐池"。可见大乐的地位。黄帝奏《咸池》而感化北门成的寓言，是彰显东方音乐的重要篇章。

[2]奏之以人，徽之以天，行之以礼义，建之以太清：奏，篆文奏，上为草，中为双手，下为本；意为操弄而生发。《礼记·乐记》："要其节奏。"徽，古篆字本义是三股线合成绳，引申为七弦琴上的音节标识，有徽章、挥发之义。旧作"徵"，形近而误，或解作"征"，无据。《淮南子》："邹忌一徽琴而威王终夕悲。"许慎注："鼓琴循弦谓之挥"。奏之以人，徽之以天，演奏者是人，挥发者是天，以人入于天；解"挥"为宜。下文"行之以礼义，建之以太清"，"所常无穷，而一不可待"，人心只是起点，而天道运转无穷。人天贯通，文义和理，乃是至乐。"太清"后旧衍"夫至乐者……太和万物"三十五字，注文掺入，今删。

[3]所常无穷，而一不可待：常，故常。一，皆。待，依止。下文说"止之于有穷，流之于无止"，物像有穷，不可为故常；音声有止而余意无止。

[4]变化齐一，不主故常：以万千变化为一贯，不以恒定的标尺作主宰，而以变化为主流，践行为正道。

[5]涂郤守神，以物为量：涂，抹平。郤，同隙。荡平心隙而保持神全，因此可以随物宛转，又不滞留于个人的碎念和成心。以物为量：《咸池》之乐，以倾听者为尺度，在谷满谷，在坑满坑，宛转委蛇，相伴相扶，暖然似春，凄然似秋，乃与人为宜。庄子的音乐理论，总体上是从声响节奏入手，指向虚冥玄理，通万物一齐于寥廓天道，由忘言忘象，而见道悟真。

[6]其声挥绰，其名高明：挥，发散而至远。绰，宽厚而有余地。高，悠扬

高亢。明,音色明快嘹亮。

[7] 予欲虑之而不能知也:予,我。马叙伦、王叔岷等据唐写本作"子"而校。张远山以"予"为是。虑而不能知,思虑言默,均非得体;心神有隙,弥缝费力。除非返本,何故入要?

[8] 立于四虚之道:下有"倚于槁梧而吟"六字,殊为突兀而不当。钱穆说:"此明袭《齐物论》语,而殊不贴切。外篇决不出庄子,此等处皆可见。"今从而删之。

[9] 心困乎所欲知:"心困乎所欲"五字旧脱。张远山《庄子复原本》补。知,旧误移在下句之"目"后。

[10] 奏之以无怠之声,调之以自然之命:无怠者,自然也,命也!有怠者,人也。人籁者,比竹也;地籁者,众窍也。天籁者,怒者也,吹万不同,而使其自已也。人籁有怠,地籁有止,天籁无声。

[11] 混逐丛林,生乐而无形:旧作"混逐丛生,林乐而无形"。成疏:"夫丛林地籁之声,无心而成至乐,适于性命而已,其复有形也!"今校并断句如此。意为于层林叠嶂间,混声而逐响,乐生而无形无迹。

[12] 行流散徙,不主常声:行云流水,迁移运化,却又不滞留君声。在"怠"的阶段,在变化中体现一贯之道;在"愚"的阶段,体现大道似水,流行不居,无形无影,更无所谓主声。

[13] 五官皆备:备,通"惫",关闭。五官都关闭。

[14] 乐也者,始于惧,惧故祟;吾又次之以怠,怠故遁;卒之于惑,惑故愚;愚故道,道可载而与之俱也:由乐进道,经历三阶段:惧怕、怠惰、愚钝。惧故祟;怠故遁;惑故愚;愚故道。超越了人言思维,而能进入天道境界,这里包含了超越性的文化、心灵、人格、智慧的深刻洞见。以言语解说音乐,更甚于以颜色画精神,其难度可想而知。艺术的领域,岂可以物理之成规、俗世之浮言桎梏之,牢笼之!

孔子西游于卫,颜渊问师金曰:"以夫子之行为奚如?"

师金曰:"惜乎!而夫子其穷哉!"

颜渊曰："何也？"

师金曰：

"夫刍狗之未陈也，盛以箧衍，巾以文绣，尸祝齐戒以将之。及其已陈也，行者践其首脊，苏者取而爨之而已；将复取而盛以箧衍，巾以文绣，游居寝卧其下，彼不得梦，必且数眯焉[1]。今而夫子亦取先王已陈刍狗，聚弟子游居寝卧其下。故伐树于宋，削迹于卫，穷于商周，是非其梦邪？围于陈蔡之间，七日不火食，死生相与邻，是非其眯邪？

"夫水行莫如用舟，而陆行莫如用车。以舟之可行于水也，而求推之于陆，则没世不行寻常。古今非水陆与？周鲁非舟车与？今蕲行周于鲁，是犹推舟于陆也！劳而无功，身必有殃。彼未知夫无方之转[2]，应物而不穷者也。且子独不见夫桔槔者乎？引之则俯，舍之则仰。彼，人之所引，非引人者也。故俯仰而不得罪于人。

"故夫三皇五帝之礼义法度，不矜于同而矜于治。故譬三皇五帝之礼义法度，其犹柤梨橘柚邪！其味相反而皆可于口。故礼义法度者，应时而变者也。今取猿狙而衣以周公之服，彼必龁啮挽裂[3]，尽去而后慊。观古今之异，犹猿狙之异乎周公也。故西施病心而颦其里，其里之丑人见之而美之，归亦捧心而颦其里。其里之富人见之，坚闭门而不出；贫人见之，挈妻子而去走。彼知颦美而不知颦之所以美。惜乎，而夫子其穷哉！"

今译

孔子西游卫国。颜渊问师金说："先生以为夫子此行会怎样？"

师金说："可惜啊！你的夫子将遭困窘！"

颜渊问："为什么？"

师金说：

"草狗即将献祭，盛在竹筐里，盖上绣花的锦缎，祭司要做斋戒，双手捧着送上祭坛。献祭完毕就会丢弃，路上行人脚踏草狗的头脊而过，打柴的人捡回家去烧灶火。如果有人捡回用过的草狗，盛在竹筐里，用锦缎覆盖，放置在游居的床头之上，他将会噩梦不断，或者眼睛长疮。你的夫子，如今收取先王们用过的草狗，聚集弟子们寝卧其下，所以才会在宋国被人伐树，在卫国被人铲除行迹，被困于商周故地，这不是噩梦连连吗？被人围于陈蔡之间，七天不生火煮饭，死生只在一口气之间，这不就是眼睛里长脓疮吗？

"行水宜用舟船，行路宜用车马。看见舟在水上能轻松运行，便要推舟上岸，你这一辈子能走几尺远呢？古今不同，如同水陆有别。周朝和鲁国，如同舟与车。你的夫子，要在鲁国推行周礼，就是行舟于陆地，不仅劳而无功，还会自身遭殃！他这人，不懂得那个圆而转动、可以应对无穷的道枢啊！难道你不曾见过桔槔吗？一按压就低头，一放手就仰头。桔槔这玩意儿，俯仰随人而不会弄人，所以无论俯仰，都不得罪人。

"从前的三皇五帝，都有各自的礼仪法度，并不是崇尚相同，而是崇尚实效。他们的礼仪法度，就像是楂梨橘柚，味道各不相同，却是同样可口。礼仪法度，无不随时变化。你给猴子穿上周公的礼服，那猢狲必然会龇牙咧嘴，撕咬挣脱，而后才会开心惬意。凡是明眼人自会明白：古今不同，猴子与周公有别。西施心口痛而矉眉，东邻的女儿见了觉得美，回家后也捧心矉眉。邻居中富人见了，闭门不敢出；穷人见了，带着老婆孩儿逃难去了。那个可怜的姑娘，只知道矉眉很美丽，却真是不知其所以然！真是可怜！你的夫子要遭遇困窘了！"

[注]

[1] 必且数眯焉：频繁生眼病。眯，尘入眼而病。下文有"播糠眯目"，意同。
[2] 无方之转：转，旧作"传"。围绕环枢转动，喻得道。
[3] 龁（hé）啮（niè）挽裂：咬破，撕烂。

孔子行年五十有一而不闻道，乃南之沛见老聃。

老聃曰："子来乎？吾闻子，北方之贤者也，子亦得道乎？"

孔子曰："未得也。"

老子曰："子恶乎求之哉？"

曰："吾求之于度数，五年而未得也。"

老子曰："子又恶乎求之哉？"

曰："吾求之于阴阳，十有二年而未得也。"

老子曰：

"然，使道而可献，则人莫不献之于其君；使道而可进，则人莫不进之于其亲；使道而可以告人，则人莫不告其兄弟；使道而可以与人，则人莫不与其子孙。然而不可者，无它也，中无主而不止，外无正而不行。由中出者，不受于外，圣人不出；由外入者，无主于中，圣人不隐。名者，公器也，不可多取。仁义者，先王之蘧庐也[1]，止可以一宿而不可久处。觏而多责[2]。

"古之至人，假道于仁，托宿于义，以游逍遥之虚，食于苟简之田，立于不贷之圃。逍遥，无为也；苟简，易养也；不贷，无出也。古者谓是采真之游。

"以富为是者，不能让禄；以显为是者，不能让名；亲权者，不能与人柄：操之则栗，舍之则悲。而一无所鉴，以窥其所不休者，是天之戮民也。

"怨、恩、取、与、谏、教、生、杀八者，正之器也，唯循大变无所湮者为能用之。故曰：正者，正也。其心以为不然者，天门弗开矣。"

今译

孔子活到五十一岁了，还不曾听闻天道。于是南行去沛地见老聃。

老聃说："你来了？听说你是北方的贤人，你也得道了吗？"

孔子说："没有得道。"

老聃说："你是如何寻求的呢？"

（孔子）说："我曾经求之于朝廷制度，五年而不得。"

老聃说："你接下来又是如何寻求的呢？"

（孔子）说："我曾经求之于阴阳，十二年而不得。"

老聃说：

"是啊。假如道可以贡献，则人们都会贡献给君王；假如道可以敬奉，则人们都会敬奉给双亲；假如道可以告知，则人们都会告知兄弟；假如道可以赠与，则人们都会赠与子孙。然而道不可献、奉、告、赠，唯一的原因是：内无主宰，则道不栖止；外无相应，则道不流行。从内心生发出来的，不能接收于外，所以圣人从不外烁；从外面进入的，不可入主于心中，所以圣人从不隐藏。名，乃是天下公器，不可多取以谋私利。仁义，乃是先王的驿站，只可寄宿一夜，不可久居。桎梏其间，动辄得咎。

"古代至人，假借于仁，寄宿于义，遨游逍遥之境，食于简朴之田，立于不施之圃。逍遥，则顺道无为；简朴，则生养容易；不施，则不外显。古人称之为采真之游。

"以占有财富为目标的人，不能让利；以尊贵显赫为目标的人，不能让名；追逐权力的人，不能放弃权柄：这三个东西，拥有了就会忧惧，失去了就会悲伤。你对此一无所鉴，却窥视利、名、权，而不知休止。你可真是一个败坏自己天性的乱民啊。

"赏善罚恶、求取施与、谏上教下、生养杀伐，这八项都是治理民众的器具，唯有顺应天道不失真德的人，才会避免误用。所以说：要正民德，先正己德。内心对此不以为然的人，天道之门不会为他打开。"

[注]

[1]名者，公器也，不可多取。仁义者，先王之蘧庐也：二"者"字旧脱。刘文典、王叔岷等校。

[2]觏而多责：觏（gòu），同"構"，木构框架，喻牢笼桎梏。心有桎梏，难免过错。此处旧注多误。

孔子见老聃而语仁义。老聃曰："夫播穅眯目，则天地四方易位矣；蚊虻噆肤，则通昔不寐矣。夫仁义憯然，乃愤吾心[1]，乱莫大焉。吾子使天下无失其朴，吾子亦放风而动，总德而立矣！又奚杰杰然揭仁义[2]，若负建鼓而求亡子者邪[3]！夫鹄不日浴而白，乌不日黔而黑。黑白之朴，不足以为辩；名誉之观，不足以为广。泉涸，鱼相与处于陆[4]，相呴[5]以湿，相濡以沫，不若相忘于江湖。"

今译

孔子见老聃，谈论仁义。老聃说："簸糠迷了眼睛，天地四方的位置就会颠倒；蚊虻叮咬了皮肤，会通宵不能合眼。仁义的毒害，扰乱人心，祸患之大，以此为最！你呀，要使天下人保留淳朴的真性，你自己也要仿效大道而行，葆全真德以立身。你现在这样，自以为出人头地，高举仁义的大旗，好像身背响鼓去追逐逃亡的人吧？天鹅不用天天洗浴，自然就洁白；乌鸦不用日日上色，自然就黔黑。纯然之白黑，是它们本来的质地，不可以人为加以改变；显示名誉，不足以光耀天下。泉水干涸了，鱼群离开了水，暴露在干旱的陆地上；它们与其相吻以湿，相濡以沫，不若相忘于浩瀚江湖。"

[注]

[1]仁义憯然，乃愤吾心：憯（cǎi），惨毒。愤（kuì），扰乱，旧讹作"愤"，今据陆德明《经典释文》一本作"愤"校正。

[2]杰杰然揭仁义：旧讹作"杰然"，另四字脱。揭，高举，例如"揭竿而起"。《天道》："又何偈偈然揭仁义"。郭注："揭仁义以趋道德之乡"，可证。

[3]若负建鼓而求亡子者邪：建鼓，《礼记》有"楹鼓"，注为"楹为之柱，中贯而上出"。形状类似现在的拨浪鼓，可以摇动振响。亡子，逃亡者。

[4]鱼相与处于陆：鱼类群体适于水，而今相与处于陆地，谁之过？相吻以湿，相濡以沫，诚可悲可叹之至！何必杰杰然仁义，以众生之祸患伪作尊荣！

[5]响：续古逸丛书宋刊本作"吻"。

孔子见老聃归，三日不言[1]。

弟子问曰："夫子见老聃，亦将何规哉？"

孔子曰："吾与汝处于鲁之时，人用意如飞鸿者，吾为弓弩而射之；用意如游鹿者，吾为走狗而逐之；用意如井鱼者，吾为钩缴以投之。至于龙，吾不知也[2]！吾乃今于是乎见龙！龙，合而成体，散而成章，乘乎云气而养乎阴阳。予口张而不能嗋，舌举而不能讱[3]，予又何规老聃哉？"

子贡曰："然则人固有尸居而龙见，雷声而渊默，发动如天地者乎？赐亦可得而观乎？"遂以孔子声见老聃。

老聃方将倨堂而应，微曰："予年运而往矣，子将何以戒我乎？"

子贡曰："夫三王五帝之治天下不同，其系声名一也。而先生独以为非圣人，如何哉？"

老聃曰："小子少进！子何以谓不同？"

对曰："尧授舜，舜授禹。禹用力而汤用兵，文王顺纣而不敢逆，武王逆纣而不肯顺，故曰不同。"

老聃曰："小子少进，余语女三皇五帝之治天下。黄帝之治天下，使民心一，民有其亲死不哭，而民不非也。尧之治天下，使民心亲。民有为其亲杀其服[4]，而民不非也。舜之治天下，使民心竞。民妇孕七月生子[5]，子生五月而能言，不至乎孩而始谁[6]，则人始有夭矣。禹之治天下，使民心变，人有心而兵有顺，杀盗非杀人[7]，自为种而天下耳[8]。是以天下大骇，儒墨皆起。其作始有伦，而今乎妇。汝何言哉[9]！余语汝，三皇五帝之治天下，名曰治之，而乱莫甚焉。三皇之知，上悖日月之明，下睽山川之精，中堕四时之施。其知憯于蛎虿之尾，鲜规之兽[10]，莫得安其性命之情者，而犹自以为圣人，不可耻乎？其无耻也！"

子贡蹴蹴然，立不安。

今译

孔子见老聃归来，三天不说话。

弟子问："夫子见老聃，给他什么样的规劝？"

孔子说："我与你们住在鲁国的时候，遇到有人意气如天空飞鸿，我就用弓箭射击；有人意气如野外麋鹿，我就用走狗追逐；有人意气如井中游鱼，我就用钩绳垂钓。如果遇到龙，我就不知如何对付了。我如今就是遇到了龙！龙，合起来观照是一个蜿蜒龙体，分开来观照是无数璀璨纹章，乘云气而飞腾，御阴阳而徜徉。我口张而不能闭合，舌举而不能发声，我如何能规劝老聃呢？"

子贡说："竟然有人能够这样吗？他静如僵尸，动如飞龙，缄默如深渊，声响如震雷，一旦气机发动则天转地摇？我可以去见一见吗？"于是以孔子弟子的名义去拜见老聃。

老聃正好坐在客堂，见了子贡，微声说："我如今年迈将往，你有什么话要告诫我呀？"

子贡说："古代三王治天下，方式各有不同，却都是系于声名之教。唯独先生说他们都不算圣人，这有何道理？"

老聃说："年轻人，你过来！你为何说他们各有不同啊？"

（子贡）回答说："尧传舜，舜传禹，夏禹用人力，商汤用刀兵，文王顺从商纣不敢叛逆，武王叛逆商纣而不肯顺从，所以说他们不同。"

老聃说："年轻人，你再靠近一点！我给你说说，三皇五帝怎样治天下。黄帝治天下，使民心一致；但有人死了父母不哭，民众也不会非难他。唐尧治天下，使民心有亲疏；但有人死了父母，降低五服丧制的规格，民众也不会非难他。虞舜治天下，使民心彼此竞争；孕妇七个月就生孩子，孩子五个月就开口说话，不会笑就能问答，于是人类开始变得短命。夏禹治天下，使民心善变；人心藏诈，用兵总是有理，杀盗不算杀人，以自家为王种而私有天下。这样一来，天下大骇！于是儒墨皆起，纷争不断。起初规划的秩序，还有点样子，最后的结局则背道而驰。你还有什么话说呢？我来告诉你：三皇五帝治天下，名为治理，实则祸乱深重而登峰造极！三皇五帝之知，上蔽日月光辉，下背山川精华，中乱四季运行，他们的用心，毒如蛇蝎，厉如猛兽。不能安于性命实情的乱人，你竟然认定为圣人，不是十分可耻吗？无耻透顶！"

子贡两腿发软，站立不住。

[注]

[1] 不言：旧作"不谈"。今据陆德明《经典释文》本亦作"不言"校。

[2] 吾与汝处于鲁……吾不知也：此处共五十五字，前七句四十八字为刘文典、王叔岷补。后七字"至于龙，吾不知也"，张远山《庄子复原本》补。

[3] 舌举而不能讱：此处六字旧脱。奚侗、刘文典、王叔岷等据陈景元《阙误》等校正。

[4] 杀其服：服，旧作"杀"，刘文典等校正。

[5] 民妇孕七月生子：旧为"民孕妇十月生子"。张远山校。

[6] 不至乎孩而始谁：孩，通咳，笑。谁，问。小儿不会笑就开始问话。成善楷《庄子笺记》解说甚详。

[7] 杀盗非杀人：旧作"杀盗非杀。""人"，断入下句，作"人自为种"。郭注："盗自应死，杀之顺也，故非杀。"

[8] 自为种而天下耳：统治者自为种而占有天下，激起反抗而天下大乱。《胠箧》"舍夫种种之民，而悦夫役役之佞"，可以参照。

[9] 今乎妇。汝何言哉：旧作"今乎妇女，何言哉"。不通。妇，成善楷《庄子笺记》认为是"负"的借字。负，违背。

[10] 其知憯于蛎虿之尾，鲜规之兽：憯，毒害。蛎（lì）虿（chài），蝎子。鲜规之兽：威猛之兽。

孔子谓老聃曰："丘治《诗》《书》《礼》《乐》《易》《春秋》六经，自以为久矣，孰知其故矣；以奸者七十二君[1]，论先王之道而明周、召之迹，一君无所钩用。甚矣夫！人之难说也，道之难明邪？"

老子曰："幸矣，子之不遇治世之君也！夫六经，先王之陈迹也，岂其所以迹[2]哉！今子之所言，犹迹也。夫迹，履之所出，而迹岂履哉！夫白鶂之相视，眸子不运而风化；虫，雄鸣于上风，雌应于下风而风化。类自为雌雄，故曰风化[3]。性不可易，命不可变，时不可止，道不可壅。苟得于道，无自而不可；失焉者，无自而可。"

孔子不出三月，复见，曰："丘得之矣。乌鹊孺，鱼傅沫，细要者化，有弟而兄啼。久矣，夫丘不与化为人！不与化为人，安能化人。"

老子曰："可，丘得之矣！"

今译

孔子对老聃说："我修习《诗》《书》《礼》《乐》《易》《春秋》六经，自以为浸淫日久，熟知其中典故；拿这些经典去游说七十二位君主，给他们讲解先王之道，阐明周公、召公的事迹，结果呢，愿意采纳的，竟然一个也没有！这真是太过分了！是现在的人难以说服呢，还是大道难以阐明呢？"

老聃说："算你走运！幸好你没有遇到一位愿意整治天下的君主！六经，是先王时代留下来的陈年痕迹，可不是那个时代人们走路的鞋和脚啊！现在你所说的，只是一些陈迹。陈迹，是鞋子踩出来的，陈迹难道等同于鞋子吗？白鶂，雌雄对视，眼珠不转动，就可以怀孕；小虫，雄的在上风鸣叫，雌的在下风就会怀孕；同类自为雌雄，感风而孕化，这叫风化。物性不改，天命不变，时间不停止，大道流行不可壅阻。得道者，自适自可，无所不可；失道者，一无所适，一无所可。"

孔子闭门不出有三个月，然后再来见老聃，说："我已经开悟了。乌鹊是卵生，小鱼儿湿生，蜂虫化生；弟弟出生，哥哥会啼哭。有太久了，我做人不顺造化的大道！自己做人不顺大化，怎么可能教化他人？"

老聃说："甚好。孔丘如今得道了。"

[注]

[1] 以奸者七十二君：奸（gān），同干，干谒。

[2] 所以迹：形成痕迹的原因，即人走路。

[3] 类自为雌雄，故曰风化：类，种类。参考上文"自为种而天下"，以及《胠箧》"种种之民"。曰，旧脱。王叔岷等据陈景元《阙误》引张君房本补。风化，闻风而化。

庄子真义外篇第十三

天地

题解

此篇篇幅冗长而内容驳杂。所引庄子两章，材料十分珍贵。开头一章所论君治之言，有违庄子本义。"泰初"以下，或为别文接入，编辑有错讹，解读多歧义；不少章节蕴含深厚，精彩纷呈。

  天地虽大，其化均也；万物虽多，其治一也；人卒虽众，其主君也[1]。君原于德，而成于天。故曰：玄古之君天下，无为也，天德而已矣。
  以道观言，而天下之名[2]正；以道观分，而君臣之义明；以道观能，而天下之官治；以道泛观，而万物之应备。故通于天者，道也；顺于地者，德也；行于万物者，义也[3]；上治人者，事也；能有所艺者，技也。技兼于事，事兼于义，义兼于德，德兼于道，道兼于天。故曰：古之畜天下者，无欲而天下足，无为而万物化，渊静而百姓定。
  《记》[4]曰："通于一而万事毕，无心得而鬼神服。"

今译

  天地广大，运化均平；万物繁杂，齐于大道；人类众多，都受君主的管理。君主的根本是德性，要成就的是天然。所以说，远古的君主治理天下，自然无为，归于天道而已。

以天道观照言说，可以厘正天下名言；以天道观照名实，可以明确君臣之义；以天道观照才能，可以整治天下官吏；以天道观照一切，可以顺万物之情理。所以，通于天的，是道；顺于地的，是德；畅行于万物的，是义。上层管理人的，是做事；才能有专精，是技艺。技艺，包容于事；事，包容于义；义包容于德，德包容于道；道包容于天。所以说，古代蓄养天下的人，无私欲而天下足，无为而万物化，自然平静不妄作，而百姓安宁。

《记》说："修通道一，万事齐备；心无所有，鬼神敬服。"

[注]

[1] 天地虽大，其化均也；万物虽多，其治一也；人卒虽众，其主君也：三句递进而逻辑跳跃：物化均平，合于庄义；而治物君人，非庄子之义。

[2] 名：旧作"君"，属误写或任意篡改。钱穆等校正。

[3] 通于天者，道也；顺于地者，德也；行于万物者，义也：旧本脱"者，道也，顺于"五字。陈景元《阙误》引江南古藏本作"故通于天者道也，顺于地者德也。行于万物者义也。"把道、德、义并列，属于脑袋进水。编注者为之粉饰，则越涂越黑。

[4]《记》：或是古书名，应在战国时有流传。陆德明、褚伯秀以为引自《老子西升经》，无据。今案：可能是庄子弟子所记的庄子讲课语录。紧接下文"夫子曰"，可为旁证。

夫子[1]曰："夫道，覆载天地，化生万物者[2]也，洋洋乎大哉！君子不可以不刳心[3]焉。无为为之之谓天，无言言之[4]之谓德，爱人利物之谓仁，不同同之之谓大，行不崖异之谓宽，有万不同之谓富，执故德之谓纪[5]，德成之谓立，循于道之谓备，不以物挫志之谓完[6]。君子明于此十者，则韬[7]乎其事心之大也，沛乎其为万物逝[8]也。若然者，藏金于山，藏珠于渊[9]，不利货财，不近贵富；不乐寿，不哀夭；不荣通，不丑穷；不拘一世之利以为己私分，不以王天下为己处显[10]。万物一府，死生同状。"

今译

先生庄子说："大道，覆天载地，化育万物，洋洋乎广大无边！君子要进道，必须空其心。为无为，是天然；言无言，是德性；爱人利物，是仁慈；同于不同，是大度；行事不诡异，是宽容；通于万物，是丰富；持守故德，是纲纪；成就天德，是立身；遵循天道，是齐备；不以物挫志，是神全。君子明于这剖心十事，就能事心进道而葆其光耀，与万物共流而丰沛无缺。这样的人，藏金于山，藏珠于渊，不追求利益，不趋附富贵；长寿不喜，早夭不哀；通达不觉得荣耀，穷困不觉得耻辱；不把一世的福利当作私有，不把称王天下当作个人的荣耀。与万物和谐共处于一府，把死生作为循环相连的一条。"

[注]

[1] 夫子：本篇为庄子后学所撰。故称庄子为夫子。此章及下章所引，皆为庄子思想，非老子或孔子能有。陆德明《经典释文》："夫子，司马云：庄子也。一云老子也。此两夫子曰，元嘉本在别章，崔本亦尔。"今案：此处所引庄子文字，与《天地》篇撰者多处字句文义扞格，观点针锋相对。读者识之。

[2] 覆载天地，化生万物者："天地化生"四字旧脱。王叔岷校正。成疏：二仪待之以覆载，万物得之以化生。

[3] 剖心：剖（kū），剖，刮。此段所说剖心十义，是庄子思想的重要表述。

[4] 无言言之：旧作"无为言之"，字误。"言无言"乃是庄子首倡的言说方式。遵循大道、自然成理之言，摒弃任何人为造作，即是真德。

[5] 执故德之谓纪：旧作"故执德之谓纪"。郭象妄改；或出于不知"故德"真义，或佞人欺心而主张作伪。张远山校正。故德，真德，初始之德，即道宗之原始。纪，纲纪。以天为纲纪，还是以人为纲纪？此关键枢纽之点，可作为测试真人假人之试金石。

[6] 不以物挫志之谓完：以物挫志，心志与物相摩。完，神性完全。
[7] 韬：藏弓，喻葆光。
[8] 沛乎其为万物逝：沛，水流盛大。逝，流逝。
[9] 藏金于山，藏珠于渊：《大宗师》："藏天下于天下。"
[10] 不以王天下为己处显：旧本此句下有"显则明"三字，为衍文，今删。

夫子曰："夫道，渊乎其居也，漻乎其清也。金石不得，无以鸣[1]。故金石有声，不考不鸣，万物孰能定之[2]！夫王德之人，素逝而耻通于事[3]，立之本原而知通于神，故其德广。其心之出，有物采之[4]。故形非道不生，生非德不明。存形穷生[5]，立德明道，非王德者邪！荡荡乎，忽然出，勃然动，而万物从之乎！此谓王德之人：视乎冥冥，听乎无声；冥冥之中，独见晓焉；无声之中，独闻和焉。故深之又深而能物焉；神之又神而能精焉[6]。故其与万物接也，至无而供其求，时骋而要其宿[7]，大小、长短、修远[8]。"

今译

先生庄子说："大道，静如深渊，空旷澄明。钟磬不得道，则不具备声响。钟磬不叩击，不会有响声；万物之中，哪一个能规定钟磬如何鸣响！德性完全的至人，素净邈远，耻于纠缠俗务而落入事务的窠臼，能立于大道的宗本源头，智慧贯通神明，所以其德性广大。心动而显，乃是因为外物所引发。所以说，有形之物，非道不生；生命之性，非道不明。存身形而尽天性，立根于德，澄明于道，这不就是德行完全的至人吗！鼓鼓荡荡，忽然而出，勃然而动，如风吹大地，万物都来跟随。可以这样来描述德行完全的人：他观照昏暗无光的幽冥，聆听无声无息的静谧；在幽冥中独自看见破晓的天光，在静谧中独自听到天籁的和谐。玄而复玄，深而又深，可物物而达化生；妙而复妙，神而又神，可精炼而至于纯粹。所以，德性完全的至人，接应万物而无不相宜：无己忘我而至于虚空，可供求而不穷尽；时时如风一样驰骋，而可供人做归宿。至人行道，可大其几微，长其短暂，修其悠远。"

[注]

[1] 金石不得，无以鸣：钟磬不得天赋，则不能鸣。

[2] 金石有声，不考不鸣，万物孰能定之：钟磬不叩不鸣，其有声之天赋隐而不显，却是本性完全的；任何一物都不可能规定其声响。《齐物论》"有成与亏，故昭氏之鼓琴也；无成与亏，故昭氏之不鼓琴也。"大道无为而自然，人为求成则必然有亏，天赋之性一旦入于物而畸角显露，其本性（无限多样之潜在可能性）就有丧失之虞。

[3] 素逝而耻通于事：素净邈远，耻于纠缠俗务而落入具体事务的窠臼。至人的精神不会降格为物的层次。此处涉及哲学上的一与多、主体与客体等话题。

[4] 其心之出，有物采之：出，心意发动。"采"，采摘，引出。心意由外物而引发。

[5] 存形穷生：生，性。穷生，尽性，即实现人的天然本性。

[6] 深之又深而能物焉；神之又神而能精焉：物，精，均作动词用。物，是对外用功夫；精，是对内用功夫。

[7] 至无而供其求，时骋而要其宿：至人无己，能供应所有的需求；不停地运动驰骋，却能制约万物的归宿。

[8] 大小、长短、修远：此六字，旧注均不得其义。有学者在后面添字如"各有其具"或"各有其宜"，也不妥当。《老子》"大小、多少"，与此相似。三组均为动宾结构，大、长、修乃是动词。精神探究和实践修为的着眼点在于细微邈远之处，即超越形象的天道。

黄帝游乎赤水之北，登乎昆仑之丘而南望，还归，遗其玄珠。使知索之而不得，使离朱索之而不得，使喫诟[1]索之而不得也。乃使罔象[2]，罔象得之。黄帝曰："异哉，罔象乃可以得之乎？"

今译

黄帝巡游到赤水之北,登上昆仑山南望,返程时丢失了玄珠。派聪明的心知去找,找不到;派眼明的离朱去找,找不到;派巧辩的喫诟去找,也找不到。再派罔象去,就找到了。黄帝说:"好奇怪!无形的罔象竟可以得到玄珠啊!"

[注]

[1] 喫诟:喫(chī),同"吃"。诟(gòu),辱骂。吃饭骂人、发声辩论的家什,嘴巴也。

[2] 罔象:无象无形。旧讹作"象罔"。刘文典等校正。成疏作"罔象"。

尧之师曰许由,许由之师曰啮缺,啮缺之师曰王倪,王倪之师曰被衣。

尧问于许由曰:"啮缺可以配天乎?吾藉王倪以要之。"

许由曰:"殆哉,圾乎天下[1]!啮缺之为人也,聪明睿知,给数以敏,其性过人,而又乃以人受天[2]。彼审乎禁过[3],而不知过之所由生。与之配天乎?彼且乘人而无天。方且本身而异形,方且尊知而火驰,方且为绪使,方且为物绞[4],方且四顾而物应,方且应众宜,方且与物化而未始有恒。夫何足以配天乎!虽然,有族,有祖[5],可以为众父,而不可以为众父父[6]。治,乱之率也,北面之祸也,南面之贼也。"

今译

尧的老师是许由,许由的老师是啮缺,啮缺的老师是王倪,王倪的老师是被衣。

尧问许由："啮缺可以匹配天道吗？我想借助王倪，邀请啮缺出任天子。"

许由说："那天下就岌岌可危了！啮缺的为人，耳聪目明，反应迅捷，自恃能力过人，而汲汲于以人力改变天然。他这个人，特别擅长惩戒犯错的人们，可是却不知人们因何犯错。你竟然要拿他来配天吗？他就会依仗人力，无视天道，以自身为样板而大肆标榜，就会尊崇智巧，像烈火一样播散个人的影响，就会忙于头绪繁多的杂事，就会被各种琐碎事物牵绊，就会举目四顾而仓皇应对，就会为了响应众人的意见，投合各种具体的要求，机巧应变却无所遵循。他怎么可以匹配天道呢？虽然，有了群众的拥戴，也有了祖法可用，似乎可以做人群的头脑，却不可以做人群头脑的头脑。以人治天下，乃是大乱的先导，百姓的灾难，君位的窃贼。"

［注］

［1］圾乎天下：圾，同岌。危害天下。
［2］以人更天：更，旧讹作"受"。传写之误。以人力改变天然。
［3］审乎禁过：审，审慎，专精。禁过，禁止别人的过失，即惩戒。
［4］方且为绪使，方且为物絯：绪，纷繁的头绪；絯（gāi），缠绕、束缚。
［5］有族，有祖：族，人群集聚；祖，从示，祭祀。世代承袭，喻有所效法。
［6］众父父：众父，人群的领袖。众父父，人群领袖所遵循的标准，即天道。

尧观乎华。

华封人曰："嘻，圣人！请祝圣人，使圣人寿。"

尧曰："辞。"

"使圣人富。"

尧曰："辞。"

"使圣人多男子。"

尧曰："辞。"

封人曰："寿，富，多男子，人之所欲也。女独不欲，何邪？"

尧曰："多男子则多惧，富则多事，寿则多辱。是三者，非所以养德也，故辞。"

封人曰："始也我以女为圣人邪，今然君子也。天生万民，必授之职。多男子而授之职，则何惧之有！富而使人分之，则何事之有！夫圣人鹑居而鷇食，鸟行而无影[1]；天下有道，则与物皆昌；天下无道，则修德就闲。千岁厌世，去而上仙，乘彼白云，至于帝乡；三患莫至，身常无殃，则何辱之有？"

封人去之，尧随之，曰："请问。"

封人曰："退已！"

今译

尧去华地巡察。

华封人说："嘻嘻，圣人来了！我要祝福圣人：愿你长寿！"

尧说："辞。"

（华封人说：）"愿你多财富！"

尧说："辞。"

（华封人说：）"愿你多男儿！"

尧说："辞。"

华封人说："寿，富，多男儿，人们都想要。你却推辞，为什么？"

尧说："儿子多了，心中害怕；富则多事，寿则多辱。这三件事，都不可用来养德，所以我推辞。"

封人说："早先我以为你是圣人，现在知道你不过是个君子。老天生下万民，都给他们每人一个职事。儿子多了，让他们有各自的职事，又有什么可害怕呢？财富，让人分了，算什么难事吗？圣人，身穿鹌鹑羽毛一样的衣服，像个小鸟一样到处啄食，在空中飞过也不留下影子；天下有道，就与大家一道开心活着；天下无道，就修养性情，闲居林下。千年以后，弃绝尘世，上天成仙，驾驭白云，高升帝乡。你说的三种祸患，全都没有，身体无病，有什么可辱之事！"

封人要离开。尧追随在后，说："请再讲一讲！"

封人说："我要走了！"

[注]

[1]鹑裾而鷇食，鸟行而无影：旧作"鹑居而鷇食，鸟行而无彰"，奚侗、马其昶、张远山校正。鹑裾，鹌鹑的衣服；鷇，雏鸟。

尧治天下，伯成子高立为诸侯。尧授舜，舜授禹，伯成子高辞为诸侯而耕。禹往见之，则耕在野。禹趋就下风，立而问焉，曰："昔尧治天下，吾子立为诸侯。尧授舜，舜授予，而吾子辞为诸侯而耕。敢问，其故何也？"

子高曰："昔者尧治天下，不赏而民劝，不罚而民畏。今子赏罚而民且不仁，德自此衰，刑自此立，后世之乱，自此始矣夫！子阖行邪？无落吾事！"俋俋乎耕而不顾。

今译

尧治理天下，伯成子高被立作诸侯。尧让位于舜，舜让位于禹，伯成子高辞去诸侯而务农。禹去拜望，见到他正在田野里耕作。禹跑到下风处，躬身问候，说："尧的时代，你是诸侯。尧让位于舜，舜让位于我，先生辞去诸侯而务农。请问是何缘故？"

子高说："当年尧治理天下，不需要赏善，民众就心地本善；不需要惩罚，民众就有所敬畏。现在，你忙于赏罚，民众麻木不仁，德性从此衰败，刑罚从此确立，后世之乱从此开始了吧！你还不走吗？不要耽误我打理庄稼啊！"他埋头耕田，不再理睬禹。

泰初[1]有无，无有无名。一之所起，有一而未形。物得以生，谓之德；未形者有分，且然[2]无间，谓之命；流动而生物[3]，物成生理，谓之形；形体保神[4]，各有仪则，谓之性。性修反德，德至，同于初[5]。同乃虚，虚乃大。合喙鸣；喙鸣合，与天地为合。其合缗缗，若愚若昏，是谓玄德，同乎大顺。

今译

原初，只有虚无；虚无，没有名称。无中生有，叫作一；有了一，却无形无体。万物得到这个道一而出生，就是德；尚未有形体的，从道一而生化，与道一没有间隔，就是命；道一流动而生出品物，品物有了自己的活动生理，就是形体；形体保持精神，精神贯通而自成局面，就是自性。保性而归于德，终究同于原初，同于原初即是回到虚空，虚空则广大，合于鸟鸣；合于鸟鸣，就是与天地相合。相合而泯灭形迹，如愚如昏，就是玄同之德，可以与道大顺。

[注]

[1]泰初：原初。注家多解为宇宙论的起点，不当。《庄子》从未说宇宙有一个原始起点，而多处说到宇宙无始无终。如《知北游》说："古犹今也。"人的经验世界的生成与变易，古今同理。故"泰初"所要回归的原始，是固定观念（成心）得以消解，而返回虚无（无有而可成就万有）的过程或状态。这样一种理解方式，与当代现象学的思路可以比较而有所贯通。

[2]且然：且（jū），同俎，祭祀并分享祭品。且然，喻保持人与自然的天然联系。

[3]流动而生物：流，旧作留。朱骏声、奚侗等校正。大道周流，何曾停留？物有生有死，何曾停滞？

[4]保神：保，抱，抱负婴儿。保神即抱神。参照《齐物论》"葆光"，即抱持内在的精神之光。

[5]性修反德，德至，同于初：人修性而返于德，德回归大道的源头，则同

天地

于初始。有生于无,返归于无。

夫子问于老聃曰:"有人治道若相仿[1],可不可,然不然。辩者有言曰:'离坚白,若悬宇[2]。'若是则可谓圣人乎?"

老聃曰:"是胥易枝系[3],劳形怵心者也。执狸之狗成累,猿狙之便来籍[4]。丘,予告若而所不能闻与而所不能言。凡有首有趾、无心无耳者,众;有形者与无形无状而皆存者,尽无。其动,止也;其死,生也;其废,起也,此又非其所以也。有治在人[5]。忘乎物,忘乎天,其名为忘己。忘己之人,是之谓入于天。"

今译

孔夫子请教老聃:"有人求知以学道,如同对着镜像模仿。人家说可,他就说不可;人家说然,他就说不然。辩者这样说:'一块石头可以分离为坚和白,整个寰宇可用脚丫子来步量。'这样的人,可以算得上圣人吗?"

老聃说:"这就像是舞绳弄棒的杂耍艺人,一辈子身形劳苦,心神扰乱,无一日得安宁。猎狗会抓狐狸,于是成为自己的苦累;猿猴行动便捷,于是招来绳索拴缚。孔丘,我告诉你一些你未曾听闻也不会言说的道理吧!有头有脚的,大多没有心,也没有耳。有形的人,与无形之道共存的,全然没有。凡有形之物,运动就是静止,死亡就是出生,衰落就是兴起。这样的道理,是辩者的智慧所不能企及的。真要治道,则必然止于至人。至人,忘物,忘天,其名为忘己;忘己的至人,可以说进于天道。"

[注]

[1] 仿:旧作"放"。

[2] 若悬宇:若,及,到。宇,旧作"寓",字通。悬宇,寰宇。用脚步可以丈量寰宇。

[3] 胥易枝系：胥，迅疾；易，变易；枝，枝干；系，绳索。

[4] 执狸之狗成累，猿狙之便来籍：狸，旧作"留"。累，旧作"思"。来籍，旧作"自山林来"，吴汝纶、奚侗等校，《应帝王》为"来籍"。

[5] 有治在人：有，犹。在，在于，止于。若要治道，则止于至人。扣上文"有人治道若相仿"，即以知虑和言辩而求道，天人相隔。《大宗师》："且有真人而后有真知。""其一与天为徒。"真人之知，与道合一，故能行于大道。

将闾葂见季彻曰："鲁君谓葂也曰：'请受教。'辞不获命，既已告矣，未知中否。请尝荐之。吾谓鲁君曰：'必服恭俭，拔出公忠之属而无阿私，民孰敢不辑[1]！'"

季彻局局然笑曰："若夫子之言，于帝王之德，犹螳螂之怒臂以当车轶[2]，则必不胜任矣！且若是，则其自为邌，危其观台，佞物将往[3]，投迹者众。"

将闾葂觑觑然[4]惊曰："葂也汒[5]若于夫子之所言矣！虽然，愿先生之言其风[6]也。"

季彻曰："大圣之治天下也，摇荡民心，使之成教易俗，举灭其贼心而皆进其独志[7]。若性之自为，而民不知其所由然。若然者，岂兄尧舜之教民，溟涬然弟之哉[8]？欲同乎德而心居[9]矣！"

今译

将闾葂去拜见季彻，说："鲁君对我说：'请赐我治国方略。'我再三推辞而不允，就说了一番话。不知是否恰当，请允许我在此陈述。我对鲁君说：'你一定要恭正节制，选拔公正忠诚的下属，不要任人唯亲。这样，百姓谁敢不服从！'"

季彻掩口而笑，说："你说的这些，对于帝王之德来说，就像是螳螂奋臂，试图阻挡滚动的车轮，怎么可以胜任呢！照这样去做，就像是自己在旅途上建筑馆舍，高搭楼台，而奢侈物品必将麇集，而众人一定闻风而来。"

将闾葂大吃一惊，说："先生的话，让我头脑糊涂！尽管如此，还是想听您讲一讲风俗教化之道。"

季彻说:"圣人治理天下,任由民心摇荡徜徉,使之自成教化,自易风俗,举世泯灭人群已遭受贼害之心,而促进天赋之一志,犹如天性自为,而民众不知其根由。这样一来,哪里需要推遵尧舜的教化,迷迷糊糊地追随其后呢?只要同于德性而心静无染而已!"

[注]

[1] 辑:顺。《说文》:合材为车,咸相得,谓之辑。

[2] 犹螳螂之怒臂以当车轶:轶(dié),转轮。

[3] 则其自为遽,危其观台,侈物将往:遽,旧作"处"。侈,旧作"多"。成善楷《庄子笺记》论证颇详。

[4] 觑觑然:觑(xì),惊恐貌。

[5] 汒:同茫。

[6] 风:风俗,人文化成的风俗。

[7] 举灭其贼心而皆进其独志:举,举世。独,一,天然。泯灭人群已遭受贼害的成心,而促进其自然纯一的心志。

[8] 岂兄尧舜之教民,溟涬然弟之哉:兄,尊重;弟,随从;均作动词用。溟涬,迷茫。

[9] 居:静,止。

子贡南游于楚,反于晋,过汉阴,见一丈人方将为圃畦,凿隧而入井,抱瓮而出灌,搰搰然用力甚多而见功寡。

子贡曰:"有械于此,一日浸百畦,用力甚寡而见功多,夫子不欲乎?"

为圃者卬[1]而视之曰:"奈何?"

曰:"凿木为机,后重前轻,挈水若抽,数如泆汤,其名为槔。"

为圃者忿然作色而笑曰:"吾闻之吾师,有机械者必有机事,有机事者必有机心。机心存于胸中，则纯白不备；纯白不备，则神生不定，神生不定者，道之所不载也[2]。吾非不知，羞而不为也。"

子贡瞒然惭，俯而不对。有间，为圃者曰："子奚为者邪？"曰："孔丘之徒也。"为圃者曰："非夫博学以拟圣，於于以善众[3]，独弦哀歌以卖名声于天下者乎？汝方将忘汝神气，堕汝形骸，而庶几[4]乎！而身之不能治，而何暇治天下乎！子往矣，无乏吾事。"

子贡卑陬失色，顼顼然不自得[5]，行三十里而后愈。其弟子曰："向之人何为者邪？夫子何故见之变容失色，终日不自反邪？"曰："始吾以为天下一人耳，不知复有夫人也。吾闻之夫子，事求可，功求成。用力少，见功多者，圣人之道。今徒不然！执道者德全，德全者形全，形全者神全。神全者，圣人之道也。托生与民并行而不知其所之，汒乎淳备哉！功利机巧必忘夫人之心[6]。若夫人者，非其志不之，非其心不为。虽以天下誉之，得其所谓，謷然不顾；以天下非之，失其所谓，傥然不受[7]。天下之非誉，无益损焉，是谓全德之人哉！我之谓风波之民。"

反于鲁，以告孔子。孔子曰："彼假修浑沌氏之术者也[8]。识其一，不知其二[9]；治其内，而不治其外。夫明白入素，无为复朴，体性抱神，以游世俗之间者，汝将固惊邪？且浑沌氏之术，予与汝何足以识之哉！"

今译

子贡南游楚国，返回晋国，途中经过汉水之阴，见到一位老丈在收拾菜园，他挖了隧道，下到井中，抱着水瓮出来浇灌，哼哧哼哧地很费力，功效很低。

子贡说："有一种机械，一天可以浇地上百亩，用力少而功效多，夫子不想用吗？"

种菜的老丈仰头看了一眼，说："那是怎么回事？"

（子贡）说："用木头制成机械，前轻而后重，提水如同抽吸，快速就像开水溢出来，名叫桔槔。"

种菜老人脸色有点不高兴，冷冷一笑，说："我从我的老师那里听闻，操弄机械的人，必然有取巧的事；有取巧的事，必然有取巧的心；取巧的机心藏在胸中，就会失去纯素的天性；天性不全，就会神动不定；神动不定的人，大道就不承载他。我非不知，而是耻于做这种事！"

子贡满脸惭愧，低头不回答。过了一会儿，种菜老丈说："你是做什么的？"（子贡）说："我是孔丘的弟子。"老丈说："就是那个博学多识而自比圣人、呜呜呀呀引众从善、自弹自唱而贩卖名声于天下的人吗？你要马上忘掉你气宇不凡的神气，脱落形骸，或许有救吧！你连自身都不能调治，哪有闲暇治理天下呢？快走开，不要耽误我做事！"

子贡自觉惭愧，脸上黯然无光，心情惨淡而不自得；走了三十里之后才缓出一口气。弟子问他："那老丈是什么人？老师为什么见了他脸色大变，一整天没有回过神来？"子贡说："早先我以为天下只有一个圣人，不曾想还有这样的人。我听孔夫子说过：'做事求可行，立功求可成，用力少而见效多，就是圣人之道。'如今才明白，不是这样！持守天道的人，德性葆全；德性完全的人，形体葆全。形体葆全的人，精神葆全。精神葆全，才是圣人之道。托生为人而与众生同行，不知道要往哪里去，茫然而淳朴，什么也不缺少啊！如此圣人，心中绝不存有什么功利和机巧。这样的人，不合己意的处所，不去；不合己心的事情，不做。即使天下人都来赞誉他，接受他的言论，他也傲然不顾；天下人都来非难他，误解他的言论，他也若无其事，没有什么反应。天下人的毁誉，对他无所损益。这才是德性完全的人啊！我，不过是个随风波动的凡人。"

回到鲁国，子贡把这件事告诉了孔子。孔子说："那是一个假修浑沌氏道术的人。他仅知其一，不知其二；仅修内，不修外。至于那种纯然透明、无为复朴、体性抱神而游于世俗的修道之人，你若见到了，还会惊讶不已吗？再说，浑沌氏的道术，我和你凭什么来认得呢？"

[注]

[1]卬:同仰。

[2]神生不定者,道之所不载也:注家多忽略这个"所"字;应解为"道不载无神之人"。

[3]非夫博学以拟圣,於于以善众:非前旧衍一"子"字。张远山校。今案:本句所述各事,皆关乎孔子,而非子贡,"子"字当删。於(wū)于,呜呜呀呀,喻以言语教人。善众,改善民众。善,旧作"盖",今据陆德明《经典释文》引司马本作"以善众"校。孔子"诲人不倦","临人以德",目的是引众向善,而"盖众"二字不伦,不符合孔子一生教化的实际。

[4]几:及,差不多。

[5]子贡卑陬失色,顼顼然不自得:卑陬(zōu),惭愧。顼(xū)顼,失意。

[6]功利机巧必忘夫人之心:忘,同"亡"。倒装句,此人此心,必无功利机巧。

[7]虽以天下誉之,得其所谓,謷然不顾;以天下非之,失其所谓,傥然不受:对此句的理解,此处与各家不同。"得其所谓"和"失其所谓"的主语,是天下人,不是庄子。

[8]彼假修浑沌氏之术者也:假,可解为"借",即凭借;亦可解为真假之"假"。注者素来有争论。浑沌氏之术,大道纯一之术。

[9]识其一,不知其二:一,道。二,道之所生,即物。孔子批评种菜人言道不言物,只讲了庄子思想的形而上言说即真谛,忽略了形而下言说即俗谛。参见《应帝王》壶子关于修道进阶的雄(理论)雌(实际)之说。

谆芒将东之大壑,适遇苑风于东海之滨。苑风曰:"子将奚之?"曰:"将之大壑。"曰:"奚为焉?"曰:"夫大壑之为物也,注焉而不满,酌焉而不竭。吾将游焉!"

苑风曰:"夫子无意于横目[1]之民乎?愿闻圣治。"

谆芒曰："圣治乎？官施而不失其宜[2]，拔举而不失其能，毕见其情事而行其所为行，言自为而天下化。手挠顾指，四方之民莫不俱至，此之谓圣治。"

"愿闻德人。"

曰："德人者，居无思，行无虑，不藏是非美恶。四海之内共利之之谓悦，共给之之谓安。怊乎若婴儿之失其母也，傥乎若行而失其道也[3]。财用有余，而不知其所自来，饮食取足，而不知其所从出[4]，此谓德人之容。"

"愿闻神人。"

曰："上神乘光，与形灭亡，是谓照旷。致命尽情[5]，天地乐而万事销亡，万物复情，此之谓混冥。"

今译

谆芒要去东方的大海，在东海之滨遇到了苑风。苑风说："先生要去哪里？"谆芒说："要到大海里去。"问："去那里做什么？"答："大海，注进多少水也不满，舀出多少水也不干。我要去游览一番。"

苑风说："先生对那些大睁着双眼的百姓不关心吗？请问，何谓圣人之治。"

谆芒说："圣人之治？用人不错失合宜，选拔不错失人才，看透实情而行其当行，行动言说自然而然，天下大化归一。手之所指，目之所顾，皆是四方民众心之所归。这就是圣人之治。"

（苑风说：）"请问，何谓至德之人？"

（谆芒）说："至德之人，静无思，动无虑，心中不存是非善恶。四海之内人人得利益，才感到愉悦；四海之内人人得供给，才感到心安。心中惆怅，如同婴儿离开了母亲；目光茫然，如同行人迷失了道路。财用无缺，却不知从何而来；饮食具足，却不知从何而出。这就是至德之人的容貌。"

（苑风说：）"请问，何谓神人？"

（谆芒）说："上上神人，乘驾流光，与形变化，无痕无迹，名叫照旷无际。

实现人生性命的本然，天地同乐而万事尽消。万物复归于大道的实情，名叫混冥一同。"

[注]

[1] 横目：横，宽，远。横目，睁大眼睛。
[2] 官施而不失其宜：官，任；施，用。官施，用人。失，遗漏。
[3] 怊乎若婴儿之失其母也，傥乎若行而失其道也：怊（chāo），惆怅。傥（tǎng），若有所失。
[4] 不知其所从出：出，旧脱。钱穆等校补。
[5] 致命尽情：致命，实现性命的本然。情，真实。

门无鬼与赤张满稽观于武王之师，赤张满稽曰："不及有虞氏乎！故离此患[1]也。"

门无鬼曰："天下均治而有虞氏治之邪？其乱而后治之与？"

赤张满稽曰："天下均治之为愿，而何计以有虞氏为！有虞氏之药疡也，秃而施髢；病而求医，孝子操药以修慈父。其色燋然，圣人羞之[2]！至德之世，不尚贤，不使能[3]；上如标枝，民如野鹿。端正而不知以为义，相爱而不知以为仁，实而不知以为忠，当而不知以为信，蠢动而相使，不以为赐。是故行而无迹，事而无传。"

今译

门无鬼与赤张满稽观看周武王的军阵。赤张满稽说："如今比不上虞舜啊！因此才会遭遇这场战祸。"

门无鬼说："是天下太平而虞舜来治理呢，还是天下大乱而虞舜来治理呢？"

赤张满稽说："天下太平，已经合乎人愿，还需要虞舜做什么呢？虞舜疗疮，病人头秃了就给戴上一套假发；大病后才求医，孝子只知端着药罐子为慈父养生。这种人满脸憔悴，圣人替他们害羞！至德完全的世代，不崇尚贤人，不使用力能；君长如同树上的高枝，民众如同草地的野鹿。人心正直，不知那是义；彼此相爱，不知那是仁；待人诚实，不知那是忠；行为有担当，不知那是信；像小虫一样蠢动而互助，不知那是什么恩赐。那时的人，行动不留迹，做事不传名。"

[注]

[1] 故离此患：离，同罹。此患，指吴王伐纣的战祸。

[2] 有虞氏之药疡也，秃而施髢；病而求医，孝子操药以修慈父。其色燋然，圣人羞之：髢（dí），假发。虞舜用装饰假发来治疗头秃，孝子弄药要让父亲起死回生，都是吃力而不见效果的做法，圣人只会为他们羞愧。

[3] 能：权能，力量。

孝子不谀其亲，忠臣不谄其君，臣、子之盛也。亲之所言而然，所行而善，则世俗谓之不肖子；君之所言而然，所行而善，则世俗谓之不肖臣。而未知此其必然邪？世俗之所谓然而然之，所谓善而善之，则不谓之谄谀之人[1]也！然则俗故严于亲而尊于君邪？谓己谄人，则勃然作色；谓己谀人，则怫然作色。而终身谄人也，终身谀人也，合譬饰辞聚众也，是终始本末不相坐[2]。垂衣裳[3]，设采色，动容貌，以媚一世，而不自谓谄谀；与夫人之为徒，通是非，而不自谓众人，愚之至也。知其愚者，非大愚也；知其惑者，非大[4]惑也。大惑者，终身不解；大愚者，终身不灵。三人行而一人惑，所适者犹可致也，惑者少也；二人惑则劳而不至，惑者胜也。而今也以天下惑，予虽有祈向[5]，不可得也。不亦悲乎！

大声不入于里耳，折杨、皇华，则嗑然而笑[6]。是故高言不止于众人之心；至言不出，俗言胜也。以二垂钟[7]惑，而所适不得矣。而今也以天下惑，予虽有祈向，其庸可得邪！知其不可得也而强之，又一惑也！故莫若释之而不推。不推，谁其比忧[8]！厉之人夜半生其子，遽取火而视之，汲汲然唯恐其似己也。

今译

孝子不阿谀奉承自己的父亲，忠臣不谄媚讨好自己的君主，这是儿子和臣子至高的品德。凡父亲所说的，都说对，世人称之为不肖子。凡君主所做的，都说好，世人称之为不肖臣。然而不知是否真是这样？世俗说是对的，就跟着说对，世俗说是好的，就跟着说好，却不承认自己是谄谀之人，难道说世俗比君长和父母还更有尊严吗？被人骂作谄人，就勃然大怒，被人骂作谀人，就怨然作色；终身做谄人，终身做谀人，迎合浮论，修饰言辞，哗众取宠，这样的人，其终始与本末，从来不曾相对质。衣裳包装，华彩锦绣，做作表情，取悦一世之人，而不认为自己是在媚俗；与俗人相与为徒从，具有相同的是非标准，却认为自己不是一个普通的人；这真是愚蠢透顶！知道自己愚蠢，或许还不算太愚蠢；知道自己迷惑，或许还不算太迷惑。大惑之人，终身不得悬解；大愚之人，终身不见灵明。三人同行，一人惑，可以调适而得协和，因为惑者少；三人行，有二人惑，尽管费尽辛劳也无法协调，因为惑者占了上风。今天，全天下皆是本性迷惑之人，我虽有明确的方向，却不能与世人相通。这不是很可悲吗？！

高雅的音乐，不能入于庸俗之耳；听到俗声《折杨柳》和《黄花儿》，就开心欢笑。所以，众人心里容不下高旷的言说；高深至言不能胜出，而俗言以人多势众而占上风。两枚挂钟的音律彼此不协调，怎么得到和谐的音乐呢！如今天下人都迷乱了本性，我有自己明确的方向，可又怎样才能实现呢？知其不可得而强求，不是又增加了一个本性迷惑的痴人吗！还不如放弃努力，不要再推己及人。假若我不再推己及人，同我一样忧心如焚的人还有谁呢？面目丑陋的人，半夜里生下儿子，赶忙取来火把仔细照看，心中惴惴地，唯恐儿子也长成自己的怪模样。

[注]

[1] 谄谀之人：谄，旧作"道"。张远山校。下文凡"谄、谀"对文的，均作此校。

[2] 合譬饰辞聚众也，是终始本末不相坐：合譬，迎合浮泛之论。饰辞，修饰辞藻。聚众，吸引众人的赞同。是，这样做。终始，前与后。本末，根与梢。相坐，对证，原指诉讼双方对质。郭注以"罪"解"坐"，误。

[3] 垂衣裳：垂，垂挂，喻穿戴。例如：《易·系辞下》："黄帝尧舜垂衣裳而天下治。"

[4] 大：旧作"不"。

[5] 祈向：祈向，理想，方向。一说"祈"为"所"之误。存疑。

[6] 大声不入于里耳，折杨、皇华，则嗑然而笑：大声，高雅音乐。里耳，俗人之耳。折杨，折下柳枝；皇华，即黄花。二者皆当时的通俗小曲。华，旧作"荂"，司马注、成疏皆作"华"。嗑（kē）然，嘿嘿的笑声。

[7] 垂钟：旧作"缶钟"。陆德明《经典释文》解为"垂踵"。司马注作"垂钟"。此文讨论乐音之和（"适"），故以"垂钟"喻人我之共鸣。

[8] 莫若释之而不推。不推，谁其比忧：推，推己及人。《天下》："以天下为沉浊，不可与庄语。"《后汉书·光武帝纪》："推赤心置人腹中。"比，并肩而立。我若不推，谁还会像我这样为世人忧心如焚？此句充分显露庄子忧心于救人救世的深沉情怀。

  百年之木，破为牺尊[1]，青黄而文之，其断在沟中。比牺尊于沟中之断，则美恶有间矣，其于失性一也。跖与曾、史，行义有间矣，然其失性均也。且夫失性有五：一曰五色乱目，使目不明；二曰五声乱耳，使耳不聪；三曰五臭熏鼻，困惾中颡[2]；四曰五味浊口，使口厉爽；五曰趣舍滑心，使性飞扬。此五者，皆生[3]之害也。而儒墨乃始离跂[4]，自以为得，非吾所谓得也。夫得者困，可以为得乎？则鸠鸮之在于笼也，亦可以为得矣。且夫趣舍声色，以柴其内，皮弁鹬冠，搢笏修绅，以约其外[5]。内支盈于柴栅，外重纆缴[6]，睆睆然在纆缴之中而自以为得，则是罪人交臂枥指[7]，而虎豹在于囊槛，亦可以为得矣！

今译

百年大木，剖开雕成酒樽，用青色和金色来装饰；锯掉的断木，丢弃在河沟中。殿堂的酒樽与沟中的断木，样子的美丑断然不相同，但失去树木的天性，却是一样的。盗跖与曾参、史䲡，所行之义断然不相同，但失去人的天性，却是一样的。人丧失天性，有五个途径：第一，五色乱目，使人目迷不明。第二，五声乱耳，使人耳聋不聪。第三，五臭熏鼻，使人脑门堵塞。第四，五味浊口，使人唇舌生疮。第五，取舍乱心，使人天性丧亡。这五种作为，都是戕害人性的毒药。然而儒墨之徒追求显赫，跂足而行，而以为自得，这可不是我说的自得。以为自得而性命困苦，真的可以当作自得吗？那么小鸟被关进笼子里，就可以算是自得了！欲求五光十色，取舍拣选难堪，内心壅塞不通，外有皮帽、羽冠、朝版、长带紧紧约束。心里装满竹木寨栅，身上缠绕重重绳索，两只大眼从绳索缝隙中露出光彩，还以为自得。那么，罪囚手臂遭反绑受拶刑，虎豹被人关在笼子里，也可以算是自得了。

[注]

[1] 破为牺尊：破，剖开。牺尊，用于祭祀的酒樽。

[2] 五臭熏鼻，困惾中颡：熏，旧作"薰"，字通。困惾（zōng），壅堵。中颡（sǎng），脑门。

[3] 生：通"性"，天生禀赋。

[4] 儒墨乃始离跂：儒墨，旧作"杨墨"。乃腐儒擅改。离，同丽，羽毛光鲜。跂（qǐ），企足而行。

［5］趣舍声色，以柴其内，皮弁鹬冠，搢笏绅修，以约其外：趣，拿取。舍，舍弃。柴（zhài），通寨，围以栅栏。皮弁，皮帽。鹬冠，羽冠。搢笏，朝板。修绅，束腰的长带；旧讹作"绅修"。

［6］内支盈于柴栅，外重缰缴：缰，绳索。缴（jiǎo），缠绕。心内填满竹木寨栅，身上捆缚重重绳索。

［7］交臂枥指：交臂，反绑。枥，拴马的桩。旧作"历"。枥指，拶指的酷刑。

庄子真义外篇第十四

天下

题解

《天下》有向秀注，应在庄子原始本外篇。此篇历论各家道术，评判得失，为先秦学术批评之一大景观。学者有两种意见：一为庄子自撰，一为弟子后学所撰。旧本"惠施多方"以下一段文字，本书已移至《惠施》篇。

天下之治方术者多矣，皆以其有为不可加矣。

古之所谓道术者，果恶乎在？

曰："无乎不在。"

曰："神何由降？明何由出[1]？"

"圣有所生，王有所成，皆原于一。"

不离于宗，谓之天人；不离于精，谓之神人；不离于真，谓之至人。以天为宗，以德为本，以道为门，兆于变化，谓之圣人。以仁为恩，以义为理，以礼为行，以乐为和，薰然慈仁，谓之君子。以法为分，以名为表，以参为验，以稽为决，其数一二三四是也，百官以此相齿。以事为常，以衣食为主，以蕃息畜藏为意[2]，老弱孤寡皆有以养，民之理也。

古之人其备乎！配神明，醇天地，育万物，和天下，泽及百姓，明于本数，系于末度，六通四辟，小大精粗，其运无乎不在。其明而在数度者，旧法、世传之史尚多有之；其在于《诗》《书》《礼》《乐》者，邹鲁之士、搢绅先生多能明之。《诗》以道志，《书》以道事，《礼》以道行，《乐》以道和，《易》以道阴阳，《春秋》

以道名分。其数散于天下而设于中国者[3]，百家之学时或称而道之。

　　天下大乱，贤圣不明，道德不一。天下多得一察焉以自好。譬如耳目鼻口，皆有所明，不能相通。犹百家众技也，皆有所长，时有所用。虽然，不该不遍，一曲之士也。判天地之美，析万物之理，察古人之全[4]，寡能备于天地之美，称神明之容[5]。是故内圣外王之道，暗而不明，郁而不发，天下之人各为其所欲焉以自为方。悲夫！百家往而不反，必不合矣！后世之学者，不幸不见天地之纯，古人之大体。道术将为天下裂。

今译

天下研究方术的人有很多，每家都认为自己已有的，最为高明而且无以复加。
（问：）"古人所说的道术，究竟何在？"
答："无所不在。"
问："人类的精神之种从何生发？光明之果从何降落？"
（答：）"圣有所生，王有所成，其根源都是纯一的天道。"

不离其宗，称为天人；不离其精，称为神人；不离其真，称为至人。以天为宗，以德为本，以道为门，能洞察变化的征兆，称为圣人。以仁来实施恩惠，以义来规定公理，用礼来规范行为，用乐来调和性情，行为表现慈爱仁厚，称为君子。以法度为职分，以名号为标准，对比实际作验证，以仔细审查作决断；法律明文规定有一二三四，百官按照大小排列顺序。以职业为正务，以衣食为主干，以繁衍生息、收藏积蓄为主意，老弱孤寡都得到赡养，这是民众生活的合理秩序。

古人的道术已经很全面！配合造化，取法天地，养育万物，和合天下，泽及百姓；明于自然的本数，贯通应用的细节；六合通达，四季顺畅；精细可以入微，广大至于无外，道术的运用，无处不在。古代道术体现在历法度数，还有不少旧时的典册史籍。其中，《诗》《书》《礼》《乐》所传承的，邹、鲁的学者和士绅先生，能够说明其大概。《诗》言志。《书》言事。《礼》言行。《乐》言和。《易》言阴阳。《春秋》言名分。其中的数术成就，散布天下各地，更集中在中原的制度设置，百家学术时时涉及，有所探究和表述。

近世天下大乱，贤圣不能昌明，道德不能统一。天下士人，多抱残守缺，喜欢用一得之见鼓吹自己。这就像一个人的耳目鼻口，各有所知而不能相通；又像百家匠人，各有所能，不时轮番表演。但是，偏于一隅的知见，不能够统整全局，无法做到周遍而通达。割裂天地之大美，离析万物之通理，解散古人道术的整体，所以难以领悟天地的纯美，难以体认天地造化之尽美、神精明辉之全貌。因此，内圣外王之道，幽暗而不能澄明，郁积而不能勃发。天下士人，各为一己嗜欲而闭门造车，各自为方。可悲啊！百家往而不返，无法与道相合。很不幸，后世的学者，无法窥见天地的纯美，古人的大体，而道术将要被天下人割裂成碎片。

[注]

[1] 神何由降？明何由出：人何以有知？如何内在印证，如何明照他人？神、明问题，是贯穿庄子精神哲学和心理学的主线之一。下文有多处论及。

[2] 以蕃息畜藏为意：以人类繁衍、物质资料的生产与收藏为主线。以，旧脱。为意，旧在"老弱孤寡"后，武延绪等校正。

[3] 其数散于天下而设于中国者：数术的应用，散布于天下，制度设施见于中国。

[4] 判天地之美，析万物之理，察古人之全：判，分判。析，拆析。察，辨别。例如"人至察则无徒"。考察方法过于条分缕析，故而不能得窥纯美、大理、整全。

[5] 称神明之容：称，称量。称量神与明的机能与全貌，回答"神何由降？明何由出？"的问题，不能通过拆分离析的方法，必须见大道之整体和流动，才能得其环中。

不侈于后世，不靡于万物，不晖于数度，以绳墨自矫，而备世之急。古之道术有在于是者。墨翟、禽滑釐[1]闻其风而说之。

为之大过，已之大循。作为《非乐》，命之曰《节用》；生不歌，死无服。墨子泛爱兼利而非斗，其道不怒；又好学，而博不异[2]；不与先王同，毁古之礼乐。黄帝有《咸池》，尧有《大章》，舜有《大韶》，禹有《大夏》，汤有《大濩》，文王有辟雍之乐，武王、周公作《武》。古之丧礼，贵贱有仪，上下有等，天子棺椁七重，诸侯五重，大夫三重，士再重。今墨子独生不歌，死无服，桐棺三寸而无椁，以为法式。以此教人，恐不爱人；以此自行，固不爱己。未败墨子道，虽然，歌而非歌，哭而非哭，乐而非乐，是果类乎？其生也勤，其死也薄，其道大觳[3]；使人忧，使人悲，其行难为也，恐其不可以为圣人之道。反天下之心，天下不堪。墨子虽独能任，奈天下何！离于天下，其去王也远矣！

墨子称道曰："昔者禹之湮洪水，决江河而通四夷九州也，名川[4]三百，支川三千，小者无数。禹亲自操橐耜而九杂[5]天下之川；腓无胈，胫无毛，沐甚[6]雨，栉疾风，置万国。禹大圣也，而形劳天下也如此。"使后世之墨者，多以裘褐为衣，以跂蹻[7]为服，日夜不休，以自苦为极，曰："不能如此，非禹之道也，不足谓墨。"

相里勤之弟子，五侯之徒，南方之墨者苦获、已齿、邓陵子之属，俱诵《墨经》，而倍谲[8]不同，相谓别墨；以坚白同异之辩相訾，以觭偶不仵之辞相应；以巨子为圣人。皆愿为之尸[9]，冀得为其后世，至今不决。

墨翟、禽滑釐之意则是，其行则非也。将使后世之墨者，必自苦以腓无胈、胫无毛相进而已矣。乱之上也，治之下也。虽然，墨子真天下之好也。将求之不得也，虽枯槁不舍也，才士也夫！

今译

不认同后世的奢靡风气,反对浪费天地间的万物,不主张沿袭过去的典章制度,用绳墨以自律,一心应对时难而拯救世人;古代道术流传至今,听闻这一遗风让墨翟、禽滑釐欢欣鼓舞。

墨家奋发有为但过于勉强,自我节制也过于严厉。著作《非乐》《节用》,主张活着无歌舞,死了不服丧。墨子提倡兼爱互利,反对争斗掠夺,教人不怒不恨。他好学有知,主张博爱而不赞同分类待人。反对古代先王政治,攻击古代礼乐制度。黄帝有《咸池》,尧有《大章》,舜有《大韶》,禹有《大夏》,汤有《大濩》,文王有辟雍之乐,武王、周公作《武》乐。古代的丧礼,贵贱有分别,上下有等差,天子七重棺椁,诸侯五重,大夫三重,士二重,而墨子要简化礼仪:生前无歌舞,死后无丧服,桐木棺材不要超过三寸厚,更不得使用外椁。他这样教人,恐怕不能算爱人,这样自律,当然不是爱己。墨者纪律严明,不曾败坏墨子之道。尽管如此,人家歌舞你要骂,人家哭丧你也骂,人家奏乐你也骂,你还能与别人以同类相处吗?墨子生而勤苦,死而薄葬,他的道术过于严苛,让众人觉得忧伤、悲苦,难以推行,恐怕不能作为圣人之道。与天下众人之心相反,就会让众人不堪忍受。墨子自己勇于担当,却不能让大家一起来实行。背离了天下人心,也就远离了王道。

墨子称道:"从前夏禹治水,疏浚江河,沟通四夷九州,遍及大川三百,支流三千,小溪无数。大禹亲自背筐执铲,聚集河川,大腿上无肉,小腿上无毛,顶骤雨,沐疾风,安置万国。禹是大圣人,为了天下,还这样劳苦。"所以,他要求后世的墨者,要身披兽皮粗布,脚穿木屐草鞋,日夜不停劳作,以自苦为做人的标准。他说:"做不到的话,就不是夏禹之道,就不足称为墨者。"

相里勤的弟子,伍侯的门徒,南方的墨者苦获、已齿、邓陵子一派,都读《墨经》,却竞相辩难,互相指责对方是墨家的别派支流,用"坚白""同异"相诋毁,以"奇偶""不仵"相刁难;以各自派别的"巨子"作为大圣,竞争首领崇拜的位置,希望夺得继承权。而究竟谁是正统,到现在还未决出胜负。

天下

429

墨翟、禽滑釐的初心很好，但是实际做法不够好。这就使后世的墨者，自寻劳苦，弄到大腿无肉、小腿无毛，还要比赛谁能做到更极端。这样做，扰乱天下有余，安顿天下不足。尽管如此，墨子真是天下一等的好人，今天再难见到，今后也无处可求。他宁愿把自己累到形容枯槁，也不肯放弃理想，真是一个舍己救世的大才！

[注]

[1] 墨翟、禽滑釐：墨翟（约前480—前390），宋大夫，著作《墨子》七十一篇。禽滑釐（约前470—前400），宋人，墨子徒弟。
[2] 而博不异：博，兼爱。不异，对人不作贵贱等级的分类。
[3] 觳：棱角，尖硬刻薄。见下文使人悲忧难行。
[4] 川：旧讹作"山"。
[5] 九杂：九，同"纠"，连结。杂，聚集。
[6] 湛：水深貌。旧作"甚"。陆德明《经典释文》引崔譔本作"湛"。
[7] 屦屩：屦，木屦。屩，草鞋。旧作"跂跻"。李颐、王叔岷校。
[8] 倍谲：倍，纷争背离。谲，言辞怪诞。
[9] 皆愿为之尸：尸，树祭祀牌位。喻争夺巨子的传位。

不累于俗，不饰于物，不苟于人[1]，不忮于众，愿天下之安宁以活民命，人我之养，毕足而止，以此白心。古之道术有在于是者。宋钘、尹文[2]闻其风而悦之。

作为华山之冠以自表，接万物以别宥为始；语心之容，命之曰"心之行[3]"。以聏合欢[4]，以调海内。情[5]欲置之以为主，见侮不辱，救民之斗，禁攻寝兵，救世之战。以此周行天下，上说下教。虽天下不取，强聒而不舍者也。故曰：上下见厌而强见也。

虽然，其为人太多，其自为太少；曰："情欲固置[6]，五升之饭足矣。"先生恐不得饱，弟子虽饥，不忘天下。日夜不休，曰："我必得活哉！"暠傲[7]乎救世之士哉！曰："君子不为苛察，不以身假物。"以为无益于天下者，明之不如已也。以禁攻寝兵为外，以情欲寡浅为内。其小大精粗，其行适至是而止。

今译

不以俗世为牵累，不以外物为修饰，不苛求他人，不虐待民众，希望天下安宁，保全人民的生命，既爱人也爱己，知足而止，以此表白心迹。古代的道术流传至今。这一遗风让宋钘、尹文听到而欢欣鼓舞。

宋钘、尹文头戴平顶的华山帽，象征人人平等，主张从告别自我封闭为起始，拥抱万物而和谐共生；论说心的包容性，以自己的行为来体现；以宽柔之心与人相交，目的是达成海内一家。假若众人诚欲遵从宋、尹，就应该受到欺负不以为辱，从而调和争斗；呼吁禁攻罢兵，用于戒除邦国之间的攻伐。把这种主意推行天下，对上劝说诸侯，对下教导民众，虽然天下人不愿意接受，也还是坚持而不舍；上上下下都对他们厌烦得要命，还是要坚持表明自己的心迹。

然而，宋、尹为别人做得多，为自己做得少；他们说："如果一定要招待我们，只要五升米就够了，复有何求！"先生有时吃不饱，弟子常常饿肚子，他们还是一心不忘为天下人谋求福祉。日夜不休，为民众奔走，他们说："我能活命就可以了！"他们真是一群克服自傲的救世之士！他们说："君子不苛察于人我之分，不把自己假借给外物。"他们认为世上各种无益的学说，与其费力去阐发彰明，还不如一股脑儿全部抛弃。宋、尹以禁攻罢兵为外王的主要事务，以嗜欲寡浅为内圣的根本修养。以小化大，以精磨粗，行为践履都以自己的心性修炼作为依归。

[注]

[1] 不苛于人：苛，旧作"苟"。不通。下文有"君子不苛察"，可为旁证。

［2］宋钘、尹文：宋人（约前360—前290），即《逍遥游》说到的宋荣子，著作《宋子》十八篇。尹文：宋钘弟子，齐人（约前350—前285）。著作《尹文子》一篇。

［3］语心之容，命之曰"心之行"：容，宽容，宽能容人。心之行，即心之道。以宽容待人作为心之正道。《说苑·君道》篇载尹文答齐宣王："人君之事，无为而能容下。夫事寡易从，法省易因，故民不以政获罪也。大道容众，大德容下，圣人寡为，而天下理矣。"宽恕待人的心性论清晰可见。

［4］以聏合欢：聏，调和。欢，旧作"驩"，字通。

［5］情：旧作"请"，通"情"，情欲，诚欲。

［6］情欲固置：诚欲置办（饭食）。情，旧作"请"。同上注。情欲置，情欲固置，"假如您真要招待我"，表现宋尹学派言辞谦恭，和气待人，描写传神。

［7］啚傲：啚：鄙弃。旧讹作"圖（图）"。傲，傲慢。

公而不党[1]，易而无私，决然无主，趣物而不两，不顾于虑，不谋于知，于物无择，与之俱往，古之道术有在于是者，彭蒙、田骈、慎到[2]闻其风而悦之。

齐万物以为首，曰："天能覆之而不能载之，地能载之而不能覆之，大道能包之而不能辩之。"知万物皆有所可，有所不可，故曰："选则不遍，教则不至，道则无遗者矣。"

是故慎到弃知去己，而缘不得已。泠汰于物，以为道理。曰："知不知，将薄知而复[3]邻伤之者也。"諔髁[4]无任，而笑天下之尚贤也；纵脱无行，而非天下之大圣；椎拍輐断[5]，与物宛转；舍是与非，苟可以免。不师知虑，不知前后，魏然而已矣。推而后行，曳而后往，若飘风之还，若落羽之旋[6]，若磨石之隧，全而无非，动静无过，未尝有罪。是何故？夫无知之物，无建己之患，无用知之累，动静不离于理，是以终身无誉。故曰："至于若无知之物而已，无用贤圣，夫块不失道。"豪桀相与笑之曰："慎到之道，非生人之行，而至死人之理，适得怪焉。"

田骈亦然，学于彭蒙，得不教焉。彭蒙之师曰："古之道人，至于莫之是、莫之非而已矣。其风窢然，恶可而言？"常反人，不见观[7]，而不免于鲵[8]断。其所谓道非道，而所言之韪[9]不免于非。彭蒙、田骈、慎到不知道。虽然，概乎皆尝有闻者也。

今译

公正不党，平易无私，决断是非能祛除成见，待人接物能自然而无为，不费思虑，不求智谋，不用主观好恶做拣选，随物宛转，与物同行。古代道术有此遗风流传至今，彭蒙、田骈、慎到听到了，就欢欣鼓舞。

慎到以齐同万物为首要。他说："苍天覆盖万物而不能承载，大地承载万物而不能覆盖；大道包含万物而不能分辨。"知道万物皆可有所然，也可有所不然，故说："做拣选，必然不周遍；行教诲，必然不能到位；大道流行，包容万物而无所遗漏。"

所以，慎到主张人们摈弃心知，祛除自我，随顺自然而出于不得已；不因亲疏，不尚贤人，听任百姓自然竞争而淘汰，以此作为行道之理。他说："勉强去认识自己所不能知的东西，就会用浅薄的知见来伤害自身。"他主张要一任天然，不做拣选；嘲笑天下人崇尚贤人的风气；放纵洒脱，不拘小节，而非难推崇圣知的风气。消磨尖锐，折断锋刃，与物宛转；舍弃是非，免于拖累；不尾随思虑顾盼，不追问前因后果，只是肖然不动而已！有后推而前行，有牵引则跟从；犹如飘风回还，落羽盘旋，磨石循环；周全而无非，动静皆宜，就不会有任何过错。这是为什么呢？因为无知之物，不用建构自我，所以无祸无患；不运用心智，也就没有牵绊；行动合于道理，所以终身无毁誉之患。慎到说："达到无知无虑的状态，就像是土块一样，如此而已，哪里需要什么圣和贤？无知的土块也不会失去道！"豪杰们彼此相视而笑，说："慎到之道，不是活人可行的大道，而是通向死人的歧途，真是一派奇谈怪论！"

田骈也是如此。田骈学于彭蒙，得其不言之教。彭蒙的老师说："古代修习道术的人，达到没有是没有非，也就算到头了。呼呼风吹，即是大道，何必要有什么言说？"他们常常背离人性常态，不被人赏识，却仍然坚持自己没有立场的立场。他们所说的道，不是道，他们所说的是，不免于非。彭蒙、田骈、慎到，不明大道，尽管他们对道术有所耳闻。

[注]

[1] 党：旧作"當（当）"，与"黨（党）"形近而讹。

[2] 彭蒙、田骈、慎到：彭蒙，是田骈、慎到之师。田骈，齐人（约前350—前275）。慎到，赵人（约前350—前275），著作《慎子》四十二篇。

[3] 复：旧作"后"。郭注训"又"。孙诒让等校。

[4] 谞髁：马叙伦解为"懈惰"之借字。

[5] 椎拍輐断：椎，尖锐。拍，同"抛"，例如拍车（抛掷石头或火种的战车），拍刀（两刃砍刀）。輐，磨损。

[6] 落羽之旋：落，旧脱。严灵峰补。

[7] 不见观：不受欢迎。

[8] 鲩：棱角。

[9] 鼪：是。

以本为精，以物为粗，以有积为不足，淡然独与神明居[1]。古之道术有在于是者，关尹、老聃[2]闻其风而悦之。

建之以常无有，主之以太一，以濡弱谦下为表，以空虚不毁万物为实。

关尹曰："在己无居，形物自著。其动若水，其静若镜，其应若响[3]。芴乎若亡，寂乎若清。同焉者和，得焉者失。未尝先人而常随人。"

老聃曰："知其雄，守其雌，为天下溪；知其白，守其辱，为天下谷。"人皆取先，己独取后，曰："受天下之垢。"人皆取实，己独取虚，无藏也故有余，岿然而有余。其行身也，徐而不费，无为也而笑巧；人皆求福，己独曲全，曰"苟免于咎"，以深为根，以约为纪。曰"坚则毁矣，锐则挫矣"，常宽于物[4]，不削于人。

可谓至极，关尹、老聃乎？古之博大真人[5]哉！

今译

以本根为精微，以万物为粗杂，以积蓄为不足，恬淡适意，与造化灵明独处。古来道术有此遗风流传至今，关尹、老聃听到就欢欣鼓舞。

关尹、老聃主张以无为常，以道一为至尊，以柔弱守雌、谦让居下为内圣的表征，以虚怀若谷、包容万物为外王的实质。

关尹说："道在己身而不自居，任万物自适其适，循道而动犹如流水，宁静如明镜，应对犹如声音回响。恍惚如消亡，寂静若虚空。同气则和，有得则失。不争不竞，常随人后。"

老聃说："知强而守弱，犹如天下溪流；知白而守黑，犹如天下的山涧。"众人争先而我独居后，这称为"承受天下的垢辱"。人人取实，我独取虚；不事收藏，反有盈余，岿然不动而有余地。行动从容宽缓，毫不费力；无所作为，而嗤笑机巧。人人求福，我独委屈而求全，说是"但求免于犯错而已"。以深藏为根本，以简约为纲领。老聃说："坚强的会毁坏，锐利的会挫折。"他总是宽容待物，而永不侵削他人。

可谓登峰造极了吧，关尹、老聃！古往今来的博大真人！

[注]

[1] 淡然独与神明居：独，在诸子中，独关尹、老聃得庄子此赞。神明：神为内证于己，明为外见于人。《列御寇》："明者唯为之使，神者征之。夫明之不胜神也久矣，而愚者恃其所见入于人，其功外也。不亦悲夫！"庄子的精神哲学和心理学，于此可见一斑。

[2] 关尹、老聃：关尹，名喜，周平王时的函谷关令，世称关尹子。《汉书·艺

文志》道家称《关尹子》九篇；今见《关尹子》为后人伪托，但其中可能有部分旧文留存，尤其是第九篇《药经》颇有独到之处，后人似乎难以仿造。老聃，姓李，名耳，字伯阳，外字老聃，著《道德经》，一名《上至经》(《吕览》)。

［3］在己无居，形物自著，其动若水，其静若镜，其应若响：此句也见于《列子·仲尼》，仅有一字之别。下文或是《关尹子》佚文，或是《庄子》佚文，其中关于"性与情"的论述特别值得关注。今列于下并作今译，供研究参考：

> 关尹喜曰："在己无居，形物其箸，其动若水，其静若镜，其应若响。故其道若物者也。物自违道，道不违物。善若道者，亦不用耳，亦不用目，亦不用力，亦不用心。欲若道而用视听形智以求之，弗当矣。瞻之在前，忽焉在后；用之弥满，六虚废之，莫知其所。亦非有心者所能得远，亦非无心者所能得近。唯默而得之而性成之者得之。知而亡情，能而不为，真知真能也。发无知，何能情？发不能，何能为？聚块也，积尘也，虽无为而非理也。"

今译

关尹喜说："道在内心，无有居处，在外物，其理自显。其动如水，其静如镜，其应如响。故得道者能顺物。物自违背道，道不违背物。体道之人，不用耳，不用目，不用力，亦不用心知。想要入道，却用视听形知来追求，则必失之。看到它在前，倏忽间又似乎在后；道起作用时，充满天地；不起作用时，六合之内了无踪迹。不是说有心求道，道反而与你更疏远，不是说无心求道，道反而与你更亲近；只有静默虚心者，才可以进道，以本性成就者，才得以与道同行。真知则无情，真能则无为；超乎人情人为，才是真知真能。发于无知之物，哪里会有情？发于不能之物，哪里有能为？土块、积尘，均是无为；却没有任何道理可言。"

知天道而亡人情，虽有能而无为，不以人害天，才是真知真能。如果本来就无知无能，如何能动能为？没有种子，哪里会发芽？至于疑问、解惑、体悟、践行，根本就无从说起！所以接下来说，聚土成块、积尘作团，虽无动无为，却与真人守神进道之逍遥无为，毫无共同之处。

[4] 常宽于物：旧作"常宽容于物"。高山寺本无"容"。

[5] 古之博大真人：古，对今。真人，尚非天人神人。而今之至人何在？

　　寂漠无形，变化无常[1]，死与？生与？天地并与，神明往与！芒乎何之，忽乎何适，万物毕罗，莫足以归。古之道术有在于是者。庄周闻其风而悦之。

　　以谬悠之说，荒唐之言，无端崖之辞，时恣纵而傥[2]，不以觭见之也。以天下为沈浊，不可与庄语，以卮[3]言为曼衍，以重言为真，以寓言为广。独与天地精神往来，而不敖倪于万物；不谴是非[4]，以与世俗处。

　　其书虽瑰玮，而连犿[5]无伤也。其辞虽参差，而諔诡可观。彼其充实，不可以已，上与造物者游，而下与外死生、无终始者为友。

　　其于本也，弘大而辟，深闳而肆，其于宗也，可谓调适而上遂[6]矣。虽然，其应于化而解于物[7]也，其理不竭，其来不蜕，芒乎昧乎，未之尽者。

今译

　　寂漠无形，变化无常。人有死有生吗？人与天地并立吗？人与造化同往吗？恍惚茫昧，要去何方？包罗万物于其身，尚不足以作为归宿。古代道术有此遗风，流传至今，庄周闻听而欢欣鼓舞。

　　庄周以奇特而悠深的话语，广阔无边的论说，陌生而藐远的言词，时时恣肆放纵，倜傥不羁，不用偏于一端的独断，而能作如实的观照。认为天下污浊沉沦，不可对众人说庄重严肃的话，以素简直白的话语蔓延而成文，以重复而有变化的话语显示深藏的真意，以寓意象征的话语发明精微的主旨。独与天地精神往来，而不傲视天下万物。不陷入是非对待的泥潭，从而可与世俗相处。

庄周的书，结构如环而光彩如玉，可承受反复击打而丝毫没有损伤。庄周的言说，参差错落，却奇异有趣而耐人寻味。庄周这个人，孜孜汲取而永远不满足；精神上达，可与造物者逍遥而同游，身体下落，可与超越生死而无终无始者为友。

庄子谈论道的根本，宏大而精辟，深邃而畅达；谈论道的宗旨，做到了谐调适切而上通极致。虽然如此，庄子顺应自然造化，接人待物超脱而自由；庄子的道术，有不可穷竭的生命，其未来不会蜕化变质，可望保持茫昧混沌的大度，随着生化蔓延而无有穷尽。

［注］

［1］寂漠无形，变化无常：寂，旧作"芴"。刘文典、王叔岷校。庄子的诗性哲学，指向可能的必然，超越了眼前可见的有限现实。亚斯贝尔斯："只有把存在当作密码来谛听，看来毫无疑问的现实的意义。在谛听中，存在好像起了变化，它不仅变得透明，而且变成必然，它变成无理由根据的必然，所以不再与可能对立。"（《生存哲学》）

［2］恣纵而傥：傥，倜傥。旧作"恣纵而不傥"。成疏"放任而不偏党"，误。

［3］危：旧讹作"卮"。见《寓言》注。

［4］不谴是非：谴，贬谪。不固执是非对待的偏狭立场，即忘我、无己。学界多有人认为庄子是非不分，称之为"相对主义"，实为大谬。"类与不类，相与为类"；是是而非非，则为大方；超越两极对待，和之以天倪，则可以"是不是，然不然"（《齐物论》）。包容两极而汇通一体，则合于大道。

［5］连抃：抃，拍击。旧作"犿"，宛转貌。陆德明《经典释文》作"抃"。连抃，反复击打。

［6］调适而上遂：调，顺畅；旧误作"稠"。朱骏声、王叔岷校。遂，通达。

此句深赞庄子,可见此篇非庄子自撰。

[7]应于化而解于物:顺应天道之大化,理解众人与万物。解(xiè),明彻,类似身处其中的"共情理解",并非认知主义的对象化解析。参考《道德经》:"以身观身,以家观家,以国观国,以天下观天下。吾何以知天下之然哉?以此。"

主要参考书目

毕来德《庄子四讲》台北：联经出版公司，2011

陈鼓应《庄子今注今译》北京：中华书局，1983

成善楷《庄子笺记》成都：巴蜀书社，2010

方勇、陆永品《庄子诠评》成都：巴蜀书社，2007

高明《帛书老子校注》北京：中华书局，2020

高永旺《穆天子传》北京：中华书局，2019

陈景元《南华真经章句音义》（含《阙误》）北京：北京文物出版社，1988

葛洪《神仙传》上海：上海古籍出版社，1995

郭庆藩《庄子集释》北京：中华书局，1961

郭璞注《穆天子传汇校集释》北京：中华书局，2019

黄克剑《公孙龙子》北京：中华书局，2012

孔欣伟《维特根斯坦说逻辑与语言》武汉：华中科技大学出版社，2017

李善《文选注》北京：中华书局，1981

黎翔凤《管子校注》北京：中华书局，2004

陆德明《经典释文》上海：上海古籍出版社，2013

林希逸著，周启成校注《庄子虞斋口义》北京：中华书局，1997

林希逸著，张京华点校《列子虞斋口义》上海：华东师范大学出版社，2016

马达《列子真伪考辨》北京出版社，2000

陆树芝《庄子雪》上海：华东师范大学出版社，2011

刘安《淮南子》上海：上海古籍出版社，2016

刘基《郁离子》郑州：中州古籍出版社，2018

刘坤生《庄子九章》上海：上海古籍出版社，2009

刘文典《庄子补正》合肥：安徽大学出版社，1999

刘义庆著、刘孝标注《世说新语》北京：中华书局，2011

沈善增《还吾庄子》上海：学林出版社，2001

徐客《图解山海经》南昌：江西科学技术出版社，2012

叶蓓卿《列子》北京：中华书局，北京：中华书局，2017

维特根斯坦著、陈嘉映译《哲学研究》北京：商务印书馆，2019

王夫之《老子衍·庄子通·庄子解》北京：中华书局，2009

王叔岷《庄子校诠》北京：中华书局，2007

王先谦《庄子集解》北京：中华书局，1987

杨克勤《庄子与雅各》上海：华东师范大学出版社，2012

杨柳桥《庄子译注》上海：上海古籍出版社，2014

袁珂《山海经校注》上海：上海古籍出版社，1980

章太炎《齐物论释》北京：崇文书局，2016

张湛注《列子》上海：上海古籍出版社，2006

张远山《庄子复原本注译》南京：江苏文艺出版社，2010

张远山《庄子复原本》成都：天地出版社，2021

雅斯贝尔斯著、王玖兴译《生存哲学》上海：上海译文出版社，2005

Fung Yu-lan, Chuang Tzu: A New Selected Translation with an Exposition of the Philosophy of Kuo Hsiang. Foreign Languages Press, Beijing, 1989.

Watson, B. Trans. The Complete Works of Chuang Tzu. Columbia University Press, New York & London. 1968

图书在版编目（CIP）数据

庄子真义 / 杨广学著 . — 成都：天地出版社，2023.2
ISBN 978-7-5455-7268-1

Ⅰ.①庄… Ⅱ.①杨… Ⅲ.①《庄子》－注释 ②《庄子》－译文 Ⅳ.① B223.5

中国版本图书馆 CIP 数据核字（2022）第 185853 号

ZHUANGZI ZHENYI

庄子真义

出 品 人	陈小雨　杨　政
作　　者	杨广学
责任编辑	王业云
责任校对	马志侠
封面设计	左左工作室
责任印制	王学锋

出版发行	天地出版社
	（成都市锦江区三色路238号　邮政编码：610023）
	（北京市方庄芳群园3区3号　邮政编码：100078）
网　　址	http://www.tiandiph.com
电子邮箱	tianditg@163.com
经　　销	新华文轩出版传媒股份有限公司

印　　刷	北京文昌阁彩色印刷有限责任公司
版　　次	2023年5月第1版
印　　次	2023年5月第1次印刷
开　　本	710mm×1000mm　1/16
印　　张	28.25
字　　数	431千字
定　　价	68.00元
书　　号	ISBN 978-7-5455-7268-1

版权所有◆违者必究

咨询电话：(028) 86361282（总编室）
购书热线：(010) 67693207（营销中心）

如有印装错误，请与本社联系调换